厦门大学南强丛书

【第六辑】

"人群·国家·社会"研究书系

长江中游的人地关系与地域社会

鲁西奇◎著

厦门大学出版社　国家一级出版社
XIAMEN UNIVERSITY PRESS　全国百佳图书出版单位

图书在版编目(CIP)数据

长江中游的人地关系与地域社会/鲁西奇著.—厦门：厦门大学出版社,2016.3
(厦门大学南强丛书.第6辑."人群·国家·社会"研究书系)
ISBN 978-7-5615-5674-0

Ⅰ.①长…　Ⅱ.①鲁…　Ⅲ.①长江流域-中游-人地关系-研究　②长江流域-中游-社会发展-研究　Ⅳ.①K925②D675

中国版本图书馆 CIP 数据核字(2015)第 179304 号

出 版 人	蒋东明
责任编辑	韩轲轲
装帧设计	李夏凌
责任印制	朱　楷

出版发行 厦门大学出版社

社　　址	厦门市软件园二期望海路 39 号
邮政编码	361008
总 编 办	0592-2182177　0592-2181253(传真)
营销中心	0592-2184458　0592-2181365
网　　址	http://www.xmupress.com
邮　　箱	xmupress@126.com
印　　刷	厦门集大印刷厂印刷

开本	720mm×1000mm　1/16
印张	27.25
插页	4
字数	482 千字
版次	2016 年 3 月第 1 版
印次	2016 年 3 月第 1 次印刷
定价	80.00 元

本书如有印装质量问题请直接寄承印厂调换

厦门大学出版社
微信二维码

厦门大学出版社
微博二维码

作者简介

　　鲁西奇，男，1965 年 10 月生，江苏东海人。厦门大学人文学院历史系教授，博士生导师。从事中国古代史与历史地理学研究。出版《区域历史地理：对象与方法——汉水流域的个案考察》、《汉水中下游河道变迁与堤防》、《城墙内外：古代汉水流域城市的形态与空间结构》、《汉中三堰：明清时期汉中地区的堰渠水利与社会变迁》、《人群 · 聚落 · 地域社会：中古南方史地初探》、《中国历史的空间结构》、《中国古代买地券研究》、《何草不黄——〈汉书〉断章取义》等专著八种，《汉口：一个中国城市的商业与社会》等译著三种；发表学术论文百余篇。

总　序

厦　门　大　学　校　长
"厦门大学南强丛书"编委会主任　朱崇实

　　厦门大学是由著名爱国华侨领袖陈嘉庚先生于 1921 年创办的,有着厚重的文化底蕴和光荣的传统,是中国近代教育史上第一所由华侨出资创办的高等学府。陈嘉庚先生所处的年代,是中国社会最贫穷、最落后、饱受外侮和欺凌的年代。陈嘉庚先生非常想改变这种状况,他明确提出:中国要变化,关键要提高国人素质,要提高国人素质,关键是要办好教育。基于教育救国的理念,陈嘉庚先生毅然个人倾资创办厦门大学,并明确提出要把厦大建成"南方之强"。陈嘉庚先生以此作为厦大的奋斗目标,蕴涵着他对厦门大学的殷切期望,代表着一代又一代厦门大学师生的志向。

　　1991 年,在厦门大学建校 70 周年之际,厦门大学出版社出版了首辑"厦门大学南强丛书",共 15 部优秀的学术专著,影响极佳,广受赞誉,为 70 周年校庆献上了一份厚礼。此后,逢五逢十校庆,"厦门大学南强丛书"又相继出版数辑,使得"厦门大学南强丛书"成为厦大的一个学术品牌。值此建校 95 周年之际,我们再次遴选一批优秀著作出版,这正是全校师生的愿望。入选这批"厦门大学南强丛书"的著作多为本校优势学科、特色学科的前沿研究成果。作者中有院士、资深教授,有全国重点学科的学术带头人,有新近在学界崭露头角的新秀,他们都在各自的学术领域中受到瞩目。这批学术著作的出版,为厦门大学 95 周年校庆增添了浓郁的学术风采。

　　至此,"厦门大学南强丛书"已出版了六辑。可以说,每一辑都从一个侧面反映了厦大学人奋斗的足迹和努力的成果,丛书的每一部著作都是厦大发展与进步的一个见证,都是厦大人探索未知、追求真理、为民谋利、为国争光精神的一种体现。我想这样的一种精神一定会一辑又一辑地传承下去。

　　大学出版社对大学的教学科研可以起到很重要的推动作用，可以促进它所在大学的整体学术水平的提升。在 95 年前，厦门大学就把"研究高深学术，养成专门人才，阐扬世界文化"作为自己的三大任务。厦门大学出版社作为厦门大学的有机组成部分，它的目标与大学的发展目标是相一致的。学校一直把出版社作为教学科研的一个重要的支撑条件，在努力提高它的学术出版水平和影响力的过程中，真正使出版社成为厦门大学的一个窗口。"厦门大学南强丛书"的出版汇聚了著作者及厦门大学出版社全体同仁的心血与汗水，为实现厦门大学"两个百年"的奋斗目标做出了一份特有的贡献，我要借此机会表示我由衷的感谢。我不仅期望"厦门大学南强丛书"在国内学术界产生反响，而且更希望其影响被及海外，在世界各地都能看到它的身影。这是我，也是全校师生的共同心愿。

2016 年 3 月

目　　录

卷一　区域人地关系

卷二　山区开发与社会

南强丛书

长江中游的人地关系与地域社会

图　目

区域、地方与地域：空间维度下的历史研究（代序）

时间与空间乃是人类历史发展最基本的要素：人类历史在空间中展开，在时间中演进。因此，时间与空间的观念及其方法，乃是历史叙述、分析、解释之最基本的观念与方法：在时间过程中考察空间的特点、结构及其形成与演进，遂构成"时间维度下的地理学"，或者可称为"地理学研究的时间取向"；而在空间的结构及其结构过程中分析历史的进程、展开及其特点，则构成"空间维度下的历史学"，或者可称为"历史学研究的空间取向"。无论是时间维度下的地理学，还是空间维度下的历史学，都强调事物形成与演变、事件发生顺序、"结构"生成与演进的连续性和相关性，促使人们在一个"整体性"的时空范畴内考察事物、事件与"结构"；而由于事物、事件、结构等的"发生"必定具备特定的时空条件，又必然在特定的时空中得以展现，所以，"具有时间性的空间"和"特定空间中的时间"遂交织、融会，形成"时空整体"。整体性的时空范畴和时空融会的时空整体，是时间维度下的地理学与空间维度下的历史学得以成立的基础，而不同学科领域与学术取向的学者从不同角度理解并界定整体性的时空范畴，遂使时空整体在区域、地方以及地域等不同层面上得以展开。

"空间"的观念与方法，虽然最初主要是地理学提出并使用的，但随着经济社会与文化发展之空间差异不断加大与相关研究的不断深入，在经济学、人类学、历史学乃至政治学等领域得到广泛接受和运用，并围绕"空间"等核心概念，展开了相当深入而细致的讨论，提出了诸多立足于不同学科出发点的理论与方法。与之相适应，同时也是史学研究内在理路演进的结果，近年来，历史学领域对空间研究的兴趣也大为增加，许多学者从不同角度理解、界定"地方"、"地域"或"区域"等概念，根据自己的学术诉求与实际情况，选择不同空间尺度的"区域"（从村落到"大区"），对其历史过程与特点展开研究,从而形成了具有不同取向、路径与特点的区域历史地理、地方史、地域社会经济史以及村镇史、城市史研究。我们把这种立足于空间观念与方法,把不同空间尺度的地理空间作为研究对象、探究其历史过程与特点的历史学研究,总概称为"空间维度下的历史研究"。

一、"区域"与区域历史地理研究

在西安半坡新石器时代遗址的北部居住区,中间有一条东西向的小沟,将居住区分成南、北两部分。虽然很难判定这条小沟是自然沟壑还是人工沟渠,但它确实分割了这个居住区,使它表现出两个小区的格局。在早期人类的生存空间里,居住区、墓地、陶器作坊等功能区一般被分别开来,有着相对明确的划分;河边的采集种植地、山坡上放牧牛羊的草地,以及山上可供打猎的树林,都构成了居住者生活生产的不同空间;而小河、河边的几棵树、山口的大石头、山峰、山坳,则可能标志着这个聚落生存空间的边界。在早期聚落人群的心目中,对这些区划、界线等,可能有着清晰的认识与把握:人们用它们来描述自己的生存空间,界定自己生活与生产活动的范围,并把它们看作为具有指示和限定作用的标识。

所以,"区域"(region)的观念与方法,可能起源于人们对于生存空间的功能性划分与边界限定。它既是人们看待并把握自己生存世界的方式,也是人们开展生产生活活动的"指示标":人们据此到河边去采集、种植,到山坡去放牧牛羊,到山林里去打猎,走到山口的那块大石边就回来,绝不轻易渡过小河,也不为追赶受伤的猎物而越过山坳——"越界"可能会导致非常恶劣的后果,甚至是死亡。在这个意义上,"区域"观念与方法,源于人们认识、把握自己的生存空间,以及生活生产过程中的功能性分划,但它同时又成为人们认识并描述世界的基本方式,并构成了人们生产生活活动的基本结构。换言之,人们在"区域"里生存,用"区域"划分并描述世界,也同时被限定在"区域"里。

当然,即便是早期的人类,也不是为"活着"而"活着"的。我们可以想象,生活在山河里的一群人,也会仰望星空,去苦思冥想那个幽远深邃、有无数眼睛的世界;他们会死亡,死去亲人的尸骨就在山坡的墓地里,或者就在居住房屋的地下,他们的灵魂没有走远,就飘荡在河谷间。这样,人们就有了三个不同的世界:生活的那片河谷、天空以及河谷的"地下"或"空气":河谷是"我们"生活着的,天上住着神明,地下住着祖先(他们也在河谷的空气中游荡)。这三个世界,构成了人们认识、把握世界的三大区域,它们虽然有所交叉,但界线是大致分明的。天上、地上、地下的划分,可以看作是一种纵向维度的空间划分,它们同样构成不同层面的区域,并且在人们认识、把握世界的过程中发挥着重要作用。

可能出于偶然,也可能不得不然,人们走出自己生存的河谷地,来到山梁的另一边,见到了在另一片河谷里生存的另一群人。他们争夺、冲突,或者和平地来往、互为婚姻对象,都会产生"我者的区域"与"他者的区域"的区别与划分。人们不断地迁徙,或者扩大自己的生存空间,接触、往来、交流的人群越来越多,这就产生了具有不同人群与空间特征的区域。"我者的区域"与"他者的区域"的二元分划就越来越不适应人们的需要,从而逐步形成了越来越复杂的区域划分方法。较早也相对简单的区域划分方法是以"我们自己"为中心、根据不同空间单元与"我们"之间的"距离",由近及远,从中心到边缘,依次划分出不同的区域来。国、郊、牧、野或邑、郊、鄙、奠(甸)的划分方法,以及《尚书·禹贡》所记"五服制"(甸服、侯服、绥服、要服、荒服)的划分方法,都是典型的"同心圆式"的区域划分方法。卜辞所见的四土、四至及诸方,则基本上可视为一种方格区划方式。《汉书·地理志》说:

> 昔在黄帝,作舟车以济不通,旁行天下,方制万里,画野分州,得百里之国万区。是故《易》称"先王建万国,亲诸侯",《书》云"协和万国",此之谓也。尧遭洪水,襄山襄陵,天下分绝,为十二州,使禹治之。水土既平,更制九州岛,列五服,任土作贡。①

方制,颜师古曰:"制为方域也。""方制万里",也就是将"万里"疆域区划为若干"方",以"方"划分并界定疆域。画野,颜师古注:"画,谓为之界也;野,古野字。"也就是划定疆域内部的各区域,并确定其各自的界线。其中,一"方"也就相当于一个"百里之国"(这当然仅是一种模式化的表述),

---

① 《汉书》卷二八上《地理志上》,北京:中华书局,1962年,第1523页。

而一"州"则包括若干"方",亦即若干"国"。显然,方、国、州都分别被假定为不同层次的方形区域。

如所周知,对已知地理空间的认识、描述与划分,导致了地理学的产生,而"区域"也就成为地理学最基本的观念与方法:从区域出发,将已知世界划分为若干区域,分别加以描述,比较其各自的异同,分析各个区域的特点,概括其共同性,乃是地理学最基本的任务,也是其基本的方法。所以,区域的观念与方法,是地理学用以观察、描述、分析世界的基本方法;地理学考察的主要特征就在于它是"区域"的,而且只能是"区域"的。这种表述包括三方面内涵:(1)区域是地理学研究的具体对象。虽然对于"区域"究竟在多大意义上可被视为一种客观存在,历来有不同的看法(虽然也不乏主张区域具有"绝对客观性"和"绝对主观性"的学者,但总的说来,大多数学者都调和其间,承认区域主要是一种主观观念,但也有一定的客观依据),但地理学者在具体的研究过程中,几乎无不选择特定的区域作为自己的研究对象,即使是"纯粹的"系统地理学研究者,也很少有可能研究某一地理要素在全世界的空间差异。(2)区域是地理学家赖以认知、描绘、分析世界的基本工具和方法。自康德以来,区域乃是一种自然经济政治社会文化综合体的观念,早已深入人心。地理学家们普通相信,任何一个区域的现象,都表现为密切联系的区域复合体,要想理解一个地区较之于其他地区的特征,必须观察、分析区域内的所有现象,并与不同地理单元的相同或相类指标相比较。因此,区域综合遂被视为区域研究的基本方法和目标。地理学家的任务,就是要描绘出所研究区域的综合性知识,进而将这些区域综合的知识缀联起来,形成对世界整体的认识和描述,进而分析世界的总体结构及其特征。(3)"区域特性"是地理学探讨的核心内容之一。对区域特性的探讨与揭示,是地理学形成、发展并具有社会意义的根源。关于区域独特性的问题,不同的地理学家的认识很不相同,但越来越多的地理学家相信:既然世界上的每一个人都是独一无二的,那么,每一个区域也是独一无二的;每个区域都具有或可能具有与众不同的特性,与"人"一样,其特性在很大程度上是本身历史的产物。区域研究的目标,就是要揭示这种特性,即"区域特性"。区域特性特别是区域的地理特性,构成了地理学实践的核心。

正是在承认区域及其特性乃是其本身历史的产物这一前提下,"区域历史地理研究"得以提出。在学理上,区域历史地理研究是区域地理学的历史回溯或"逆向延伸",旨在探究区域特征形成的历史过程,分析区域特征是如何形成的,是试图"回到历史过程中"看区域特性的形成。任何一位严肃的地理学家,都不可能不考虑所研究区域的过去,探寻往日的踪迹。一个区域的特性特别是其文化特性必然在"时间过程"中才得以展现出来,忽略"时间性"的区域特性是不存在的。区域的"时间性"绝不仅仅是简单的纪年时间,而有其丰富的内涵:首先是研究者的"时间性",即研究者所处的特定历史阶段与文化情境;其次是研究区域人群的"时间性",即生活在研究区域内的那些人群自身创造、发展其文化(广义的"文化")的历史过程,以及他们对这一历史过程的描述;最后是所谓客观的"时间性",亦即研究者假定尽可能排除了自身及研究区域历史人群之主观性的、以纪年时间为基准排列的"客观"历史过程。

因此,区域历史地理研究的立场是非常明确的,那就是研究者自身所处时代的社会与文化,是站在"今人"的立场上,从"今天"的区域面貌及其特性出发,"回首"去看这种面貌与特性形成的历史过程。所以,区域历史地理研究的基本方法,乃是"回溯法",或称"逆推法",亦即"由今溯古"。其具体研究路径一般是:首先,由研究者所处时代的区域地理面貌出发,逐次向前推,根据研究的需要,选取不同的时间段,建立反映各不同时段区域面貌与特性的历史地理剖面(如研究秦巴山区的历史地理,就可以首先依据当代地理数据,弄清21世纪初该地区的地理面貌与特征;然后向上回溯,逐次建立起20世纪80年代、50年代初,20世纪初,19世纪中叶,18世纪中叶,17世纪中叶等时间段的历史地理面貌及其特征)。然后,将不同时间段的历史地理面貌与特征加以比较,分析究竟哪些方面发生了变化、引起变化的原因或机制是什么,哪些因素并没有发生根本性的变化、这些相当稳定的因素意味着什么;这样,就可以理清该地区历史地理面貌及其特征演变的轨迹,描绘出各要素变化的曲线,明了其变化的内涵与意义。最后,将研究区域放在一个更大的地理空间范围内,或者将对研究区域历史地理过程及其特征的认识,置入对于广泛意义的历史地理过程及其一般特征认识的总体认识体系中,分析所研究区域的独特性与共同性,进而界定其地位与意义。

区域历史地理研究的出发点是区域地理,目标是理解、认识区域地理面貌及其特性的历史过程,所以,它在研究方法上,有很强的"地理性"和"科学性"。研究者一般会从区域自然地理条件入手,对区域自然资源条件、生态环境及其变迁、资源开发与经济发展以及区域人地关系系统及其演变等问题,展开深入细致的考察,其特点是强调科学方法的运用,特别是数量分析与模型分析,弱点则是在观念上以"物(地理事物)"为本,对区域民众缺乏关注,往往有"见地不见人"之失。这就要求研究者在"回溯过去"的过程中,需要尽可能充分地考虑历史时期区域居住人群的需求和立场,以他们的眼光描述、评价其生存区域的环境、面貌与特性,而不能单纯从"今人"特别是研究者的立场出发。这种观察视角的转换,在具体的研究中,是相当困难的,但唯有如此,才可能最大限度地去除观察者的主观性,去洞察、理解与"今人"相距遥远、内涵相异的历史文化及其所依存的区域。

二、"地方"与地方史研究

"地方"(local)这个概念,与"地点"(place)、"场所"(locale)、区位(location)等概念联系、交织在一起,很难做出明确的区分和界定,不同学者的看法也存在巨大差别。大致说来,地点、场所、地方这些概念,都与使用者确定、描述自己或他人在这个世界上所处的位置有关,主要是用于界定自己或他人(或事物)的位置或地位的。比如我们描述自己居住在哪里、在怎样的地方、是什么地方的人。它当然可能表现为一种固定的实体形式,比如房屋、街道、商店、村落、城镇乃至河谷;但也可能并不具有明确的实体内涵,比如我们说自己"处于社会底层"或者是"中间阶层"(这也是一种"位置",是在社会体系中所处的"地点"),或者说自己具有"中等文化程度"(这是"文化位置",在文化体系中所处的"地点")等等,虽然并无实体形式,但其所表达的一个人在这个世界中的"位置"(它可能比那些实体形式的位置更为重要),是非常清楚的。

地方、地点、场所等观念,首先是一种主观概念,它所表达的,主要是使用者的主观认知与界定,强调的是使用者在这个世界上的"亲身经历"。我们立在街头,观察并描述自己所看到的景物,即可向朋友传达自己的位置信息,不需要或无法使用精确的经、纬度指标;同样,我们描述自己的家乡,也主要依据自己的观察与感性认知，而不是"科学数据"（虽然"科学数据"也并不客观）；我们描述自己的社会地位，虽然有一定的财富、权力指标，但更主要的乃是一种认识，自身与所处群体的感觉和认识。因此，对于"地方"的认知与描述，一般是从认知与描述者自身（"我者"）的立场出发的，是一个以"我"为中心的同心圆或辐射面；认知与描述的目的，是界定并突显出"我"在这个世界上的存在及其位置。所以，"地方"是人界定、认同自己身份以及描述自己的根据。立足于一个"地方"，就可以拥有一个面向世界的基点，从而可以把握一个人在世界秩序中的位置；如果失去了可供作为基点的"地方"，一个人就会"漂浮"在这个世界上，无所凭依，也无所适从。人们在精神与心理上对"地方"的依恋或归依感，根源也就在这里。

在这个意义上，地方、地点、场所等观念，是一种相对观念，它需要依靠由"他者"构成的参照系来确定自身。我们站在街头通过电话向朋友描述自己的位置，前提是朋友对我们所描述的事项可以理解并把握。同样，我们对家乡的描述，也以接受此种描述的人可以理解所描述的事项为前提。而这些前提的核心，是描述者与接受描述者处于同样或可以沟通的社会文化环境中。因此，"地方"的观念，在一个特定的社会范围和文化环境中才有意义，它需要有一个在相对固定的空间范围内的个体之间相互作用所形成的社会关系网络，才能发挥作用。因此，地方的观念，至少在其初起之时，是与"小区"、"共同体"、"群落"（community）之类的概念联系在一起的，其意义在于某一"小区"或"共同体"及其成员以其生存生活的空间范围作为界定自身的重要指标，并且这一"小区"或"共同体"的存在就立基于这一"地方"，这一"地方"甚至可能被视为生活于其间的"小区"或"共同体"本身。所以，地方的观念，强调的实际上是居于此一"地方"的社会，所指的主要是生存生活于这一"地方"的人群所结成的社会关系网络，即"小区"或"共同体"。而所谓"地方性"或"地方特性"，强调的也主要是某一地方的社会关系网络的特点，或者说是某一"小区"的社会特点，是由多种个人、团体及其利益在空间中集聚所形成的社会能量和作用的总和。

尽管如此，"地方"仍然很难确定为必然是一种"客观"的社会实体。"地方"的"存在"，在很大程度上仍取决于人们在主观上的认同，即"地方感"的存在。很难明确"地方感"的具体内涵，只能大致表述为对"地方"的感知、理解和认同：对地方的"感知"应当以"亲历"为基础，"理解"则是从自身出发对"地方"在人类(包括理解者自身)生存与活动中意义的认识,"认同"或者可以表述为个体作为人群或社会的一员处于一个群体内部并属于这个群体的"感觉"、肯定及表达。"地方感"可以表现为人对地方的热爱("恋地情结",topophilia),而其本质则是人类与其所生存的地理环境的感情纽带。在这个意义上,"地方"与"地方感"一样,在本质上是一种主观概念。而在当代社会中,地方、地方感以及与之相对应的诸种地方景观特征,正在被渐渐根除;"地方"、"地方感"都正在慢慢消失,沦为边缘或弱势话语。

因此,"地方史研究"的目标(不论所研究"地方"之地理空间范围的大小),应当是站在"本地人"的立场上,揭示"地方特性"及其历史过程,是为"本地人"理解、突出其"本地"特色服务的,或者说是试图通过对本地历史过程的梳理,认识本地的"地方特性"。简言之,地方史是地方人群对自身历史的叙述与认识。其所关注的,并非历史的客观过程,而更在于通过对本地历史的想象与叙述,彰显本"地方"的历史叙述在更为宏大的历史叙述中的意义,并借此以界定其本地人群及其文化在更为广大的人群与更为宏大的文化中的特点与地位。而外部研究者关注地方史,则主要是分析地方人群对自身历史的叙述与认识,所持的主要是一种"文化史"的立场。

湖南省华容县有一批地方学者,以李春阳、江良发先生为代表,多年来锲而不舍,一直在探讨著名的"华容道"问题,试图去证明,"赤壁之战"后曹操败走的"华容道"就在今天的华容县境内,并为此做了大量的文献考证、实地考察工作,形成了一些初步成果。对于李春阳、江良发等地方文史工作者的诉求与工作,很多历史学者往往不能理解。2005—2008年间,我曾有机会几次到华容县做田野考察,得与李春阳先生等当地文史工作者相识。经过多次交流,我才慢慢地认识到:华容道是否在今华容县境,对于李春阳先生及其朋友们来说,绝不是一个单纯的学术问题,而关系到他们对于家乡历史的建构,以及他们所生长的这片土地在中华帝国及其漫长历史过程中的地位,换言之,是一个关涉他们从哪里来、在哪里、做过什么、发挥过什么作用的大问题,所以,在很大意义上,可以表述为"一个关于生存及其意义的问题"。在华容,我多次听到李先生及其朋友们以及地方政府的领导说起"如何提高华容知名度"的问题。初听之下,以为这不过是时下最为流行的"文化搭台,经济唱戏"的地方工作思路的组成部分;仔细思索,则觉其中更蕴含着"华容在中国历史上的地位与作用"这样的大问题,有其丰富的文化内涵。显然,华容在中国历史上曾经具有怎样的地位、发挥过哪些作用,关系到如今界定当今华容县在当代中国经济、文化乃至政治生活中的地位与作用,也就是关系到如何定义"华容"与"华容人"。因此,对于华容人来说,是一个"安身立命"的大问题。

所以,"地方史"应当主要是当地人的历史,是由当地人叙说、为当地人服务、讲给当地人群听并且相信的历史;而无论历史的真实性如何,也无论"经院派"的历史学者们叙述的"历史真实"如何,只有当地人自己相信为"真实的历史",才是当地人群自己的"地方史"。

三、"地域"与地域史研究

"地域"(locality)一词,或者可以看作为"地方"与"区域"的融汇。至少在中文语境中,"地方"所指的空间范围相对较小,主要是与村落、市镇之类可以看作为不同层面的"小区"、"共同体"的社会网络体系相对应的空间观念。当我们讨论的空间范围中可能包含较多的小区或共同体时,使用"地方"就不足于涵盖其所涉及的地理空间。于是,以"地方"为基础,适度地扩展其空间范围,就形成了"地域"的概念。"地域"主要是研究者设定的概念,其空间尺度是不确定的,其内涵也不太明确。一般说来,"地域"不是一个能够划定边界线的简单的空间领域,而是根据一系列复杂的、变动中的社会关系及其过程来确定的、不稳定的地理空间;在"地域"的观念下,所关注的,也是特定地理空间范围内诸种社会关系的生成、结构及其演变,所以研究者也可能根据社会关系网络的演变,调整其所研究的"地域范围"。

与"地方"不同,"地域"的概念及其划定一般是外来的观察者或研究者从"外部"给予并加以界定的,生活于研究区域内的人或人群自身,一般并不使用"地域"的概念,也不了解研究者所界定的"地域"范围及其概括出来的"地域性"。在这个意义上,"地域"、"地域性"是相对脱离于研究地域的人群的,这与"地方"、"地方性"主要是当地人使用、界定的概念形成鲜明对比。"地域"所指的地理空间范围一般比"地方"也要大一些,其所包含的社会关系网络及其形成与变化过程,也可能比"地方"复杂得多。即便是使用

"地域共同体"之类的概念,其蕴含也比"小区"更为复杂。质言之,"地域"的观念主要是外部研究者提出并使用的,而"地方"的观念则一般是"本地人"(包括本地研究者)的。

作为一种思想方法,"地域"的观念与方法将"区域"与"地方"两种观念及其对应的方法结合起来:"地域"研究者主要从外部划分并确定其研究对象的地理空间,并将之界定为"地域",这种做法,主要来源于区域的观念与方法,可以看作为划分世界的方式;同时,"地域"研究者也强调生存于研究区域范围内的人与其所生存的地理环境之间的依存关系,关注地域人群对"本地"的依恋与归属感,这样的思考方法,则主要来源于"地方"的观念与方法;此外,"地域"研究者一般也会关注研究区域的空间分异与结构,讨论研究区域内的"小区"或不同层级的"地域",这种办法又融汇了"区域"与"地方"两种观念下的研究理路。但也正是因为此,"地域"观念的界定多少显得有些模糊不清,研究者的立场也往往在"本地"(局内观察者,"我者")与"外部"(局外观察者,"他者")之间游移、变动,从而显得不够清晰。

由此,我们可以大致明晰"地域史研究"与"地方史研究"的异同。"地域史"一般是外部研究者基于自己的研究立场,从外部划分出特定的地理空间和社会范围,考察其范围内社会体系的形成及其变化过程,目标是探究社会体系的形成、变化、其不同类型及其过程。虽然"地域史"的研究者也往往强调其出发点是地域的或地方的,但其立场仍然主要是外部的,其所说的"地方性"实际上是"外来观察者眼中的地方性",而不是当地人的"地方性"。当然,从地域史的角度出发研究一个特定地域,也需要尽可能去理解当地人对自身历史的认识与叙述,但即使研究者就是本地人,这种理解仍然是"外来者"的。

地域史研究关注的核心问题,是研究范围内的社会,亦即以人际关系网络为基础的社会的形成与演变,所以,在根本上可以归入"社会史"。这里的"社会",是在广泛的意义上使用的,它包括人们因生存欲求而产生生计方式,进而形成经济形态;因交往愿望而产生关系网络与组织,进而发展为"社会";因控制而产生权力,由权力的分配与争夺而形成政治角逐与结构;因求知欲望而产生了学问,并进而形成系统的知识、技术与思想;等等。从地域史的角度出发,经济开发与经济形态乃是地域社会得以生成并发展的基础,国家权力或其他来自地方(地域)之外的政治权力则在地域社会的形成与变化过程中发挥了至关重要的作用,而社会伦理规范与文化叙说则既是地域社会形成的"能动性"因素之一,又是其结果。所以,地域史的核心线索,就是地域的整体社会史,它实际上涵盖了地域范围内的经济、政治、社会与文化的各个方面及其过程,是关于特定地理空间范围内的人的活动的整体史或总体史。

强调所研究地域的整体性或总体性,可以说是地域史研究最重要的特征。从事地域史研究的学者,都把所研究的地域,看作一个内部有着密切关联或凝聚性的整体,将之视为在特定地理空间范围内一些由因果关系或其他关系及其过程联结形成的复杂综合体,并且可能独立地成为更为广泛的社会关系过程中强有力的社会实体(虽然它事实上未必是"客观存在的"社会实体),进而在更为广泛的社会、政治与文化进程中施加影响、发挥作用。所以,地域史研究的整体性,主要有三方面含义:一是作为一个"社会实体"(无论它是"主观的",还是"客观的")的地域及其形成,即"地域的形成";二是作为一个整体的地域内部,诸种关系的形成、密切程度及其表现,以及由此而展现出来的地域整体的特性,即"地域的特性";三是作为一个整体的地域,在一个更为广泛的历史进程中究竟发挥了怎样的作用、具有怎样的地位,亦即"地域的意义"。地域的形成、特性及其意义,应当是地域史研究的三个主要方面。

与地方史研究相同,地域史研究也强调"本地人群"在地域历史进程中的主体地位,同时也关注地域在"本地人群"的形成过程中所发挥的作用。换言之,"本地人群"既是"本地历史"的创造者,也是"本地历史"的结果,它正是在"本地历史"的进程中逐步形成的,或者说是由"本地历史"塑造的。"本地人群"世世代代生活在这一地域,是一些活生生的、具有历史与生活经验的、有矛盾的心理和情绪的"人";他们为了生存与发展、追求美好生活而不断"适应"并"改造"其所处的环境,摸索并建立适合自身生存与发展需求的社会组织与制度,创造并不断"改进"具有自身特色的文化的历史;而在这一过程中,他们也形成了对自身的认同与界定,具有了自身的"地域性"或"族群性",并用自己生存的地域给自己贴上了标签。地域史研究的目标之一,就是要理解、认识并描述这样的"地域人群",并倾听、记录他们对自身及其历史的叙说,进而提示其"人群的特性",亦即地域的"人群性"。

因此,地域史研究的归结点,是"人",是理解并认识所研究地域的

"人"、"人群"及其特性,其最终目标是理解、认识"人性",是从地域出发探究"人性",特别是揭示人性的"地域特性",分划人性的地域"类型",并最终为探讨人类的基本特性及其发展轨迹而做出贡献。

四、区域、地方与地域:"人的空间"

如上所述,区域历史地理研究的归结点是"地",是研究区域的区域特性,它最终是为认识我们生存的这个世界的地理空间奠定基础的,是从区域出发探究世界的"空间特性"的;地方史研究的归结点是"地方人群",是本地方的人怎样认识、看待、叙述自己的历史,并借此对其本身、本身的历史与文化给出界定,最终是为当地人群认识并界定自己服务的,其落脚点是"当地人";地域史研究的归结点则是"人的地域性",是通过对地域历史与文化的考察与分析,探讨"人性"在不同地域背景下的表现及其方式,最终是为认识"人性"(人类的根本性质)奠定基础的。显然,要理解"地"(空间),不能离开生活在"地"上的人以及不同的人对"地"的描述与认识;要认识"人",也不可能忽视其所生存生活的"地",他们对"地"的认识、适应、利用与改造以及描述。所以,将区域历史地理、地方史、地域史研究的相关理路结合起来,把对"人"与"地"的认识联系、整合在一起,实为学术内在理路发展之必然。而在这一结合过程中,"人为中心"的空间,则应是从空间维度观察、分析历史过程的根本出发点。

毫无疑问,空间是以自然的地理形式(geographic form)及人为所建构的环境(built environment)为其基本要素及中介物的,它同时又是依存于其上的人群通过各种活动不断建构的结果。[①] 这里有三层内涵:第一,空间的"自然地理形式"需要通过"人"的认知与利用才得以赋予"意义";第二,"人为的建构环境"乃是空间的核心内涵;第三,空间是具有特定意识形态或知识背景、在特定政治经济与社会文化条件下不断建构的结果。显然,"人"在空间及其建构过程中,居于中心地位。将这一认识落实到空间

---

① 黄应贵主编:《空间、力与社会》,"导论",台北:"中央研究院"民族学研究所,1995年,第3～4页。

维度下的历史研究中,就需要把区域、地方、地域等概念与对象,主要视为"人的空间",是由于人的存在、认识与活动而得以获取意义的空间实体。

以历史时期乡村聚落(村落)的研究为例。乡村聚落是乡村居民最重要的生产生活空间,选取什么样的地方建造自己的房屋、建造怎样的房屋、怎样安排自己的宅院,以及怎样处理房屋与耕地、左邻右舍(如果有的话)、村落中的其他设施(道路、公共设施)之间的关系,是农民生活中的大问题,甚至是与婚姻、生育等人生大事同等重要的事情。所以,研究历史时期乡村聚落的形态,必须努力站在历史时期研究区域内乡村居民的立场上,设想与他们处于同一种特定的历史、地理与社会情境中,复原并想象其生存、生产与生活的地理与社会空间,方有可能对其居住形式给予一种最大程度上符合历史实际的描述与解释。这就是所谓"走向历史现场"的历史人类学立场。陈春声先生曾经谈到历史人类学立场的区域历史研究,"既要把个案的、区域的研究置于对整体历史的关怀之中,努力注意从中国历史的实际和中国人的意识出发理解传统中国社会历史现象,从不同地区移民、拓殖、身份与族群关系等方面重新审视传统中国社会的国家认同,又从无时不在、无处不在的国家制度和国家观念出发理解具体地域中'地方性知识'与'区域文化'被创造与传播的机制"。[①] 这些原则,也同样适用于历史时期乡村聚落形态的研究中。

站在"人的空间"的立场上研究历史时期乡村聚落的形态,可能提出许多饶有趣味的新问题和新阐释。比如,乡村聚落起源于定居生活,没有定居(至少是季节性定居)也就无所谓乡村聚落。那么,人们为什么会选择定居这种居住方式?早期的解释倾向于认为是农耕生活的需要导致了定居,并催生了聚落。但是,即使在早期游牧群落的文化中,也发现了至少是某种定居的倾向,一个以岩画或巨石冢为标志的礼仪或祭祀中心,像候鸟那样相对固定的、每隔一段时间就会回来的地点。凡此,都引导我们去思考:定居,或较长时间的居住,并不一定起源于原始农业的发展,而很可能起源于人类早期的生活与信仰。芒福德说:

　　　　在旧石器时代人类不安定的游动生涯中,首先获得永久性固定居

---

① 陈春声:《走向历史现场》("历史·田野丛书"总序),见赵世瑜:《小历史与大历史:区域社会史的理念、方法与实践》,北京:三联书店,2006年,第Ⅰ～Ⅶ页,引文见第Ⅲ页。

住地的,是死去的人:一个墓穴,或以石冢为标记的坟丘,或是一处集体安葬的古冢。这些东西便成为地面上显而易见的人工目标,活着的人会时常回到这些安葬地点来,表达对祖先的怀念,或是抚慰他们的灵魂。虽然当时的采集和狩猎的生产方式不易形成固定地点上的永久性居住,但至少死去的人可以享受到这种特权。①

固定的墓地,相对固定的礼仪与祭祀场所(与生产生活有关的巫术举行地),很可能是最终引导早期人类较长时间内居住于某一特定地点或有规律地回到这个地点的最重要的原因。

另一方面,即便是在农业经济已相当发达的明清时期,也并不一定所有从事农耕的乡村居民都采用定居的方式。明清时期,进入秦巴山区的移民在很长时间里仍然采取游耕和流动居住方式。严如熤《三省山内风土杂识》记载,进入秦巴山区的流民"不由大路,不下客寓,夜在沿途之祠庙、岩屋或密林之中住宿,取石支锅,拾柴作饭。遇有乡贯便寄住,写地开垦,伐木支椽,上覆茅草,仅蔽风雨。借杂粮数石作种,数年有收,典当山地,方渐次筑土屋数板,否则仍徙他处"。"棚民本无定居,今年在此,明年在彼,甚至一岁之中,迁徙数处。即其已造房屋者,亦零星散处,非望衡瞻宇、比邻而居也。"②只有在当地取得稳定的生计来源,特别是取得了稳定的土地所有权或租佃权、建起了堰坝等水利设施之后,这些流民才会真正地考虑定居下来,死后不再回葬故里,甚至将祖先从故乡迁葬新居地。唯有如此,流民才真正在移住地扎下根来,建立起稳定的新聚落。

再如:一般认为,聚居是人类最初的居住方式,血缘组织则是最早的聚落社会的骨架。而我们对汉水流域新石器时代文化遗址所反映的聚落状况的分析表明:新石器时代汉水流域的聚落是内凝式的,整个聚落的房屋、墓地、手工业作坊,紧密地聚集在一个规定的范围内。每个聚落的独立性或自足性十分明显,人们在聚落中居住、生活,组织生产和有关的经济活动,就是死后也以聚落为单位进行安葬。聚落的人口承载量是有限的,

---

① 刘易斯·芒福德:《城市发展史——起源、演变和前景》,宋俊岭、倪文彦译,北京:中国建筑工业出版社,2005年,第5页。

② 参阅张建民:《明清长江流域山区资源开发与环境演变——以秦岭—大巴山区为中心》,武汉:武汉大学出版社,2007年,第467~522页。

少则数十,多则一二百人。聚落与聚落之间的距离一般较远,距离最近者,也控制在各自的农业生产区不相接壤的原则上。聚落间没有明显的性质差别;相邻的聚落间可能有文化交往,甚至发生姻亲关系,但相互间不相隶属与依存,各聚落均是独立的。因此,至少在汉水流域,可以肯定,新石器时代的聚落最先是表现为散漫型的,以散居为主;只是到后来,随着史前农业的发展和社会组织的进步,才逐渐出现较大的中心聚落乃至城壕聚落,形成集聚村落;但即使在出现集聚村落的新石器时代晚期,散居仍然是汉水流域人类居住的主要形态。这种情况,大约到春秋战国时期也并未发生根本性的改变,只是后来随着人口的逐渐增加与地区经济的不断发展,才逐渐发展成为规模较大的聚居村落,并进而发展成为城。结合我们对汉宋时期长江中游地区乡村聚落形态及其演变的考察,可以相信,在长江中游地区,散居,而不是聚居,是人类最初的居住形式,也就是这一地区人类居住的原始倾向。由此出发,我们进而认为,从农业生产的角度来看,"位于田地中央的孤立居住的形式,是一种很优越的居住方法,它给农民以自由,它使他靠近田地,它使他免除集体的拘束"。[①] 因此,经济生活的需求,是导致散居作为一种原生居住方式的根本原因。

在上述简要分析中,乡村聚落这一地理事项,是因为人的需求而产生的,是"为人"的、"人建"的,并因此而具有"人性"。这个空间不是"死的",而是活生生的、富有人性的。同样,我们相信,无论是从何种角度出发研究区域、地方或地域,它们都是活生生的、富有"人性"的,所不同的是观察与被观察的"人"不同而已。

不仅如此,在空间里生存、活动并建构空间的那些"人",是处于特定空间中的"人",而不是抽象的、用数字表示的"人口"。历史学与地理学研究区域,都涉及研究区域范围的人口,而且都从人口迁入、分布与增长入手。但是,一般论及区域人口,多着重于考察人口数量,以给出人口数增长曲线为归结点,其所讨论的区域人口,往往是抽象的人口数据,是"人口数",而不是努力谋求生计、改善生活条件与社会经济地位的、活生生的地域民众。"人的空间"维度下的历史研究,首先就是要在已有研究理路的基础上,把

---

① 阿·德芒戎:《农村居住形式地理》,见氏著:《人文地理学问题》,葛以德译,北京:商务印书馆,1993 年,第 169 页。

"区域人口"还原为"地域民众",关注地域民众的基本需求、能源选择、生存适应、信仰与文化等生存生活的基本方面,努力站在地域民众的立场上,去认知其所生存生活的环境,考察其适应、利用地域资源与环境条件的方式方法,而不仅仅是以"外来观察者"的身份,秉持所谓"科学、理性的"态度,高高在上,对区域历史与现状做出评判。因此,所谓"人的空间"维度下的历史研究,就是要研究区域、地方或地域内居住人群的历史,是千百年来生活在那里的"人"为了生存与发展、追求美好生活而不断"适应"并"改造"其所处的环境,摸索并建立适合自身生存与发展需求的社会组织与制度,创造并不断"改进"具有自身特色的文化的历史。

卷一 区域人地关系

"了解之同情"与人地关系演变研究

一、一种研究范式的分析：人地关系演变的"三阶段论"

人类活动与地理环境之间的关系（简称"人地关系"）及其演变过程与规律，长期以来一直是地理学、环境科学、生态学和历史学等学科研究的重要课题。近年来，随着研究的不断深入，各个学科均逐步形成或正在形成有关人地关系研究的某些"范式"（或"范型"，paradigm）或"共识"。人们普遍相信：人地关系是人类起源以来就存在的客观关系，地理环境与人类社会均处于不断运动变化而又相互影响、相互制约当中。人地关系的演变是一个漫长的历史发展过程，这一过程大体经历了三个阶段：

第一阶段，包括采集狩猎社会和传统农业社会前期。在这一阶段，地理环境对人类各方面的活动几乎都起着决定性的作用，人类基本上只能被动地"适应"自然环境，对环境的影响与破坏较小，人地关系基本上是和谐的。当然，农业产生之前和农业产生之后的状况是不同的：在采集渔猎时代，人仅仅是自然生态系统中的一个普通成员，是食物链上的一个普通环节，此时期的人与其他生物物种没什么区别；农业出现后，随着生产力的提高和生产方式的多样化，人们开始能动地利用地理环境，因而地理环境对人类具体活动的决定作用逐渐减弱；生产力越发达，人类对地理环境的利用能力就越大，利用程度也越高，所带来的破坏也就越来越剧烈。但总的说来，人类在自然环境较大范围、较长时间和较大幅度的变化面前仍然显得无能为力，只能被动地接受、适应这种变化，或者主动地调整人口布局、生产生活方式，以在新的环境中求得生存，"适应"仍是主导性的对策，"改造"还不能占据重要的地位。就人地关系的平衡状况而言,在这一阶段大部分时间的绝大部分地区,是基本平衡的,人类活动对于生态系统的负作用不是很明显。

第二阶段,包括传统农业社会后期和工业化时代。在农业社会后期,随着人口压力不断增加,人们不得不大规模地向尚未开垦、人口稀少的边疆地区、山区或平原上的湖沼地区迁移、垦殖,从而破坏了这些地区原有的人地平衡关系,导致大片土地荒漠化,森林覆盖率大幅度降低,水土流失加重,洪涝灾害越来越频繁等严重的环境问题。无论是边疆、山区,还是平原湖区,环境的恶化都在不同程度上带来经济的衰退或停滞,人口增长也受到抑制。"与草争地"、"与山争地"、"与水争地"是中国传统农业社会后期人地关系的主流。[①] 随着人类发展到现代社会,由于经济工业化和社会城市化的发展,人类对自然的开发利用和改造的规模、范围、深度和速度在不断增加,强大的技术手段的运用,不断改变着各个地区的自然结构和社会经济结构;同时,地理环境对人类社会经济发展的影响与反作用也愈益强烈,导致全球性的人口、资源、环境、生态、经济、社会关系的严重失调,人地

---

① 有关明清时期边疆地区、山区与内地平原湖区(如太湖流域、鄱阳湖流域、江汉—洞庭湖平原)之经济开发及其环境变迁的研究,是近十年来研究的热点,有关的研究成果也非常之多,此处从略。尽管由于研究区域之经济开发与环境变迁的特点有着诸多差异,但几乎所有的研究者都遵循着如下的研究理路:概述研究区域之自然地理状况→考定政区沿革→考察人口增长的过程,特别注意移民的进入→研究土地垦殖(耕地的增加)、土地利用方式(耕作制度、作物种植、产量)以及农田水利的兴修,特别注意一些特殊事项如堤防、圩田的研究→探讨农业经济开发对环境的影响,特别注意其负面影响,如森林破坏、湖泊萎缩、水系紊乱、水土流失加重、土壤退化、水旱灾害加剧等→分析环境恶化对区域经济发展的影响与制约:经济衰退、人口增长放缓乃至下降、产量下降等→最后总结区域人地关系及其演变的特点,指明历史教训的重要性(部分研究者强调气候变化等因素,也会涉及商品经济与市镇的发展)。

关系处于剧烈的对抗中。①

第三阶段,实际上是人类理想中的未来阶段。人们相信,在充分认识人地关系演进过程及其规律的前提下,人类有能力最终建立一个和谐、平衡的人地关系系统,实现人类的可持续发展。在这一阶段,"人与自然界和谐共存,人不再是自然界的主宰,而是自然界的朋友;人不再是自然界的破坏者,而是自然界的保护者。人认识自然,不仅仅要改造自然,还要合理地利用自然、保护自然,使自然支持系统成为人类持续发展的基础"。②

这一"三阶段论"又可以简化为人地关系从和谐、平衡走向冲突、失衡,再回复到和谐、平衡的循环模式。③ 众多研究者将"现在"——已经意识到问题所在的时期视为第三阶段的开始。这一阐释体系当然有其科学、合理的内涵,特别是有关第一、二阶段的认识,是建立在大量实证研究基础之上的,具有较为坚实的史料基础与科学依据,它不仅提供了人地关系演变的认识框架,更为实现人类与自然的协调、持续发展提供了宝贵的历史经验与教训,具有重要的理论意义和现实指导意义。但是,如果我们深入考察这一认识的形成过程及其所凭依的历史根据,则尚有进一步完善的余地。

首先,自 20 世纪 80 年代以来,对人地关系及其演变史的关注与研究,有很强的现实性。这一课题的提出,显然与人类生存环境的日益恶化有着密切关联。正是由于人地关系的日趋紧张,才促使学术界将研究视角集中到人地关系的历史变迁方面来,而此种研究的直接目的,则是"鉴古知今"——考察人地关系的历史演变过程,以准确地认识它的现状,并预测其

① 中国大百科全书总编辑委员会:《中国大百科全书·地理学》,北京:中国大百科全书出版社,1990 年,"人地关系论"(第 350～351 页)、"适应论"(第 383～384 页)等条;左大康主编:《现代地理学辞典》,北京:商务印书馆,1990 年,"人地关系论"(第 469 页)、"地理环境决定论"(第 27～28 页)等条;世界环境与发展委员会:《我们共同的未来》,王之佳、柯金良等译,长春:吉林人民出版社,1997 年,特别是其中的第一章,"受威胁的未来",第 31～51 页;王恩涌:《"人地关系"的思考——从"环境决定论"到"和谐"》,《北京大学学报(哲学社会科学版)》1992 年第 1 期;等等。

② 周光召:《〈人与自然研究丛书〉总序》,见黄鼎成、王毅、康晓光:《人与自然关系导论》,武汉:湖北科学技术出版社,1997 年,第 1 页。

③ 有的研究者即直截了当地将人地关系的演进表述为"从稳定到不稳定再到稳定的周而复始的历史循环过程"。参阅黄鼎成、王毅、康晓光:《人与自然关系导论》,第 233～281 页。

未来发展走向,为协调自然、发展与环境的关系,制定与实施可持续发展战略,提供可靠的基础理论依据与历史借鉴。① 这种"问题意识"固然使研究具有明晰的目标与思路,但也容易使研究带有某些主观色彩——现实中人地关系的紧张是历史发展的产物,而历史的发展有一个渐进的过程,因而人地关系的紧张是一步步演进而来的,存在着一个由"不紧张"到"紧张"的过程。这实际上是存在于大部分研究者心中的"研究预设"。在这一研究预设下,上述人地关系由平衡而逐步走向失衡的演进模式实际上仅靠逻辑推演即可得出,区域实证研究在很多情况下遂成为对这一演进模式的验证。② 虽然这一认识基本上符合大部分地区人地关系演进的历史实际,但是,此种研究理路的主观色彩仍然在一定程度上影响了其研究结论的科学性,至少是影响了人们对其结论之科学性的信任。而此种"三阶段论"中第三阶段的存在则更仅仅是人类对未来的美好理想,或者说是人类基于对自己未来命运的担忧之上的一种没有多少依据的自信,而不是经过科学论证的未来可能性。最为重要的是,这种理想实质上是建立在人类决定论的基础之上的,其前提是相信人类最终有能力建立可持续的人地关系系统。这实际上又回到了"人定胜天"的老路上,而迄今为止,还没有足够的实证领域的研究成果足以说明人类具有这种能力。

其次,在这一演进模式中,"平衡"(或"和谐"、"协调")与否被认为是衡量人地关系状况的关键性标准,但这一标准并无明确的界定。换言之,并

---

① 正因为如此,人地关系演变史以及与此相关的区域开发史、环境变迁史、灾害史研究被认为是历史学研究中最具有现实意义的研究领域,有关研究者也都特别强调此类研究的现实意义。

② 我们绝无意于否定"问题意识"在学术研究中的意义,而只是注意到它可能隐含的影响研究进一步深化的因素。实际上,我们认同学术界的普遍观点:没有"问题意识"就没有学术研究。同时,我们也注意到:在带着"问题意识"进行学术研究时,应充分认识并尽力避免它所隐含的主观性可能给研究结论带来的影响。我们更无意于否定学术界有关区域人地关系演进史的实证研究的重要意义——这些研究充分揭示了各个区域人地关系及其演进的特点,展现了人地关系的多样性,丰富了人地关系的内涵,但有关研究理路的雷同却也无可回避地证明了这一研究预设的存在及其局限性。

没有建立起得到公认的衡量人地关系状况的指标体系。^① 何谓"人地关系的平衡",何谓"失衡"？研究者大多没有深究这一问题,而倾向于在研究中通过使用一些单列指标,诸如森林破坏、气候异常、湖泊萎缩、水旱灾害日益频繁、水土流失加重等,来说明人地关系已趋于失衡。^② 显然,这些指标的使用以及研究者据此对区域人地关系状况做出的评判,也同样带有较为强烈的主观色彩。换言之,一个研究区域的人地关系是平衡抑或是失衡,实际上是建立在研究者目前认知水平之上的一种评判,基本上是一种定性的认识。这种评判即便是正确的、符合历史实际的,也不可避免地带有研究者的主观性;在有些情况下,其结论也可能因之而产生随意性。

第三,人地关系的演变是一个历史范畴,这不仅意味着人类活动与地理环境都处于不断运动变化之中,还意味着不同时期不同地区的人类对其所处地理环境以及人地关系有着不同的认识。人地关系演进的"三阶段论"(或"平衡—失衡"理论)较为充分地注意到人类活动与地理环境的历史演变,但对于历史时期的"人"对所处地理环境及当时、当地之人地关系的认识却缺乏应有的关注。换言之,我们说某一时期一个地区的人地关系平

①　最著名的人地关系指标体系是泰勒·米勒 1990 年提出的"三要素模式",他认为一个国家或地区人口对环境的影响程度取决于三个基本要素:(1)人口数量,(2)人均消耗的单位资源数量,(3)平均单位资源消耗量对环境的影响程度。根据三个要素的不同权重,可以分出两种人地关系模式:人口过剩模式(people overpopulation)和人口消费过度模式(consummation overpopulation)。见泰勒·米勒:《生存在环境中》(Tyler Miller, *Living in the Environment*, 6th edition, Belmont, California: Wedsworth Publishing Company, 1990)。显然,由于受到史料的限制,将这一指标体系运用于历史上的人地关系研究中有很大的困难,或者说几乎是不可能的(且不说这个指标体系本身也受到广泛的批评)。至于一些西方经济学家和社会学家提出的衡量经济增长与环境质量关系的各种指标,如净经济福利指数(Net Economic Welfare)、可持续性生产总值(Gross Sustainable Productivity)等,更缺乏在历史研究中运用的可能性。

②　这些指标当然反映了人类活动对自然环境的强烈干扰与破坏,但是,这些因素到底达到怎样的程度,就标志着自然生态系统的平衡受到了破坏而最终失去了平衡? 受到历史资料的限制,要回答这样的问题是困难的。换言之,气候异常、森林砍伐、水土流失、水旱灾害等等,自古以来就存在,只不过不同时期在量上存在着差别,到达怎样的量(且不说这个量的衡量的困难)即表明已经到达了平衡的临界面? 而且,像气候异常、水旱灾害等可能在很大程度上是自然本身变化的结果,如何判断其中的一些现象是人类活动的结果而不是自然变化的结果? 凡此,在目前的研究中均未加细致的讨论。

衡与否,是今人站在今天科学水平上的评判,而不是当时当地人的判断。而在另一方面,研究者所依据的资料却主要是反映当时当地人对当时当地环境与人地关系认识的历史记录。且不论这些历史资料的真实可靠性问题,[①]即便是那些已被证明真实可靠的材料,也往往受到记录人思想认识的限制——历史记录者不可能拥有今之研究者的环境意识,也不可能具备现代科学知识,因而对有关的环境变迁可能熟视无睹——而不可能真实地反映当时的人地关系状况。因此,分析历史上的"人"有关人地关系的认识,对于正确地使用历史文献中的有关记载、更准确地评判历史时期人地关系状况是非常必要的。换言之,欲考察人地关系的历史演进,就必须分析人地关系的认识史。

二、从"了解之同情"到"环境感知"

陈寅恪先生在《冯友兰中国哲学史上册审查报告》中论及中国哲学史研究时说:

> 凡著中国古代哲学史者,其对于古人之学说,应具了解之同情,方可下笔。盖古人著书立说,皆有所为而发。故其所处之环境,所受之背景,非完全明了,则其学说不易评论。而古代哲学家去今数千年,其时代之真相,极难推知。吾人今日可依据之材料,仅为当时所遗存最小之一部,欲藉此残余断片,以窥测其全部结构,必须备艺术家欣赏古代绘画雕刻之眼光及精神,然后古人立说之用意与对象,始可以真了解。所谓真了解者,必神游冥思,与立说之古人,处于同一境界,而对于其持论所以不得不如是之苦心孤诣,表一种之同情,始能批评其学

---

① 关于中国历史文献中气候、灾害资料的真实性及其辨析问题,前人已有较多讨论。参阅龚高法、张丕远:《历史时期气候变化研究方法》,北京:科学出版社,1983年;张建民等:《灾害历史学》,长沙:湖南人民出版社,1998年,第67~87页;邹逸麟、张修桂:《关于历史气候文献资料的收集利用和辨析问题》,《历史自然地理研究》第2期,华南师范大学历史地理研究室,1995年。

说之是非得失,而无隔阂肤廓之论。[1]

此虽就哲学、思想史研究立言,但实已揭示出一种重要的方法论,[2]它引导我们认识到:欲评判历史时期某一区域人地关系状况,必须对当时当地人所处的环境、所感知的环境,"具了解之同情",设想与所研究之古人处于同一环境中,始能对古人的人地关系观念产生设身处地的同情之心。换言之,就是需要站在古人的立场上,看待他们所感知的生存环境及其人地关系观念。

实际上,西方地理学中的行为主义与人本主义学派一直比较重视有关环境感知(environment perception)的研究。如所周知,行为主义地理学(behavioral geography)与人本主义地理学(humanistic geography)是在 20 世纪 70 年代对计量革命批判的基础上,受到心理学、结构主义及人文主义的影响而逐步形成的人文地理学派,是对地理学所谓"科学主义"传统的反动。[3] 行为主义地理学认为:人对自然和社会环境有一种感知过程,即人们对环境的地理物象、信息的处理与知觉的判断等知觉过程;而人类是在对环境发生感知后,进行判断、选择,从而做出决策,产生某种类型的行为。虽然每个人的行为差异可能较大,但对一定的社会集团的行为统计,却可发现一定的一致性,从而进行客观研究。行为主义地理学强调,"我们谁也

---

[1] 陈寅恪:《冯友兰中国哲学史上册审查报告》,见氏著:《金明馆丛稿二编》,北京:三联书店,2001 年,第 279 页。

[2] 关于陈寅恪所提出的"了解之同情"的方法论意义,请参阅刘梦溪:《陈寅恪的学术创获与研究方法》,见王瑶主编:《中国文学研究现代化进程》,北京:北京大学出版社,1996 年,第 139～213 页。

[3] 参阅高乐杰、斯第明森:《空间行为:一种地理学考察》(R. G. Golledge, R. J. Stimson, *Spatial Behavior: A Geography Perspective*, New York: Guilford Press, 1997); 佛特:《激进地理学:关于当代社会问题的一种理论》(J. R. Feet, *Radical Geography: Alternative Viewpoints on Contemporary Social Issues*, Chicago: Maaroufa, 1977);艾什金:《地理学中的当代人文主义》(J. N. Entrikin, "Contemporary Humanism in Geography"),见《美国地理学家协会年鉴》(*Annals of the Association of American Geographers*), 1976, 66:615～632;段义孚:《人文主义地理学》("Humanistic Geography"),见 *Annals of the Association of American Geographers*, 1976, 66:266～276;马润潮:《人文主义与后现代主义之兴起及西方新区域地理学之发展》,《地理学报》1999 年第 4 期。

没有依靠严格确切的客观环境而生活,而只是依靠对环境的内心映象而生活"。[1] 也就是说,人类实际上是生存在自己所感知的环境中,而不是生活在纯粹客观的环境里,环境只有被人们感知之后才有意义。而具有不同文化背景的人类用不同的方法对他们所在的环境进行观察,所得到的认识与解释就可能存在着很大的差异,由此而采取的"行动"以及这些"行动"所带来的环境影响也就不同。因此,行为主义的历史地理研究强调,必须在当时人们的认识水平上研究当时人类对环境的感应认识过程。[2]

人本主义地理学则特别注重一切事物的诠释皆基于人的感觉、经验与思想,是以人为出发点的。从人本主义的角度来说,有关地理环境的知识不能独立于知者而存在,相反,它只存在于人关于世界的经验中,也只能由那个经验的感观分析来鉴赏。因此,人本主义地理学就是研究"人作为有思想的生灵所创造的那个世界中的人的地理学,其目标在于理解,在于在人的环境中理解人"。[3] 要做到这一点,就必须将"人"放在特定的时空范围去考察。因此,虽然人本主义地理学的多数实践是探索和解释人的行动的主观问题及其基本含义(个人的和多人的),其目的乃是要了解事物对人的意义,但由于影响人的行动的是人对环境的主观认识,而人类的行为环境是客观环境中被人类认知的那部分,因此,对行为环境的认识乃成为人本主义地理学研究的核心之一。

行为主义与人本主义地理学的理论与方法对于人地关系研究的启示是显而易见的。首先,以往有关人地关系及其演变的研究主要采用逻辑实证主义(logical positivism)的方法,其目的乃在于探究具有普适性的人地关系规律。这种思路的潜在前提是:假设在地表上的事物以及人类活动都是有序可循的、有一定规律的,研究者的任务就是要客观地、不掺入研究者

---

① 阙维民:《历史地理学的观念:叙述、复原、构想》,杭州:浙江大学出版社,2000 年,第 268 页。

② 参阅 R.J. 约翰斯顿:《地理学与地理学家》,唐晓峰等译,北京:商务印书馆,1999 年,第五章,"行为地理学",第 182～216 页。另请参阅阙维民:《现代西方历史环境研究简述》,《历史地理》第 15 辑,上海:上海人民出版社,1999 年,第 240～254 页,以及前揭《历史地理学的观念:叙述、复原、构想》,第 267～288 页。

③ R.J. 约翰斯顿:《哲学与人文地理学》,蔡运龙、江涛译,北京:商务印书馆,2000 年,第 107 页。

个人感情与主观意志地将这些规律寻找出来。^① 然而,在这种科学实证主义下提出的各种人地关系学说——从地理环境决定论,到可能性论、或然论等等,却总是因为可以在实证领域找到反证而受到批判乃至摈弃。^② 其根本原因之一乃在于"人地关系"中的人类并不总是如科学实证主义所假设的那样,是具有科学知识与"科学理性"的人类,而常常表现为感性的、愚昧的、非科学乃至反科学的人类,他们对于环境的感知与认识很多时候更是非科学的。在这样的人类感知中的"环境"也并不都是有规律的,而在很多时候是无序的、变化莫测的。行为主义地理学用人类的环境感知过程把人类与环境关联起来,从而克服了传统人地关系研究中把人类活动理性化、概括化的倾向;^③而人本主义地理学对"人"的强调,特别是将人看作是与环境相互作用的、既改变自身也改变环境的个体,则使人地关系研究中的"人"具体化、个性化,并具有动态(历史主义)特征;也使"地"具有更多的"人性",特别是"个人性"特征,从而纠正了人地关系研究中的抽象化倾向。

其次,传统的人地关系演进史的研究中一个最重要的步骤就是尽可能地恢复(或"重建")各个历史时期的地理环境,^④但几乎所有研究者都发现:重建过去的环境是极为困难的,或者说根本就是不可能的。这不仅是由于受到历史资料的限制,更因为这涉及要用历史资料作者的文化眼光去看待文献资料——如前所述,历史文献所记录的环境资料往往只是一些感

---

① 显然,这种思路源于自然科学,实际上是要在人地关系研究中追求自然科学中那样的规律。参阅前揭马润潮:《人文主义与后现代主义之兴起及西方新区域地理学之发展》。

② 参阅鲁西奇:《人地关系理论与历史地理研究》,《史学理论研究》2001 年第 2 期。

③ 参阅王爱民、缪磊磊:《地理学人地关系研究的理论述评》,《地理科学进展》2000 年第 4 期。

④ 关于"环境重建"及其研究方法,请参阅前揭阙维民:《现代西方历史环境研究简述》,第 242~245 页;B. C. 热库林:《历史地理学:对象与方法》,韩光辉译,北京:北京大学出版社,1992 年,第 112~154 页。

性认识,[①]它与客观环境之间存在着一定的距离。[②] 因此,"对过去行为环境的研究提供了理解过去行为的关键,也是解释景观变化原因的关键。在弄懂景观之前,我们必须理解人和他的文化;我们必须理解他所具有的身体和心理的限度;我们必须知道他的文化为他规定了怎样的选择,知道他周围的人加给他怎样的规矩让他遵照执行不得违反"。[③] 而传统的人地关系研究往往并没有这样做,一般是简单地将历史资料中记录的特定时空背景下的"个人"对于特定环境的感知等同于客观环境,并以此为基础,站在今人的立场上,讨论人地关系的演变,由此得出的结论就很可能与历史真实之间存在着程度不同的距离。

毫无疑问,对地理环境的"感知"是人类地理知识的最初来源之一——当然,这里所说的"感知"并不仅仅是指人的直觉的体察,更主要的是指人类在生产生活实践中,在对自然环境广泛接触的基础上而得来的感性认识。[④] 由于"感知"主体(人)的社会、文化、知识身份的差异,对于同一客体(环境、事件)的"感受"结果也往往有较大差异。这种差异至少包含两层意思:一是不同的主体对同一客观事实的感受因其各自地理认知水平及其所处环境不同而产生差异;二是感受主体所描述的内容与客观事实本身的差

---

① 如嘉靖《沔阳志》卷八《河防志》记云:"成化甲午、弘治庚申,水大涨,正德丙子复涨,丁丑如之,皆乘舟入城市,堤防悉沉于渊,民浅者为栈,深者为巢。飘风剧雨,长波巨涛,烟火断绝,哀号相闻,湛溺死者动以千数。"(嘉靖《沔阳志》,《天一阁藏明代方志选刊》本,上海:上海古籍书店,1962年,据天一阁藏明嘉靖刻本影印,第4页)其中的感性色彩是显而易见的。这样的例证不胜枚举。

② 关于这一点,前揭阙维民《历史地理学的观念:叙述、复原、构想》第273~275页引用 Roger A. Winsor 在"Environmental Imagery of the Wet Prairie of East Central Illinois,1820—1920"(in *Journal of Historical Geography*,1987,13:375~397)中的有关研究,做了辨析。另请参阅拉尔夫·亨利·布朗:《美国历史地理》,秦士勉译,北京:商务印书馆,1978年,第2~5页。

③ 普林斯:《过去世界的真实、想象与抽象》(H. C. Prince,"Real, Imagined and Abstract Worlds of the Past", in C. Board et al. eds.,*Progress in Geography 3*,London:Edward Arnold,pp. 1~86),转引自前揭 R. J. 约翰斯顿:《地理学与地理学家》,唐晓峰等译,第222页。

④ 参阅理查德·哈特向:《地理学的性质——当前地理学思想述评》,叶光庭译,北京:商务印书馆,1996年,第220~281页;普雷斯顿·詹姆斯、杰弗雷·马丁:《地理学思想史》,李旭旦译,北京:商务印书馆,1989年,第6~18页。

异。尽管如此,任何主体的对客观事实的感知都还是以客观事实为基础的,任何个体的感知都在不同程度上反映了客观事实的部分或某个层面上的"真相"。因此,当我们面对历史文献中的感性记载时,应努力注意感知环境与客观环境之间的关系,既承认环境感知在不同程度上是以客观环境为基础的,分析文献中的感性记载是认识客观环境的有效途径之一,不因为其中有关记载的不确甚至有误而否认其价值;同时,也应当注意到感知环境与客观环境之间所存在的差距,注意分辨其中的差异,才有利于更好地认识客观环境。

第三,行为主义与人本主义地理学告诉我们:影响乃至决定作为个体和群体的"人"在特定环境中的决策与行为的(即"人类活动"),并不是客观环境,而是为人们所感知的环境("行为环境"),客观环境中未被人们感知认识的那部分对于人类及其活动而言是没有意义的;[①]而"人"在环境中学习与行动,人的行为不仅改变了环境,也改变了人自身,包括人对环境的感知及人地关系观念。因此,"人地关系"系统中的"地"也就不是传统人地关系研究所理解的客观地理环境,而是特定时空背景下的"人"所感知的环境;"人类活动"的历史性也就不仅包括人类改造、利用自然能力的提高,还包括人类感知、认识环境的历史文化差异。换言之,人地关系研究首先是要探讨人类行为(活动)与行为环境之间的相互关系,在此基础上才有可能对人类活动与客观环境之间的关系进行考察与评判。[②]

---

① 高乐杰、托马门斯:《地理学与规划中的行为模式》(R. G. Golledge,H. Timmermans,*Behavioural Modelling in Geography and Planning*,London:Groom Helm,1988)。Golledge 明确指出:行为主义地理学所关注的环境不是指客观的环境,而是人的决策与行为发生的场所(第 26 页)。而 P. R. Gould 则指出:个体行动的环境是他所察觉的环境,它"可能与真实世界的实际性质有显著的不同"。转引自前揭 R. J. 约翰斯顿:《地理学与地理学家》,唐晓峰等译,第 209 页。

② 在这一认识下,历史时期不同地区、阶层或社会群体对于所处环境的感知及其人地关系观念的演变,乃成为一个重要的研究领域,如士绅阶层的人地关系观念,民间信仰所反映的人地关系观念等等,都是很好的选题。而这些选题的深入研究,必将极大地丰富人地关系研究的内涵。

三、"了解之同情"视野下人地关系的演变

然而,陈寅恪先生所揭示的"了解之同情"的思想方法以及行为主义与人本主义地理学的理论方法给予人地关系研究所带来的最重要的启示,也许是在对人地关系演进的阐释方面。具体地说,如果我们不仅仅是站在今人的角度以今人的科学知识与对人地关系的忧患意识来看待历史时期的人地关系及其演变,而是首先站在"古人"的立场上,以"古人"的眼光——他的知识水平、生存需求、文化态度等等——来看待"古人"所处的地理环境,以"了解之同情"的态度去体察"古人"对环境的感知,设身处地地去理解他们的"行为环境"以及这种行为环境对"古人"行为的影响,进而分析由此而产生的"古人"的人地关系观念;[①]在此基础上,再站在今人的角度,以今人的科学认知水平,对这些"行为环境"及古人的人地关系观念加以理解、评判,也许我们对于历史时期的人地关系状况及其演变的认识会与上述的"三阶段论"有很大的不同:在这种思路下,无论是在采集—狩猎时代,还是在农业社会与工业社会里,尽管人类利用、改造自然的能力不断提高,但我们相信,面对着威力无穷、变化莫测的大自然,人类在更多时候感受到的主要是敬畏,他们所感知到的生存环境基本上是恶劣的、充满着艰难困苦的;而人类行为的主要内容则是不断地向大自然索取、利用并改造大自然。质言之,自人类从自然界分离出来之后,人与自然关系的主旋律就是冲突与对抗,而不是平衡与和谐。[②]

---

① 实际上,人地关系研究中对某种"主观"方法的需要很早就得到承认了。S. W. Wooldridge 声称历史地理学者必须力图通过农夫的眼睛来观察农村("The Anglo-Saxon Settlement", in H. C. Darby ed., *A Historical Geography of England before AD*1800, Cambridge:Cambridge University Press,1936);Ralph Brown 关于 1810 年美国东海岸地区的经典历史地理学著作,是通过一个虚构的居民 Thomas Keystone 的眼睛来描述的(*Mirror for Americans:Likeness of the Eastern Seaboard* 1810,New York:American Geographical Society,1943)。

② 这里所提出的看法显然只是一些粗略的设想,欲证实这些设想还需要做大量的实证研究。当然,研究的结果也可能完全推翻这些设想。

考古发现与人类学研究都证明,采猎时代人类的生活是非常艰苦的:物质匮乏,为了获取食物,人们往往不得不付出生命的代价;而当一个部落的人口增加到一定程度、在步行的范围内已不能获得必要的食物时,整个部落就不得不迁移到另一个地方去,或者化整为零迁徙到不同地方去,有时还不得不进行长距离的迁徙。① 很多原始部落常常面临这种食物稀缺的境况,因而大都是流浪部落。这种情况到新石器时代乃至青铜时代也没有根本性的转变:物质匮乏仍然困扰着绝大部分的群落,并严格地限制着人口的规模;聚落一般较小,聚落人群的活动范围也只局限在周围不大的范围内;农作物种植区域更小,渔猎经济在经济生活中仍占据极其重要的甚至是主导性的地位;经济体系非常脆弱,较长时间频繁的自然灾害(在暖温带地区最具威胁的是低温与干旱,在亚热带平原地区则是洪水)足以导致脆弱的农业经济的崩溃,从而带来地区文明的衰退。② 上古人类生活之艰难在某些古代文献中也得到曲折的反映。"昔者先王未有宫室,冬则居营窟,夏则居橧巢;未有火化,食草木之实,鸟兽之肉,饮其血,茹其毛;未有丝麻,衣其羽皮。"③"上古之世,人民少而禽兽众,人民不胜禽兽虫蛇……民食果蓏蚌蛤,腥臊恶臭而伤害腹胃,民多疾病。"④至若"中古之世",天下大水,"汤汤洪水方割,荡荡怀山襄陵,浩浩滔天"。⑤"往古之时,四极废,九州裂,天不兼覆,地不周载;火爁炎而不灭,水浩洋而不息;猛兽食颛民,鸷鸟攫老弱。"⑥且不论这些记载在史源学上的可靠性,上古人类生活的艰难困苦应当是毫无疑问的。生活在这种状态下的人类对于自然在心理上

① 参阅陆巍等:《试论第四纪晚期中国古人类三次迁移与气候变化》,《地理学报》1997年第5期。

② 参阅安志敏:《中国的史前农业》,《考古学报》1988年第4期;严文明:《聚落考古与史前社会研究》,见氏著:《走向21世纪的考古学》,西安:三秦出版社,1997年,第98~124页。

③ 《礼记·礼运》,《十三经注疏》本,北京:中华书局,1980年,影印本,第1416页。

④ 陈奇猷校注:《韩非子新校注》卷一九《五蠹》,上海:上海古籍出版社,2000年,第1085页。

⑤ 孙星衍:《尚书今古文注疏》卷一《尧典》,北京:中华书局,1986年,第27页。

⑥ 刘文典:《淮南鸿烈集解》卷六《览冥训》,北京:中华书局,1989年,第206~207页。

更多的应当是敬畏,而不可能是亲近与和谐。原始社会对山川日月、风雨雷电等自然物的崇拜准确地反映了这种敬畏之情。[①] 同时,为了向拥有无穷伟力的自然("神")表达敬畏之情与祈盼,人们不仅要献出大量的动物作为牺牲,有时还要杀人以祭。[②] 当商汤灭夏之后,大旱七年,汤甚至决定将自己作为人牲,以祈求上天("帝")降雨。[③] 人们对于作为自然化身的"上帝"(及其他自然神)的嗜血和贪婪,在无可奈何的敬畏背后,愤怒乃至仇恨之情也是显而易见的。交织着敬畏与仇恨的人与自然关系,绝不可能是和谐的。

以同样的视角看待农业社会前期的人地关系状况,我们对其基本处于和谐状态的传统认识也不能不产生疑问。《史记·货殖列传》记西汉前期淮河以南广大地区的经济状况云:

> 楚越之地,地广人希,饭稻羹鱼,或火耕而水耨,果隋蠃蛤,不待贾而足,地埶饶食,无饥馑之患,以故呰窳偷生,无积聚而多贫。是故江、淮以南,无冻饿之人,亦无千金之家。[④]

这一段文字常被作为当时南方地区人地关系状态较好的重要证据。然而,(1)虽然物产丰富,"无饥馑之患",但"呰窳偷生,无积聚而多贫",显然并非较为理想的生活状态。《汉书·地理志》称楚地"信巫鬼、重淫祀",正曲折

---

① 关于这一点,人类学、民族学研究提供了大量的实证,参阅 J. G. 弗雷泽:《金枝》,徐育新等译,北京:中国民间文学出版社,1987 年;列维-布留尔:《原始思维》,丁由译,北京:商务印书馆,1985 年;等等。许多人类学著作均指出:原始人普遍依赖自然界,依赖季节的更替、及时的雨水、植物的生长和动物的繁殖。按照他们的想法,除非举行祭祀和仪式,否则这些现象是不会出现的。因此,在原始宗教的各种祈祷(如求雨)仪式的背后,实际上是对自然的畏惧。布留尔曾经引用一位年老的爱斯基摩巫医的话,"我们不是相信,而是害怕"(第 22 页),说明原始人几乎一直生活在惊恐和畏惧的状态中——他们不仅惧怕疾病与死亡,也畏惧洪水、干旱、风暴等自然现象。

② 在卜辞中,就有很多在大旱时节杀人以殉、祈求降雨的记载,有时甚至要焚烧女性巫觋来求雨。参阅裘锡圭:《说卜辞的焚巫尪与作土龙》,见《裘锡圭学术文集·甲骨文卷》,上海:复旦大学出版社,2012 年,第 194~205 页;宋镇豪:《夏商社会生活史》,北京:中国社会科学出版社,1996 年,第 492~496 页。

③ 参阅艾兰:《〈尚书〉一段散佚篇章中的旱灾、人祭和天命》,见氏著:《早期中国历史思想与文化》,杨民等译,沈阳:辽宁教育出版社,1999 年,第 137~168 页。

④ 《史记》卷一二九《货殖列传》,北京:中华书局,1959 年,第 3270 页。

地反映了当时南方人民生活环境的恶劣及当时人对自然的畏惧心理。(2)
"地小人众"固然是人地关系紧张的一种表现,但"地广人稀"却并不一定意
味着人地关系的和谐。这不仅取决于"地"的生存资源条件,还有一个"度"
的问题:人口过于稀少,必然会影响到人类认识、利用与改造自然的能力,
人类对于环境的畏惧之情亦相对较大。[①]

其次,一般认为,采猎时代与农业社会前期的人类由于受到其自身能
力的局限,对自然造成的破坏是很小的,因而人与自然之间是平衡的。这
一观念存在着两个问题:(1)生态平衡是一个动态的历史范畴,采猎时代应
有采猎时代特定的生态平衡,它与我们今天所理解的生态平衡有着不同的
内涵。脱离具体时代的内涵特征,以今天的生态平衡标准来衡量历史上的
生态状况,是非历史主义,其认识也很可能是错误的。(2)人类活动对自然
环境的影响小,不等于彼此平衡,这是两个截然不同的概念。实际上,当原
始人群使用工具从自然环境中获取食物与其他资源的时候,源于自然界的
人类就开始了与自然界的分离。这种分离不会是在平衡状态下发生
的——任何"分离"都是在不平衡的前提下才发生的,而"分离"的过程必然
充满着矛盾与对立。[②] 显然,人类为了生存,必然同自然做斗争,"筚路蓝
缕,以启山林",这一过程是非常艰难的;而这些活动理所当然地带来了对
自然生态的扰乱——驯化物种的出现和逐步增加,改变了原始状态下物种
的结构及其演化的自然趋势;部分原始植被得到改造(如砍倒或铲除居住
点及其附近的植被,取土制陶或砍伐树木建造房屋等),在河漫滩或坡地上
种植农作物,出现了人工植被;各种聚落建立起来,并相继出现城壕聚落、
城市等等。凡此,都不能不说是对自然平衡状态的破坏。

很多学者认为,生产力水平低下限制了人类改造自然、利用自然的能
力,从而也限制了人类对生态环境的破坏。这个问题也需要具体分析。前

---

① 人口密度固然是考察人地关系状况的一个重要指标,但是,简单地将人口密度的
高低与人地关系紧张与否对应起来,看来也是不正确的。这里不仅需要考虑土地承载力
(资源条件)、人类利用土地的能力(生产力状况)等因素,还需要考虑到因人口过少而引起
的人地关系的紧张状况。

② 许多研究表明:晚新世末次冰期的降温事件使人类的食物来源匮乏,破坏了人与
自然之间古老的平衡关系,促使人类的食物结构多样化,并开始驯化粟、黍、稻等谷物,从
而导致了农业的起源。换言之,农业的起源正是在人地关系失衡的前提下发生的。

引《史记·货殖列传》所说的"火耕水耨"是一种较为原始的农业耕作方式。一般认为,"火耕水耨"是南方撂荒农作制时期的水稻耕作方式,"火耕"就是用火烧掉荒地上的野草,然后乘下雨之际播种;"水耨"是稻田除草的重要手段,但仍需刀割配合。① 这种耕作方式,特别是火耕,对于自然环境破坏不会比精耕农业更小。《汉书·地理志》还提到"楚有江汉川泽山林之饶",民"以渔猎山伐为业"。颜师古注曰:"山伐,谓伐山取竹木。"显然,汉代南方地区人类活动对自然环境的破坏还是相当引人注意的。当然,由于"地广人稀",这些破坏只是局部的,但人地关系状况本来就是对于"人"的生存与其生存环境而言的,"无人区"的人地关系是不存在的,也是没有意义的。

因此,站在当时人的立场上来看待当时人所感知的自然环境,并以历史主义的态度看待当时的生态平衡,我们相信,采猎时代和农业社会前期的人地关系也不会是平衡的,更不用说即便是在农业社会前期也存在着司马迁所说的"地小民众,数被水旱之害"的地区了。当然,随着人类对环境认识的加深以及利用改造自然能力的提高,人们对所处环境的神秘感与敬畏会逐渐淡薄,②也就是说出于主观感知的人地关系的紧张乃有所减低。但与此同时,由于人类对自然影响力的加大而引起的另一方面的紧张又在不断加剧。所以,总的说来,即便是在采猎时代和农业社会前期,人地关系的基本状态仍然是紧张的,只不过这种紧张更多的是出于对自然的敬畏而已。实际上,在农业社会后期乃至工业社会里,这种主要出于主观感知的人地关系的紧张也仍然存在着,在一些地区的某些领域还显得尤其

---

① 参阅牟发松:《唐代长江中游的经济与社会》,武汉:武汉大学出版社,1989年,第9～17页。

② 自然崇拜的逐步衰落,从一个侧面反映出这种神秘与敬畏感的日渐淡薄。将《隋书·地理志》"荆州"后叙有关荆州风俗的记载与《汉书·地理志》相比较,可以发现"信巫鬼,重淫祠"的地区在逐步缩小,自然崇拜减退的地区正是襄阳、南郡、春陵等社会经济比较发达的地区。

突出。[①]

然则,在农业社会后期与工业社会,人类的生产生活活动是否即单方面地破坏生态平衡、加剧人地关系的紧张?或者说,随着人类利用、改造自然能力的提高,对自然环境的破坏程度必然会相应地加大?看来也不能一概而论。研究证明:人类认识能力尤其是科学技术不断进步,关于自然资源的概念也不断发展,人类对自然资源的开发利用在种类、数量、规模、范围上都不断前进。[②] 由于人类不断转换所利用的资源,利用方式各有不同并不断进步,所带来的环境破坏也就各有不同。因此,生产力进步并不必然导致环境破坏程度的加大与人地关系紧张状态的加剧。

总之,以"了解之同情"的态度考察历史时期人地关系的演变,我们会更清楚地认识到人地关系的丰富内涵与多样性,而绝非上述"三阶段论"或"和谐、平衡——冲突、失衡——和谐、平衡"模式所可涵盖。

四、余论:理解与评判

长期以来,很多人把历史学家喻为"法官",认为历史研究的核心任务之一是对历史是非做出评断。"史学家就像阎王殿里的判官,对已死的人物任情褒贬。"[③]这种态度与科学实证主义对科学规律的诉求结合起来,使历史学领域有关人地关系演变的研究特别注重在"复原"历史环境的基础上,对各时段的人地关系状况做出评判,并进而探索人地关系演变的规律。这种研究固然有其必要性,所得出的结论也很有科学价值。然而,很多研究者也都意识到:要真正地做到公正、准确、科学地评判实际上是非常困难

---

① 比如,在华北地区,旱蝗向来是最大的灾害,故祭祀蝗虫的八蜡庙就颇为普遍(参阅陈正祥:《中国文化地理》,北京:三联书店,1981年,第50~58页)。而在长江中下游地区,因为水灾是最重要的自然灾害,所以水神崇拜即比较普遍,参阅朱海滨:《浙江地方神信仰的区域差异》,《历史地理》第17辑,上海:上海人民出版社,2001年,第211~227页。

② 参阅中国自然资源研究会:《自然资源研究的理论和方法》,北京:科学出版社,1985年,第33页。

③ 马克·布洛赫:《历史学家的技艺》,张和声、程郁译,上海:上海社会科学院出版社,1992年,第102页。

的，或者说是不可能做到的。"我们对自己、对当今世界也未必有十分的把握，难道就这么有把握为先辈判定善恶是非吗？"也许，正如马克·布洛赫所说的那样："理解才是历史研究的指路明灯。"[①]在这里，我们无意于否定或贬低对历史时期人地关系状况的判断与人地关系规律探讨的学术价值与科学意义，恰恰相反，正是为了使这种探讨进一步深化，因而有必要指出：欲真正公正客观地进行科学的评判，"理解"——以"了解之同情"的态度看待古人所处、所感知的生存环境及其对人地关系的认识——也许是一个必不可少的前提条件，建立在"理解"基础上的评判才可能是尽可能接近历史真实的评判。

实际上，从当时人观察环境的视角来研究往日的环境，在西方地理学研究的实践中源远流长。早在1936年，英国地理学家伍尔德里奇（S. W. Wooldridge）有关英格兰盎格鲁—撒克逊人聚落的研究所依据的前提就是：有必要"通过一位具有实践思考的入迁农场主的视角来认识英格兰的前身"。[②] 沿着同样的理路，赖特（J. K. Wright）将"地理学认识论"这一术语引入了地理学的文献之中，将其定义为"从任何或所有观点对地理学认识的研究"。他认为，地理学认识论涵盖了"各种人（不仅有地理学者，还有农场主与渔夫、商业董事与诗人、小说家与画家、贝督因人与霍屯督人）的地理学观念，既有正确的观念也有错误的观念"，而这些观念与知识（无论正确与否）曾经是当时人行动、探索与开拓的根据，因此，通过研究来获得它的复原，就是认识历史时期地理环境的必要前提。[③] 由于不同人或群体对同一时期同一地方的环境认识可能会有很多差异，并由此构成了关于同一特定环境的多重地理知识，所以关于"地理学认识论"的研究需要广泛地考察当时的各种观察记录，而不能利用孤证材料或狭隘的一批资料。梅伦

---

① 马克·布洛赫：《历史学家的技艺》，张和声、程郁译，第102、105页。

② S. W. Wooldridge, "The Anglo-Saxon Settlement", in H. C. Darby ed., *A Historical Geography of England before AD* 1800, Cambridge: Cambridge University Press, 1936, pp. 88~132. 参阅阿兰·R. H. 贝克：《地理学与历史学——跨越楚河汉界》，阚维民译，北京：商务印书馆，2008年，第102页。

③ J. K. Wright, "Terrae Incognitae: the Place of Imagination in Geography", *Annals of the Association of American Geographers*, 1947, 37(1):1~15. 转引自阿兰·R. H. 贝克：《地理学与历史学——跨越楚河汉界》，阚维民译，第102页。

斯(H. R. Merrns)对18世纪美国北卡罗来纳州的研究表明,该州土著部落对当地自然环境的评价、移民定居者的评价、现代地理学者的"真实"陈述与评价,三者之间存在着巨大的差异。在他有关殖民时期南卡来纳州环境的研究中,梅伦斯分析了五类观察者所"构想"与描述的南卡州自然环境:第一类是当地殖民当局,他们撰写的旨在招徕更多殖民者的宣传册把南卡州描述成一种人间天堂;第二类是传教士、行政官员和军官等公务人员,他们在报告中也倾向于积极地描述环境;第三类是旅行者,他们的纪行文字显示出独立思考的特征;第四类是自然科学者,他们在仔细观察的基础上记录的笔记,表现出那个时代的科学理念与观察方法;第五类是当地的定居者,他们留下的日记、书信反映了他们对自然的感受,对他们来说,环境对聚落与发展的影响是最直接关心的问题。通过分析,梅伦斯具体地展现出赖特所界定的不同观察者或群体的"主观概念"之间具有怎样明显的差异,以及在这种明显差异的"主观概念"指导下对同一环境的观察又会有多么巨大的不同。[①]

　　这些研究理路启发我们:立足于"了解之同情"的人地关系演变研究,不仅是必需的,也是可能的。首先,我们需要分析今见文献中有关人地关系的记载,出自何人或何种人群之手,反映了哪些人对环境及人地关系的观察、感知与思考。以长江中游地区为例。今见文献中有关长江中游地区环境及人地关系的记载,其作者大抵可区分为四种类型:第一类是封疆大吏、州县官员等,他们主要立足于地方治理、经济发展、财赋收入、民生保障等官方立场,从各自的地位与利益出发,对本地区的环境及人地关系做出积极或消极的描述与评价,其相关认识主要反映在奏疏、报告、地方志等官方文献及其个人文集中。第二类是客寓、旅行的士人,他们或因官场失意而谪居、流放(如贾谊、刘禹锡、王禹偁等),或因赴考、赴任而经行(如陆游、范成大),或游览山水,都留下了诸种文字,其中包涵了或多或少的环境与

　　① H. R. Merrns, *Colonial North Carolina in the Eighteenth Century: A Study in Historical Geography*, Chapel Hill: University of North Carolina Press, 1964; "The Physical Environment of Early America: Images and Image-makers in Colonial South Carolina", in *Geographical Review*, 1969,59:530~556. 参见阿兰·R. H. 贝克:《地理学与历史学——跨越楚河汉界》,阚维民译,第104页。

人地关系信息,这些信息往往因其生活状况、感遇、心境而呈现出不同的价值取向与判断。第三类是地方文人,如范锴、王柏心、胡祖翮等,他们往往因科场失意、仕途不顺,或作为地方长吏的幕僚,长期困处下僚;或作为巨商大豪的门客,以谋衣食;有的家境富庶,不虞生计;有的则生活困顿,无暇他顾。他们熟稔地方时务,通识世事人情,故其于所处环境及其变化多能体察入微,议论或切中要害,或贯通古今,颇具卓识。第四类是粗通文字的民间文人,如族谱的编纂者、民间文书的书券人、民间艺人、僧人道士等民间信仰仪式的主持人等,其社会经济地位相对较低,大部分都是普通民众。他们留下的一些文字,如族谱、民间文书(特别是民间水利文书等)、民间戏文、碑刻等,直接或间接地留存了一些环境信息,也反映了他们对环境的感知与对人地关系的认识。与此相类,然未必形成文字的一些民谣,也提供了较多的环境与人地关系信息,如湖北仙桃、洪湖一带的民谣"沙湖沔阳州,十年九不收。要是一年收,狗子也吃糯米粥",就形象地描述了江汉平原腹地洪涝灾害与农业生产之间的关系。

其次,在理清文献中有关环境与人地关系的记载出自何种类型的人或群体之后,我们就可以进而分析他们观察地理环境的出发点、视野及其目的,对其记载的可信程度做出判断,然后考察他们的观察结果和认识究竟在多大程度上反映了地理环境与人地关系的真实情况。显然,为了弄清所关注地区的往日状况,我们不得不借助于当时当地人的眼睛。换言之,我们赖以试图"复原"历史环境与人地关系演变过程的根据,并不是历史环境与人地关系过程的事实本身,而是"当时当地人"通过他们的眼睛和感知留存下来的记录。我们主要依靠这些不完全可靠的记录来试图描述历史时期的地理环境,"重建"人地关系的过程,在方法论上即存在着可疑之处。为了尽可能避免由此而产生的偏颇或错误认识,我们必须综合分析对于同一环境的多重观察以及对同一环境下人地关系的多重认识,比较各种观察与认识的侧重或正误,加以系统综合,然后才能得出相对全面、比较切合历史真实的认识。这就是建立在综合"理解"基础之上的"判断"。

最后,才是研究者的"评判"。我们对历史环境与人地关系演变过程做出描述与评判,实际上是立足于现代科学观念的、对古代环境与人地关系演变过程的"重构"。我们知道,相同的经验性资料(即使它如实地反映了客观事实)可以被不同文化背景的或在特定文化中不同阶层、不同思想背景的人们,排列成不同的模式,并具有不同的含义。我们对上述不同类型的人留下的有关同一环境下人地关系的记录和认识的分析与排列,本身就隐含着强烈的主观性——所谓"现代科学观念",严格地说,不过是研究者"主观认定"或"主观假设"的"现代科学观念"。因此,无论怎样的评判,都只是程度不同的主观性评判;立足于现代科学观念的评判,当然具有现代的、科学的意义,但却并不必然具有古代的、民众生活的意义。如何使我们对历史环境、人地关系演变过程的评判,既具备现代的、科学的意义,又能尽可能地切合历史时期人们源于地方独特经验的认识,将是我们的研究中需要进一步摸索的问题。

历史时期长江中游地区人地关系的演变及其特点

历史时期长江中游地区人类活动与地理环境之间的关系（简称"人地关系"）及其演变有其显明的区域特点。① 近十余年来，以一批中青年为主体的研究者对此做了大量研究，取得了一系列成果。② 总的说来，现有研究分别在两个领域进行：在历史学领域，一般侧重于经济开发史研究，也涉

---

① 一般将自宜昌南津关至江西湖口段的长江河段称为"中游"。本书所讨论的"长江中游地区"，即以自然地理概念上的"长江中游"为基本框架，同时考虑到历史与现实情况略加调整，主要包括今湖北、湖南两省及江西省大部（鄱阳湖流域）、豫东南唐白河流域和陕南汉中、安康、商州三地市的大部分地区。

② 这些研究成果就形式而言，大致可分为四种类型：(1)地方通史，均有部分章节涉及经济开发与环境变迁问题，但所述内容以经济开发与发展为主，如章开沅、张正明、罗福惠主编《湖北通史》（武汉：华中师范大学出版社，1999年），伍新福、刘泱泱、宋斐夫主编《湖南通史》（长沙：湖南出版社，1994年），许怀林《江西史稿》（南昌：江西高校出版社，1993年）等。(2)断代的区域研究专著，如前揭牟发松《唐代长江中游的经济与社会》，杨果《宋代两湖平原地理研究》（武汉：武汉大学出版社，2001年），龚胜生《清代两湖农业地理》（武汉：华中师范大学出版社，1996年），彭雨新、张建民《明清长江流域农业水利研究》（武汉：武汉大学出版社，1993年），前揭张建民《明清长江流域山区资源开发与环境演变——以秦岭—大巴山区为中心》等。(3)区域历史地理与环境变迁研究专著，如梅莉、张国雄、晏昌贵《两湖平原开发探源》（南昌：江西教育出版社，1995年），张国雄《明清时期的两湖移民》（西安：陕西人民教育出版社，1995年），魏嵩山、肖华忠《鄱阳湖流域开发探源》（南昌：江西教育出版社，1995年），石泉、蔡述明《古云梦泽研究》（武汉：湖北教育出版社，1996年），蔡述明《江汉平原四湖地区区域开发与农业可持续发展》（北京：科学出版社，1996年），金伯欣《江汉湖群综合研究》（武汉：湖北科学技术出版社，1992年），闻国年《长江中游湖盆三角洲的形成与演变及地貌的再现与模拟》（北京：测绘出版社，1991年），鲁西奇《区域历史地理研究：对象与方法——汉水流域的个案考察》（南宁：广西人民出版社，2000年）及《汉水中下游河道变迁与堤防》（武汉：武汉大学出版社，2004年）等。(4)研究论文，此类甚多，不具举，可参阅张家炎《十年来两湖地区暨江汉平原明清经济史研究综述》（《中国史研究动态》1997年第1期）及前揭杨果《宋代两湖平原地理研究》，第8～22页。此外，一些专题研究领域如人口史、农业史领域对此也多有涉及。

及经济开发对环境的影响，但因多为分阶段研究，对长时段下的环境变迁缺乏全面考察，对自然要素的变化把握较为笼统宽泛，不够精确；在地理学和环境变迁研究领域，则侧重于江汉、洞庭湖平原自然环境的变化，强调自然环境要素自身演化的规律性，虽然也联系人类活动，但缺乏深入具体的分析，其所依据的历史资料或亦未经过切实的鉴别。同时，无论是历史学还是地理学领域的研究，均主要集中于江汉—洞庭湖平原、鄱阳湖平原等平原地区，有关丘陵山地的研究成果较少；研究者多据现行行政区划分研究区域，而未能将长江中游地区作为完整的地理单元进行系统考察，更未能就其人类活动与环境变迁的主要特点，和其他地区进行比较分析。尽管如此，已有的研究成果仍为我们认识本区人地关系的历史演变及其特点奠定了良好的基础。本文即试图在此基础上，结合我们此前的研究，对历史时期长江中游地区人地关系的演变过程及其特点做进一步探讨，分析制约与影响此种演变过程的诸因素，以期有助于深化对此一问题的认识。

一、长江中游地区人地关系演变的历史过程

如所周知，关于人地关系演进的历史过程，目前学术界已形成一种所谓"三阶段论"的阐释模式，即认为人地关系的演进表现为从和谐、平衡走向冲突、失衡，再回复到和谐、平衡的过程。[①] 我们认为，这一阐释模式虽具有相应的实证研究基础，提供了人地关系演变的基本认识框架，但此种模式在方法论上带有强烈的主观色彩：在这一阐释模式中，对一个研究区域人地关系状况的评判，实际上是建立在研究者目前认知水平之上的，基本上是一种定性的认识。换言之，我们说某一时期一个地区的人地关系平衡与否，是今人站在今天科学水平上的评判，而不是"当时、当地"人的判

[①] 中国大百科全书总编辑委员会：《中国大百科全书·地理学》，"人地关系论"（第350~351页）、"适应论"（第383~384页）等条；左大康主编：《现代地理学辞典》，"人地关系论"（第469页）、"地理环境决定论"（第27~28页）等条；世界环境与发展委员会：《我们共同的未来》，王之佳、柯金良等译，特别是其中的第一章，"受威胁的未来"，第31~51页；王恩涌：《"人地关系"的思考——从"环境决定论"到"和谐"》；等等。

断。然而,欲真正科学地认识人地关系的演进及其特点,不仅需要站在今人的角度以今人的科学知识与对人地关系的忧患意识来看待历史时期的人地关系及其演变,还要站在特定历史时段下"当时人"的立场上,以"当时人"的眼光——他的知识水平、生存需求、文化态度等等——来看待"当时"的地理环境,以"了解之同情"的态度去体察"当时人"对环境的感知,设身处地地去理解他们的"行为环境"以及这种行为环境对"当时人"行为的影响,进而分析由此而产生的"当时人"的人地关系观念;在此基础上,再站在今人的角度,以今人的科学认知水平,对这些"行为环境"及人地关系观念加以理解、评判。在这种思路下,我们认为:自人类从自然界分离出来之后,人与自然关系的主旋律就是冲突与对抗,而不是平衡与和谐;其核心是人类为改善自己的生存环境而不得不最大限度地向自然界索取,并与不利于自己生存与发展的自然因素做斗争;历史时期人地关系演变的实质,就是此种冲突与对抗之具体表现形式及其内涵的演变,而不存在一个所谓"由和谐、平衡向冲突、失衡演变"的过程。①

基于以上认识,即以人与自然互相冲突、对抗的具体形式与内涵之演变作为主要线索,我们试将历史时期长江中游地区人地关系的演变过程划分为三个阶段:

第一阶段,从距今 1 万年左右,至东汉末年(公元 3 世纪初),是农业社会早期,长江中游地区的人地关系形态主要表现为人类生存环境恶劣、生活艰苦以及人类对自然的敬畏和对自然环境的局部破坏。

考古发现与农业史研究都表明,长江中游地区是稻作农业的发源地之

---

① 关于这个问题,我们在本书卷一之《"了解之同情"与人地关系演变研究》一文中已做了辨析,请参阅。

一。在距今 11000 年至 7000 年间,在本区的一些地方,已出现了人工栽培水稻。[1] 据研究,驯化水稻与稻作农业的起源与末次冰期的环境变化有着密切关系:末次冰期时气温降低,降雨量减少,季节变化明显,可供采集的植物资源种类减少,致使人类的食物来源匮乏,造成人类的食物结构进一步多样化,并有驯化水稻的需要;而驯化水稻又只可能在既有普通野生稻资源、又需要储存稻谷以弥补食物不足的地区发生。[2] 驯化水稻与稻作农业的出现和发展的直接动因,显然是环境变化所导致的人地关系的冲突。换言之,面对自然环境的重大变化,早期人类只能通过自己的努力以应对自然的变化。虽然农业的产生标志着人类由被动地适应自然进步到主动地改造自然,但这种"主动改造自然"本身却有些被迫性,尚非人类完全的自觉行为。

大量资料表明,农业时代早期长江中游地区人类的生活是非常艰苦的:物质匮乏,食物的获取相当不易,经济体系非常脆弱,极易受到自然灾

---

① 迄今为止,考古工作者分别在江西万年县大源乡仙人洞和吊桶环遗址(距今14000～9000 年)、湖南道县寿雁镇玉蟾岩遗址(距今 10000 年)、湖南澧县彭头山遗址(距今 8000～7600 年)、湖南澧县八十垱遗址(距今 8000～7000 年)、澧县李家岗遗址(距今7600～7400 年)、湖北宜都枝城北遗址(距今 7000 年)、陕西西乡李家村与何家湾遗址(距今 7000 年)发现有人工栽培稻的证据。参阅刘诗中:《江西仙人洞和吊桶环发掘获重要进展》,《中国文物报》1996 年 1 月 28 日;袁家荣:《玉蟾岩获水稻起源重要新物证》,《中国文物报》1996 年 3 月 3 日;湖南省文物考古研究所等:《湖南澧县彭头山新石器时代早期遗址发掘简报》,《文物》1990 年第 8 期;湖北省文物考古研究所孢粉实验室:《湖南澧县彭头山遗址孢粉分析与古环境探讨》,《文物》1990 年第 8 期;何介钧:《长江中游原始文化再论》,见氏著:《湖南先秦考古学研究》,长沙:岳麓书社,1996 年,第 85 页;何介钧:《洞庭湖区的早期农业文化》,《华夏考古》1997 年第 1 期;裴安平:《彭头山文化的稻作遗存与中国史前稻作农业》,《农业考古》1989 年第 2 期;魏京武等:《从考古资料看陕西古代农业的发展》,《农业考古》1986 年第 1 期。关于中国稻作农业的起源地,有云贵高原说(柳子明:《中国栽稻的起源及其发展》,《遗传学报》1975 年第 1 期)、华南说(丁颖:《中国栽稻种的起源及其演变》,《农业学报》1957 年第 3 期)、长江下游说(严文明:《中国稻作农业的起源》,《农业考古》1982 年第 1、2 期)等不同说法;20 世纪 80 年代以来,随着新的考古发现,越来越多的学者认为长江中游地区也是稻作农业的起源地之一,参见上揭何介钧、裴安平文及严文明:《中国史前稻作农业遗存的新发现》,《江汉考古》1990 年第 3 期。

② 参阅全国野生稻资源考察组:《我国野生稻资源的普查与考察》,《中国农业科学》1984 年第 6 期;严文明:《再论中国稻作农业的起源》,《农业考古》1989 年第 2 期;陈文华:《中国稻作起源的几个问题》,《农业考古》1989 年第 1 期。

害的摧残,甚者乃至于导致经济的崩溃,从而带来地区文明的衰退。其关键在于人类抗拒自然灾害的能力非常之弱,而长江中游地区却正是洪水灾害频繁而且严重的地区。在距今5800～5500年间的洪水期,江汉平原腹地的大溪文化受到毁灭性的打击;①在距今5000～4800年间,洪水也曾使屈家岭文化遭到严重破坏,导致江汉平原与洞庭湖平原地区的屈家岭文化遗址数量锐减。② 据文献记载,在公元前21世纪时,长江中游地区的原始居民三苗族曾经历过一次剧烈的环境变化,并因此而陷入混乱,被夏禹趁机征服:"昔者,有三苗大乱,天命殛之。日妖宵出,雨血三朝,龙生于庙,犬哭乎市;夏冰,地坼及泉,五谷变化,民乃大振。"③可以想象,生活在这种状态下的人类对于自然在心理上更多的应当是敬畏,而不可能是亲近与和谐。

青铜时代人类对抗自然的能力,较之于新石器时代,并没有质的重大进步。"在青铜时代开始之前与之后的主要农具都是耒耜、石锄与石镰。没有任何资料表示那社会上的变化是从技术上引起的。"④长江中游地区青铜农具的出现虽然可上溯至商代中期,但其使用并不普遍,大量使用的

① 在此次洪水期之前,大溪文化关庙山类型曾经到达江汉平原腹地的监利福田、柳关一带,并分布于今汉水河道右岸荆门沙洋附近的低洼地区;在此次洪水期中,关庙山类型退出江汉平原腹地,沿长江向东西两个方向扩展,往西到达巫山大溪,往东到达鄂东巴水、举水之间;分布于汉东丘陵地带的大溪文化油子岭类型也沿水系向北(向上)迁移,影响所及达南阳盆地及丹江中上游地区。这说明洪水不仅给江汉平原地区的人类生存带来几乎是毁灭性的打击,对长江支流河谷地带的居民生存也带来巨大影响。参阅朱诚等:《长江三峡及江汉平原地区全新世考古与异常洪涝灾害研究》,《地理学报》1997年第3期;王红星:《长江中游地区新石器时代遗址分布规律、文化中心的转移与环境变迁的关系》,《江汉考古》1998年第1期;鲁西奇:《新石器时代汉水流域聚落地理的初步考察》,《中国历史地理论丛》1999年第1期。

② 属于此期的屈家岭文化遗址在整个两湖平原腹地只发现三处,且都位于地势较高的低丘上,即石首走马岭、华容车轱山、澧县城头山,参阅湖南省岳阳地区文物工作队《华容车轱山新石器时代遗址第一次发掘简报》(《湖南考古辑刊》第3辑,1986年)、湖南省文物考古研究所《澧县城头山屈家岭文化城址调查与试掘》(《文物》1993年第12期)及前揭王红星文。

③ 吴毓江:《墨子校注》卷五《非攻下》,北京:中华书局,1993年,第216页。

④ 张光直:《中国青铜时代》,北京:三联书店,1983年,第18页。

仍然是石质农具。① 从中商到西周乃至春秋早期，虽然在长江中游地区也出现了宏伟的城池与巍峨的宫殿建筑，土地开垦也逐渐扩大，但这主要是依靠社会资源（主要是人力资源）的高度集中、社会组织管理水平的提高以及人口的增加，人类利用、改造自然的技术能力并没有根本性进步，人类与自然的关系也就不会有质的变化。②

铁农具的出现与普遍使用是人地关系史上一次划时代的变革。"铁使更大面积的农田耕作，开垦广阔的森林地区成为可能；它给手工业工人提供了一种其坚固和锐利非石头或当时所知的其他金属所能抵挡的工具。"③在长江中游地区，铁农具的出现始于春秋中期，到战国中晚期已得到普遍推广。铁农具的使用使农耕区域大幅度扩展，也使大规模的农田水利建设成为可能，生产效益得以提高，人类在人地关系系统中的主动性不断抬升。但是，这并没有从根本上改变人地关系的基本格局，艰苦的生活环境与状态及其所导致的人类对于自然的敬畏仍是这一时期人地关系的主流。《史记·货殖列传》叙述西汉前中期南方地区经济生活形态云：

> 楚越之地，地广人希，饭稻羹鱼，或火耕而水耨，果隋蠃蛤，不待贾而足，地埶饶食，无饥馑之患，以故呰窳偷生，无积聚而多贫。是故江、淮以南，无冻饿之人，亦无千金之家。④

---

① 参阅徐学书《商周青铜农具研究》（《农业考古》1987 年第 2 期）、陈振裕《湖北农业考古概述》（《农业考古》1983 年第 1 期）等。在江陵荆南寺、沙市周梁玉桥、松滋博宇山等商周遗址中均不见青铜农具，大量使用的仍然是石质农具；即使在青铜农具比较集中的黄陂盘龙城、樟树吴城遗址中，青铜农具数量也远远赶不上石质农具。参阅荆州地区博物馆、北京大学考古系《湖北江陵荆南寺遗址第一、二次发掘简报》（《考古》1989 年第 8 期）、沙市市博物馆《湖北沙市周梁玉桥遗址试掘报告》（《文物资料丛刊》第 10 期），荆州地区博物馆《湖北松滋博宇山试掘简报》（《文物资料丛刊》第 10 期），湖北省博物馆《盘龙城商代二里岗期的青铜器》（《文物》1976 年第 2 期），彭适凡、李家和《江西清江吴城商代遗址发掘简报》（《文物》1975 年第 7 期）等考古发掘报告及有关分析。

② 从现有资料看，商周时期长江中游地区的经济生产方式与此前的屈家岭、石家河等文化时期相比有所进步，但并没有质的进步，仍以水稻种植为主、畜牧渔猎业并存。参阅陈振裕：《湖北农业考古概述》，《农业考古》1983 年第 1 期；陈钧等：《湖北农业开发史》，北京：中国文史出版社，1992 年，第 11～14 页。

③ 恩格斯：《家庭、私有制和国家的起源》，《马克思恩格斯选集》第 4 卷，北京：人民出版社，1972 年，第 142 页。

④ 《史记》卷一二九《货殖列传》，第 3270 页。

《汉书·地理志》《盐铁论·通有》所记与此大致相同。这些记载向来被作为包括长江中游地区在内的楚越之地人地关系状态较好的重要证据。然而,问题是:(1)虽然物产丰富,"无饥馑之患",但"呰窳偷生,无积聚而多贫",显然并非较为理想的生活状态。《汉书·地理志》称楚地"信巫鬼、重淫祀",正曲折地反映了当时长江中游地区生存环境的恶劣及当时人对自然的畏惧心理。[①] (2)汉代长江中游地区"地广人稀"的情形,由《汉书·地理志》《续汉书·郡国志》所记各郡户口数可以见出。据梁方仲先生的大致估算,西汉元始二年(公元 2 年)长江中游地区南阳、江夏、南郡、长沙、桂阳、武陵、零陵、豫章、汉口诸郡国的人口密度分别是每平方公里 42.1 人、2.9 人、9.7 人、3.1 人、3.0 人、1.9 人、2.3 人、2.0 人、4.3 人;到东汉永和五年(公元 140 年),长江中游地区的户口虽有较大幅度增加,但以上九郡的人口密度仍分别是每平方公里 48.8 人、3.5 人、9.9 人、14.0 人、9.8 人、2.2 人、16.8 人、9.5 人、3.8 人。[②] 然而,"地广人稀"却并不一定意味着人地关系的和谐与平衡:人口过于稀少,必然会影响到人类认识、利用与改造自然的能力,人类对于环境的畏惧之情亦相对较大。(3)"火耕水耨"这种

[①] 先秦两汉乃至于隋,长江中游地区巫风炽盛、"信鬼而好祠",已为学界所公认。此种风俗之形成,有复杂的地理环境、社会经济与文化背景,论者于此已多有辨析。我们认为,这种风俗文化之形成和长期延续在很大程度上与生存环境的恶劣及人们由此而产生对自然的畏惧有着密切关联。

[②] 梁方仲编著:《中国历代户口、田地、田赋统计》之甲表 3、4、7、8,上海:上海人民出版社,1980 年,第 14~19、22~27 页。显然,两汉时期,南阳郡在长江中游地区中人口最为密集,其元始二年(2 年)户口数超过了荆州其余六郡的总和(其中郡治所在之宛县即有47474 户);西汉时人口密度居第二位的是南郡(其人口又主要集中在江陵、宜城一带);至东汉时,位于湘南、湘中的零陵、长沙二郡户口均有较大发展,人口密度超过南郡,分居第二、三位。而以江汉平原为主体的江夏郡则一直人口稀少。同时,在长沙国(郡)所属 13 县中,位于北部洞庭平原者仅有益阳、罗二县。这说明两汉时期江汉—洞庭平原及鄱阳平原的人口远没有其周围的丘陵地区密集。另请参阅葛剑雄《西汉人口地理》(北京:人民出版社,1986 年)及葛剑雄《中国人口史》第一卷《导论:先秦至南北朝时期》(上海:复旦大学出版社,2002 年)的有关章节。

较原始的农业耕作方式盛行，①表明当时的土地利用效益还相当低下。《汉书·地理志》还提到"楚有江汉川泽山林之饶"，民"以渔猎山伐为业"，说明渔猎采伐仍是农业经济的重要组成部分，种植经济的收益还不足以保障民众的生活。

最为核心的问题则是人类基本上还没有抵御洪水的能力。研究表明：春秋战国以至汉晋时期，江汉—洞庭平原、鄱阳平原主要表现为河湖交错、湖沼密布的地貌景观，长江中游及汉、湘、沅、资诸支流下游河道亦相当不稳定，且存在着众多的分流穴口与分流河道。因此，每当洪水来临，长江分流与其支流洪水交搏，一片汪洋；洪水退后，低洼地带积水成湖，水草丛生，淤泥阻隔，热病流行。② 这样的自然环境显然并不适宜于人类的生产生活，所以当时人均将长江中游地区（荆楚地区）视为蛮荒之地。西汉文帝时，贾谊谪居长沙，"长沙卑湿，谊自伤悼，以为寿不得长，乃为赋以自广"。③ 东汉末年，王粲逃亡至荆州，登江陵城楼而作《登楼赋》，其句云："览斯宇之所处兮，实显敞而寡仇。挟清漳之通浦兮，倚曲沮之长洲。背坟衍之广陆兮，临皋湿之沃流。"而在《七哀诗》之二首句即称："荆蛮非我乡，

---

① 关于火耕水耨到底是一种怎样的耕作方式，日本学者西嶋定生、中国学者牟发松等都有细致考究。西嶋氏认为，所谓火耕水耨是一种一年休耕制的直播式水稻耕作法，尚未实行插秧；牟氏认为它是南方撂荒农作制时期的水稻耕作方式，主要是在熟荒地上进行。地力耗尽以前可能连续耕种一个时期，但仍属撂荒制范畴。"火耕"就是用火烧掉荒地上的野草，然后下水播种。"水耨"是稻田除草的重要手段，但仍需刀割配合。我们倾向于同意牟氏的意见。参阅西嶋定生：《中国经济史研究》，冯佐哲等译，北京：农业出版社，1984 年，第 132～166 页；前揭牟发松：《唐代长江中游的经济与社会》，第 9～17 页。

② 参阅谭其骧《云梦与云梦泽》（《复旦学报》1980 年《历史地理专辑》，又见氏著：《长水集》下册，北京：人民出版社，2009 年，第二版，第 110～132 页），张修桂《洞庭湖演变的历史过程》（《历史地理》创刊号，上海：上海人民出版社，1981 年，第 99～116 页；又见氏著：《中国历史地貌与古地图研究》，北京：社会科学文献出版社，2006 年，第 138～161 页），张修桂《长江宜昌至城陵矶段河床历史演变及其影响》（《历史地理研究》第 2 辑，上海：复旦大学出版社，1990 年，第 12～65 页；又见氏著：《中国历史地貌与古地图研究》，第 17～63 页），张修桂《云梦泽演变的历史过程》（见氏著：《中国历史地貌与古地图研究》，第 131～137 页），蔡述明《跨江南北的古云梦泽说是不能成立的》（《海洋与湖沼》1982 年第 2 期），周凤琴《荆江历史变迁的阶段性特征》（《历史地理》第 10 辑，上海：上海人民出版社，1992 年），谭其骧、张修桂：《鄱阳湖演变的历史过程》（《复旦大学学报》1982 年第 2 期，又见张修桂著：《中国历史地貌与古地图研究》，第 162～180 页）等。

③ 《汉书》卷四八《贾谊传》，第 2226 页。

何为久滞淫?"①此虽为文人夸张之辞,但依然可以见出当时观念中的长江中游地区特别是平原地带乃卑湿之区,不宜居住。

因此,我们认为,从距今 1 万年前后农业起源,到公元 3 世纪初,长江中游地区的人地关系并不和谐,而是充满着紧张与冲突,这主要表现为人类生存环境的恶劣以及由此而引起的人类对自然的敬畏。当然,并不是说人类活动对自然环境就没有破坏或破坏较小,实际情形恰恰相反。前引《史记·货殖列传》所记火耕水耨的耕作方式,特别是火耕,对于自然环境的破坏不会比精耕农业更小,而在当时经济生活中占有重要地位的"山伐"活动所带来的破坏则更大。云梦睡虎地秦简所出《秦律十八种》之《田律》中对砍伐山林做了严格规定,也从一个侧面反映出乱砍滥伐已带来一些生态危机。② 当然,由于"地广人稀",这些破坏只是局部的。但人地关系状况本来就是相对于"人"的生存与其生存环境而言的,"无人区"或与人类生存没有直接关联地区的人地关系是不存在的,也没有讨论的必要。

第二阶段,从汉末三国至明中叶(公元 3 世纪至 15 世纪中期),其人地关系的基本特征是:随着人口增加和生产力的进步,人类对自然界的索取量和索取能力日渐加大,人类抗拒自然(主要表现为抵御旱涝灾害特别是洪水灾害)、利用自然的能力逐步增强,对自然的敬畏有所降低;同时,人类对自然的影响与干预也逐步加大,但从区域整体上看,还未致引起自然系统的失衡与紊乱。

在此千余年时间里,长江中游地区之人口与社会经济各方面的发展均历有起伏,或者说表现为周期性振荡;而气候、河湖、山林等自然环境要素也在自然规律与人类活动双重因素的影响下表现出复杂的演变过程,但总的趋势表现为人口不断增加、人类抗拒与利用自然的能力逐步增强、区域

---

① 分别见《六臣注文选》卷一一、卷二三,北京:中华书局,1987 年,第 207～209、428～429 页。按:王粲所登之楼,李善注引盛弘之《荆州记》谓为江陵城楼,而《水经注·漳水》则谓在当阳之麦城。兹从李善注。由王粲赋中可以见出,江陵以西至当阳、昭丘一带沮漳河流域地势稍东,为"坟衍之广陆","华实蔽野,黍稷盈畴";而江陵以东则为皋湿之区,"川既漾而济深",形成鲜明对照。说明直到汉末,江陵以东平原的开发还远远落后于其西部的低丘岗地。

② 睡虎地秦墓竹简整理小组:《睡虎地秦墓竹简》,北京:文物出版社,1978 年,第26 页。

自然系统虽受到日益增强的破坏但仍基本保持平衡,应当是没有疑问的。

如所周知,历史上中国人口的发展表现为波浪式上升的变动规律,其波动周期与王朝周期之间有着密切关联。[①] 就长江中游地区而言,此种波浪式上升主要表现为各代峰值人口的持续增长。由表1[②]可以见出:虽然历有波折,但隋、唐、宋、元、明五代本区的人口峰值却一直不断增加(4407353→4888159→18745411→25159188→35734366),[③]其增长幅度较之全国平均幅度大得多。[④] 特别是宋元时期,虽然有宋金、宋元间的长时间战事,但本区人口却基本保持着持续增长的态势。同时,本区之人口重心表现出逐步向南移动的趋势:江西、湖南地区在本区总人口中所占的比重愈来愈大,特别是江汉—洞庭平原、鄱阳平原地区人口增长最快,增长幅度也较大。[⑤] 另一方面,在此千余年时间里,人口的增加是有一定限度的:这不仅表现为人口数量的周期性下降,还表现为即便是在人口峰值期的人口密集区,虽已在个别地区出现"地狭人稠"现象,[⑥]但总的说来,人地之间的矛盾还不是很突出。北宋崇宁元年(1102年),江西地区的著籍户口数

---

① 参阅赵文林、谢淑君:《中国人口史》,北京:人民出版社,1988年,第545~580页。当然,并不是每一区域的人口升降均与王朝兴衰相对应,事实上,包括长江中游地区在内的南方各地区人口的上升往往正是在王朝衰落从而引发北方人口南来的时期。

② 表1对晋至元代长江中游地区人口数量的估算是非常粗略的,随着近年来人口史研究的深入,特别是葛剑雄主编六卷本《中国人口史》的出版,对本区历史人口的推算还可以更准确一些,这里仅取其大概;同时,其中今之湖北、湖南、江西三省均有一部分不属于长江中游地区的范畴,因此,总的说来,本区各代实际人口数可能要比表1的推算少一些。

③ 其中唐天宝十一载(752年)及宋崇宁元年(1102年)的人口数未必是本区在唐代、宋代的最高值,唐后期(安史之乱后)与南宋时期本区人口均有进一步的增长。参阅冻国栋:《中国人口史》第二卷《隋唐五代时期》,上海:复旦大学出版社,2002年,第240~247、253~265页;吴松弟:《中国人口史》第三卷《宋辽金元时期》,上海:复旦大学出版社,2000年,第487~496、508~517、528~534页。

④ 宋代崇宁间本区人口数是隋代大业五年(609年)人口数的4.25倍,而同期全国人口数的比值据一般估计计算不过2.2~2.5倍。如果以明末崇祯三年(1630年)达到明代人口峰值的人口数35734366计算,则其增长幅度更大。

⑤ 参阅前揭杨果:《宋代两湖平原地理研究》,第65~76页;梅莉、张国雄、晏昌贵:《两湖平原开发探源》,第25~26页;魏嵩山、肖华忠:《鄱阳湖流域开发探源》,第37~55页;宋传银:《古代湖北人口发展的空间过程》,《中国历史地理论丛》1998年第2期;等等。

⑥ 参阅前揭吴松弟:《中国人口史》第三卷《辽宋金元时期》,第489~497页。

已达 850 万,密度居本区之首;而元丰中,曾相继担任过洪州奉新县与彭州永昌县知县的吴天常仍说,"蜀不足于地,江西不足于民",[①]更遑论人口密度远低于江西的湖南、湖北及南阳、陕南地区了。

表 1　西晋至明代长江中游地区人口数量的变化

（单位:人）

时间	湖北省	湖南省	江西省	南阳地区	陕南地区	合计
281—289 年	1417677	978300	500120	232552	229510	3358159
464 年	703399	465763	367166	76565	77532	1690403
609 年	2702960	273023	429491	822666	179213	4407353
639 年	306818	299346	319047	40511	119703	1085425
752 年	1366668	1173471	1639257	347621	361142	4888159
813 年	1835310	889188	2742480	325089	—	—
980—989 年	950573	791932	2806069	139020	241087	4928681
1079 年	3695720	4399551	7344789	304380	1007355	16751795
1102 年	3359925	4947770	8560898	930455	946363	18745411
1210 年	1565581	5339614	10251749	230464	848978	18236386
1290 年	2720284	7940245	14414985	54312	29362	25159188
1393 年	2011000	2822000	8121000	314000	77000	13345000
1493 年	3657717	4421311	11632545	461043	211940	20384556
1630 年	8000000	7000000	19300000	951152	443241	35734366

资料来源:(1)西晋至元代湖北、湖南、江西三省人口数均据赵文林、谢淑君《中国人口史》(北京:人民出版社,1988 年)有关部分之推算(分别见第 99～100、136、144～145、199～201、297～299、327～328 页),南阳、陕南地区人口数据据前揭鲁西奇《区域历史地理研究:对象与方法——汉水流域的个案考察》有关部分之推算(分别见第 215～216、331、337、347～348 页)。(2)明洪武二十六年(1393 年)各省区人口数及崇祯三年(1630 年)湖北、湖南、江西三省人口数均据曹树基《中国人口史》第四卷《明时期》(上海:复旦大学出版社,2000 年)的有关推算(第 231～234、241～243 页),弘治六年(1493 年)各区人口数及崇祯三年(1630 年)南阳、陕南人口数则为作者之推算。

　　人口的增加给本区社会经济的发展提供了劳动力资源,也促进了生产力的进步,从而使本区人地关系发生了一些变化。此期本区生产力的进步主要表现在三方面:一是连种制逐步取代撂荒农作制,并向复种制发展。

---

　　①　张耒:《柯山集》卷五二《吴天常墓志铭》,李逸安、孙通海、傅信点校,北京:中华书局,1990 年,第 892 页。

自东汉后期始,长江中游地区的稻作农业开始突破"火耕水耨"水平,陂塘灌溉技术得到较大发展,连种制也逐步推广。[①] 隋唐时期,在陂塘灌溉农业进一步发展的同时,水车排灌技术也得到推广;中唐以后,又出现了主要表现为稻麦复种的轮作复种制;[②]南宋时期,轮作复种制首先在江西地区普遍推广开来,荆湖南北路一些条件较好的地方也逐步实行。[③] 这些耕作制度与技术的进步提高了集约化水平,增加了单位面积产量,使农业生产向精耕细作的集约化生产发展,从而提高了土地资源的利用率,降低了同等人口水平下对自然环境的破坏。

二是河湖堤防逐步兴筑,垸田开始兴起。为了开发平原湖区,人们首先利用平原上的残丘岗地或建造人工岗地,作为躲避洪水的地方。[④] 而新

---

① 参阅前揭牟发松:《唐代长江中游的经济与社会》,第27~30页。按:长江中游地区陂塘灌溉的兴起,或可上溯至西汉元帝建昭间召信臣在南阳"开通沟渎,起水门提阏数十处,以广溉灌"(《汉书》卷八九《循吏传》,第3642页)。至东汉、魏、晋时期,南阳、汉中地区的灌溉农业已相当发达,此点由《水经注》之《淯水篇》、《湍水篇》、《丹水篇》、《沔水篇》及《后汉书》卷三〇《杜诗传》、张衡《南都赋》等文献中均可见出,汉中所出汉代陂池模型更可为证(秦中行:《记汉中出土的汉代陂池模型》,《文物》1976年第3期)。同时,至迟至东汉中期,可以肯定连种制已经在南阳、襄阳地区之平原地带得到普遍推广。参阅前揭鲁西奇:《区域历史地理研究:对象与方法——汉水流域的个案考察》,第218~240页。

② 对于长江中游地区轮作复种制何时出现及何时得到推广的问题,学术界向来有不同看法。牟发松曾引元稹《竞舟》、《赛神》二诗的描述论证唐代长江中游地区已开始出现稻麦复种制,有一定说服力(前揭《唐代长江中游的经济与社会》,第46~48页),但对于此种耕作制度是否普遍推行却未能举出可信证据。从现有材料特别是宋代的有关材料看,我们认为,稻麦复种制在长江中游地区不仅唐代甚至北宋均未得到推广。参阅韩茂莉:《宋代农业地理》,太原:山西古籍出版社,1993年,第211~218页;张泽咸《汉晋唐时期农业》,北京:中国社会科学出版社,2003年,第496~499页。

③ 南宋时期稻麦复种制在南方推广的直接原因是北方人口的大量南下,此点前人早有论证。显然,就长江中游地区而言,江西接受的北方移民较多,且接近长江下游地区,故而复种制得到较早的普遍推广;荆湖南北路特别是荆湖北路接受移民较少,且处于战争前沿地带,人口稀少,故复种制不甚普遍。参阅前揭许怀林:《江西史稿》,第273~277页;程民生:《宋代地域经济》,开封:河南大学出版社,1992年,第94~99页;前揭鲁西奇:《区域历史地理研究:对象与方法——汉水流域的个案考察》,第358~363页。

④ 时至今日,江汉—洞庭平原上还残留着一些带有"坮(台)"、"墩"的地名,这些台和墩,既有天然的,也有人工堆筑的,其功能主要是躲避洪水。参阅本书卷三之《散村的形成及其演变——以江汉平原腹地乡村聚落的形态及其演变为中心》一文。

石器时代江汉—洞庭平原与鄱阳平原上出现的某些城垣,很可能是最早的堤防形态。① 但文献记载中本区最早的江河堤防当是东汉末年的樊城护城堤、襄阳习家池堤;六朝时期,相继在汉水中游修筑了襄阳护城堤、华山郡大堤,②在长江中游北岸江陵附近则筑有金堤。③ 这些堤防集中在重要城市附近,其主要功能是保护城池,而不能保护较大范围的农田,平原湖区的开发仍然受到很大限制。唐末五代至宋元时期,荆江及汉、湘、沅、赣江两岸相继出现了一些以保护农田为主要功能的断续堤防,如沙市黄潭堤、监利至沔阳境内之长官堤、公安"孟珙五堤"、鄂州长堤、江陵"旁汉古堤"、郢复州境内之"郑敬古堤"等;洞庭湖、鄱阳湖周围也断续修筑了一些堤防。这些江湖堤防的修筑,给长江中游平原的局部开发提供了保障。④ 至南宋中晚期,鄱阳平原、江汉—洞庭平原相继兴起了圩田与垸田,特别是鄱阳湖

① 天门石家河城濠聚落与荆门马家垸古城的始建年代都在屈家岭文化三期,而此时正当洪水期,因此,修建这些城垣的直接动因应与洪水有关,可能主要是出于防御洪水的需要。在城址的选择上,这两处古城都充分利用地形条件,依托岗丘和自然河道,在岗丘的边缘堆筑土垣,其防洪功能显而易见。参阅北京大学考古系、湖北省文物考古研究所:《石家河遗址调查报告》,《南方民族考古》第 5 辑,成都:四川科技出版社,1993 年,第 213～294 页;湖北省荆门市博物馆:《荆门马家垸屈家岭文化城址调查》,《文物》1997 年第 7 期;任式楠:《中国史前城址考察》,《考古》1998 年第 1 期;等等。

② 参阅鲁西奇、潘晟:《汉水中下游河道变迁与堤防》,武汉:武汉大学出版社,2004年,第 166～176 页。

③ 《水经注·江水篇》云:"江陵城地东南倾,故缘以金堤,自灵溪始。桓温令陈遵造。遵善于方功,使人打鼓,远听之,知地势高下,依傍创筑,略无差矣。"(郦道元注,杨守敬、熊会贞疏:《水经注疏》卷三四《江水二》,南京:江苏古籍出版社,1989 年,第 2863～2864 页)陈遵所造江陵金堤,一般认为是最早的荆江堤防。参阅李文澜:《江汉平原开发的历史考察(上篇)》,见中国唐史学会、湖北省社科院历史研究所编:《古代长江中游的经济开发》,武汉:武汉出版社,1988 年,第 44～70 页;程鹏举:《古代荆江北岸堤防考辨》,《历史地理》第 8 辑,上海:上海人民出版社,1990 年,第 70～76 页。

④ 参阅前揭杨果:《宋代两湖平原地理研究》,第 95～158 页;程鹏举:《古代荆江北岸堤防考辨》;鲁西奇、潘晟:《汉水中下游河道变迁与堤防》,第 177～201 页;等等。唐后期赣江沿岸堤防,则有元和中江西观察使韦丹主持修筑的捍江堤,"长十二里"(见《新唐书》卷一九七《韦丹传》,北京:中华书局,1975 年,第 5630 页);鄱阳湖堤,则有长庆中江州刺史李渤所筑之甘棠湖堤及太和、会昌中所筑之秋水堤、断洪堤等。参阅前揭牟发松:《唐代长江中游的经济与社会》,第 81～89 页;魏嵩山、肖华忠:《鄱阳湖开发探源》,第 40～41 页;许怀林:《江西史稿》,第 122～126 页;等等。

区的圩田,南宋时已有较大发展,从而使平原湖区开发的技术障碍得到解决。[①] 但是,这些江河堤防只是断续相连,还没有连成一线,荆江及汉、湘、沅、赣下游均仍存在着较多的分水穴口(虽然堵塞了不少),在盛水期,洪水往往通过穴口分流,河道淤垫及洪涝灾害加剧情形还不很严重。平原湖区圩田、垸田的发展也还停留在起步阶段,围垦对平原湖区水陆格局的影响仍相对微弱,大量蓄水区域仍然存在。[②] 因此,总的说来,平原湖区原有的河湖关系并没有发生质的变化,基本上维持一种相对平衡的状态。

三是丘陵低山地区梯田的开发。长江中游地区的梯田或可上溯到六朝时期的蛮田,[③]历隋唐至宋代,在一些丘陵低山地区,梯田逐步得到发展。南宋孝宗乾道末年(1173年),范成大由临安去桂林,途经袁州(今江西宜春),游仰山,看到"岭阪之上,皆禾田,层层而上至顶,名梯田"。[④] 淳熙五年(1178年),杨万里经过江西永丰县,"过石磨岭,岭皆创为田,直至其顶",赋诗云:"翠带千环束翠峦,青梯万级搭青天。长淮见说田生棘,此

① 江汉—洞庭平原垸田的兴起与发展,近年来论者已多,参阅前揭梅莉、张国雄、晏昌贵:《两湖平原开发探源》,第87~134页;彭雨新、张建民:《明清长江流域农业水利研究》,第184~201页及有关论文。而关于鄱阳湖平原圩田的兴起与发展则尚缺乏深入细致的研究,前揭《明清长江流域农业水利研究》(第98~112页)于此略有论及,认为南宋前期鄱阳湖圩田已经兴起,并已有初步发展,但未予充分展开论述。

② 直到南宋中期,长江中游沿岸地区还未得到全面开发,江汉平原腹地还保留着大量湖沼荒地。《宋史》卷一七四《食货志》记淳熙三年(1176年)臣僚言:"今湖北惟鼎、澧地接湖南,垦田稍多。自荆南、安、复、岳、鄂、汉、沔,汙莱弥望,户口稀少,且皆江南狭乡百姓,扶老携幼,远来请佃,以田亩宽而税赋轻也。"(北京:中华书局,1977年,第4218页)陆游《入蜀记》记乾道中陆游自鄂州西行,经沌水至监利,沿途所经"陂泽深阻,虎狼出没,未明而行,则挽卒多为所害"(陆游:《入蜀记》卷五,《知不足斋丛书》本,北京:中华书局,1999年,影印本,第1册,第613页)。七年之后,范成大自上游下行,经过同样的水路,"行过所谓百里荒者,皆湖泺荻芦,不复人迹,巨盗之所出没"(范成大:《吴船录》卷下,见《范成大笔记六种》,孔凡礼点校,北京:中华书局,2002年,第225页)。类似的记载还有很多,都反映出江汉平原腹地直到南宋中期尚未开发。

③ 樊绰《云南志》(《蛮书》)云:"蛮治山田,殊为精好。"(樊绰著、赵吕甫校释:《云南志校释》卷七《云南管内物产》,北京:中国社会科学出版社,1985年,第256页)参阅杨德炳、王延武:《魏晋南北朝时期蛮族对长江中游地区开发作用之探讨》,见前揭中国唐史学会、湖北省社科院历史研究所编:《古代长江中游的经济开发》,第299~317页。

④ 范成大:《骖鸾录》,见《范成大笔记六种》,孔凡礼点校,第52页。

地都将岭作田。"① 梯田的开发虽然破坏了原有丘陵低山地区的植被,但由于梯田可以逐层滞留山坡流水,不使泥土被冲刷,既增加耕地,又不致对环境破坏过甚,是较先进的土地利用方式。② 然而,在这一时期,本区梯田并不普遍,在大部分低山丘陵地区,更盛行刀耕火种式的"畲田"。唐朝末年,王建自襄阳南行渡蛮水趋荆门,途中见到"犬声扑扑寒溪烟,人家烧竹种山田"。③ 到宋代,鄂西北、陕南商洛山区、湘南、湘中的广大低山丘陵区,也仍然流行这种粗放型的耕作方式,并给这些地区的森林植被带来较大破坏。④ 只是这些畲田还主要集中在部分低山丘陵地区,对生态环境的影响是局部性的,然山区开发的方式及其对环境的破坏,已经为明中叶以后的大开发与大破坏开启了端绪。

第三阶段,明中叶以后至民国时期,以江、汉及洞庭湖、鄱阳湖堤防体系的逐步形成、平原湖区垸田经济的高度发展以及中上游山区的全面开发为标志,长江中游地区的人地关系逐渐进入全面紧张状态,主要表现为人类活动对本区自然环境的全面破坏以及自然对人类的报复不断加剧。

据表1计算,明洪武二十六年(1393年)至崇祯三年(1630年)间长江中游地区的年均人口增长率约为4.2‰,与全国平均增长率4.1‰大致持平。⑤ 虽然明清之际的社会动乱使本区人口大幅度衰减,但自康熙十八年(1679年)"三藩之乱"平定后,本区保持了长期的社会安定,给人口繁殖提供了十分有利的条件,不仅很快弥补了明清之际社会动乱造成的人口损失,而且很快超过明末崇祯三年(1630年)的明代人口峰值(3573.4万),到乾隆四十一年(1776年)达到5470.6万;之后继续增长,到太平天国运动前的1850年,达到7704.8万,较之明末的人口峰值增加了一倍余(见表

---

① 杨万里:《杨万里诗文集》卷一三《西归集·过石磨岭,岭皆创为田,直至其顶》,王琦珍整理,南昌:江西人民出版社,2006年,第233页。

② 参阅赵冈:《中国历史上生态环境之变迁》,北京:中国环境科学出版社,1996年,第16~17页。

③ 王建:《荆门行》,见《全唐诗》卷二九八,北京:中华书局,1999年,第3379页。

④ 参阅漆侠:《宋代经济史》上册,上海:上海人民出版社,1987年,第125~126页;前揭韩茂莉:《宋代农业地理》,第150~151页;等等。

⑤ 1393—1630年间的全国人口年均增长率,据曹树基的推算,见前揭曹树基:《中国人口史》第四卷《明时期》,第281页。

2）。由于人口增长速度远远高于耕地增长速度，人地矛盾遂越来越尖锐。实际上，早在明代，江西地区"田少而人多"的现象就已相当突出。[①] 到乾隆中期，两湖地区的人地矛盾也日渐突出，这主要表现为人均耕地面积持续下降，至嘉庆二十五年（1820 年），册载人均耕地下降到不足 2 亩。[②] 此种情形虽然在清后期因太平天国运动造成本区人口衰减而有所缓解，但并没有根本性的改变。

表 2　清中叶至 1953 年长江中游地区人口数量的变化

（单位：万人）

时间	湖北省	湖南省	江西省	南阳地区	陕南地区	合计
1776 年	1617.3	1525.2	1878.3	353.4	96.4	5470.6
1820 年	1948.2	1898.1	2234.6	421.3	376.1	6878.3
1851 年	2218.7	2180.9	2428.6	472.4	404.2	7704.8
1880 年	1896.6	2251.2	1331.6	518.1	263.3	6260.8
1910 年	2207.7	2632.0	1496.1	566.8	345.1	7240.7
1953 年	2745.3	3322.6	1661.4	684.6	512.3	8926.2

资料来源：曹树基：《中国人口史》第五卷《清时期》，上海：复旦大学出版社，2001 年，第 692～693、698、700 页。

---

① 江西地区"田少人多"现象，在明前期即已见于记载。《明太宗实录》卷五七，永乐四年（1406 年）七月庚辰，永乐皇帝问侍读胡广说："闻江西民众而田少，农家有亦给足否？"（台北："中央研究院"历史语言研究所，1962 年，第 7 册，第 842 页）这种情形到明中后期更趋严重。成化四年（1468 年）七月癸未，吉安府许聪上言称："吉安地方虽广而耕作之田甚少，生齿虽繁而财谷之利未殷，文人贤士固多而强宗豪右亦不少……小民不得安生。"（《明宪宗实录》卷五六，台北："中央研究院"历史语言研究所，1962 年，第 23 册，第 1152～1153 页）成化间丘濬在《江右民迁荆湖议》中更明确地说："荆湖之地，田多而人少；江右之地，田少而人多。江右之人，大半侨寓于荆湖。盖江右之地力所出，不足以给其人，必资荆湖之粟以为养也。"（见陈子龙等编：《明经世文编》卷七二，北京：中华书局，1962 年，第 608～609 页）则所谓"江西填湖广"之移民运动发生的原因之一，即是江西地区的人口压力。参阅谭其骧：《湖南人由来考》，见氏著：《长水集》上册，第 312～375 页；前揭张国雄：《明清时期的两湖移民》，第 92～93 页。

② 根据龚胜生的研究，万历初年（1570 年左右）两湖地区的人均耕地为 19 亩，康熙二十四年（1685 年）有近 20 亩，此后人均耕地面积即不断下降，至乾隆十八年（1753 年）下降至不足 5 亩，嘉庆二十五年（1820 年）为 2 亩，此后基本维持在 1.9 亩上下。参阅龚胜生：《清代两湖地区人口压力下的生态环境恶化及其对策》，《中国历史地理论丛》1993 年第 3 期。

需要指出的是：在此一时期内，本区人口的增长速度及其分布密度均表现出明显的区域差异。在明代及清前期的大部分时间里，平原湖区人口增长的速度较快，人口密度也较大；[①]清代中期特别是乾隆、嘉庆年间，主要位于周边地区的秦巴山区、湘鄂西山地人口增长速度较快，人口密度也迅速增加。[②] 这与本区人口迁移的进程有着密切关联。而人口的增长既为平原、山区的经济开发提供了丰富的人力资源，也是堤防兴修、垸田发展及山区资源之多元利用的内在动力。正是在此种背景下，自明中后期嘉靖、隆庆间，至清乾隆中期，长江中游、汉水下游及其他重要支流两岸堤防

---

　① 曹树基的研究表明：自洪武二十四年至乾隆四十一年(1391—1776年)，处于鄱阳平原腹地的九江府人口年平均增长率高达6.4‰，高于南昌府的2.6‰和江西全省的3.4‰(前揭《中国人口史》第四卷《明时期》，第278页)。到嘉庆二十五年(1820年)，主要包括鄱阳平原及其周边丘陵地带的南昌府、南康府、九江府、饶州府、临江府的人口密度分别达到每平方公里172.5人、184.3人、197.2人、116.9人、223.4人，特别是临江府的人口密度居全省第一位(前揭《中国人口史》第五卷《清时期》，第709～710页)。在两湖地区，人口增长速度最快的也是位于江汉—洞庭平原上的汉阳、荆州、安陆(承天)及岳州、常德等府(在明代中期，这些地区的年均人口增长率可能在6‰左右)，到1820年，上述五府的人口密度分别达到每平方公里252.1人、126.3人、88.8人、135.0人、106.5人(前揭《中国人口史》第五卷《清时期》，第710～711页)，其中汉阳府与岳州府的人口密度分居湖北、湖南省的首位。

　② 清代湘鄂西山区及秦巴山地人口数量的增加，是与移民运动紧密联系的。一般认为，向山区的大规模移民开始于康熙中后期，至乾隆中后期达到高潮。在此之后直至道光间，山区人口仍有稳步增长。曹树基的研究表明：乾隆四十一年(1776年)，处于湘鄂西山区的沅州、辰州、靖州、永顺、郧阳、施南等六府州的人口密度分别是每平方公里69.6人、60.8人、53.6人、38.5人、27.5人、43.0人，而处于秦巴山地的兴安、商州、汉中三府州则只有每平方公里5.1人、6.2人、26.0人(前揭《中国人口史》第五卷《清时期》，第710～711、717页)，说明湘鄂西山区大规模移民的进入主要是在乾隆中期以前，而陕南秦巴山地则主要是在此之后。自乾隆四十一年至咸丰初年(1776—1851年)75年间，陕南地区的人口增加了3倍多。另请参阅萧正洪：《清代陕南的流民与人口地理分布的变迁》，《中国史研究》1992年第3期；张建民：《清代湘鄂西山区的开发及其影响评价》，《中国社会经济史研究》1987年第4期；等等。

逐步连成一线,大部分分流穴口被相继堵塞,洪水的周期性泛滥逐步得到控制;①江汉—洞庭平原也随之进入全面大开发时期,其垸田经济的发展虽在明清之际有所反复,但至清中期仍然达到高潮,并继续发展,形成恶性膨胀;②而湘鄂西、陕南、湘南等周边山区也在乾隆年间出现开发高潮。③

大开发带来了本区社会经济的繁荣,④但也同时引发了生态环境的恶化,加剧了人地关系的冲突。这在平原湖区主要表现为以下三个方面:(1)悬河与河曲高度发育。荆江在先秦时期河床形态不显著,处于漫流状态;大致从魏晋起,开始形成分叉式河床,洪水危害并不明显;唐宋以后,统一河床开始形成,而上游带来的大量泥沙由于流速减缓而日渐淤积,造成河床抬高,两岸互相侵蚀,最后形成蜿蜒曲折的河床。而此种弯曲河床进一步减缓流速,导致河床淤积加速。自明中期"九穴十三口"相继堵塞,荆江

---

① 一般认为:荆江两岸堤防在明嘉靖中即已连成一体,汉水下游两岸也在嘉靖、隆庆、万历间逐步形成较系统的堤防;自明后期至清前期,荆江以下长江两岸又相继修筑了四邑公堤、黄广大堤、金口长堤等,长江干堤遂渐次形成体系。参阅万历《湖广总志》卷三三《水利二》,《四库全书存目丛书》本,史部第 194~196 册,据福建省图书馆藏明万历刻本影印,济南:齐鲁书社,1996 年;俞昌烈:《楚北水利堤防纪要》卷一,武汉:湖北人民出版社,1999 年;《湖北水利志》,征求意见稿,1988 年,第 3~43 页;《湖南省水利志》,内部刊印本,1989 年,第 3 分册;等等。

② 一般认为,江汉—洞庭平原的垸田在宋元时期即已出现,但大发展是在明清时期:明中叶渐多,明清之际萎缩,清初恢复发展,清中叶形成高潮。其中湖南垸田发展比湖北迟,但发展迅速且面积更大,至清末洞庭湖平原垸田数量达 1000 余座,500 多万亩;江汉平原垸田发展在清中期形成高潮并趋于饱和,清后期屡垦屡溃,生态环境严重恶化。参阅前揭彭雨新、张建民:《明清长江流域农业水利研究》,第 186~196 页;梅莉、张国雄、晏昌贵:《两湖平原开发探源》,第 103~134 页;谭作刚:《清代湖广垸田的滥行围垦及清政府的对策》,《中国农史》1985 年第 4 期;等等。

③ 参阅萧正洪:《清代陕南种植业的盛衰及其原因》,《中国农史》1988 年第 4 期、1989 年第 1 期;张建民:《明清长江中游山区的灌溉水利》,《中国农史》1993 年第 2 期;张芳:《明清时期南方山区的垦殖及其影响》,《古今农业》1985 年第 4 期;等等。

④ 这突出地表现为"湖广熟,天下足"谚语的出现与流传。对此谚语的传布及其所反映的经济现象,论者已多,参阅张建民:《"湖广熟,天下足"述论》,《中国农史》1987 年第 4 期;前揭梅莉、张国雄、晏昌贵:《两湖平原开发探源》,第 136~188 页;龚胜生:《清代两湖农业地理》,第 252~269 页;张国雄:《明清时期的两湖移民》,第 188~199 页;等等。

大堤连成一线,泥沙淤积日甚,河床抬升速度更快,从而形成著名的"悬河"。[①] 道光间,荆州万城大堤堤面已较乾隆五十三年(1788 年)置于万城堤上的镇水铁牛基座高出丈余;光绪初,"官工一带堤内有陡高三五丈,而堤外高不过丈许者"。[②]汉江下游虽未形成较典型的悬河,但河曲亦相当发育,至清后期已形成典型的蜿蜒型河道。[③] 这种蜿蜒型河道(特别是悬河)最易发生溃决,一旦溃决,为害甚巨。(2)河湖湮淤,水系紊乱。如上所述,平原湖区在大兴垦殖之前,存在着河流、湖泊、穴口共同组成的蓄泄调节体系,即所谓"江水分流于穴口,穴口注流于湖渚,湖渚泄流于枝河,枝河泻入于江海",[④]形成宣泄有路、调蓄有地的平衡关系。随着堤垸的普遍兴修和围垦的恶性膨胀,分流穴口被堵塞,口下枝河淤浅并进而被围垦,幸存者亦越来越狭浅,不能有效地发挥排洪作用。而最为重要的是,长江及其支流堤防体系的形成和洪水位的不断抬升,还使堤内田地更显低洼,渍水趋重,易成内涝,使本已紊乱的水系格局进一步混乱。[⑤] (3)由于前两方面的原因,洪涝灾害越来越频繁,其破坏程度和受灾面积也越来越大。众多研究者都曾以不同方式指出过明清时期长江中游地区洪涝灾害不断加剧的趋

---

① 参阅前揭张修桂:《长江宜昌至城陵矶段河床历史演变及其影响》;周凤琴:《荆江历史变迁的阶段性特征》,《历史地理》第 10 辑,上海:上海人民出版社,1992 年,第 273~287 页;袁樾方:《下荆江河曲的形成与演变初探》,《复旦学报》1980 年《历史地理专辑》;林承坤等:《荆江河曲的成因与演变》,《南京大学学报(自然科学版)》1965 年第 1 期;等等。

② 倪文蔚:《荆州万城堤志》卷末《志余·疏筑备考·荆江大概情形禀》,《湖北地方古籍文献丛书》本,武汉:湖北教育出版社,2002 年,第 341~343 页。

③ 参阅沈玉昌:《汉水河谷的地貌及其发育史》,《地理学报》1956 年第 4 期。

④ 万历《湖广总志》卷三三《水利二》,"开穴口总考略",《四库全书存目丛书》本,史部第 195 册,第 149 页。

⑤ 参阅周凤琴:《荆江堤防与江湖水系变迁》,收入姚汉源等选编《长江水利史论文集》,南京:河海大学出版社,1990 年,第 12~18 页;周凤琴:《荆江近 5000 年来洪水位变迁的初步探讨》,《历史地理》第 4 辑,上海:上海人民出版社,1984 年,第 46~53 页;蔡述明等:《人类活动对长江中游湿地生态系统的冲击》,《地理科学》1992 年第 2 期;前揭彭雨新、张建民:《明清长江流域农业水利研究》,第 254~258 页;梅莉、张国雄、晏昌贵:《两湖平原开发探源》,第 198~201 页;等等。

势,而且大灾或特大灾害愈益频繁,成为本区社会经济发展的重大障碍。[①]

在山区,人地关系的紧张则主要表现为:(1)森林资源及相关生物资源受到破坏。如秦巴山区在清中期以前,有着茂密的森林,被统称为"南山老林"和"巴山老林";但到道光时,除秦岭深处少数地方还残存若干"老林"外,其他地方已无成片森林,而森林的消失与农垦区域的扩展是以惊人的速度同步进行的。(2)水土流失愈益严重,农耕地资源日趋枯竭。山区可耕地多集中在25°坡面上。森林被砍伐后,山坡失去植被保护,坡面物质极不稳定,一遇暴雨,则泥沙俱下,土壤层越来越薄,含水量也越来越低,最终露出石骨,成为不毛之地。实际上,坡地在开垦三四年之后,往往因表土流失,产量大减,就即行丢荒,另垦新地。[②] 随着人口不断增加,水土流失量逐渐增大,越来越多的坡地变成岩石裸地,农耕地资源日趋衰竭。(3)水旱灾害年甚一年。由于降水分配不均匀和地貌条件的制约,长江中游山区水旱灾害都时常发生。自然植被遭到破坏后,山区气候变动异常,水旱灾害更加频繁,而且出现了一些前所未有的大旱、大水。[③]

自然环境的恶化特别是水旱灾害之加剧,直接影响到本区社会经济的发展。清后期至民国时期,本区社会经济长期发展缓慢甚至停滞(局部地区甚至出现衰退),固然有多重原因,但水旱灾害日益频繁、加剧显然也是重要一因。在平原湖区,洪涝灾害导致人口大量外流;洪水溃堤破垸则使大片垸田重新沦为湖泽,土地荒芜,地力下降。在山区,水土流失导致耕地面积减少,单位面积产量呈下降趋势,人民生活愈益走向贫困。人地关系

① 参阅张国雄:《清代江汉平原水旱灾害的变化与垸田生产的关系》,《中国农史》1990年第3期;宋平安:《清代江汉平原水旱灾害与经济开发探析》,《中国社会经济史研究》1990年第2期;前揭彭雨新、张建民:《明清长江流域农业水利研究》,第258~264页;梅莉、张国雄、晏昌贵:《两湖平原开发探源》,第189~215页;等等。

② 嘉庆《汉南续修郡志》卷二一《风俗》附志山内风土云:"山民伐林开荒,阴翳肥沃,一二年内杂粮必倍。至四五年后,土即挖松,山又陡峻,夏秋骤雨冲洗,水痕条条,只存石骨,又须寻地耕种。"(《中国地方志集成·陕西府县志辑》本,据民国十三年刻本影印,南京:江苏古籍出版社等,2007年,第50册,第308页)类似的记载还有很多,不具举。

③ 参阅前揭萧正洪:《清代陕南种植业的盛衰及其原因》;张建民:《清代湘鄂西山区的开发及其影响评价》;张建民:《明清秦巴山区生态环境变迁论略》,见李根蟠、原宗子、曹幸穗主编:《中国经济史上的天人关系》,北京:中国农业出版社,2002年,第191~208页;鲁西奇等:《秦巴山地生态恶化贫困区历史成因分析》,《山地研究》1996年第3期;等等。

的矛盾与冲突已经成为制约本区社会经济发展的一个突出问题。

二、长江中游地区人地关系及其演变过程中诸要素分析

众所周知,在人地关系系统中,"人"是最为活跃的、主动性很强、居于能动主导性地位的一方,但"地"(自然资源与环境)也并不总是处于被动地位,而是很大程度上影响、制约乃至"决定"着人类活动的方式及其结果。在历史时期长江中游地区人地关系的演变过程中,人口一直是人地关系系统中最为活跃的因素,人口的增长是引发本区开发高潮的重要契机,也是本区人地关系演变的根本性因素;资源利用方式(特别是土地利用方式)则是人地关系的集中体现,也是人地关系演变的中心环节,其中堤防(包括堤垸)的兴筑与山区垦殖方式的变化又具有标识性的地位;而河湖演变与植被变迁则是自然环境系统中最为活跃的因素,又受到人类活动的深刻影响,是自然演化与人类活动共同作用的结果,又给人类的生存与发展带来很大影响;旱涝灾害的频繁与加剧则是人地关系恶化的具体表现。因此,我们认为,人口变动、资源利用方式的演进、河湖与植被变化、自然灾害加剧是本区人地关系及其演变过程中最重要的四方面因素。

(一)人口数量及其结构与人地关系的演变

毫无疑问,一定规模的人口是地区经济得以开发与发展的前提。人口过少不仅制约着人类对自然资源与环境的利用和改造,而且往往因此而导致人类对自然的依赖与敬畏。显然,人口稀少是自农业起源至汉末数千年间本区人地关系之紧张主要表现为人类生存环境恶劣、生活艰苦、敬畏自然的重要原因。同样,在经济、技术条件已经基本具备的唐后期和北宋时

代，[1]江汉—洞庭平原之所以未能如长江下游平原及鄱阳平原那样得到开发的主要制约因素之一即劳动力缺乏。[2] 而明清时期人口的不断增长（包括自然增长与移民），显然为平原湖区垸田的垦辟及山区的垦殖与综合开发提供了劳动力资源。[3]

另一方面，人类生存与发展的需要是本区资源逐步得到开发、社会经济不断发展的根本性动因。虽然农耕区域的扩展、人工堤防的出现与发展、山区森林植被的破坏，极大地改变了本区的自然地理面貌与自然生态系统，但它更是人类为了生存与发展而与自然做斗争的手段与结果。以防洪工程为例：在由台、墩，而城垣、护城堤，而江汉长堤、垸堤的发展过程中，人口不断增长导致的保护需求的不断扩大，起到了一种至关重要的推动作用——随着人口增加，人们不仅需要更多的聚居点，更需要对更为广泛范围内的农田加以保护，或者通过围筑堤垸的形式来扩展农田；而人口的增加也为堤防修筑提供了足够的劳动力，从而使修筑大规模堤防成为可能；同时，堤防的普遍兴筑为地区的大规模开发提供了保障，也促进了人口的增长。在这一过程中，人口增长与堤防之兴筑与扩展表现为互动的关系，而人口增长显然在其中发挥着主导作用。

当然，人口持续增长也是明清以来本区人地关系持续紧张的根源之一。一个明显的事实是，明清时期，人们不断向本区洪水泛滥的平原湖区与虎狼出没的山区进发的根本原因，就是日趋严重的人口压力；向未开垦

① 如所周知，开发平原湖区最有效的农田形式是垸田，其标志则是堤垸；垸田在本质上与长江下游平原及鄱阳平原上的圩田并无二致，其围筑技术早在唐代已趋于成熟，至宋代进一步发展、完善。参阅缪启愉：《太湖塘浦圩田史研究》，北京：农业出版社，1985 年；魏嵩山：《太湖流域开发探源》，南昌：江西教育出版社，1993 年；等等。

② 参阅张国雄等：《江汉平原与太湖平原大开发的时间差分析》，《史志文萃》1991 年第 5 期；前揭梅莉、张国雄、晏昌贵：《两湖平原开发探源》，第 250～255 页。

③ 许多研究者已充分揭示出明清时期本区移民与经济开发之间特别是明初进入平原湖区的移民与垸田开发、明中后期和清中期进入秦巴和湘鄂西山区的移民与山区开发之间的关系。张国雄特别指出：移民的始迁祖的年龄构成一般较轻，劳动人口所占比重大，可直接从事物质资料生产的人口多，从而促使经济开发步伐的加快并稳步发展。参阅前揭张国雄：《明清时期的两湖移民》，第 165～180 页。

的湖区、山区迁移,成为缓解人口压力的最主要的方式之一。① 移民进入的湖区与山区,大都不是传统的农耕区域,它在原来"地广人稀"的状态下维持着一种较为自然的人地关系系统(虽然也早已受到人类活动的影响);移民进入后,大规模的垦殖及其他经济开发活动,促使其原有的自然状态迅速演化,从而加剧了人地关系的紧张。万历《湖广总志·水利二》在谈到荆江"九穴十三口"淤塞时说:"今日生齿渐盛,耕牧渐繁,湖渚渐平,枝河渐湮,穴口故道皆为廛舍畎亩矣。"②这种直观的描述正道出了人口增长与湖河湮淤之间的联系。魏源在《湖广水利论》更明确指出:明清之际,四川受害最巨,两湖次之,而江西少受其害。故"事定之后,江西人入楚,楚人入蜀",当时遂有"江西填湖广、湖广填四川"之谣。"今则承平二百载,土满人满,湖北、湖南、江南各省,沿江、沿汉、沿湖,向日受水之地,无不筑圩捍水,成阡陌、治庐舍其中,于是平地无遗利;且湖广无业之民,多迁黔、粤、川、陕交界,刀耕火种,虽蚕丛峻岭,老林邃谷,无土不垦,无门不辟,于是山地无遗利。平地无遗利,则不受水,水必与人争地,而向日受水之区,十去五六矣;山无余利,则凡箐谷之中,浮沙壅泥,败叶陈根,历年壅积者,至是皆铲掘疏浮,随大雨倾泻而下,由山入溪,由溪达汉、达江,由江、汉达湖,水去沙不去,遂为洲渚。洲渚日高,湖底日浅,近水居民,又从而圩之田之,而向日受水之区,十去其七八矣。……下游之湖面江面日狭一日,而上游之沙涨日甚一日,夏涨安得不怒?堤垸安得不破?田亩安得不灾?"③应当说,与水争地、与山争地是明清时期本区人地关系的主要表现形式,而人们之所

---

① 在工业化特别是乡村工业化出现之前,除了战乱、自然灾害等不可抗拒的因素所带来的对人口自然增长的抑制之外,消解人口压力的途径主要有两种:一是通过不断增加劳动投入以求得农业总产出的增加和家庭收入的增长。在这种情况下,劳动生产率没有提高,单位工作日的边际报酬递减,这就是黄宗智所说的"过密型增长"或"没有发展的增长"。二是向尚未开垦、人口稀少的边区、山区或平原湖区迁移、垦殖,以农耕区域的不断扩展来养活更多的人口。

② 万历《湖广总志》卷三三《水利二》,《四库全书存目丛书》本,史部第 195 册,第 149 页。

③ 魏源:《湖广水利论》,见《魏源集》上册,北京:中华书局,1976 年,第 388～389 页。

以要与山、水相争，不过是要生存而已。[①]

还需要指出的是，除人口数量外，人口结构（包括种群构成与社会构成）的不同在很大程度上也影响着人类对待自然环境的态度、对自然环境的"适应"方式和利用、改造手段，并进而影响到地理环境对人类活动的反馈方式。[②] 六朝时期北人之南来以及蛮族人民由山区向河谷平原地带的进发，都促进了南阳盆地、襄宜平原以及随枣走廊地区旱地作物种植面积的扩大，并在一定程度上导致了上述地区农田水利事业的衰退。[③] 在明清时期的移民过程中，来自南方皖、赣、湘、鄂、川各省的移民进入秦巴山地后，尽可能地开发水田，种植水稻，并带去了棉花等作物的种植技术；而来自北方陕、晋、豫、鲁各省的移民则不善于或者不愿经营水田，即便是在条件比较适宜水田的地方也仍然种植旱地作物。[④] 显然，稻作农业与旱作农

---

① 正因为如此，人口衰减在一定程度上有利于人地关系紧张状况的缓解。在明清之际以及清后期太平天国运动中，本区人口特别是江汉平原与鄱阳平原地区的人口都有大幅度下降（参阅前揭曹树基：《中国人口史》第四卷《明时期》，第 446～449 页；《中国人口史》第五卷《清时期》，第 42～47、509～553 页）。这种人口数量的大幅度下降看来是有效地缓解了部分地区人地关系的紧张状况。比如，不少研究者指出：在江汉平原，垸田发展在明中后期已出现第一次饱和，洪水灾害随之日益频繁；而经过明清之际的社会大动乱，人口锐减，江汉平原一片凋敝，到处是"一望蒿旷"，堤垸废弃，有些地方甚至成为"芦狄百里，虎狼窝穴"之地。生态环境显然大有改善。但此种建立在人口衰减基础上的"改善"不但不是良性的，而且只是暂时的。

② 参阅前揭鲁西奇：《人地关系理论与历史地理研究》。

③ 参阅前揭杨德炳等：《魏晋南北朝时期蛮族对长江中游地区开发作用之探讨》；黎虎：《六朝时期江沔地区的屯田和农业》，见中国唐史学会、湖北省社科院历史研究所编：《古代长江中游的经济开发》，第 108～128 页；鲁西奇：《区域历史地理研究：对象与方法——汉水流域的个案考察》，第 218～237 页。

④ 如严如熤《三省边防备览》卷九《民食》云："商州城外及东南各村，其平旷之处，与安康之恒口、汉阴之月河相似，溪涧之水足资灌溉，而湖北武（昌）黄（州）、安徽潜（山）六（安）流徙之人，著籍其间，用南方渠堰之法，以收水利，稻田数万，军糈之资，不劳外境。"（扬州：江苏广陵古籍刻印社，1991 年，据道光刻本影印，第 5 页下）而郧县、郧西一带，客民多来自秦、豫，对于开发水利即不甚重视。嘉庆《汉南续修郡志》卷二〇《水利》称：留坝厅"本无水利，近年以来，川楚徙居之民，就溪河两岸稍平衍者筑堤障水，开作水田。又垒石溪河中，导小渠以资灌溉"。"各渠大者灌百余亩，小者灌数十亩、十数亩不等。"（《中国地方志集成·陕西府县志辑》本，第 50 册，第 293 页）显然，在条件如此艰苦之区兴修水利、种植水稻，与移民原有之生产生活方式有着密切关系。

业的人地关系形态有很大差异,其发展趋势也不尽相同。

此外,人们的生计方式虽然直接受到环境的影响,但一定的生计方式与人地关系之间也有一定关联。在江汉平原腹地的潜江、沔阳一带,人稠地狭,绝少旷土。积潦之乡,不能种植,则或以渔为业。康熙《汉阳府志》卷一《舆地志》"风俗"则称:"汉川四周皆水,湖居小民以水为家,多结茭草为簰,覆以茆茨,人口悉居其中,谓之茭簰,随波上下,虽洪水稽天,不没。凡种莳牲畜、子女婚嫁,靡不于斯,至有延师教子弟者。其同塚一带,土瘠民贫,西成之余,即携妻子乘渔艇,转徙于沔之南、江之东,采茭拾蛤,以给食。至东作时仍归事南亩。逐岁习以为常。"① 显然,这些地区民户的生产生活方式与本地的自然环境及人地矛盾状况有着密切关系,而此种生产生活方式又给当地人地关系带来一定程度的影响。

(二)资源利用方式特别是土地利用方式的演进与人地关系演变

在明中叶以后本区人地关系越来越紧张的过程中,人口增长是关键性的因素,但是,至少从理论上讲,人口的增加并不必然导致人地关系的紧张和生态环境的恶化。换言之,人口增长与生态环境恶化之间并没有必然的联系。这中间还有一个关键性的环节,即资源特别是土地资源的利用方式。在本区山地的开发进程中,我们看到:原始的粗放的垦殖方式才是导致生态恶化的根本原因,而人口的增加只不过是一种动因。在相当长的历史时期里,长江中游山区一直盛行以刀耕火种为特征的撂荒休耕制。② 当

---

① 康熙《汉阳府志》卷一《舆地志》,"风俗",康熙八年刻本,国家图书馆藏缩微胶卷,抄录时未记下页码。

② 北宋中期,王禹偁在《畬田词·序》中曾记载商州山区畬田之垦殖云:"上雒郡南六百里,属邑有丰阳、上津,皆深山穷谷,不通辙迹,其民刀耕火种。大抵先斫山田,虽悬崖绝岭,树木尽仆,俟其干且燥,乃行火焉。火尚炽,即以种播之。"(王禹偁:《畬田词》,见王延梯选注:《王禹偁诗文集》,北京:人民文学出版社,1996年,第28~29页)七百多年后,进入湘鄂西山区及秦巴山地的移民仍然采取这种方式开辟山地。嘉庆间,严如熤于《三省山内风土杂识》中记山内开荒之法云:"数十人通力合作,树巅缚长絙,下缒千钧巨石,就根斧锯并施。树既放倒,本干听其霉坏,砍旁干作薪,叶枝晒干,纵火焚之成灰,故其地肥美,不须加粪,往往种一收百。"(北京:中华书局,1985年,《丛书集成初编》本,第3114种,第22页)直到20世纪50年代初,秦巴山区农民仍然采用广种薄收和烧山的方法(中国科学院地理研究所:《汉江流域地理调查报告》,北京:科学出版社,1957年,第52、75页)。

山区人口稀少时,这种粗放型的垦殖方式所造成的破坏只是局部性的,也易于恢复;随着人口不断增加,垦殖区由点状而带状、片状,由低山而高山,由缓坡而陡陂,越来越多的森林植被被毁,水土流失加剧,土地资源日趋枯竭。此外,以林木砍伐与加工业为主体的山区手工业的发展也加剧了生态环境的恶化。[1] 应该说,粗放型的土地垦殖方式与以林木砍伐、加工业为主体的森林资源利用方式是导致山区生态环境日益恶化的直接原因。如果采用合理的开发方式,即使人口增加,对生态环境的危害程度也是有可能减小的。[2]

本区大部分平原(以及部分低山丘陵)地区的人地关系主要表现为人与水相互依存和矛盾的关系。一方面,丰富的水资源、肥沃的土地为平原地区的经济开发与发展提供了基础与保障,另一方面,洪水与河湖纵横的地貌景观也为平原地区的开发带来巨大的障碍,特别是洪水还时常威胁到人类的生存。人类要在平原地区发展经济,就必须与洪水做斗争,这就需要兴修堤防以保护农田、聚落,或修筑陂堰以资灌溉。因此,水利事业的兴

---

[1] 据《三省边防备览》卷一〇《山货》及有关地方志记载,嘉、道间,山内各州县开厂甚多。如纸厂,西乡有 20 余座,定远逾百,洋县也有 20 余座。大厂匠作佣工有数百人,小厂也有四五十人。炭厂则"有树木之处皆有之"。又据卢坤《秦疆治略》统计,道光间西乡县山内有纸厂 38 处,耳厂 18 处,定远厅有纸厂 45 处、铁厂 2 处,耳厂 12 处,安康县有纸厂 63处,砖坪厅有纸厂 22 处、木厢 17 处。这些纸厂、木厂、柴厢、炭厂、耳厂(生产木耳)、铁厂,都需要耗费大量木材,因而更加快了森林资源的破坏速度。参阅傅衣凌:《清代中叶川陕湖三省边区手工业形态及其历史意义》,收入氏著:《明清社会经济史论文集》,北京:人民出版社,1982 年;前揭张建民:《明清秦巴山区生态环境变迁论略》及《明清山区资源开发特点述论》,《武汉大学学报》1999 年第 6 期;等等。

[2] 在保罗·麦舍利(Paul Messerli)建立的阿尔卑斯山环境演变模型中,土地利用方式和强度的改变对环境变化带来了至关重要的影响。在麦舍利的模型中,1940 年左右阿尔卑斯山区的土地利用强度随海拔高度的上升而递减,其中 1400～1900 米的中、亚高山地分布着耕地(谷物生长的上限为 1700 米)、永久性草地和牧场,海拔 1900 米以上则为夏季牧场。40 年后,中、亚高山地的耕地、草地、牧场大部分被放弃,高山区则被开辟为旅游胜地。虽然旅游地的开辟又带来了其他的环境问题,但从总体上说,环境状态较之 40 年前有所改善。显然,土地利用方式与强度的改变和环境状况的变化之间有某种因果联系。参阅杰克·伊文斯、保罗·麦舍利(Jack D. Ives , Bruno Messerli)《山地理论与应用研究的进程(1973—1989)及今后的主要任务》,《山地研究与开发》(*Mountain Research and Development*)1990 年第 2 期,中译文见《地理译报》1992 年第 3、4 期,宫新荷译。

衰是平原地区人地关系系统中最为关键性的因素。水利事业的兴衰还影响到人地关系的具体表现形态:在南阳盆地,农田水利的普遍兴修曾发展了这一地区的稻作农业,而农田水利的废弛则导致水稻种植面积的大幅度减少和旱作种植面积的增加;[①]在江汉—洞庭平原,垸田的兴起带来了平原湖区的全面开发,而其过度发展与不合理运用则造成生态环境的破坏,并最终给人类的生存与发展带来消极的后果。这不仅表现在上述河湖水系紊乱、洪涝灾害加剧等方面,还表现在土地利用方式的单一化方面:与垸田经济大发展相同时的稻麦复种轮作制度的形成与普遍推广,曾使地区经济发生了一次飞跃;[②]但是,种植农业的单方面发展使农业经济结构越来越单一化,土地资源的利用方式日趋单一,从而加剧了平原湖区人地关系的紧张。[③]

　　然则,明清时期特别是清代进入长江中游山区的移民很多来自农业集约化程度较高的地区,具有精耕细作的农业技术经验,何以一到山区,就往往放弃了原来熟悉的耕作技术,反而选择了粗放耕作甚至是刀耕火种的技术方式?江汉—洞庭湖平原称为"鱼米之乡",鱼、米并重而鱼在前,何以独重米粮而忽视鱼虾?对于前者,我们可以从山地价廉易得、没有明确的产

---

　　① 南阳盆地在汉代曾是著名的稻米产区,但自六朝起,水稻种植即呈现出逐渐减少的趋势(虽然在唐宋时期曾有反复),到元代,文献中已见不到关于南阳地区种植水稻的记载,估计当时南阳地区即使有水稻种植,面积也不会大。明朝中期,丘濬曾说荆襄唐邓有水陆之田,"可水耕之地,则引水立堰,募南人耕之"(丘濬:《屯田·荆襄唐邓之田》,见陈子龙等编:《明经世文编》卷七二,第610页)。虽然在一些水源条件好的滨水地带还间种水稻,但总的说来,南阳盆地在明清时期已基本上成为较单纯的旱作农业区。南阳地区稻作生产的衰退,固然有多方面原因,但水利废弛则是其直接导因。参阅前揭鲁西奇:《区域历史地理研究:对象与方法——汉水流域的个案考察》,第449～452页。

　　② 参阅前揭龚胜生:《清代两湖农业地理》,第220～225页;张建民:《湖北通史·明清卷》,武汉:华中师范大学出版社,1999年,第296～298页。

　　③ 平原湖区土地资源利用的单一化,主要表现为:(1)不加区别地对各种土地类型都用围垸方式围垦,使沼泽、滩地资源和湖区鱼类资源受到破坏;(2)片面重视耕地资源,忽视水资源,致使种植业占农业经济的绝对地位,而粮食种植又在种植业中占据绝对优势地位;(3)对水资源,单方面强调排灌功效,忽视养殖作用。单一的利用方式必然产生不合理的经济结构,从而加剧人地关系的失衡。

权关系、短期收益较高等方面做出阐释；[①]而后者，则主要是受到人口压力下对粮食的需求逐渐增加、政府鼓励、米价上涨等因素的影响。[②] 在这中间，官府、市场、农户等各方面因素相互交织在一起，共同发挥着作用。

（三）河湖演变、植被变迁与人地关系的演变

如上所述，河湖演变是平原湖区人地关系演进的一个重要标尺。但是，河湖演变是非常复杂的自然演化与人类活动共同作用的结果，不能简单地将河湖演变与人地关系的演变对应起来，尤其是不宜简单地将部分地区湖群或某些单个湖泊的变化与人类活动带来的环境恶化等同起来。以江汉湖群的演变为例：关于江汉湖群历史演变过程的阐释，一般认为江汉平原在历史上曾经存在过一个面积广大的湖沼区（无论其是否被称为"云梦泽"），随着江、汉三角洲的不断扩展、推移，这个湖沼区受到压迫而逐渐缩小，最后随着垸田的开发，湖区不断被围垦、分割，湖面不断缩小。这一阐释体系涉及晚更新世及全新世早、中期江汉平原的环境演变，已有很多学者进行过广泛的探讨。[③] 这里不拟展开讨论，而只想指出：由于荆江及汉水下游河道在历史上曾长期不稳定，兼以存在着大量的分水穴口与分流支道，在堤防大兴之前，江、汉之间不太可能形成稳定的大面积湖泊，而只可能在洪水时节形成水势浩瀚的暂时性洪泛区。因此，我们在唐宋文献

---

① 参阅萧正洪：《清代中国西部地区的农业技术选择与自然生态环境》，见前揭李根蟠、原宗子、曹幸穗主编：《中国经济史上的天人关系》，第209～229页；前揭赵冈：《中国历史上生态环境之变迁》，第53～61页；前揭张建民：《明清山区资源开发特点述论》；等等。

② 参阅前揭龚胜生：《清代两湖农业地理》，第231～240，270～286页。

③ 参阅前揭谭其骧：《云梦与云梦泽》；前揭石泉、蔡述明：《古云梦泽研究》下编所收蔡述明著各篇论文；蔡述明、何报寅：《江汉湖群的成因类型与环境演化》，梁必骐主编：《自然地理学研究与应用》，广州：中山大学出版社，1996年，第67～77页；前揭金伯欣：《江汉湖群综合研究》；前揭间国年：《长江中游湖盆三角洲的形成与演变及地貌的再现与模拟》；等等。

中,均未见到有关江汉平原上存在较大规模湖泊的记载。[①] 这虽然在很大程度上是由于文献记载方面的原因,但唐宋乃至于元代江汉平原上稳定的湖泊并不很多、湖泊面积也不是很大却是基本可以肯定的。而到了明清时期,各种资料都反映出,这一时期是江汉湖群的扩张期,湖泊数量与湖泊面积都在大幅度增加。尽管在湖区进行了大规模的围垦,大量湖泊因为受到围垦而消失,[②]但总的说来,自明前期到清中期,江汉湖群处于一种持续的扩张状态;大约在清中后期,江汉湖群的扩张达到了鼎盛,形成了汉北湖群(以天门白湖、应城三台湖、天沔交界处之沉湖、汉川汈汊湖为主体)、汉水与东荆河之间的河间洼地湖群(以沔阳排湖、汉阳官湖为主体)、东荆河与长江之间的河间洼地湖群(以长湖、三湖、白鹭湖、洪湖、大同湖、大沙湖为主体)三个湖群带。这些湖泊的成因、存在时间各不相同,此淤彼长,湖泊面积、深度、形状变动不拘,但它们较大幅度的扩张是在明清时期,却没有太大疑问(虽然落实到各个湖泊,其演变历程又各有不同)。而这一时期又正是江汉堤防普遍兴筑并最终形成体系的时期,二者在时间上的一致性指明了二者之间所存在的密切关系。我们认为,正是由于荆江北岸大堤、汉江两岸堤防及荆河(西荆河与东荆河)上中游堤防的兴筑,才使江汉平原形

---

① 《元和郡县图志》所记汉水下游平原的湖泊只有马骨湖、复池湖与安州云梦泽三处。马骨湖在沔阳县东南,"夏秋泛涨,森漫若海;春冬水涸,即为平田,周回一十五里"(李吉甫:《元和郡县图志》卷二一,北京:中华书局,1983年,第537页)。复池湖在沔阳境,"复州"因之而得名;安州云梦泽在安陆县南五十里、云梦县西七里。反映宋初地理面貌的《太平寰宇记》所记汉水下游平原的湖泊也只有荆门云梦泽、鼍湖(在沔阳县)、太白湖(在汉阳县)、安州云梦泽等四处。南宋时期,文献中关于汉水下游平原湖泊的记载较唐北宋时稍多。据《舆地纪胜》记载,当时复州境内有桃陂(在竟陵县)、鼍湖(在沔阳县东二十里)、梦泽(在长寿县东境)、三阳湖(在玉沙县西二里)、熨斗陂、马骨湖(在故沔阳县东南一百六十里)、白鼍湖、白鹭湖(在玉沙县东十五里)、甘鱼陂(在竟陵县西北)、复池湖等,汉阳军有月湖(在汉阳县)、却月湖(在汉川南七十里,首尾迂直,形如却月)、太子湖(在汉阳县西十五里)、太白湖(在汉阳县西南一百二十里)、郎官湖(在汉阳县)等。

② 值得注意的是,这些因淤浅而受到围垦并最终消失的湖泊大都是较小的湖泊,而在它们缩小、消失的同时,其相邻的一些较大湖泊则正在形成、扩展之中。最典型的例证可算是汉川县境内汉水北岸地区的情形:虽然一些较小湖泊淤废了,但一个更大的汈汊湖却逐步形成并日益扩展,总的水面并没有缩小,相反却是增加了,因此,我们不能仅仅依据地方文献中有关淤废湖泊的记载而得出的湖泊数量上的减少,从而断定湖泊总体面积也在缩减,而要做具体的分析。

成了三个相对封闭的、外高内低的地域单元:一是汉北地域,其北、东北面是丘陵岗地,南为汉江北岸堤防;二是汉—荆地域,南北两面分别是荆河北岸、汉江南岸堤防,东面是残丘阶地;三是江—荆地域,其南北两面分别是长江北岸、荆河南岸堤防,西为丘陵岗地。这三个地域单元中,江—荆地域闭合程度最高,因而其湖群扩张最巨;汉—荆地域因为东面的残丘阶地封闭性差,有长河、四方河等河流东流,故其湖群发育最弱。显然,堤防体系的形成在江汉湖群的发育与扩张过程中起到了至关重要的、可以说是决定性的作用。[①] 因此,人类活动与湖泊变迁的关系及其演变相当复杂,认为人类活动特别是堤垸的兴修必然带来湖泊面积的萎缩并不总是符合历史实际,[②]对二者之间的关系还应当做进一步深入细致的探讨。

　　植被特别是森林面积的变化则是衡量丘陵、山区人地关系状况的一个重要标尺。与河湖演变不同的是,植被的破坏基本上是人类活动单方面的结果,因此,本区丘陵山地植被的破坏表现为由丘陵而低山、中山、中高山,由山区边缘向腹地推进的过程,而这一过程又与本区的经济开发进程相一致。最早受到破坏的是南阳盆地及襄阳—宜城平原、随枣走廊边缘丘陵岗

---

　　① 参阅鲁西奇、潘晟:《汉水中下游河道的历史变迁与堤防》,第 374～399 页。
　　② 关于江汉湖群及洞庭湖、鄱阳湖演变与平原湖区经济开发特别是堤垸兴起、发展之间的关系,目前的研究带有一定的模式化倾向,即认为后者必然导致前者的萎缩。这一认识在总的方向上是正确的,但却忽视了其中复杂的演变过程,而将问题简单化了。

地、低山的森林植被；①其次是湘中、赣中、鄂东丘陵山地的森林，②再次是湘鄂西山区、湘赣山地、湘南赣南山地等低中山区的森林植被，最后则是秦巴山区腹地的所谓"巴山老林"、"南山老林"等。③森林植被破坏的直接后果是水土流失逐渐加剧，而其间接后果则是气候变化异常，水旱失时；此外大量泥沙下泄，加剧了下游河床的淤浅与河湖湮塞。

（四）自然灾害加剧与人地关系演变

灾害具有自然与社会双重属性，灾害之发生既具有客观的必然性，又与人类活动有着密切关联。随着人类对自然界的影响愈益广泛、深刻，自然灾害中的人为因素越来越显著、重要，人为灾害的种类越来越多，为害越

---

① 由司马相如《子虚赋》、张衡《南都赋》、王粲《登楼赋》等文学作品中可以见出，上述地区在汉代均有大片森林。但南阳盆地边缘低山地带的森林植被大约在东汉时期即已逐渐减少，至南北朝后期，湍水、淯水、比水、均水上游所经的方城、熊耳山地均已不见有大片森林，而唐白河（淯水）河道则以多沙善徙称（参阅《水经注》卷二九《湍水》、《均水》、《白水》、《比水》及卷三一《淯水》诸篇），说明其时南阳盆地边缘之丘陵低山地带的森林已基本消失。襄阳平原、随枣走廊边缘及江陵以西低山岗地森林植被的破坏当与六朝时期蛮族在这些地区的经济开发有关；至唐代，这些地区还实行刀耕火种式的经营方式。温庭筠《烧歌》描写随州南部山区（大洪山区）之农事云："起来望南山，山火烧山田。……自言楚越俗，烧畲为早田。"（见《全唐诗》卷五七七，第6763页）所以看来这些地区森林植被的大规模破坏当是在唐代。但到南宋时期，随、郢、均等州及荆门军以地旷人稀屡见于记载，森林植被可能又有所恢复。

② 这些地区在唐代还以盛产木材著称，如《太平广记》卷三三一"杨溥"条记载："豫章诸县，尽出良材，求利者采之，将至广陵，利则数倍。天宝五载，有杨溥者，与数人入林求木。"（李昉等编，北京：中华书局，1961年，第2632页）从唐中后期起，特别是宋代，湘中、赣中丘陵地带得到全面开发，森林植被逐渐受到破坏。宋代张淏《云谷杂记》卷四中说："沅湘间多山，农家惟种粟，且多在岗阜。每欲布种时，则先伐其林木，纵火焚之，俟其成灰，即布种于其间。如是则所收必倍，盖史所谓刀耕火种矣。"（张宗详校录，北京：中华书局，1958年，第83页）南宋中期，范成大在《骖鸾录》中叙述他所见到的湘江中下游的景象说："湘江两岸小山坡陀，其来无穷，亦不间断。又皆土山，略无峰峦秀丽之意，但荒凉相属耳。"（《范成大笔记六种》，孔凡礼点校，第54页）说明到南宋时，湘中丘陵的森林已受到破坏。

③ 这些山区森林植被的破坏主要是在明清时期特别是清代。参阅前揭赵冈：《中国历史上生态环境之变迁》，第57～65页；张建民：《明清山区资源开发特点述论》；等等。

来越严重。① 明中叶以后本区灾害频度与强度的不断增加,虽有自然方面的原因,但更主要的乃是人类活动之负效应的表现。实际上,明清以来给本区社会经济带来重大影响的大部分水旱灾害,都与人类活动有着密切关系;②另一些灾害如山洪暴发、泥石流则是由不合理的人类活动直接引发的,也可以归入"人为自然灾害"的范畴。③ 当然,灾害不断加剧是一个渐进的、相对的过程,很多灾害并非明清时期才有,只是到了明清时期,更为频繁,而且对人民生命财产与社会经济所带来的破坏更大一些而已。

需要指出的是:灾害具有很强的地域性,其对于社会经济发展的影响也各不相同。一方面,任何重大的自然灾害几乎总是局限在一定空间范围内的,不同地区的频发灾害并不相同。就本区而言,洪涝是平原湖区与汉、湘、沅、赣等支流中下游河谷部分地区的频发灾害,干旱主要发生在本区北部的汉水中上游地区和平原周围的丘陵与低山地带,水土流失以及随之而来的山洪暴发、气候异常则是秦巴山地及湘鄂西、鄂东北、湘赣山地最主要的灾害形态。另一方面,灾害给地区社会经济发展带来的影响也有很大差别。在同一个少雨干旱年,水资源本来相对较少的南阳盆地和汉水中上游

---

① 参阅张建民、宋俭:《灾害历史学》,长沙:湖南人民出版社,1998 年,第 473～479 页。

② 关于平原湖区洪涝灾害的加剧与垸田经济发展之间的关系,上文已有涉及;至于对本区北部汉水上中游地区及湘鄂西山地带来较大影响的旱灾,其发生的原因除降水量、降水年内年际分布不均、蒸发量大等自然因素外,人类活动的影响主要表现为毁林开荒、植被破坏后,水土流失加剧,土壤层变薄,涵养水分的能力降低,蒸发加快;同时,植被的破坏改变了地气热效应,造成区域气候的干燥化。参阅惠振德:《秦岭大巴山地区山地灾害及减灾对策》,《自然灾害学报》1994 年第 3 期;蔡述明等:《汉江流域资源合理开发利用与经济发展综合研究》,武汉:湖北科学技术出版社,1997 年,第 150～159 页。

③ 山洪暴发、泥石流等灾害之发生及其日益频繁直接起因于人类不合理的生产活动,在地方文献中有诸多记载。如嘉庆《汉南续修郡志》卷二〇《水利》云:"近年以来,老林开垦,土石松浮,每逢夏秋淋雨过多,溪河拥沙推石而行,动将堰身冲塌,渠口堆塞。"(《中国地方志集成·陕西府县志辑》本,第 50 册,第 292 页)同治《房县志》卷四《赋役志》录《查核民田被水漂没议》云:"房居万山中,树木阴森,刚卤交错。自国初以来,日渐开垦,小民择高陵大阜凡可树艺处,几至无地不毛。而山地之凝结者,以草树蒙密,宿根蟠绕,则土坚石固。比年开垦过多,山渐为童,一经霖雨,浮石冲动,划然下流,沙石交淤,涧溪填溢,水无所归,旁啮平田。"(《中国方志丛书》本,华中地方第 329 号,据同治四年刊本影印,台北:成文出版社,1976 年,第 248～249 页)

山区不少地方很可能会颗粒无收、饿殍遍地,而江汉平原则可以借助江、汉水源灌溉田地,农业生产不会遭受毁灭性的打击。同样,大水对于南阳盆地、襄宜平原和江汉平原来说也有着完全不同的意义。就干旱与洪涝灾害的影响而言,一般说来,干旱的影响范围广,持续时间长,所谓"水灾一条线,旱灾一大片",对于地方经济的打击更为惨重;洪涝灾害的破坏虽然常是毁灭性的,但涉及范围较小,时间短,受灾区的自救能力强,经济恢复得快。均州丘陵地区的农民比较水旱灾情说:"天旱不见面,水涝收一半。"①正因为此,虽然明清时期特别是清后期江汉—洞庭平原洪涝频繁,却并没有引起经济的全面衰退,而仍得以在本区保持先进地位;而秦巴山地生态环境的恶化以及水旱灾害特别是旱灾的加剧则导致了社会经济的全面衰败。显然,这是由山区与平原湖区生态系统的不同特点所决定的。

三、长江中游地区人地关系演变的 历史教训与启示

综观历史时期长江中游地区人地关系及其诸种要素的演变,我们认为主要有三点历史教训与启示值得注意:

第一,在人口增长与密集化已成为一种历史事实、资源赋存又相对稳定的条件下,缓解人地关系紧张状况的可行道路乃在于生产方式的实质性改进、生产效益的增加,其中的核心又是资源利用方式特别是土地利用方式的改进与土地利用结构的科学化、合理化与多样化。

很多研究者指出:历史时期长江中游地区的经济开发特别是平原湖区堤垸的兴筑和山区的全面开发是以牺牲自然生态环境的平衡为代价的,并在一定程度上影响乃至制约了本区社会经济的发展,甚至导致了本区社会经济在清中期以后的长期停滞与衰退。这种观点虽然在宏观认识上并无太大不当,但它忽略了一些基本历史事实。首先,从汉末六朝至清中叶千

---

① 此处所引民谚来源于我们 1995 年在郧县、丹江口等地的调查。所谓"不见面",意即"见不了面"。

余年时间里,经济开发的积极作用是主导性的,其消极作用是次要的;即便是在明中期以来,随着垸田经济的恶性膨胀,堤垸的消极影响越来越明显,但它仍然是本区人民生存与发展的基本保障,其作用的积极性仍然是显而易见的。其次是明清以来本区人口的持续增加与快速增长,这是一个基本的客观史实;而这些不断增长的人口要生存与发展,就必须向大自然索取,这又是最客观的基本需求。因此,我们必须立足于农业社会后期本区人口持续增长,而生产方式则没有实质性改进、生产效益没有实质性提高这一历史背景,以历史主义的观点来看待明清以来本区日益紧张的人地关系;而不能脱离特定的历史背景,无视本区日益密集的居住人口,单方面地强调生态环境的平衡。乾隆九年(1744年),湖广总督鄂弥达在反驳御史张汉有关疏通江、汉穴口支流之议时说:"至宋穴、采穴、杨林市等处,自宋元以来,久经湮塞,访之故老,考之传志,旧迹无存。其间堤岸绵亘,田园庐墓棋布星罗。若欲掘地成河,势必废已筑之旧堤,又欲增无数之新堤,不独工费浩繁,无从措手,而田地为墟,人民失所,岂容轻议?!"①嘉庆间严如熤主张伐木开山垦殖,所持理由是:"国家承平二百年于兹矣,各省生齿繁盛,浸有人满之虞,无业穷民,势难禁其入山开垦。"砍林开荒,既可"容国课而济民用",更可"养活无数生灵"。② 因此,虽然"退田还湖、平垸行洪"及"退耕还林"固然不失为长江中游地区生态环境建设的科学举措,但每一座垸、每一块坡地都是许多民众数百年来的身家性命所寄,真正施行起来绝非易事,需慎之又慎。③

---

① 俞昌烈:《楚北水利堤防纪要》卷二《总督鄂弥达奏覆台中开河之议》,第106页。

② 严如熤:《三省山内风土杂识》,《丛书集成初编》本,第3114种,第27~28页。

③ 我们曾多次在鄂西北山区考察,那是著名的生态恶化贫困区:一方面是极度的贫困,一方面是无法控制的人口增长,而结果则是生态环境的极度恶化。庞大的人口对粮食生产的迫切要求,使人们不得不把扩大耕地、生产更多的粮食放在首位,由此导致生态环境恶化,农耕资源枯竭,经济普遍衰退,人民生活愈益走向贫困。而生产生活条件的恶化,又提出了更多的劳动力要求。生育(尤其是生男孩)绝不仅仅是生理和传宗接代的社会文化欲求,而是非常现实的经济需要。在这种情形下,控制人口,理所当然地成为一句空话。人口增长、生活贫困、环境恶化,形成一个恶性循环。生态平衡固然重要,山区也有无数的生灵,然而嗷嗷待哺的幼童更是一条生命,他们或许不该出生,但既然出生了,就是无辜的生命。因此,是以生态为中心,消灭人口保护生态,还是以人类为中心,破坏生态使人口得以生存?这恐怕是一个非常难以回答的问题。

解决这一问题的关键乃在于生产方式的实质性改进、生产效益的增加，其中的核心又是资源利用方式特别是土地利用方式的改进与土地利用结构的科学化、合理化。资源利用方式（包括土地垦殖、耕作方式、作物结构以及山林、水面的利用等）是联系人类需求与自然资源、自然生态系统之间的重要环节，而在人地关系系统中，资源利用是能够被优化的最基本的变量。在资源条件相对稳定的前提下，采用怎样的利用方式，对于人类的生产、生活以及自然环境的演变，都有着至关重要的意义。本区人地关系演变的历史过程表明，如果说人口增长与密集化是生态环境破坏、人地关系日趋紧张的动因，那么，单一的、粗放型的、过度的资源利用方式所造成的经济结构的不合理则直接加剧了此种紧张状况。在人口增长与密集化已成为一种历史事实、资源赋存又相对稳定的条件下，缓解此种紧张状况的可行道路只能是生产方式的实质性改进、生产效益的增加，其中的核心又是土地利用方式的改进与土地利用结构的科学化、合理化与多样化。其可行性步骤则不外乎三点：一是在控制人口、维持人口适度增长的同时，合理配置劳动力资源，提高劳动效益，想方设法提高劳动产出率；二是发展多种经营与集约化农业，逐步形成多样化、多元化、市场化的经济结构；三是生产技术的改进。[①]

第二，平原湖区水系紊乱、洪涝灾害日益加剧，山区森林植被覆盖率降低、水土流失严重是本区人地关系紧张、生态环境恶化的两方面重要表现，二者实又密切相关，特别是平原湖区的水患与山区水土流失密不可分。因此，从根本上减缓乃至解决本区生态环境的恶化、缓解人地关系的紧张局面的技术关键，乃在于周边丘陵山区及长江上游地区的水土保持。

关于本区周边丘陵山地乃至长江上游地区经济开发带来的生态环境恶化特别是严重的水土流失与平原湖区环境恶化、洪涝灾害加剧之间的关系，前人很早即已给予了充分的注意。万历《湖广总志》卷三三《水利二》"修筑堤防总考略"在论及明中期以后河湖湮淤之源时就说："近年深山穷

---

① 这种思路仍然是局限于农业经济体系之内的。实际上，越来越多的研究者与实际工作者认识到，在农业经济体系的框架内可能无法根本解决这一问题，而更多地倾向于走乡村工业化与城市化的道路，至少是把后者作为农业经济结构改造的重要补充。此点已超出了本文讨论的范围，故从略。

谷,石陵沙阜,莫不芟辟耕耨。然地脉既疏,则沙砾易崩,故每雨则山谷泥沙尽入江流,而江身之浅涩,诸湖之湮平,职此故也。"①乾隆五十五年(1790年),王昶在《使楚丛谭》中谈及长江洪水水位抬高的问题时,特别明确地将问题与秦巴山区的垦殖以及由此而引发的水土流失联系起来:"闻居民言,(乾隆)五十四年间江涨,距堤亦止二三尺许,盖四川、陕西、湖北山木丛密处,今皆砍伐,为种包谷地,遇雨,浮沙随水下于江,故江底沙淤日积,水势年增。别无他计,惟高筑坚堤以资捍卫耳。"②至道光中,对这一问题的认识更为清楚。上引魏源《湖广水利论》即充分阐述了上游开发与中下游灾害加剧之间的因果关系。而林则徐则从河床淤浅与河曲发育的角度,具体地谈到上游水土流失带来的影响:"襄河河底,从前深皆数丈,自陕省南山一带及楚北之郧阳上游,深山老林,尽行开垦,栽种包谷,山土日掘日松,遇有发水,沙泥随下,以致节年淤垫。自汉阳至襄阳,愈上而河愈浅。又汉江性最善曲,一里之近,竟有纡回数折者。此岸坐湾,则彼岸受敌;正溜既猛,则回溜亦狂。是以道光元年至今,襄河竟无一年不报漫溃。"③显然,"土满人满"亦即人口增长是一种普遍趋势,而山区开发引起的水土流失的加剧使河流泥沙量大大增加,造成长江中游及其支流中下游河床淤高,两岸相互侵蚀,最后形成典型的蜿蜒型河床;同时,上游来沙随洪水漫溢而出,填淤平原湖泊支河,从而给进一步围垦提供了条件。上游山区水土流失与平原湖区围垦共同作用的结果,显然只能是洪涝灾害的日益频繁。因此,周边丘陵山地的环境治理特别是水土保持可以说是本区生态环境治理的技术关键所在。

然而,虽然人们很早就认识到这一点,但实施起来却绝非易事——它的实施远远超出的技术层面,而关系到诸多政治、经济乃至社会因素。问题的核心乃在于区域间的利益协调:周边乃至长江上游丘陵山地区的环境

---

① 万历《湖广总志》卷三三《水利二》,"修筑堤防总考略",《四库全书存目丛书》本,史部第195册,第148页。

② 王昶:《使楚丛谭》,《小方壶斋舆地丛钞》本,第六帙,光绪二十年(1894年),清河王氏刻本,上海著易堂印行,第5页下。

③ 道光十七年七月湖广总督林则徐《筹防襄河堤工疏》,见中国水利水电科学研究院水利史研究室编校:《再续行水金鉴》,"长江"卷,武汉:湖北人民出版社,2004年,第228页。

治理,至少在一定阶段内是以牺牲这些地区经济利益为代价的,而这些地区的社会经济本来就较为落后;而中下游平原地区既是受益方,本身社会经济又相对发达。这种区域间的利益协调因为涉及不同行政区域,必然需要中央政府的强有力干预;而环境治理又是长期工程,故此种区域间利益需要建立在制度保障的基础之上。

第三,长江中游平原湖区的河湖洲滩不断被围垦、山区林地不断被垦辟,除了人口压力等原因之外,还有一个重要的制度性条件,即这些洲滩与山林产权不明,从而为盲目垦殖提供了便利。因此,在国家政权的干预下,明确湖区洲滩与山区林地的产权关系,乃是从源头上控制乱垦滥伐、避免资源发生"公用地灾难"的重要手段。

嘉靖《沔阳志》卷八《河防志》在叙述明代江汉平原腹地垸田发展过程时,谈到成化(1465—1488 年)以后,"佃民估客日益萃聚,闲田隙土易于购致,稍稍垦辟,岁月寖久,因攘为业。又湖田未尝税亩,或田连数十里而租不数斛,客民利之,多濒河为堤以自固,家富力强则又增修之"。① 这里"易于购致"的"闲田隙(隙)土"所有权不明,可以在垦辟之后攘为己业;而"湖田"却未尝征科,或科纳甚轻。这是"客民"进入平原湖区之后能够大规模围垦的基本条件。而在秦巴山地,山林的产权关系更为模糊。《镇坪县乡土志》卷二称:"今之老户动曰'挽草为业',又曰'插草为标',盖举未辟荒、未升科时无卖主,听便占领而言之也。"② 山区土著(大部分就是较早进入的移民)在山林未辟时可以插草为标,圈占山林作为私产,则其时山林似为"无主"(或者为"国有");土著据为私有后,纳课也甚轻。③ 后来的移民进入山区后,或佃或买,其产权关系亦不明晰。严如熤《三省山内风土杂识》说:"土著人少,所种者不一二。招外省客民,纳课数金,辄指地一块,立约给其垦种。客民亦不能尽种,转招客佃。积数十年,有至七八转者。一户

---

① 嘉靖《沔阳志》卷八《河防志》,《天一阁藏明代方志选刊》本,第 3 页。

② 民国《镇坪县乡土志》卷二《赋役志》,民国十二年抄本,未编页。

③ 严如熤《三省山内风土杂识》称:"山内地广赋轻。……缘当国初定赋之时,多系未辟老林,故率从轻科。……国初定赋之时,原定之额不能符数,募人领地承赋,而土著之民无多,其承纳之国课,不过几钱几分,领地辄广数里。至离县窵远者,一纸执照之内,跨山逾岭,常数十里矣。"《丛书集成初编》本,第 3114 种,第 21 页。

分作数十户,客租只认招主,并不知地主为谁,地主不能抗争。"①产权、佃权如此易于取得、转手,耕种者不可能努力维持、养护耕地。

正因为这些河湖洲滩与山林的产权不明确,②无须交纳赋税或赋税较轻,地价与佃租都十分低廉,所以就必然会引起对这些洲滩、山林的争夺,而争夺又加剧了乱围滥垦。因为产权不明晰,这些洲滩与山林就被模糊地看作"公用地资源",至少在理论上,可以任人使用,这就难免发生"过量使用"的情况,形成所谓"公用地灾难"。这种情形在山区表现得尤为明显。因为可以轻易获致山林以供开垦,所以进入山区的移民才可能采取粗放的垦殖方式,在土壤肥力用尽、水土流失导致"只存石骨"之后另寻新的山林垦种,乃至"今年在此,明年在彼,甚至一岁之中迁徙数处"。③"食尽一山,则移一山",根本不会考虑到长远的环境效益与社会经济的持续发展。④

因此,只有在制度上确定河湖洲滩与山区林地、草地等"公用地"的产权关系,明确这些土地使用者的责、权、利,并用法律形式固定下来,才有可能从源头上减少乃至避免发生"公用地灾难"。显然,这也不是古代官府所可能做到的。

---

① 严如熤:《三省山内风土杂识》,《丛书集成初编》本,第 3114 种,第 21 页。

② 正文所引嘉靖《沔阳志》所谓的"闲田隙土",既在垦辟之后可以据为己业,推测其原本当属"国有"或者是"无主"。明代及清初开禁之前秦巴山地的大部分林区,显然属于国有山林(参阅前揭赵冈:《中国历史上生态环境之变迁》,第 24～27 页)。但是在中国传统社会中,这种"普天之下,莫非王土"式的"国有",往往在实际上表现为"无人所有",因为王朝国家并没有实际上占有这些洲滩、山林的具体手段与方式,或者即使有某些方式,也难以真正落实。

③ 严如熤:《三省山内风土杂识》,《丛书集成初编》本,第 3114 种,第 26 页。

④ 从制度经济学的角度看,私有财产的所有者经常要保护其财产,并力图使自己的财产增值。在欧洲中世纪,山林与草原大部分归封建庄园主所有,他们会悉心保护自己的财产,不使遭受损害。在宋代以后,部分山林私有化之后,南方若干私有山林得以残存;林木被砍伐出售后,山主会设法重植造林,使之更生。而国有山林,即使有法令保护,也往往形同具文。参阅前揭赵冈:《中国历史上生态环境之变迁》,第 27 页。

卷二　山区开发与社会

南方山区经济开发的历史进程
与空间展布

　　我国南方地区的山区面积广大，其北部有秦巴山地、淮阳山地等，东部有浙皖山地、江南丘陵山地、浙闽山地，南部有南岭山地、粤桂山地，西部则包括四川盆地外缘与鄂、湘、黔、滇四省接壤地带的山地以及横断山地等。[①] 南方山区地处亚热带，受东南季风之惠，气候温暖，湿润多雨，光热充足，有利于多种动植物生长发育，山林资源丰富；山区中河流众多，有利于发展灌溉农业。因此，南方山区很早就成为人类栖息、生活与从事生产活动的地方，孕育了原始稻作农业；在历史时期，特别是南宋以迄于明清时期，南方山区逐步得到开发，社会经济得到长足发展，成为中国传统社会后期最重要的发展区域，在中国历史发展进程中发挥了十分重要的作用。

　　综括历史时期南方山区经济开发的进程，可大致区分为三个阶段：第一阶段，自距今 1 万年左右原始稻作农业起源，至公元 2 世纪末，南方山区

---

　　① 　山地（mountain）是指具有一定海拔、相对高度和坡度的地面。广义的山地包括高原、山间盆地和丘陵；狭义的山地仅指山脉及其分支。丁锡祉和郑远昌认为，相对高度在 500 米以上的区域都为山地（丁锡祉、郑远昌：《初论山地学》，《山地研究》1986 年第 3 期，第 179～186 页）；肖克非则将起伏高度大于 200 米的地域均归入山地，并指出起伏高度是指山地脊部或顶部与其顺坡向到最近的大河或到最近的平原、台地交接点的高差（肖克非主编：《中国山区经济学》，北京：大地出版社，1988 年，第 17～19 页）。一般所说的"山区"大致与广义的"山地"概念相一致，即指起伏的相对高度大于 200 米的区域，它不仅包括高山、中山、低山，还包括高原、山原丘陵及其间的山谷与山间盆地。广义的"山区"概念实际上包括了平原之外的全部地区，亦即将"南方地区"区分为平原与山区两大地理区域类型。实际上，历史时期人们观念中的"山区"比现代地理科学所界定的任何意义上的"山地"都可能要广泛得多，举凡地形崎岖、山岩遍布、可耕地较少的地区，均可称作"山地"或"山区"，而无论其起伏高度是否超过 200 或 500 米。本文讨论的"南方山区"，即从广义的山区角度理解的。

的经济形态以采集渔猎为主、原始种植农业为辅,驯化与栽培的规模较小,且限于局部地区。第二阶段,自六朝至北宋末,南方山区农田垦辟有了一定发展:低山丘陵地区的河谷、山间盆地逐步被开垦成农田,局部地方形成了梯田,建设了中小型农田水利;但刀耕火种性质的"烧畲"仍是南方山区主导性的垦耕方式。在采集、砍伐山林等山林资源利用方式之外,种植茶、漆等经济林木,逐步成为部分山区重要的开发利用方式。开发较为成熟的地区主要是在江南丘陵山地、淮阳山地、湘中丘陵山地等低山丘陵地区。第三阶段,自南宋以迄于明清时期,浙闽山地、南岭山地、川东丘陵山地、粤桂山地、秦巴山地以及西南云贵高原山地渐次得到全面开发,山区种植农业、山林资源的多种经营、矿冶、手工业等均得到长足发展;特别是到明清时期,各省际交边山区,如川陕楚交界的秦巴山地、湘鄂川黔边的武陵—雪峰山区、闽浙赣交边的武夷山地、湘赣粤交边的南岭山地等,成为山区开发的主要对象,山地利用达到了新的高度。[①]

一、南方山区开发之起步

迄今为止,已发现原始稻作遗存的湖南道县玉蟾岩、广西邕宁顶狮山、南宁豹子头、横县西津、广东曲江石峡、江西万年仙人洞与吊桶环等遗址,均位于丘陵山地和山间小盆地、河谷阶地,说明南方地区的原始稻作农业,

---

① 学术界有关历史时期南方山区经济开发的研究,在时段上主要集中于明清时期,在区域上主要集中于秦巴山地、浙闽山地等地区(参阅张建民:《明清长江流域山区资源开发与环境演变——以秦岭—大巴山区为中心》,第35~51页,以及下文所引述之相关论文),而对明清时期之前则甚少涉及。因此,本文在作者近年研究与思考之基础上,对汉魏六朝至唐宋时期南方山区的开发与空间展布做了较详论述,而于明清时期的情况,则主要结合作者及学术界相关研究,加以综合概括,故相对简略。

很可能起源于低山丘陵地带,特别是山间盆地与河谷阶地上。[①] 因此,可以肯定地说:南方山区的开发很可能早于平原地区,至少不会晚于后者。当然,与平原地区相比较,南方山区的原始稻作农业遗址的规模较小,相互之间的距离较远,封闭及分散程度较高,反映出新石器时代山区人口聚集的数量、速度和规模都远不及平原地区,其开发程度亦略为逊色。[②] 就其内涵而言,山区新石器时代遗址所反映的经济生活面貌中,驯化与栽培的规模都相当有限,采集与渔猎经济所占的比重较之同时期平原地区更大。

先秦时期,南方山区的经济形态甚少见于文献记载。《吴越春秋》卷六《越王无余外传》载夏帝少康"封其庶子于越,号曰无余。无余始受封,人民山居,虽有鸟田之利,租贡才给宗庙祭祀之费。乃复随陵陆而耕种,或逐禽鹿而给食"。[③] 鸟田,《水经注》卷四〇《浙江水》记大禹死后,葬于会稽,"有鸟来为之耘,春拔草根,秋啄其秽"。[④] 其说不能解,然"鸟田"乃为南方地区一种原始的耕作方式,当无疑问。[⑤] "随陵陆而耕种,或逐禽鹿而给食",说明越人当频繁迁徙,以选择更适宜的农耕、渔猎地点,其耕作方式当以撂荒游耕制为主。今见春秋战国时期文献中,间有南方民众入山采伐林木的记载。《史记》卷一一九《循吏列传》记楚庄王时(前613—前591年),孙叔敖为楚相,"秋冬则劝民山采,春夏以水",即秋冬入山砍伐林木竹材,至夏季水大时运送出山,[⑥]这说明"山伐"当是楚地山区民众的重要生计方式之

---

① 前揭袁家荣:《玉蟾岩获水稻起源重要物证》;广西壮族自治区文物工作队等:《广西南宁地区新石器时代贝丘遗址》,《考古》1975年第5期;杨式挺:《谈谈石峡文化发现的栽培稻遗迹》,《文物》1978年第7期;广东省博物馆等:《广东曲江石峡墓葬发掘简报》,《文物》1978年第7期;李根蟠:《我国原始农业起源于山地考》,《农业考古》1981年第1期;孔昭辰、刘长江等:《中国考古遗址植物遗存与原始农业》,《中原文物》2003年第2期;陈文华:《中国原始农业的起源和发展》,《农业考古》2005年第1期;等等。

② 参阅裴安平:《中国原始稻作农业三种主要发展模式研究》,见氏著:《农业、文化、社会:史前考古文集》,北京:科学出版社,2006年,第67~83页。

③ 《吴越春秋》卷六《越王无余外传》,南京:江苏古籍出版社,1986年,第85页。

④ 郦道元注,杨守敬、熊会贞疏:《水经注疏》卷四〇《浙江水》,第3309页。

⑤ 游修龄先生谓"鸟田"可能是汉人对"雒田"的越语意译,雒田则是越语的音译,所以也可写作骆田,骆田即是稻田。见游修龄:《中国稻作史》,北京:农业出版社,1995年,第136页。

⑥ 《史记》卷一一九《循吏列传》,第3099页。

一。湖北云梦睡虎地所出秦简《秦律十八种·田律》规定："春二月，毋敢伐材木山林及雍隄水。"①也说明采伐山林材木是山区重要的生产活动。

南方山区以采集渔猎为主、种植农业为辅的经济形态，到秦汉时期，可能并没有根本性改变。《汉书·地理志》谓："楚有江汉川泽山林之饶；江南地广，或火耕水耨。民食鱼稻，以渔猎山伐为业，果蓏蠃蛤，食物常足。故呰窳偷生，而亡积聚，饮食还给，不忧冻饿，亦亡千金之家。"②桓宽《盐铁论》卷一《通有》引"文学"之言称：

> 荆、扬南有桂林之饶，内有江、湖之利，左陵阳之金，右蜀、汉之材，伐木而树谷，燔莱而播粟，火耕而水耨，地广而饶财；然民鮆窳偷生，好衣甘食，虽白屋草庐，歌讴鼓琴，日给月单，朝歌暮戚。③

所言虽然都是南方的整体情形，但其中所说"山林之饶"及"陵阳之金"、"蜀汉之材"，显然皆出自山区；"以渔猎山伐为业"，则当是南方山区的主导性经济形态；"伐木而树谷，燔莱而播粟"，则反映出山区土地垦辟、种植的方式，当即后世文献中所见的"刀耕火种"，其种植作物则为谷、粟，应以旱稻、粟等旱地作物为主。④

据今见汉代文献记载，闽粤山地的越人、荆楚山区的诸蛮、川渝地区的巴蛮、云贵高原的西南夷，主要是处于以山伐渔猎与原始农业并重的状态。汉武帝时，拟发兵击闽越，淮南王刘安上书劝阻，谓：

> 臣闻越非有城郭邑里也，处溪谷之间，篁竹之中，习于水斗，便于用舟，地深昧而多水险……越人欲为乱，必先田余干界中，积食粮，乃入伐材治船……且越人绵力薄材，不能陆战，又无车骑弓弩之用。⑤

---

① 前揭睡虎地秦墓竹简整理小组：《睡虎地秦墓竹简》，第26页。

② 《汉书》卷二八下《地理志下》，第1666页。

③ 桓宽撰、王利器校注：《盐铁论校注》卷一《通有》，北京：中华书局，1992年，第41～42页。

④ 我们认为，先秦至六朝乃至隋唐文献中所记南方地区的鸟田、雒（雽）田等，都可能是指平原地区的水田，其垦殖方式是所谓"火耕水耨"（关于火耕水耨的解释，请参阅前揭西嶋定生：《中国经济史研究》，第132～167页；牟发松：《唐代长江中游的经济与社会》，第9～31页），种植水稻；而在丘陵与低山地区，则主要采用刀耕火种的方式，种植包括旱稻在内的旱地作物。此点涉及南方地区农业起源与早期发展的诸多方面，考另详。

⑤ 《汉书》卷六四《严助传》，第2778～2781页。

据此,则知越人居于深山竹林之中,无城郭邑里,没有车骑弓弩。其农耕较发达之地,则在余干。余干,韦昭注:"越邑,今鄱阳县也",在今江西东北境。越人"欲为乱","先田余干界",以"积食粮",则知"田"(农耕)在越人生活中并不占有主导地位,唯"欲为乱"方为之。又,1958 年,在闽北武夷山地崇安汉城遗址出土一批珍贵文物,内有十多件铁制农具,犁、锄、锸、镬、斧、锯等。[①] 但这在浙闽山区还非常稀见。汉光武时,任延为九真太守,"九真俗以射猎为业,不知牛耕,民常告籴交阯,每致困乏。延乃令铸作田器,教之垦辟。田畴岁岁开广,百姓充给"。[②] 则在此之前,九真郡民众向以"射猎为业";东汉初年出现犁耕,但看来并不普遍,可能仅行于沿海平原地区。主要居于今湘中丘陵与湘鄂西山地的武陵蛮、长沙蛮,"好入山壑,不乐平旷……田作贾贩,无关梁符传、租税之赋";西汉时,"岁令大人输布一匹,小口二丈,是谓賨布"。东汉顺帝永和元年(136 年),武陵太守上书,"以蛮夷率服,可比汉人,增其租赋",反映出蛮民或已垦辟出部分农田。然因此而激起蛮民反叛,澧中、溇中蛮"争贡布,非旧约",[③]说明其田作收入还相当少。今川东、重庆地区的巴、濮诸蛮,种植农业在生计中所占的比重似较高。《华阳国志·巴志》谓巴地"土植五谷,牲具六畜","川崖惟平,其稼多黍","野惟阜丘,彼稷多有"。[④] 然黍、稷等旱作物大抵皆植于较平坦之川谷或低矮的阜丘上。东汉永兴二年(154 年),巴郡太守但望上书请分巴郡为二,谓安汉与临江"各有桑麻丹漆,布帛鱼池,盐铁足相供给",却没有提到粮食生产,说明其地垦辟尚浅。[⑤] 云贵高原地区,据司马迁描述,滇与夜郎"皆魋结,耕田,有邑聚",已有农耕与城邑;嶲、昆明,"皆编发,随畜迁徙,毋常处,毋君长",即以游牧为主;徙与筰都,"其俗或土箸,或移

① 林蔚文:《福建农业考古概述》,《农业考古》1984 年第 1 期。

② 《后汉书》卷七六《任延传》,北京:中华书局,1965 年,第 2462 页。

③ 《后汉书》卷八六《南蛮传》,第 2829～2833 页。

④ 常璩撰、任乃强校补:《华阳国志校补图注》卷一《巴志》,上海:上海古籍出版社,1987 年,第 5 页。

⑤ 常璩撰、任乃强校补:《华阳国志校补图注》卷一《巴志》,第 20 页。参阅张泽咸:《汉唐晋时期农业》,北京:中国社会科学出版社,2003 年,第 588～593 页。

徙"。^① 可知云贵高原各地经济形态颇不一致，但大抵仍以畜牧渔猎为主，耕田、邑聚相当稀少。《后汉书·西南夷传》谓滇池周围"河土平敞，多出鹦鹉、孔雀，有盐池田渔之饶，金银畜产之富"。两汉之际文齐为益州太守，"造起陂池，开通溉灌，垦田二千余顷"，则益州郡已有灌溉水利。然东汉初刘尚重平益州郡，"得生口五千七百人，马三千匹，牛羊三万余头"，则知畜产仍然是西南夷最重要的生计依靠。^②

总的说来，虽然南方山区很早就孕育了原始稻作农业，但直到 2 世纪末，大部分地区的农业规模很小，河谷低地当主要采用火耕水耨的耕作方式，种植水稻；低丘岗阜及低山地带主要采用刀耕火种的方式，种植旱稻、粟、稷等旱地作物。无论在河谷低地还是低山丘陵地带，可能都以撂荒游耕制为主，连续耕作的连种制即便出现，也不普遍；农作产出甚低，在民众生计中所占的比重也不太大；而山伐渔猎畜牧，则在山区民众生活中仍然占据主导地位。因此，我们可以将这一漫长时期南方山区的经济形态概括为"以采集渔猎为主、原始种植农业为辅"。得到初步开发的地区，主要集中在山区内地势较为低平的河谷、盆地及其周边的低丘岗阜地带，呈点、块状分布，规模较小；各聚落点之间大多是不连续的，相互之间的距离也较远，封闭及分散程度较高。

二、六朝至北宋时期南方山区的
持续开发与平稳拓展

六朝时期，农田垦殖发展较早且成效较大的南方山区，首先是江南丘陵山地及长江中游地区的低山丘陵。孙吴嘉禾三年（234 年），诸葛恪领丹阳太守，负责讨伐丹阳郡西部（今皖南赣东北）的山越。诸葛恪"分内诸将，罗兵幽阻，但缮藩篱，不与交锋，候其谷稼将熟，辄纵兵芟刈，使无遗种。旧

---

① 《史记》卷一一六《西南夷传》，第 2991 页。《后汉书》卷八六《西南夷传》所记与此大致相同。

② 《后汉书》卷八六《西南夷传》，第 2844～2847 页。

谷既尽，新田不收，平民屯居，略无所入，于是山民饥穷，渐出降首"。① 这些"山越"广泛种植谷物，且"自铸甲兵"，很可能已普遍使用铁农具。至于被迁移至河谷地带的"从化平民"，既受命"屯居"，自必不再可能"随陵陆而耕种"，山伐渔猎在其生计中所占的比重亦大幅度降低。《三国志·吴书·朱然传》裴注引习凿齿《襄阳记》称：

> 祖中在上黄界，去襄阳一百五十里。魏时夷王梅敷兄弟三人，部曲万余家屯此，分布在中庐、宜城西山鄢、沔二谷，土地平敞，宜桑麻，有水陆良田，沔南之膏腴沃壤，谓之祖中。②

则居于山区河谷地带的蛮民，已种植桑麻，垦辟水陆良田。刘宋中期，沈庆之征伐沔北诸山蛮，谓"去岁蛮田大稔，积谷重岩，未有饥弊，卒难禽剪"；他率领诸军斩山开道，"自冬至春，因粮蛮谷"；南破山蛮后，虏生蛮二万八千余口，降蛮二万五千口，牛马七百余头，米粟九万余斛。③ 沔北诸山蛮拥有不少米粟，说明田作在其生计中已占有主导地位。《南齐书·蛮传》云："汶阳本临沮西界，二百里中，水陆迁狭，鱼贯而行，有数处不通骑，而水白，田甚肥腴。桓温时，割以为郡。"④据《宋书·州郡志》记载，刘宋中期，汶阳郡著籍户口为 958 户、4914 口。⑤ 汶阳郡地处今鄂西北山区，田地垦辟已有如此规模，可以推知当时荆襄山区的土地垦殖已有相当发展。

六朝至隋唐时期，南方山区的土地垦辟，仍主要集中在河谷与山间盆地及低山、丘陵地带。上举祖中、临沮皆在河谷，即可为证。唐大历（766—779 年）初，杜甫在夔州留居数年，对夔州周围山地多所称述。《行官张望补稻畦水归》云："东屯大江北，百顷平若案。六月青稻多，千畦碧泉乱。插秧适云已，引溜加溉灌。"⑥《夔州歌十绝句》之六云："东屯稻畦一百顷，北有涧水通青苗。"《自瀼西荆扉且移居东屯茅屋四首》之一称："白盐危峤北，

① 《三国志》卷六四《吴书·诸葛恪传》，北京：中华书局，1959 年，第 1431 页。
② 《三国志》卷五六《吴书·朱然传》，"赤乌五年，征祖中"句下裴注引，第 1307 页。
③ 《宋书》卷七七《沈庆之传》，北京：中华书局，1974 年，第 1997～1998 页。
④ 《南齐书》卷五八《蛮传》，北京：中华书局，1972 年，第 1008 页。
⑤ 《宋书》卷三七《州郡志三》，荆州"汶阳太守"条，第 1121 页。
⑥ 杜甫：《行官张望补稻畦水归》，见《全唐诗》卷二二一，第 2347 页。

赤甲古城东。平地一川稳,高山四面同。"①则东屯是夔州城附近山谷间一块难得的平地,已垦殖为稻田。唐大中三年(849年),山南西道节度使郑涯以"褒斜旧路修阻",开凿文川谷道。新路成,孙樵撰《兴元新路记》志其事,其中记述自关中越秦岭至汉中沿途所经之景色甚详,如:过泥榆岭,"又平行十里,则山谷四拓,原隰平旷,水浅草细,可耕稼,有居民,似樊川间景象"。自芝田驿至仙岭,"虽阁路,皆平行,往往涧旁谷中有桑柘,民多丛居,鸡犬相闻"。自仙岭而南,"路旁人烟相望,涧旁地益平旷,往往垦田至一二百亩,桑柘愈多。至青松,即平田五六百亩,谷中号为夷地,居民尤多"。②显然,聚落田地均处于涧旁山谷中,并未见有关于梯田的记载。在闽粤山地,山间盆地多称为"山洞"。《元和郡县图志》卷二九记福州永泰县,乃"永泰二年观察使李承昭开山洞置。县东水路沿流至侯官,县西沂流至南安县,南北俱抵大山,并无行路"。此一"山洞","南北俱抵大山",沿流而下,可至福州侯官,其得到开发之区,显然仅为河谷两岸之狭长地带。同书卷又记漳州龙溪县,谓其"县东十五里至山,险绝无路,西二十里至山,南三里至山,北十六里至山"。③则龙溪县境内得到开发的区域即在四山环抱的河谷盆地中,即以县治为中心、东西三十五里、南北十九里、沿龙溪(今九龙江)河谷伸展的狭长地带。同书卷三三渝州"璧山县"条又称:"本江津、万寿、巴三县地。四面高山,中央平地,周回约二百里。天宝中,诸州逃户多投此营种",④则渝州璧山县所在显然是较大的山中盆地。

在山区河谷盆地一些条件适宜的地方,六朝至唐北宋时期,逐步兴修了一些农田水利设施。六朝文献中,已见有南方山区引水灌溉的记载。《水经注》卷三九《耒水》篇记耒水北过便县(在今湖南永兴县)之西,"县界有温泉水,在郴县之西北,左右有田数十亩,资之以溉。常以十二月下种,

---

① 杜甫:《夔州歌十绝句》《自瀼西荆扉且移居东屯茅屋四首》,见《全唐诗》卷二二九,第2507、2501页。

② 孙樵:《兴元新路记》,见《全唐文》卷七九四,北京:中华书局,1983年,影印本,第8327~8328页。

③ 李吉甫:《元和郡县图志》卷二九,江南道五,福州"永泰县"条,漳州"龙溪县"条,第718、722页。

④ 李吉甫:《元和郡县图志》卷三三,剑南道下,渝州"璧山县"条,第855页。

明年三月谷熟。度此水冷，不能生苗；温水所溉，年可三登"。① 然所记似为特例。《太平寰宇记》卷一〇九江南西道袁州宜春县"昌山"条载："旧名伤山，袁江流其间，巨石枕岸潀激，舟人上下多倾覆，故名伤山。按顾野王《舆地记》：'晋永嘉四年，罗子鲁于山峡堰断为陂，从此灌田四百余顷。梁大同二年废。'"② 则此陂当于昌山脚下遏袁江而成堰，引水灌溉。这是今见文献记载中南方山区较早的引水灌溉设施。至唐代，南方山区的水利设施渐次兴筑。《新唐书·地理志》记昇州句容县有绛岩湖，在句容县西南三十里，"麟德中，令杨延嘉因梁故堤置，后废；大历十二年，令王昕复置。周百里为塘，立二斗门以节旱暵，开田万顷"。③ 据唐人樊珣《绛岩湖记》所记，绛岩湖乃"吴人创之，梁人通之"，则其创制或可上溯至三国时代；大历十二年（777 年）重修之后，"周匝百顷，蓄为湖塘"，"开田万顷，赡户九乡"，则知其发挥较大作用乃是在中唐以后。④ 宣州南陵县之大农陂，不详筑于何时，元和四年（809 年）"因废陂"重修，"为石堰三百步，水所及者六十里"，"辟荒梗数万亩"，"溉田千顷"。⑤ 唐贞元（785—804 年）初，戴叔伦任抚州刺史，"民岁争灌溉，为作均水法，俗便利之，耕饷岁广"。⑥ 民间争水灌溉，说明其地小型农田水利设施已较多。据咸通十一年（870 年）抚州兵曹参军柏虔冉《新创千金陂记》载：抚州境内自上元（760—761 年）以后，相继修筑华陂、土塍陂、冷泉陂等水利工程；咸通九年，在抚州刺史李某主持下，于汝江之上置千金陂，引水"沿流三十余里，灌注原田，新旧共百有余顷"，⑦说明抚州境内农田水利确已较为发达。西川益、蜀、彭、汉、眉、资、绵、剑、陵等九州，据《新唐书·地理志》记载，共有水利工程 22 处，尤以绵、益二州最多，其中固多在成都平原，然位于丘陵山区者亦有不少。如眉州

---

① 郦道元注，杨守敬、熊会贞疏：《水经注疏》卷三九《耒水》，第 3216 页。

② 乐史：《太平寰宇记》卷一〇九，江南西道，袁州宜春县"昌山"条，北京：中华书局，2006 年，第 2196 页。

③ 《新唐书》卷四一《地理志五》，江南道昇州"句容"县下原注，第 1057 页。

④ 樊珣：《绛岩湖记》，见《全唐文》卷四四五，第 4540 页。

⑤ 《新唐书》卷四一《地理志五》，江南道宣州"南陵"县下原注，第 1066 页；韦瑾：《宣州南陵县大农陂记》，见《全唐文》卷六九五，第 7140 页。

⑥ 《新唐书》卷一四三《戴叔伦传》，第 4690 页。

⑦ 柏虔冉：《新创千金陂记》，见《全唐文》卷八〇五，第 8468 页。

青神县,"大和中,荣夷人张武等百余家请田于青神,凿山酾渠,溉田二百余顷"。绵州巴西县,"南六里有广济陂,引渠溉田百余顷,垂拱四年,长史樊思孝、令夏侯奭因故渠开"。罗江县,"北五里有茫江堰,引射水溉田入城,永徽五年,令白大信置。北十四里有杨村堰,引折脚堰水溉田,贞元二十一年,令韦德筑"。龙安县,"东南二十三里有云门堰,决茶川水溉田,贞观元年筑"。剑州阴平县,"西北二里有利人渠,引马阁水入县溉田,龙朔三年,令刘凤仪开,宝应中废。后复开,景福二年又废"。①

今见文献记载中,有关南方山区开发梯田的明确记载出现于北宋后期。方勺《泊宅编》卷三记福建山地"狭瘠,而水源浅远,其人虽至勤俭,而所以为生之具,比他处终无有甚富者。垦山陇为田,层起如阶级,然每远引溪谷水以灌溉,中途必为之硙,不唯硙米,亦能播精。朱行中知泉州,有'水无涓滴不为用,山到崔嵬犹力耕'之诗,盖纪实也"。② 从其描述看,当即后世所称之"梯田"。南宋初,袁州知州张成己称:"江西良田多占山岗上,资水利以为灌溉,而罕作池塘以备旱暵。"③ 山岗之上的"良田",大抵亦属于梯田。至南宋乾道九年(1173 年)春,范成大游历袁州仰山,见"岭阪之上,皆禾田层层,而上至顶,名梯田"。④ 显然,田地之垦辟从河谷、山间盆地向上延伸,达于山坡乃至山巅,遂逐步开垦成梯田。但根据文献中有关梯田的这些零星记载,并不足以断定南方山区的梯田即出现于北宋中后期。从上引方勺、张成己、范成大的描述中,均可见出其所见之梯田当已有悠久历史,或可上溯至晚唐五代时期。尽管如此,我们仍然可以断定,到北宋时期,南方山区梯田的开发依然不很普遍,大约只是在部分人口压力较大的低山地区才较多一些。

在地势低平、水热条件较好的山区河谷、盆地中,当以种植水稻为主;至少在那些兴筑了水利设施、可以灌溉的地方,很可能已逐步放弃火耕水

---

① 《新唐书》卷四二《地理志六》,眉州通义郡、绵州巴西郡、剑州普安郡,第 1081、1089～1090 页。

② 方勺:《泊宅编》(十卷本)卷三,北京:中华书局,1983 年,第 15 页。

③ 《宋会要辑稿》食货七之四十六至四十七,"水利",北京:中华书局,1957 年,影印本,第 4928～4929 页。

④ 范成大:《骖鸾录》,见《范成大笔记六种》,孔凡礼点校,第 52 页。

耨的耕作方式，也不再撂荒，或者采行休耕制。但在地势较高的丘陵、低中山地，仍普遍实行刀耕火种性质的畲田，也仍以种植旱地作物为主。[①] 王建自襄阳南行经宜城渡蛮水趋荆门，途中见到"犬声扑扑寒溪烟，人家烧竹种山田"。[②] 温庭筠《烧歌》则描写随州南部山区（大洪山区）的农事云："起来望南山，山火烧山田。……自言楚越俗，烧畲为旱田。"[③] 在秦岭道上，薛能《褒斜道中》谓秦岭山中"鸟径恶时应立虎，畲田闲日自烧松"。[④] 兴元元年（784年），唐德宗南幸兴元，山南西道节度使严震奏称："梁、汉之间，刀耕火耨，民以采稆为事。"[⑤] 均说明在唐代荆、襄、随、梁诸州的山区，畲田还比较普遍地存在着。北宋中期，王禹偁在《畲田词》"序"中描述商洛山区的畲田之法称：

> 上雒郡南六百里，属邑有丰阳、上津，皆深山穷谷，不通辙迹。其民刀耕火种，大抵先斫山田，虽悬崖绝岭，树木尽仆，俟其干且燥，乃行火焉。火尚炽，即以种播之。然后酿黍稷，烹鸡豚。先约曰：某家某日有事于畲田。虽数百里，如期而集，锄斧随焉。至则行酒啗炙，鼓噪而作，盖剧而掩其土也。掩毕则生，不复耘矣。[⑥]

显然，畲田乃是一种相对粗放的旱作农业方式。江南丘陵山地的情形与此相似。唐德宗时，释普愿于皖南九华山建寺，"斫山畲田，种食以饶"[⑦]；罗隐《别池阳所居》句云："黄尘初起此留连，火耨刀耕六七年。……却是九华山有意，列行相送到江边。"[⑧] 说明皖南山区仍然盛行刀耕火种。刘长卿

---

① 畲田乃是山地陆种之旱田，通常是以刀芟去草木，不用耕犁。雨前，焚烧草木，播种于暖灰中，生出的苗不用中耕，不施肥。因此，数年后，畲田便不可复种，只好任它荒废，再去其他地方耕种。参阅李剑农：《中国古代经济史稿》，武汉：武汉大学出版社，2006年，第572～677页。

② 王建：《荆门行》，见《全唐诗》卷二九八，第3379页。

③ 温庭筠：《烧歌》，见《全唐诗》卷五七七，第6763页。

④ 薛能：《褒斜道中》，见《全唐诗》卷五六〇，第6555页。

⑤ 《旧唐书》卷一一七《严震传》，北京：中华书局，1975年，第3406页。

⑥ 王禹偁：《畲田词》，见王延梯选注：《王禹偁诗文集》，第28～29页。

⑦ 赞宁：《宋高僧传》卷一一《唐池州南泉院普愿传》，北京：中华书局，1987年，第256页。

⑧ 罗隐：《别池阳所居》，见《全唐诗》卷六五六，第7602页。

《送睦州孙沆自本州却归句容新营所居》句云:"火种山田薄,星居海岛寒。"①方干途经婺州东阳县,看见"野父不知寒食节,穿林转壑自烧云"。②淳熙《新安志》卷二《叙贡赋》谓:"新安为郡,在万山间,其地险狭而不夷,其土驵刚而不化,水湍悍少潴蓄……大山之所落,深谷之所穷,民之田其间者,层累而上,指十数级不能为一亩,快牛剡耜不得旋其间,刀耕而火种之。"③说明皖南梯田多为旱作,亦行刀耕火种之法。南岭山地亦普遍盛行畬田。唐大历(766—779年)中,戴叔伦经过道州,见到"渔沪拥寒溜,畬田落远烧";过桂阳岭,又看到"种田烧险谷,汲井凿高原"。④《五灯会元》卷六《南岳玄泰禅师》记玄泰与贯休、齐己为友,"尝以衡山多被山民斩伐烧畬,为害滋甚,乃作《畬山谣》",其中有句云:"年年斫罢仍再鉏,千秋终是难复初。又道今年种不多,来年更斫当阳坡。"⑤正是畬田的形象写照。川鄂湘黔边山地的情形与此相类。北宋仁宗天圣八年(1030年),曾有诏川峡路不得造着镑刀,利州路转运使陈贯上奏反对,说:"畬刀是民间日用之器,川峡山险,全用此刀开山种田,谓之刀耕火种。今若一例禁断,有妨农务。"⑥说明川峡诸路直到北宋时代,刀耕火种仍很普遍。上引记载虽然笼统地称述其所记刀耕火种者为"山田",在"险谷"或"高原",而未能区别山区的河谷地带,但结合上文有关山区河谷平原地带农耕方式的讨论,可以相信,实行刀耕火种之法的,主要是在地势高仰、没有或较少灌溉之利的丘陵、低中山地的山坡之上。当然,刀耕火种并不一定就是撂荒游耕制,还可能采用撂荒休耕制,即耕种若干年后,撂荒休耕;隔数年,再重新耕种。

虽然田土日辟,但山林采伐、渔猎在山区民众生计中仍占有相当位置。《宋书》卷四七《刘敬宣传》记东晋末年,刘敬宣为宣城内史(治宛陵,辖境在

---

① 刘长卿:《送睦州孙沆自本州却归句容新营所居》,见《全唐诗》卷一四九,第1487页。

② 方干:《东阳途中作》,见《全唐诗》卷六五三,第7504页。

③ 淳熙《新安志》卷二《叙贡赋》,《宋元方志丛刊》本,北京:中华书局,1990年,影印本,第7624页。

④ 戴叔伦:《留别道州李使君》、《桂阳北岭偶过野人所居聊书即事呈王永州邕李道州圻》,分别见《全唐诗》卷二七三、二七四,第3080、3110页。

⑤ 普济:《五灯会元》卷六《南岳玄泰禅师》,北京:中华书局,1984年,第314页。

⑥ 《宋会要辑稿》兵二六之二六至二七,"刀制",第7239~7240页。

今皖南），"宣城多山县，郡旧立屯以供府郡费用，前人多发调工巧，造作器物。敬宣到郡，悉罢私屯，唯伐竹木，治府舍而已。亡叛多首出，遂得三千余户"。① 刘宋宣城郡所属广德、宁国、怀安、泾、安吴、广阳、临城诸县皆在山区，故得称为"山县"。据上所引，知凡此诸县出产山货竹木，其民则多"工巧"，以致宣城郡竟置立私屯，专事营求财货，"供府郡费用"。这说明其地民众生计多靠经营山货，砍伐竹木，并"造作器物"。至唐代，植茶逐步成为歙、宣、饶诸州部分民众最重要的生计方式。《文苑英华》卷八一三录张途《祁门县新修阊门溪记》称：祁门县"山多而田少，水清而地沃。山且置茗，高下无遗土，千里之内业于茶者十七八矣。由是给衣食，供赋役，悉恃此"。② 北宋时期，歙、睦、宣诸州山内多营漆、楮、松、杉等山林物产。方勺《泊宅编》卷五载："青溪为睦大邑，梓桐、帮源等号山谷幽僻处，东南趋睦而近歙。民物繁庶，有漆楮材木之饶，富商巨贾，多往来江浙。"③ 南宋乾道九年（1173 年）正月，范成大经过严州（治在今浙江建德东），见到"歙浦杉排毕集"于浮桥之下，故而述及："休宁山中宜杉，土人稀作田，多以种杉为业。杉又易生之物，故取之难穷。"④ 则知种杉已成为歙州山区的重要产业。在巴蜀丘陵及其周边山地，早在汉代，广汉郡什邡县即以"山出好茶"著称，南安、武阳亦皆出名茶。⑤ 江阳郡汉安县"土地虽迫，山水特美好。宜蚕桑，有盐井。鱼池以百数，家家有焉"。⑥ 唐长庆二年（822 年），曾任开州（治在今重庆市开州）刺史的韦处厚上疏概述山南风俗，谓："山谷贫人，随土交易，布帛既少，食物随时，市盐者或一斤麻，或一两丝，或蜡或漆，或鱼或鸡，

① 《宋书》卷四七《刘敬宣传》，第 1412 页。

② 张途：《祁门县新修阊门溪记》，见《文苑英华》卷八一三，北京：中华书局，1966 年，影印本，第 4296 页。

③ 方勺：《泊宅编》（十卷本）卷五，第 30 页。

④ 范成大：《骖鸾录》，乾道九年正月三日，见《范成大笔记六种》，孔凡礼点校，第 45 页。

⑤ 常璩撰、任乃强校注：《华阳国志校补图注》卷二《蜀志》，广汉郡"什邡县"、犍为郡"南安县"，第 166、175 页。

⑥ 常璩撰、任乃强校注：《华阳国志校补图注》卷二《蜀志》，江阳郡"汉安县"，第 180 页。

琐细丛杂,皆因所便。"①则知蜡、漆、鱼、鸡等物产在山区民众生计中具有重要地位。在密弥平原的低山丘陵地带,经济作物更受到重视。北宋庆历七年(1047年),苏舜钦尝游历太湖洞庭山,谓洞庭山"地占三乡,户率三千,环四十里","皆树桑栀柑柚为常产。每秋高霜余,丹苞朱实,与长松茂树参差"。②至南宋初,庄绰描述说:"平江府洞庭东西二山,在太湖中,非舟楫不可到。胡骑寇兵,皆莫能至。然地方共几百里,多种柑橘桑麻,糊口之物,尽仰商贩。绍兴二年冬,忽大寒,湖水遂冰,米船不到,山中小民多饿死。"③柑橘桑麻,已成为洞庭山中民众的常产、生计之主要依靠。

从开发区域言之,唐北宋时期,南方山区的开发很不均衡。皖南山区、浙赣山地、湘中丘陵、四川盆地西北部丘陵山地的开发程度相对较高。唐贞元十八年(802年),韩愈在《送陆歙州诗序》中说:"当今赋出于天下,江南居十九。宣使之所察,歙为富州。"④杜牧《吕温墓志铭》记武宗时,吕温出为宣歙池等州观察使,辖区"赋多口众,最于江南"。宣、歙、池三州已得与苏、润、常、湖诸州并驾齐驱,得称为"富州"。婺、衢、睦(严)、饶、信、抚、吉、袁等以山地为主的州郡发展也较快。婺、衢二州地处金衢盆地,唐北宋时期,发展甚速。唐贞观(627—649年)时,婺州五县,有著籍户37819户;垂拱二年(686年),自婺州析置衢州;天宝(742—756年)中,二州共有212558户。⑤在百余年时间里,著籍户口增加五倍,可见其发展之速。饶州亦以富庶为称。南唐昇元二年(938年),刘津说:"太和中,以婺源、浮梁、祁门、德兴四县茶货实多,兵甲且众,甚殷户口,素是奥区。"⑥除祁门外,其余三县均属饶州。北宋元祐六年(1091年),余干进士都颉作《鄱阳七谈》,极言其滨湖蒲鱼之利,膏腴七万顷,柔桑蚕茧之盛,以及林麓木植之

---

① 《唐会要》卷五九《度支使》,北京:中华书局,1955年,第1017页。

② 苏舜钦:《苏学士文集》卷一三《苏州洞庭山水月禅院记》,《宋集珍本丛刊》本,据康熙三十七年震泽徐氏刻本影印,北京:线装书局,2004年,第6册,第364页。

③ 庄绰:《鸡肋编》卷中,"中原避祸南方者遭遇之惨"条,北京:中华书局,1983年,第64页。

④ 韩愈撰、马其昶校注:《韩昌黎文集校注》卷四《序》,《送陆歙州诗序》,上海:上海古籍出版社,1986年,第231页。

⑤ 《旧唐书》卷四〇《地理志三》,婺州、衢州,第1592～1593页。

⑥ 刘津:《婺源诸县都制置新城记》,《全唐文》卷八七一,第9116页。

饶,铜冶铸钱,陶埴为器,[①]足见饶州之富饶。抚州则"号为名区,翳野农桑,俯津阛阓,北接江湖之脉,贾货骈肩;南冲岭峤之支,豪华接袂"。[②] 开元七年(719年),抚州刺史卢元敏以"田地丰饶,川谷重深,时多剽劫"为由,奏请复置南丰县。[③] "川谷重深"的南丰县已被称为"田地丰饶",可知赣东山区已有较好开发。信州大部分都是山区,其元和(806—820年)户为28911户,宋初主客户合计40685户,熙宁(1068—1077年)户132717户,崇宁(1102—1106年)户154364户,[④]在约三百年时间里增加四倍,著籍户口之增长速度非常惊人。在荆楚地区,黄、鄂、安、荆、岳、潭诸州丘陵山地的开发相对较好。晚唐僧人齐己曾久居潭州大沩山同庆寺,其《暮游岳麓寺》句云:"回首何边是空地,四村桑麦遍丘陵",[⑤]反映出潭州湘江西岸的岳麓山已遍布桑麦。《宋史·地理志》谓潭、鄂、岳、全、邵诸州"大率有材木、茗荈之饶,金、铁羽毛之利。其土宜谷稻,赋入稍多。而南路有袁、吉壤接者,其民往往迁徙自占,深耕概种,率致富饶"。[⑥] 在长江上游,四川盆地西北部丘陵山地的开发程度较高。如蜀州有"金砂银砾之饶……即山而鼓,民拥素封之资;厥筐之华,户赢玩巧之利";[⑦]绵州"处二蜀之会,人饶地腴,赋货繁茂"。[⑧]

相较而言,浙闽山地、南岭山地以及秦巴山地、湘鄂川黔边山地、云贵高原,则处于比较落后的后进阶段。唐代台、处、温、福、建、汀、泉、漳诸州山区,鲜有农田水利工程之记载。汉水上中游以至荆楚北部的梁、金、商、

---

① 洪迈:《容斋随笔》,《五笔》卷六《鄱阳七谈》,北京:中华书局,2005年,第892页。

② 张保和:《唐抚州罗城记》,见《全唐文》卷八一九,第8626页。

③ 乐史:《太平寰宇记》卷一一〇,江南西道,抚州"南丰县"条下,第2238页。

④ 李吉甫:《元和郡县图志》卷二八,江南道四,"信州",第678页;乐史:《太平寰宇记》卷一〇七,江南西道,"信州",第2148页;王存等:《元丰九域志》卷六,江南路,"信州",北京:中华书局,1984年,第246页;《宋史》卷八八《地理志四》,江南东路,"信州",第2187页。

⑤ 齐己:《暮游岳麓寺》,见《全唐诗》卷八四五,第9628页。

⑥ 《宋史》卷八八《地理志四》,"荆湖南北路"后叙,第2201页。

⑦ 张方平:《乐全集》卷三二《蜀州修建天目寺记》,《宋集珍本丛刊》本,北京:线装书局,2004年,第5册,第596页。

⑧ 文同:《新刻石室先生丹渊集》卷二三《绵州通判厅伐木堂记》,《宋集珍本丛刊》本,北京:线装书局,2004年,第9册,第233页。

房、均、邓、唐、随、郢诸州境内的秦巴山地、大别山区、大洪山区的经济开发也较落后。后晋天福七年（942年）二月丙午诏书云："邓、唐、隋、郢诸州，多有旷土，宜令人户取便开耕，与免五年差税。"①直到北宋仁宗、英宗间，唐、邓间"尚多旷土"，②更遑论与唐、邓相邻的商、均、襄、随诸州山区了。湘鄂西山区的峡、归、施、沅、靖、辰以及夔、渝等今川东、重庆诸州，也比较落后。在《新唐书·地理志》中，上述诸州鲜有关于农田水利工程的记载。即便是处于四川盆地中央的潼川府路，直到南宋初，仍被汪应辰称作"多是山田，又无灌溉之利"；而夔州路"最为荒瘠，号为刀耕火种之地，虽遇丰岁，民间犹不免食草木根实，又非潼川府路之比"。③ 据此可以想见四川盆地周边山区的状况。

　　总的说来，自六朝以迄至北宋末的近一千年间，南方山区没有受到北方中原地区那样频繁而巨大的战乱破坏，发展比较平稳，没有较大起伏。在开发区域上，皖南山区、浙赣山地、湘中丘陵、四川盆地西北部丘陵山区的开发程度相对较高，而浙闽山地、南岭山地、秦巴山地、湘鄂川黔边山地、云贵高原，则处于比较落后的后进阶段。就山区内部农田垦辟与耕作方式的差异而言，地势较低平的河谷、盆地主要种植水稻，实施连种耕作制，可能已普遍推广牛耕；而在丘陵、低中山地的山坡上，即便已开辟出梯田，亦仍较普遍地采用刀耕火种式的畲田耕作方式，撂荒游耕或休耕制可能逐步被放弃，但连种制大约也未能得到广泛而彻底的实施。就山区民众生计来说，虽然农耕产出在民众生计中的重要性逐步增加，但山林砍伐、山区林特产多种经营、经济作物种植以及渔猎采集，在民众生活中仍然占有重要地位，在局部山区，其重要性甚至在加大。

---

　　① 《旧五代史》卷八〇《高祖纪》，"天福七年二月丙午"条，北京：中华书局，1976年，第1058页。

　　② 《宋史》卷一七三《食货志》，第4165页。

　　③ 汪应辰：《文定集》卷四，《御札问蜀中旱歉画一回奏》，上海：学林出版社，2009年，第27页。

三、南宋至明清时期南方山区的全面开发

南宋至元代,除上述在唐北宋时代即已得到相当程度开发的皖南山
区、浙赣山地、湘中丘陵、四川盆地西北部丘陵山地继续发展之外,浙闽山
地、南岭山地、川东丘陵山地、粤桂山地等山区的开发比较突出。台州位于
浙闽山地东北部,负山滨海。嘉定《赤城志》卷一三《版籍门一》称其地"沃
土少而瘠地多,民生其间,转侧以谋衣食,寸壤以上,未有莱而不耕者
也"。[①] 同书卷二六《山水门八》又记郡属五县境内之堰、埭、泾、碶等农田
水利设施,共有 219 处。[②] 温、处二州大抵以括苍山为界,山中的冯公岭,至
迟到南宋中期,已垦辟出梯田。楼钥《攻媿集》卷七《冯公岭》诗云:"百级山
田带雨耕,驱牛扶耒半空行",[③]所描述的正是典型的梯田景象。叶适《冯
公岭》句则云:"冯公此山民,昔开此山居。屈盘五十里,陟降皆林庐。公今
去不存,耕凿自有余。……瓯闽两邦士,汹汹日夜趋;辛勤起芒履,邂逅乘
轮车。"[④]瓯、闽之人日夜争趋而来,说明冯公岭有大量外地移民进入。处
于括苍山中的冯公岭尚且已垦辟出大量梯田,温、台、处三州山地的开发固
可推知。[⑤] 福建山区的梯田更有全面发展。《宋会要辑稿》瑞异二之二九
载嘉定八年(1215 年)七月二日臣僚奏称:"闽地瘠狭,层山之巅,苟可置人
力,未有寻丈之地不垦而为田,泉溜接续,自上而下,耕垦灌溉,虽不得雨,
岁亦倍收。"[⑥]则知福建山地梯田已有引水灌溉设施。淳熙《三山志》卷一
五《版籍类》"水利"云:闽地"山多于田,人率危耕侧重,塍级满山,宛若缪

---

① 嘉定《赤城志》卷一三《版籍门一》,"田",《宋元方志丛刊》影印本,北京:中华书局,
1990 年,第 7389 页。

② 嘉定《赤城志》卷二六《山水门八》,第 7483～7477 页。

③ 楼钥:《攻媿集》卷七,《冯公岭》,《丛书集成初编》本,北京:中华书局,1985 年,第
2004 册,第 109 页。

④ 叶适:《冯公岭》,见《叶适集》《水心文集》卷六,北京:中华书局,1961 年,第35 页。

⑤ 关于浙南山区的开发,请参阅陈桥驿:《历史上浙江省的山地垦殖与山林破坏》,
《中国社会科学》1983 年第 4 期。

⑥ 《宋会要辑稿》瑞异二之二九,嘉定八年七月二日臣僚奏,第 2096 页。

篆。而水泉自来迁绝,崖谷轮吸,□□忽至"。① 福州所属古田、闽清、永福三县辖境均属于内地山区。据淳熙《三山志》载,古田县各里共有陂、洋等水利设施 27 处,永福县有塘、陂 8 处,闽清县"村落各堰成陂,溉田种五万余石"。② 建宁府(建州)崇安、松溪、政和三县并处大山之中。《永乐大典》卷二七五五引淳祐《建安志》记三县陂塘,崇安县有 13 处,松溪县 3 处,政和县 10 处。③ 汀州各县亦皆在重山之中,"山多田少,土瘠民贫"。④ 汀州著籍户口,北宋末(崇宁户)为 81454 户,庆元间(1195—1200 年)增至218570 户,开庆间(1259 年)见管 222433 户,⑤已是北宋末的近三倍。开庆《临汀志》于"山川"下记有各县陂塘,其中长汀县有郑家陂、西田陂、南拔桥陂、官陂、中陂、何田大陂等 7 处,宁化县有大陂、吴陂等 2 处,上杭县有梁陂、高陂等 2 处,武平县有黄田陂 1 处,莲城县有 24 处。⑥ 南岭山地的开发,则以虔(赣)州最为突出。《永乐大典》卷二七五四引南宋末成书的《章贡志》记虔(赣)州各县陂塘,其中赣县有 279 处,宁都县有 366 处,雩都县有 362 处,兴国县有 3 处,龙南县有 69 处,信丰县有 18 处,⑦则知南宋时赣州境内山地已普遍兴修陂塘等农田水利,基本脱离了刀耕火种的旱作形态。大庾岭南麓的南雄州,"近岭下","地据上流,田有肥瘠",在南宋之前,既已修有凌、连二陂,"千百顷亩皆藉以灌溉之利",惜"岁月浸久,荒湮不

---

① 淳熙《三山志》卷一五《版籍类》,"水利",《宋元方志丛刊》本,北京:中华书局,1990年,第 7905 页。

② 淳熙《三山志》卷一五《版籍类》,"水利",第 7922～7923 页。

③ 《永乐大典》卷二七五五,"陂"字韵下引《建安志》,北京:中华书局,1986 年,影印本,第 1407 页。又见马蓉等点校:《永乐大典方志辑佚》,北京:中华书局,2004 年,第1171～1172 页。

④ 《永乐大典》卷七八九〇,"汀"字韵引开庆《临汀志》,第 3622 页。又见马蓉等点校:《永乐大典方志辑佚》,第 1227 页。

⑤ 《永乐大典》卷七八九〇,"汀"字韵引开庆《临汀志》,第 3621～3622 页。又见马蓉等点校:《永乐大典方志辑佚》,第 1225～1227 页。

⑥ 《永乐大典》卷七八九一,"汀"字韵引开庆《临汀志》,第 3628～3632 页。又见马蓉等点校:《永乐大典方志辑佚》,第 1250～1270 页。关于宋代福建山区的开发,请参阅郑学檬:《论宋代福建山区经济的发展》,《农业考古》1986 年第 1 期。

⑦ 《永乐大典》卷二七五四,"陂"字韵下引《章贡志》,第 1403～1405 页。又见马蓉等点校:《永乐大典方志辑佚》,第 2037～2051 页。

治"。嘉定九年（1216年），郡守黄㠓主持重修。[①] 南岭山地西端的衡、郴、道、永诸州及桂阳军，南宋时期也已垦辟出梯田，并兴修了部分水利设施。乾道九年（1173年）春，范成大行经衡、永二州间的黄㽵岭（在今湖南祁阳、祁东二县间），作《过黄㽵岭》诗云："谓非人所寰，居然见锄犁。山农如木客，上下□以飞。"[②]则在"极高峻"的黄㽵岭上已有山农垦殖。在范成大南行之前，乾道元年（1165年），张孝祥出知静江府（治在今桂林），亦经过衡、永一带。其《湖湘以竹车激水，粳稻如云，书此能仁院壁》诗描述了筒车车水的情形：

> 象龙唤不应，竹龙起行雨。联绵十车辐，伊轧百舟橹。转此大法轮，救汝旱岁苦。横江锁巨石，溅瀑叠城鼓。神机日夜运，甘泽高下普。老农用不知，瞬息了千亩。[③]

按：此诗所书之能仁院在衡州。经过兴安县，张孝祥另作诗吟颂筒车车水灌溉之利云："筒车无停轮，木枧着高格。粳稌接新润，草木丐余泽。"[④]则知南宋时衡、永、桂诸州山区已普遍使用筒车灌溉。四川盆地东部与南部山地也有较大发展。泸州位于四川盆地南部边缘，境内大部分为低山丘陵。《永乐大典》卷二二一七"泸"字韵下录南宋末成书的《江阳谱》，记泸州及所属江安、合江二县乡都保甲聚落户口甚悉，颇可见出南宋川南山地之发展状况。如泸州"衣锦乡白芳里"下原注称："有溪通大江，地产荔枝，最富。"全里有著籍户4599家，集聚村落26个，其中至少有6个称为"市"的聚落可基本确定为集市。又如清流乡沿江里，原注称："在县西九十里，有溪连大江，地产牛乳、蔗、柑桔、盐。"其所属"怀德镇"原注称："旧名落来镇。宣和三年安抚司状奏：据落来市乡老称：落来镇初因夷人落来归明于本镇住，遂呼镇市为落来，乞改撰。得旨，落来镇改为怀德镇。"则其地归化未

---

① 《永乐大典》卷六六六（中华书局影印本《永乐大典》无此卷）引《南雄府图经志》所录寅亮撰《重修凌连二陂记》，见马蓉等点校：《永乐大典方志辑佚》，第2550～2552页。

② 范成大：《范石湖集》卷一三，上海：上海古籍出版社，1981年，第170页。

③ 张孝祥著、彭国忠校点：《张孝祥诗文集》卷四《湖湘以竹车激水，粳稻如云，书此能仁院壁》，合肥：黄山书社，2001年，第40页。

④ 张孝祥著、彭国忠校点：《张孝祥诗文集》卷五《前日出城苗犹立槁，今日过兴安境上，田水灌输，郁然弥望，有秋必成。乃知贤者之政，神速如此。辄寄呈交代仲钦秘阁》，第60页。

久。而全里共有著籍户 2196 家,集聚村落 15 个,其中至少有 5 个可以确定为市镇。①

经过南宋至元代的长期开发,到明清时期,南方大部分低山丘陵地区已开发殆尽,进一步开发的重点乃集中在各省边缘的中高山区以及云贵高原及其周边的中高山地,特别是川鄂陕豫交边的秦岭—大巴山地、闽赣湘粤交边的武夷—南岭山地、湘鄂川黔交边的武陵—雪峰山地等。兹以秦巴山区为例。明清时期秦巴山区的开发大致有两个高潮:一是在明中后期,主要集中在秦巴山区东部的襄阳、郧阳、南阳地区及荆州西部山区。② 二是在清中期,特别是乾隆至道光间,鄂西北、豫西南、陕南、川北山区均得到全面深入的开发。③ 到嘉庆、道光年间,秦巴山地的丛山密林中,到处都有客民的足迹,崇山峻岭,无不开辟垦殖。同治《房县志》卷四《赋役志》云:"房居万山中,林木阴森,刚卤交错。自国初以来,日渐开垦,小民择高陵大阜,凡可树艺处,几至无地不毛。"④土地资源条件较差的竹山县,"幅员宽广,昔时土浮于人,又山多田少,水田十之一,旱地十之九。近则五方聚处,渐至人浮于土,木拔道通,虽高岩峻岭,皆成禾稼"。⑤ 大巴山深处的砖坪

①《永乐大典》卷二二一七,"泸"字韵下录《江阳谱》,第 632~633 页。又见马蓉等点校:《永乐大典方志辑佚》,第 3150~3153 页。

② 参阅樊树志:《明代荆襄流民与棚民》,《中国史研究》1980 年第 3 期;钮仲勋:《明清时期郧阳山区的农业开发》,《武汉师范学院学报》1981 年第 4 期;马雪芹:《明中期流民问题与南阳盆地周边山地开发》,《陕西师范大学学报》1995 年第 1 期;吕卓民:《明代陕南地区农业经济开发》,《西北大学学报》1996 年第 3 期;张建民:《明清长江流域山区资源开发与环境演变——以秦岭—大巴山区为中心》,第 85~201 页。

③ 参阅李蔚:《乾嘉年间南巴老林地区的经济研究》,《兰州大学学报》1957 年第 1 期;萧正洪:《清代陕南地区的移民、农业垦殖与自然环境的恶化》,《中国农史》1986 年第 6 期;前揭萧正洪:《清代陕南种植业的盛衰及其原因》;前揭萧正洪:《清代陕南的流民与人口地理分布的变迁》;B. 费梅尔:《清代大巴山区山地开发研究》,《中国历史地理论丛》1991 年第 2 期;陈良学:《清代前期客民移垦与陕南的开发》,《陕西师范大学学报》1988 年第 1 期;前揭张建民:《明清长江流域山区资源开发与环境演变——以秦岭—大巴山区为中心》,第 242~466 页。

④ 同治《房县志》卷四《赋役志》,《中国方志丛书》本,华中地方第 329 号,第 248~249 页。

⑤ 同治《竹山县志》卷七《风俗》,《中国方志丛书》本,华中地方第 323 号,据同治四年刊本影印,台北:成文出版社,1975 年,第 164 页。

厅地处川陕交界地带,海拔大都在 1500 米左右。到道光初年,砖坪厅"境内皆山,开垦无遗,即山坳石隙,无不遍及"。[①] 秦岭南坡西安府、汉中府、兴安府与商州四府州交界的地区,在清初还是人迹罕至的深山老林,约自乾隆四十年(1775 年)前后,"四川湖广等省之人陆续前来开垦荒田,久而益众,处处俱成村落"。所以于乾隆四十八年(1783 年)增设五郎厅(后改为宁陕厅)。到嘉庆二十年(1815 年),"屈指建治方三十二年,昔之鹿豕与游、上巢下窟者,今则市廛鳞接、百堵皆兴矣;昔之林木阴翳、荆榛塞路者,今则木拔道通、阡陌纵横矣"。[②] 至迟到道光中期,秦巴山区已经得到普遍的开发。武夷—南岭山地、武陵—雪峰山地以及云贵高原山地的开发进程与秦巴山地大致相似,只是在时间上略有早晚,开发深度与广度略有差别。[③] 从总体上看,主要位于诸省交边地区的中高山地,到清中期嘉庆、道光年间,均已得到程度不同的全面开发。

在汉魏六朝以迄于唐北宋时期的文献中,虽也有不少关于"逃户"、"逃人"、"流移"、"亡命"进入山区,从事垦辟、山伐、矿冶的记载,但总的说来,南方山区开发的主力应当是包括诸种被称作蛮、山越、僚的南方古代族群在内的山区土著居民。而南宋以后特别是明清时期,南方山区开发的主力

① 卢坤:《秦疆治略》,"砖坪厅"条,《中国方志丛书》本,华北地方第 288 号,据道光间刊本影印,台北:成文出版社,1970 年,第 127 页。

② 道光《宁陕厅志》卷四《艺文》,《中国地方志集成·陕西府县志辑》本,据道光九年刻本影印,南京:江苏古籍出版社等,2007 年,第 56 册,第 93 页。

③ 关于明清时期闽赣粤边武夷—南岭山地的经济开发,请参阅徐晓望:《明清闽浙赣边区山区经济发展的新趋势》,见傅衣凌、杨国桢主编:《明清福建社会与乡村经济》,厦门:厦门大学出版社,1987 年,第 193~226 页;刘秀生:《清代闽浙赣的棚民经济》,《中国社会经济史研究》1988 年第 1 期;陈支平:《闽江上下游经济的倾斜性联系》,《中国社会经济史研究》1995 年第 2 期;刘永华:《九龙江流域的山区经济与沿海经济》,《中国社会经济史研究》1995 年第 2 期;张芳:《明代南方山区的水利发展与农业生产》,《农业考古》1997 年第 1 期;曹树基:《明清时期的流民和赣南山区的开发》,《中国农史》1985 年第 4 期。关于湘鄂西武陵—雪峰山地的开发,请参阅杨国安:《明清鄂西山区的移民与土地垦殖》,《中国农史》1999 年第 1 期;朱圣钟:《鄂西南民族地区农业结构的演变》,《中国农史》2000 年第 4 期。关于云贵高原山区的开发,请参阅方国瑜:《清代云南各族劳动人民对山区的开发》,《思想战线》1976 年第 1 期;施宇华:《明代云南的山区开发》,《云南民族大学学报》1992 年第 2 期;陈国生等:《清代贵州的流民与山区开发》,《贵州师范大学学报》1994 年第 3 期;何萍:《玉米的引种与贵州山区开发》,《贵州文史丛刊》1998 年第 5 期。

则主要是被称为"棚民"、"流民"的山外移民。乾隆四十六年(1781年),陕西巡抚毕沅称:兴安州及所属六县,"从前俱系荒山僻壤,土著无多。自乾隆三十七八年以后,因川楚间有歉收处所,穷民就食前来,旋即栖谷依岩,开垦度日。而河南、江西、安徽等处贫民,亦多携带家室,来此认地开荒,络绎不绝,是以近年户口骤增至数十余万,五方杂处,良莠错居。……兼有外来无业匪徒,因地方僻远,易于匿迹潜踪,出没无定"。[①] 严如熤则描述说:

> 流民之入山者,北则取道西安、凤翔,东则取道商州、郧阳,西南则取道重庆、夔府、宜昌,扶老携幼,千百为群,到处络绎不绝。不由大路,不下客寓,夜在沿途之祠庙、岩屋或密林之中住宿,取石支锅,拾柴作饭。遇有乡贯便寄住,写地开垦,伐木支椽,上覆茅草,仅蔽风雨。借杂粮数石作种,数年有收,典当山地,方渐次筑土屋数板,否则仍徒他处,故统谓之"棚民"。[②]

显然,这些携带家室、络绎不绝进入山区的"穷民"构成了山区开发的主力军。正因为如此,明清时期南方山区开发、经济增长的进程遂与山外流移人口大量进入山区的过程相对应,而流移人口进入较多、集中落居的地区,也就是山区资源开发利用程度相对较高的地区,并进而成为生态环境受到破坏较为严重的地区。在流移人口与山区开发的动态过程中,流移人口占据着主导性的能动作用:流移人口是因,资源开发是果,资源开发的进程与特征主要受到流移人口之进入及其特性的影响与制约。

流移人口进入山区之初,也往往会采用刀耕火种的方式垦辟土地。严如熤尝描述秦巴山区的开荒之法云:"大树巅缚长绹,下缒巨石,就根斧锯并施。树既放倒,本干听其霉坏,砍旁干作薪,叶枝晒干,纵火焚之成灰,故其地肥美,不须加粪,往往种一收百。间有就树干中挖一大孔,置火其中,树油内注,火燃不息。久之,烟出树顶,而大树成灰矣。"[③]但山区山林所有权既渐次明晰,流移人口实际上已不能随意烧荒垦山,亦不能随意撂荒,所以这种方式主要适用于垦辟土地之初,流移人户留居下来之后,便尽可能

---

① 毕沅:《兴安升府奏疏》,见严如熤:《三省边防备览》卷一七《艺文下》,第3页上、下。

② 严如熤:《三省边防备览》卷一二《策略》,第19页上、下。

③ 严如熤:《三省边防备览》卷一二《策略》,第19页下。

经营灌溉设施与梯田,实行连作制。严如熤说:"山内垦荒之户,写地耕种,所种之地,三两年后,垦荒成熟,即可易流寓成土著。偶被雨水冲刷,不能再耕,辄搬去,另寻山地。"[①]"棚民既有水田,便成土著。"[②]然则,棚民起初常常是"迁徙无定",没有固定的产业与住居;时间既久,则或"渐治田庐",遂营治水田与梯田,连续耕种;除非迫不得已,一般不会轻易舍弃已开垦的田地。明清时期,山区灌溉水利得到全面发展。汉中府留坝厅,"本无水利,近年以来,川楚徙居之民,就溪河两岸地稍平衍者筑堤障水,开作水田。又垒石溪河中,导小渠以资灌溉"。"各渠大者灌百余亩,小者灌数十亩、十数亩不等。"[③]定远厅(今镇巴县)处大巴山中,"山大林深,然过一高山,即有一田坪。星子山之东为楮河,厅西为九军三坝,南为渔肚坝、平落、盐场,西南为仁村、黎坝,均为水田,宜稻。九军坝产稻最美,其粒重于他处"。[④]说明即便是在中高山区的河谷平坝,灌溉水利亦已有相当程度的发展。在这些条件较好的河谷平坝中,至迟到清中后期,无论是水田还是旱地,均已较广泛地推行了稻麦复种制。《三省边防备览》卷九《民食》云:"(汉中)水田夏秋两收,秋收稻谷,中岁乡斗常三石(京斗六石);夏收城(固)、洋(县)浇冬水之麦亩一石二三斗,他无冬水者,乡斗亩六七斗为常。稻收后即犁而点麦,麦收后又犁而栽秧,从不见其加粪,恃土力之厚耳。旱地以麦为正庄稼,麦收后种豆、种粟、种高粱、糁子。上地曰金地、银地,岁收麦亩一石二三斗,秋收杂粮七八斗。兴安、汉阴亦然。"至于中高山区,"溪沟两岸及浅山低坡尽种包谷、麻、豆,间亦种大小二麦。山顶老林之旁,包谷、麻、豆清风不能成,则种苦荞、燕麦、洋芋"。[⑤]虽主要采用一年一熟或两年三熟制,然较之刀耕火种式的摆荒游耕或休耕制,实已为极大进步。因此,虽然与平原地区精耕细作的农耕方式相比还有很大差距,但总的说来,自南宋以迄于明清,南方山区的土地利用方式已逐步脱离刀耕火种式的摆荒游耕

---

① 严如熤:《三省边防备览》卷一七《艺文下》,"会勘三省边境拟添文武官员事宜禀",第 54 页下。

② 严如熤:《三省边防备览》卷一二《策略》,第 41 页上。

③ 嘉庆《汉南续修郡志》卷二〇《水利》,《中国地方志集成·陕西府县志辑》本,第 50 册,第 293 页。

④ 严如熤:《三省山内风土杂识》,《丛书集成初编》本,第 3114 种,第 4 页。

⑤ 严如熤:《三省边防备览》卷九《民食》,第 12 页下～13 页上。

或休耕制,而普遍推行连作制,在水热条件较好的河谷平坝及部分低山丘陵地区,已普遍实行一年两熟或两年三熟的轮作复种制,即便在中高山区,一年一熟的连种制也是基本得到保障的。

明清时期南方山区经济开发的另一个重要特点,乃是玉米、番薯、洋芋等高产旱作物的普遍引种、推广。在明中期之前,南方山区种植的旱地作物主要是黍、粟、豆、麻、荞等。玉米等作物在山区引种后,迅速推广开来,到清中期,已成为山区的主要种植作物。在秦巴山地,严如熤《三省山内风土杂识》云:"数十年前,山内秋收以粟谷为大庄。粟利不及包谷,近日遍山漫谷,皆包谷矣。包谷高至丈许,一株常二三包。山民言大米不耐饥,而包谷能果腹,蒸饭作馍,酿酒饲猪,均取于此,与大麦相当。故夏收视麦,秋成视包谷,以其厚薄,定岁丰歉。"①郧阳府各属"崇山峻岭,平畴水田十居一二,山农所恃以为饔餐者,麦也,荞也,粟也,总以玉黍为主。至稻、麦,惟土官与市廛之民得以食之"。在商州各属,"镇安、山阳寸趾皆山,绝少水利;商南商雒间有水田,然亦不多。故商自本州而外,属城四邑,民食皆以包谷杂粮为正庄稼"。兴安府七邑水田总计"不逮南(郑)、城(固)一邑之多,山民全资包谷杂粮"。汉中府属留坝、定远、凤县、略阳、洋县等,也"均以包谷杂粮为正庄稼"。②洋芋在秦巴山地的推广,比玉米要迟一些,大约是在嘉庆年间。光绪间,兴安知府童兆蓉称:"查洋芋一种,不知始自何时,询之土人,佥称嘉庆教匪乱后,各省客民来山开垦,其种渐繁。高山地气阴寒,麦豆包谷不甚相宜,惟洋芋种少获多,不费耘锄,不烦粪壅,山民赖此以供朝夕。其他燕麦、苦荞,偶一带种,以其收成不大,皆恃以洋芋为主。"③光绪《续修平利县志》卷九《土产志》"洋芋"条云:"旧《志》未载。相传杨侯遇春剿贼于此,军中采以供食,山中居民始知兴种,故俗又称为杨芋。或云,乾隆间杨□仕广东,自外洋购归。"④则乾隆间秦巴山地已种植洋芋,嘉庆以

---

① 严如熤:《三省山内风土杂识》,《丛书集成初编》本,第3114种,第22页。

② 严如熤:《三省边防备览》卷九《民食》,第5页下～6页上。

③ 童兆蓉:《童温处公遗书》卷三《陈报各属山民灾歉请筹拨籽种口食银两禀》,宁乡童氏桂阴书屋藏版,光绪末刊本,第6页。

④ 光绪《续修平利县志》卷九《土产志》,"洋芋"条,《中国方志丛书》本,华北地方第275号,据光绪二十二年刊本影印,台北:成文出版社,1970年,第255页。

后才全面推广。①

　　山区的作物种植呈现出典型的垂直分布的特征。在河谷和山间平坝，尽可能地利用一切条件，兴修渠堰，开发水田，种植水稻；在低山丘陵地带，以种植玉米、小麦为主；在中高山地带，则只能种植洋芋、番薯和部分杂粮。道光《石泉县志》卷二《田赋志》"物产"栏称："五谷不尽种。水田种稻，坡地种包谷，麦豆则间种焉。"又说："石邑水田十仅有二，稻谷无多，高山随便播种，更难概论，惟坡地须酌种麦。"②道光《紫阳县志》卷三《食货志》"树艺"栏也说：浅山低坡，尽种包谷、麻、豆；山顶老林之旁，包谷麻豆清风不能成，则种荞麦、燕麦、洋芋、红苕。③ 道光《宁陕厅志》卷一《风俗》谓："其日用常食以包谷为主，老林中杂以洋芋、苦荞，低山亦种豆、麦、高粱，至稻田惟近溪靠水，筑成阡陌，不过山地中十分之一。"④但在道光以后，由于山区人口压力越来越大，而地力下降，产出减少，高产的洋芋的种植面积逐渐扩大。光绪《定远厅志》卷五《地理志》"风俗"云："高山之民，尤赖洋芋为生活。道光前惟种高山，近则高下俱种。"⑤

　　除垦辟田地、种植粮食作物之外，南方山区木材采伐、经济林特产品的采集与加工、矿产资源的开采与冶炼也得到长足发展。福建西部的延平、建宁、邵武三府处丛山之中，林木资源丰富，南宋以来，即有大量林木及漆、茶、蔗糖、纸等林特产品沿闽江下运，如建瓯县，"杉木遍地可以种植。……

　　① 　关于玉米、红薯、洋芋在秦巴山地的引种与推广，请参阅前揭萧正洪：《清代陕南种植业的盛衰及其原因》；张建民：《明清长江流域山区资源开发与环境演变——以秦岭—大巴山区为中心》，第293～322页。

　　② 　道光《石泉县志》卷二《田赋志》，"物产"栏，《中国方志丛书》本，华北地方第278号，据道光二十九年刊本影印，台北：成文出版社，1969年，第52、54页。

　　③ 　道光《紫阳县志》卷三《食货志》，"树艺"栏，《中国地方志集成·陕西府县志辑》本，据光绪八年补刻本影印，南京：江苏古籍出版社等，2007年，第56册，第166页。

　　④ 　道光《宁陕厅志》卷一《风俗》，《中国地方志集成·陕西府县志辑》本，据道光九年刊本影印，南京：江苏古籍出版社等，2007年，第56册，第63页。

　　⑤ 　光绪《定远厅志》卷五《地理志》，"风俗"，《中国方志丛书》本，华北地方第270号，据光绪五年刊本影印，台北：成文出版社，1969年，第257页。

除本地供用外,岁出京筒二百余厂……均输出省会,运售上海、宁波、天津等处"。[①] 在秦巴山地,严如熤描述说:"山内营生之计,开荒之外,有铁厂、木厂、纸厂、耳厂各项,一厂多者恒数百人,少者亦数十人。""丛竹生山中,遍岭漫谷,最为茂密。取以作纸,工本无多,获利颇易,故处处皆有纸厂。"[②]

总之,自南宋以迄于清中后期,南方山区的开发在广度与深度上不断拓展、深化,大部分中高山区均得到程度不同的开发。与六朝至北宋时期南方山区相比较,这一时期南方山区的开发主要有五个特点:(1)山区开发在空间上不断向中高山区拓展,到清中后期,各省交边的中高山区均已得到程度不同的全面开发。(2)山区开发的主力以自山外移入的诸种流移、移民为主力。(3)山区的土地利用方式已逐步脱离刀耕火种式的撂荒游耕或休耕制,而普遍推行连作制,河谷平坝及部分低山丘陵地区已逐步实行一年两熟或两年三熟的轮作复种制,中高山地则普遍实行一年一熟制。(4)南方山区均普遍引种、推广玉米、番薯、洋芋等高产旱作物。(5)山林资源开发利用的广度不断扩展,利用方式越来越多样化,特别是林副产品的加工与再生产所占的比重越来越高。

四、结语与讨论

综上所论,结合我们近年来的田野考察与思考,可以对南方山区经济开发的历史进程,形成几点初步认识:

首先,南方山区经济开发虽然以农田垦辟、粮食作物种植为主线索,但山林、矿产资源的开发利用也一直是南方山区开发的重要方面,在很多山

---

① 民国《建瓯县志》卷二五《实业志》,《中国方志丛书》本,华南地方第 95 号,据民国十八年铅印本影印,台北:成文出版社,1967 年,第 282 页。关于闽江上游林木资源的开发及其外销,请参阅前揭陈支平:《闽江上下游经济的倾斜性联系》。

② 严如熤:《三省山内风土杂识》,《丛书集成初编》本,第 3114 种,第 22～23 页。关于秦巴山区经济林特产与经济作物的种植、经营以及竹木铁盐资源的开发,请参阅张建民:《明清长江流域山区资源开发与环境演变——以秦岭—大巴山区为中心》,第 376～465 页。

区,采集渔猎、山林矿产资源的综合利用与多种经营一直是较长时期内山区民众最重要的生计依靠。实际上,充分利用山区林木与矿产资源,很可能是一种"原始的倾向",并不一定是进入山区的人口大幅度增加、形成人口压力之后才出现的现象。上引《宋书·刘敬宣传》记东晋末宣城郡民众生计多靠经营山货,砍伐竹木,并"造作器物"。刘宋中期,宣城郡著籍户口为 10120 户、47992 口,[①]其晋末实际户口即使倍于此数,也无以形成人口压力。又如:唐代饶州乐平县东北境有银山,出产银、铜。高宗总章二年(669 年),"邑人邓远上列取银之利。上元二年,因置场监,令百姓任便采取,官司什二税之,其场即以邓公为名,隶江西盐铁都院"。[②] 显然,邓远与百姓,都不是因为受到人口压力而入山采矿的。《太平寰宇记》卷一〇二江南东道十四"汀州"条下引牛肃《纪闻》称:"江东采访使奏于虔州南山洞中置汀州,州境五百里,山深,林木秀茂,以领长汀、黄连、杂罗三县。地多瘴疠,山都、木客丛萃其中。"[③]其时今闽赣粤边界地带人烟稀少,木客入山伐木,亦非受人口压力所驱使。因此,考察南方山区的开发进程,需将山林、矿产资源的开发利用与土地垦殖、种植农业的发展置于同等重要的地位。

其次,有关山区开发及其经济、环境影响的研究,目前学术界已形成相对一致的认识模式,即:山外流移人口进入山区,山区人口增长→采取原始粗放的垦殖方式,从事农业生产→水土流失逐步加重,山区环境恶化→土地生产能力下降,农业经济衰退。这一认识模式固然揭示了山区经济开发及其经济、环境影响的重要方面,但实际上却缺乏充分的实证研究基础,更未能站在山区民众立场上看待山区的开发。问题的关键有二:第一,如上文所及,在南宋以前,南方大部分山区开发的主力应当是山区土著居民,山区人口的增长也主要是这些土著居民的增加;只是到南宋以后,特别是明清时期,山外流移人口才成为山区开发的主力军。第二,以刀耕火种为主要特征的所谓"原始粗放的垦殖方式",即撂荒游耕或休耕制,在相当长的历史时期内,一直是山区旱地垦殖的主导性方式,即使是在平原河谷地带已普遍使用犁耕、广泛采用连种制乃至轮作复种制之后,山区民众仍然顽

---

① 据《宋书》卷三五《州郡志一》,扬州"宣城太守"条,第 1034 页。

② 乐史:《太平寰宇记》卷一〇七,江南西道五,饶州"德兴县"条,第 2146 页。

③ 乐史:《太平寰宇记》卷一〇二,江南东道十四,"汀州"条,第 2034 页。

强地保留其"原始粗放的"垦殖方式。这一事实本身即说明,摞荒游耕或休耕制很可能是与山区资源与环境条件较为适宜的农作方式! 实际上,山区环境的总体恶化,正是在连种制与轮作复种制在山区逐步推行之后。换言之,很可能正是连种制与轮作复种制的推行,打破了数千年来摞荒游耕或休耕制下山区人地关系的相对平衡与稳定,从而成为山区环境恶化的动因之一。

最后,有关山区开发的研究,一般将山区视为整体加以考察,很少讨论山区内部农田垦辟与耕作方式的差异。我们知道,山区自然与人文现象的垂直分布是山区生态系统最重要的特征,对山区资源的开发利用、环境演变都有十分深刻的影响。受到历史文献记载的局限,我们很难具体分析山区开发在垂直方向上的差异,但至少可以区分出河谷、山间小盆地(平坝)与山坡、山体两种类型。从空间角度看,山区的开发,一般表现为两个方向上的拓展:(1)由河口溯河谷(或山谷)而上,以纵向的拓展为主,地势缓慢地抬升,河谷越来越窄;经济开发在这一方向上拓展主要是垦辟河谷平地、种植水稻等作物。(2)由河谷底部沿两边的山坡而上,以横向的拓展为主,地势抬升比较明显。这一方向上的拓展主要表现为山林砍伐、林特产品的采集与培育以及梯田的开发、种植旱地作物等。显然,河谷地带的开发与山体、山坡的开发是山区开发中同样重要的两个方面,也很难确定其孰先孰后,二者很可能是同步展开、互为补充的。选择历史文献记载较为丰富、较适宜开展田野考察的山区小流域,展开全面深入的综合研究,探究经济开发在上述两个空间方向上的拓展过程,分析其在山区民众生计与生活中的意义,以及这一进程中山区社会的建构,将是我们未来若干年的努力方向之一。

内地的边缘

——明清时期湖北省郧西县地域社会史的初步考察

一、引言：在湖北省的西北角

从湖北省省会武汉市，乘特快列车西北行，经汉丹、襄渝铁路，12个小时到达著名的"二汽"基地十堰市；再由十堰转乘汽车西北行，经郧县，约4小时，即可到达湖北省西北边陲县——郧西县。

时至今日，通讯与交通工具的高度发展，天堑变通途、天涯成咫尺，早已不再是幻想；可是，在湖北这样一个内地省份，仍需要花费十几个小时，才能从省会到达其所属的一个县，这对于身居都市、习惯于快节奏现代生活的人们来说，还是有点吃惊的。遥想古人由汉口登舟，逆汉水而上，经汉川、仙桃、钟祥、襄阳、老河口、均州至郧阳府，复上溯至天河口，转入天河，挽舟至于郧西县城，全部水程 2200 余里。即使不遇险阻，亦需月余方能到达。如果是走陆路，经行于江汉平原、随枣走廊与襄郧汉水谷间，过郧阳后更是崇山峻岭,山路崎岖,虽然总共只有 1480 里,然日行百里,也需要半个月。①

正因为此,在明清时期的地方志与文人文集中,郧西县(包括上津县②,乃至郧阳府)是一个非常遥远偏僻的地方。嘉靖《湖广图经志书》卷九郧阳府《形势》"上津"下称:"溪流湍激,崖路陡险,西北之遐壤,襄郧之极边。""郧西"条云:"东连郧淅,西接金洵,南阻汉流,北控商洛,山明水秀,土沃田饶。"③"山明水秀,土沃田饶"虽然未必,但其地处在湖北省的西北角,为"西北之遐壤,襄郧之极边";且其境内多高山大岭,山路崎岖难行,却是毫无疑问的。乾隆《郧西县志》卷二《形势》亦称:"郧西东连均阳,西枕金洵,南阻楚水,北抵商洛。千峰百涧,嵚崎蜿蜒。计邑中之地,其占于山水者,奚啻什九。"④明宪宗成化间,杨琚经略郧襄,曾经过上津县(其时尚未置郧西县),写下了一首《上津即事》诗,云:

　　一城斗大在穷陬,鸡犬寥寥树木稠。江路南来通汉水,天桥西去逼商州。民生野朴多秦语,俗务农耕好楚讴。喜见冈峦今尽辟,流遹

①　同治《郧西县志》卷一《疆域》谓郧西县陆路距省城一千四百八十里,水路二千二百里(《中国地方志集成·湖北府县志辑》本,南京:江苏古籍出版社等,2001 年,第 62 册,第 33 页)。据明末黄汴《天下水陆路程》(杨正泰校注,太原:山西人民出版社,1992 年,第 67～68 页)卷三记载,由湖广省城武昌至郧阳府,水陆兼程,经蒲潭驿(60 里)、三汊驿(60 里)、沙湖驿(180 里)、侯埠驿(120 里)、沔阳州汉津驿(120 里)、剅河驿(120 里)、深江驿(120 里)、白洑驿(120 里)、旧口驿(120 里)、石城驿(120 里)、鱼料驿(120 里)、苏湖驿(水,120 里)、潼口驿(水,120 里)、襄阳府汉江驿(120 里)、砖桥驿(60 里)、蔡店(60 里)、谷城县(30 里)、石花街(40 里)、界山(70 里)、草店(50 里)、均州(40 里)、郧阳府(120 里)。此为经商所行之路,也是当时最为通行的道路,其全程为 2090 里。郧阳府至郧西县路程,据同治《郧阳志》卷二《铺递》及同治《郧西县志》卷九《邮传》所记,中经马昌铺、红门铺、青铜铺、箭流铺、火车铺,共 170 里。同治《郧西县志》所说陆路一千四百八十里,是指经由随枣走廊的道路里程,其途虽然较近,但因为不能利用水路,所以并非通行之途。
②　上津县于清顺治十六年(1659 年)并入郧西县,详下文。
③　嘉靖《湖广图经志书》卷九,郧阳府《形势》,"上津"、"郧西",《日本藏中国罕见地方志丛刊》本,据嘉靖元年刻本影印,北京:书目文献出版社,1991 年,第 888 页。
④　乾隆《郧西县志》卷二《形势》,《故宫珍本丛刊》本,据乾隆四十二年刻本影印,海口:海南出版社,2001 年,第 144 册,第 255 页。

乐业永无忧。①

康熙初年任郧西知县的蒋载德,在一首题为《入郧西境》的诗中写道:

> 小邑当秦蜀,黎民饱剑铓。山深长见树,人断只闻乌。虎豹从来
> 有,鸡豚近日无。孑遗如得集,谁忍便追呼。②

在诸多诗文中,都提到郧西、上津地处秦、楚之交,兼具秦、楚二俗。的确,郧西县北依秦岭,南临汉江,东南与本省的郧县毗邻,西北与西南则分别与陕西省的白河、旬阳、镇安、山阴、商南五县接界,可谓三面环秦,一面接楚,确称得上是"秦头楚尾"。2003 年 10 月 31 日下午,我们租车自郧西县西北境的店子镇赶赴汉水北岸的羊尾镇,由于直通羊尾的翻山公路不通,只得绕道陕西,即由店子过景阳至汉江边,坐汽渡至对面的陕西省旬阳县兰滩镇,经 316 国道,通过白河县,进入郧县境,复在郧县胡家营镇境内跨越汉江索道桥折返郧西县羊尾镇。在一下午的行程中,我们居然跨越了两省(湖北、陕西)四县(郧西、旬阳、白河、郧县)。这使我们真切地感受到郧西县地处湖北省西北边缘的区位特点。

这种地处边缘的区位特点与高山大谷的地理面貌,显然在很大程度上影响乃至决定了郧西县社会经济文化发展以及政治控制体系的结构与特点。前引诸方志与诗文多将郧西、上津的社会、民俗与其地理区位、山川形势相联系,是很有识见的。而最为精到的议论,也许可以算得上是万历《湖广总志》卷三五《风俗》下所论。它杂引诸书,总论郧阳府风俗云:

> 《楚纪》:东通襄邓,西逼秦蜀,南接荆澧,北控商洛,溪流湍激,崖径险崎。故民好战,尚鬼,犹有麇之风焉。《古志》:民多秦音,俗尚楚歌,信鬼尚巫,务农少学,流寓杂处,民风未淳。《皇舆考》:昔多劲悍决烈之习,近知礼仪廉耻之风。按:郧阳,荆楚之上游,犬牙雍蜀,直通宛洛。旧因菁林啸聚乌合,致烦大兵抚宁,肇建府治。七邑之民,什九江南流寓,土著无几。故其流俗户别巷殊,不可揽摄。大都冠裳礼仪之风落落,而市井椎埋欢呼酗逞积沿酿之渐矣;同姓婚媾习以固然,父子

---

① 嘉靖《湖广图经志书》卷九,郧阳府《诗类》,"上津县"下,《日本藏中国罕见地方志丛刊》本,第 906 页。

② 同治《郧西县志》卷一九《艺文志》,《中国地方志集成·湖北府县志辑》本,第 62 册,第 317 页。

异姓纍无统系;山栖野聚之氓安裂偷常而形之讼牍者,比比也。然阖
郡崇山邃谷中羊肠马道嵾岮岢磊,无一望膏绣之田;山童不□草木,虽
山颠水涯尽树菽麦,岁稍不登,民率柗腹□□,子女遂货视之。故其民
多劳,简啬朴鲁,颇谢侈饰,郊外晏然,无夜铃之警,厥亦本质之未尽
雕欤?

其"上津县"条下则称:

> 俗尚朴直,民性真率,业耕桑,服商贾,文事疏阔,衣食粗砺,地滨
> 汉江,邻秦境,顽民潜匿其中者,恃险负固,贡赋不输。每年四月十八
> 日各于寺观结立坛场,会集男女千百余人,罗跪于野,执经授受,谓之
> "传经"。

"郧西县"下称:

> 人民朴野,婚重资查,丧略礼节,多力农桑。(插秧锄禾,好击长腰
> 鼓,唱楚歌)四方寓处,醇梗相半。(徐威诗云:"相逢尽是他乡客,大半
> 秦音不可详。")①

而万历《郧阳府志》卷一四《风俗》引"邑旧志"对郧西县风俗的描述则略有
补充,谓其"人民朴野,多秦音,好楚歌,劲悍决裂,力耕勤织少学。四方寓
处,醇梗相半。迩则人知向学,科目渐盛"。② 百余年后,乾隆中期成书的
《郧西县志》卷七《风俗》仍抄录万历《府志》的说法,相沿不改,惟编者张道
南于文末略缀数语:"南自莅任以来,询之父老,一切冠婚丧祭仍不务奢,但
东西长四百一十五里,南北宽二百二十里,其迩于津堡者多秦俗,迩于县城
者多楚俗。"③至于同治与民国县志,言及郧西风俗,行文用词亦大致与万
历《郧阳府志》、乾隆《郧西县志》相同,说明郧西风俗在三百年间并无实质
性变化。

分析这些有关郧西风俗的记载,有几点很值得注意:(1)由于地处秦楚
交界,地方偏僻,山高林密,故官府对这一地区的控制较弱,虽经大兵"抚

---

① 万历《湖广总志》卷三五《风俗》,《四库全书存目丛书》本,史部第 195 册,第 196～
197 页。

② 万历《郧阳府志》卷一四《风俗》,万历六年刻本,国家图书馆据日本东洋文库藏本
制作胶卷,第 3 页 B 面。

③ 乾隆《郧西县志》卷七《风俗》,《故宫珍本丛刊》本,第 144 册,第 314 页。

宁"，置府设县，而"顽民"仍得"潜匿其中"，"恃险负固，贡赋不输"；民风亦强悍尚武，"任侠使气，转相凌铄"。(2)户口多为流寓移民，来源纷杂，而土著则无几。上引万历《湖广总志》谓郧阳七县民户"七邑之民，什九江南流寓，土著无几"；而万历《郧阳府志》卷一四《风俗》则称：郧阳府境内"陕西之民五，江西之民四，德、黄、吴、蜀、山东、河南北之民二，土著之民二，皆各以其俗为俗焉"。① 结合上引地方志有关上津、郧西风俗的记载，可以相信，明清时期郧西县境内移民的来源主要是陕西、江西、湖北与河南等省份。(3)民众生计依赖种植农业，而生态环境恶劣，童山荒岭，崇山邃谷，可耕地资源十分有限；虽辛勤劳作，"山颠水涯尽树菽麦"，仍挣扎在温饱线上，"岁稍不登，民率枵腹"，民众生计颇为不易。(4)郧西境内风俗虽有千差万别，来源不同的移民"各以其俗为俗"，然以秦风、楚俗为其大端，而且靠近陕西的上津一带多秦俗，与郧阳府相近的县城一带则多楚俗。然其共同特征则是"信鬼尚巫"，"事淫末，溺巫师"，原始巫术与民间秘密宗教较为盛行。前引万历《湖广总志》所记上津县"年四月十八日各于寺观结立坛场"传经之事，其所传之"经"虽不详，但绝不是儒家经典，却可肯定。这里的"传经"很可能是某种民间秘密宗教的活动。

　　这四个方面，实际上已简要地揭示出明清时期郧西地方社会的主要特征。然则，这些社会特征的具体表现形态如何？它在明清时期乃至于二十世纪是如何形成并演变的？又在多大程度上反映出边缘山区社会演变的一般性特征？带着这些问题，我们在初步研读有关地方志文献之后，于2003年10月28日至11月3日赴郧西县，进行了为期一周的尝试性田野考察，得到了一些感性认识与碑刻、口碑资料。在此基础上，我们结合文献记载与田野考察所得，做了进一步思考，并进行了多次讨论。本文就是这些研读、考察与交流的结果。②

　　① 万历《郧阳府志》卷一四《风俗》，第2页B面。

　　② 参加调查的有鲁西奇、杨国安、徐斌、江田祥。本文第四部分之第四节"柯家祠堂：移民宗族构建的一个案例"由杨国安撰写初稿，第五部分由江田祥撰写初稿，其余部分均由鲁西奇撰写，并由鲁西奇统一修改定稿。在写作、修改过程中，还采纳了徐斌的一些意见。

二、凭城据险：地方行政与军事控制体系的演变

驱车在郧西县的乡间土路上，随处可以见到宣传"三个代表"、"封山育林"与计划生育的标语或告示。即便是在大山深处，这样的标语也十分显眼地被书写在路旁的悬崖或村民房屋的墙壁上。鲜红的或粉白的大字，简明而非常清晰地透露出警告意味的口号，使人强烈地感受到行政控制的严密——虽然其实际效果很值得怀疑。在这次考察中，由于我们强调田野工作的民间性，并没有与地方政府进行密切联系，但在考察途中，我们几次遇到了下乡视察工作的县政府官员——他们乘坐的轿车，在穷乡僻壤里，本身就构成一种引人注目而略显奇异的风景。在不多的几次与乡镇官员的接触中，他们的言谈举止，对乡民社会的看法，也给我们留下了深刻的印象。这些直观感受与印象，给我们提出了一些饶有趣味的问题：明清时期的县太爷是怎样下乡的？他们怎样了解民情与推行政令？乡村政权与基层社会组织情形如何？与今天的乡村干部发挥着类似作用的里甲长、保甲长们都是一些怎样的人？质言之，明清时期的官府是怎样控制、依靠哪些人控制这块拥有广阔地域的山区社会的呢？

（一）局促的县衙——知县的权力及其界限

郧西县置于明宪宗成化十二年（1476年），[①]其首任知县是侯爵。作为牧民之官，侯爵莅县之初，首要职责就是营造县城，建立县衙。乾隆《郧西县志》卷一九《艺文志》录洪文翼（时任郧西县教谕）《建郧西县治记》称：

> 郧西，古雍州域也，其地介秦楚万山中。成化丙申冬，圣天子惧郧、津二邑土阔道远，临涖不易，简命台臣都御史原公杰相地立焉。以

---

① 成化十二年（1476年），郧阳抚治原杰奏设郧阳府，同时分郧阳西部之武阳五里与上津县东部之津阳四里，设郧西县，隶郧阳府，县治设于南门堡。清初沿袭明制，今郧西县境内仍分设上津与郧西二邑；至顺治十六年（1659年），裁上津县，并入郧西县，县城仍设原郧西县城（即今县城）。参见同治《郧西县志》卷一《舆地志·沿革》，《中国地方志集成·湖北府县志辑》本，第62册，第29～30页。

事非一人可济，又命侍御吴公道宏共图之。维时经营规画董其事者，襄阳府通判郑公[理]（礼），宰斯邑者蕲水判簿侯公爵，典史则吕堰驿丞施君坚，共措置材料陶瓦，命匠筑城凿池，开东西南北四门，凡举为之。事至于半，郑公去，侯公、施君协力以终之。首事于成化丙申冬，卒事于戊戌春。正厅三间，典史厅一间，仪门五间，谯楼一座，库房一间，东西吏厢房各五间，仓廒公廨吏舍囹圄循序而成，以及学校仪从藩臬府署神坛庙宇铺舍民屋街坊道路，靡所不备。自内及外，堂室渠渠，垣墉屹屹，所以耸民之观瞻、一民之心志者，至矣。①

由于郧西为新县，故特别委任襄阳府通判郑理前来督建，而实际主持者显然是知县侯爵与典史施坚。据嘉靖《湖广图经志书》卷九《郧阳府》、万历《郧阳府志》卷五《城池》与万历《湖广总志》卷一四《建置二·城郭》记载，新建的郧西县城是土城，城墙周长三百二十丈，高一丈三尺，上覆以瓦。县衙则在城内东北隅，布政分司、按察分司、府馆等公廨馆舍并在县衙左右。

县城与县衙既立，这个县级政权就算建立起来了。后来，在正德、嘉靖间又曾多次重修。万历《郧阳府志》卷五《城池》"郧西县"条云：

正德八年，知县陈谧计度砖砌，会去未果。十六年，知县范继志成之。其角楼四，窝铺八，则嘉靖九年知县邵旸建也。后北门外泥沟水发冲城，二十七年，知县黄翊以石甃城内麓，置扁名门，东曰旸宾，西曰寅饯，南曰迎恩，北曰拱辰。三十四年以来，或以地震，或以久雨，城坏，知县陈翰、王弘训、孙衮相继修葺，称完城焉。濠后淤塞，四十二年知县杨震宇浚之，又于后脉来处不可浚者，筑拦马墙，高一丈，厚五尺云。②

显然，维修并防护县城是知县的重要职责之一。崇祯间，农民军张献忠、罗汝才部四次攻克郧西县城，知县宜谦、刘元伯、王元会、曹同升均守城而死，③城垣楼橹、廨舍屋宇亦被夷为平地，县衙更是荡然无存。康熙《郧西

① 乾隆《郧西县志》卷一九《艺文志》，《故宫珍本丛刊》本，第144册，第367页。
② 万历《郧阳府志》卷五《城池》，"郧西县"条，第8页B面～9页A面。
③ 参阅乾隆《郧西县志》卷一九《艺文志》，吴夫杰《流贼始末》，《故宫珍本丛刊》本，第144册，第381～383页；同治《郧西县志》卷九《武备志·兵事》，《中国地方志集成·湖北府县志辑》本，第62册，第120～122页。

县志》卷四《城池》谓："崇祯末屡被城陷,城垣楼橹掘为平地。顺治四年,知县贺绳烈就东南门瓮城权修小寨,以避其身、护库印焉。"同书卷《公署》下称:"(县治)历兵燹后,城垣屋舍俱平。国朝顺治五年,知县贺绳烈权于东南门瓮城内筑堡为垣,并借梓童庙栖身,以蔽风雨。典史无宅,暂借栖于城隍庙。"①这种情形,一直维持到乾隆中期。乾隆二十一年(1756 年),时任郧西知县的王必昌在请求营建县署的详文中说:

> 窃照郧西一邑,东南依毗郡城,西北接连陕省之山阳、镇安、洵阳、商南、白河等州县,周回千有余里,实为楚国屏障。县治四山环抱,二水交流,隐然奥区。卑职每因公出,流览所在碑碣残文,知前明成化间,民户蕃滋,始议置县筑城。迨崇祯末,流贼猖獗,雉堞几为平地,衙署沦于榛莽,仅遗南门瓮城内梓潼庙数椽。本朝顺治四年,知县贺绳烈来任,邑无居人,因葺瓮城为小堡,栖处庙中。历任因循,未请改建。伏睹我国家休养生息百余年,近而秦豫,远而江浙,襁负来归,既庶既繁,东街西市,已复旧观。缘城垣未筑,县署尚在瓮城中。卑职量明东西长九丈零,南北广十丈零,内盖瓦屋两座,各三间:左为公堂,右为住宅。后苫草为厨房,宅后覆瓦为卧房。东西厢房各二间,以处长随;堂前廊房各二间,以处书吏。虚立仪门,不设门扇;其前一列,草瓦兼盖,共七间,为监狱,为马棚,为米仓。此外并无别室。瓮城门故东向,甚深黑,内东逼仪门,南逼监狱,不堪旋马,乃就住宅庭东设为宅门,以便出入。宅门一开,洞见街市。官将升堂,必出宅门转入仪门。内庭广不盈丈,人犯露跪庭中,皂隶围绕屋侧。廊房浅窄,上漏下湿,所有文移悉听书吏携归缮写。……所有征收钱粮、起获凶器,无库可贮,悉在卧房。米仓原系小屋,每年支放兵米存剩七十余石暂贮其中。……监狱正对公堂,毗连住宅,无地可筑围墙,昼夜常虞越逸。典史衙署远在城隍庙旁,早晚不便,仆仆街市,月一再至。……

自顺治四年(1647 年)以来,百余年间,郧西县衙一直处于狭隘的瓮城之中,确实是"窄狭不堪,不过因陋就简",与这样一个地域广阔的大县不甚相符。王必昌指出:"里巷细民,犹必安居,然后乐业;家室虚空,则妇姑勃豀。

---

① 　康熙《郧西县志》卷四《城池》、《公署》,国家图书馆藏,抄录时未记下页码。

今卑县衙署制度有乖,观瞻弗肃,吏罔畏威,民岂怀德。"所以坚请修建县衙。①

经过王必昌与继任知县胡廷槐几年的经营,至乾隆二十四年(1759年)夏,在明代县衙县址上重建的新县衙落成。② 新建的县衙共有大小屋宇九十一间,"高栋飞瓴,鳞次栉比,轩敞伟丽,焕然大异于昔"。虽然如此,较之于平原大县衙署,这仍不过是卑陋之制。来自浙江仁和县的胡廷槐不无遗憾地写道:"(新县衙建成后,)非徒居处获安,观瞻亦肃,其所以壮山城下邑之威者,赖有此构也。"③换言之,此构(新县衙)终不过是"山城下邑"的县衙而已。

县衙虽得重建,但城垣却并未复修。乾隆二三十年间,督抚多次饬令各县修建城垣,而郧西历任知县均未能成事。究其原因,主要有二:一是财政紧张,修筑城垣势必劳民伤财;二是深处内地,有山川之险可资凭靠,又不处要隘。④ 虽然当事官员主要是强调后者,但财政紧张实为根本原因。至嘉庆初白莲教起义发生,郧西乃不得不有筑城之议。嘉庆二年(1797年),在知县孔继檊的主持下,"因其旧址创筑砖城,为门四:东曰天乙,南曰太平,西曰五福,北曰文昌"。嘉庆《郧西县续志》卷一《城池》录孔继檊《郧西县修城记》云:

---

① 乾隆《郧西县志》卷三《公署》,《故宫珍本丛刊》本,第 144 册,第 266～267 页。
② 明代郧西县衙在当时的县城东隅偏北。自清初以来,县城居民区逐渐向东扩展,特别是向明代城址的东城墙外发展,所以新建的县衙虽然仍在明代县衙旧址,但却已是在县城的西北隅了,所以清代地方志均称县衙在县城西北隅。
③ 乾隆《郧西县志》卷一九《艺文志》,胡廷槐:《建郧西县署碑记》,《故宫珍本丛刊》本,第 144 册,第 374～375 页。
④ 乾隆《郧西县志》卷三《城池》(《故宫珍本丛刊》本,第 144 册,第 265～266 页)载乾隆三十四年(1769 年)署理知县张鹏南称:"旧日城基止存土迹,西北逼近溪流,东南倚靠高山,水抱山环,颇觉险固。询之耆老,咸称:西邑不通要道,无俟城垣。至今百余年来,甚为固密。居民亦不愿拆迁房屋。"三十六年,知县张道南称:"西邑经明季兵燹残毁,多成平地,间有土埂,高一二丈,零落不接。离城里许,四面皆属高山;东西南三面,又紧抱溪河。现在生齿日繁,居民庐舍每年依城添造,足资捍卫。山路要隘,安设栅栏,可为天然险固。"于是,经府、道转呈督、抚,奏明:"城垣原以为卫民生而隆体制,但偏僻州县,有可无须建城者,自当因地制宜,未便拘泥承办,徒糜帑项。郧西等九县虽情形不一,类皆倚山设治,傍临深溪,民居环处,足资防护,即建立城垣,转不若天险之足恃,采询舆论,亦属佥同。经部议覆准在案。"

我朝重熙累洽垂百余年，人民蕃庶，皆缘城基筑室以居，宰是邑者屡议修建，以居民难迁而止。丁巳，贼至，遂不能守，无城故也。余以是岁来莅斯土，适难民甫返，集乡勇千余人屯于郊外卫之，守御之暇，因其力垒筑土城以资捍蔽，乃规模粗就。乡勇撤而工止。迨边事稍定，谋之学博颜公，劝谕附郭士民量力捐修，咸乐从事。予先捐廉千金修筑四门以倡。历五月而土城竣。逾年，阴雨连绵，复多倾圮，遂决意改建砖城，以图久远。士民皆愿续捐。除属上津保分另有议捐城堡外，其余二十二保俱踊跃济工，次第修举。经始于嘉庆二年八月，阅四月而告成。

至此，郧西县城垣方称完备。①

如所周知，中国传统社会中的县城不仅具有防守的功用，还是官府威权的象征；而县衙则是对民众生活有着直接影响的、直接体现官府权威的官方设施。郧西县在很长的时间内没有城垣，县衙局促卑陋，反映出知县的权力与威严受到很大程度的制约与局限。显然，知县权威所受到的这种制约与局限，在很大程度上来自财力的匮乏。乾隆二十一二年间，知县王必昌筹划修建县衙，通共估计工料银 1758 两，后又核减 344 两，仅余 1414两，郧西县竟无可筹措，只得层层上报，最后从"三分公项银"内支给，才得成事。县府经费之短绌于此可见。乾隆二十年至三十八年间，几任知县多次筹谋重建城垣，而终未成功，其最重要的原因就是"费无所出"。② 至嘉庆（1796—1820 年）间，孔继櫄借团练乡勇之机，使用乡勇作为廉价劳动

---

① 嘉庆《郧西县续志》卷一《城池》,《故宫珍本丛刊》本，据嘉庆十年刻本影印，海口：海南出版社,2001 年，第 144 册，第 410～411 页。此后，郧阳县城又曾多次维修。同治《郧西县志》卷二《舆地志·城池》谓"嘉庆六年至道光十四年，阅三十余年，其中或圮或修，详查无从，姑阙而不记"。其下则记有道光十四年（1834 年）、二十一年、咸丰二年（1852 年）、六年、七年、同治元年（1862 年）、三年等多次维修（《中国地方志集成·湖北府县志辑》本，第 62 册，第 41～43 页）。同书卷一八《艺文志》录有道光二十一年知县翁吉士所撰《补修城垣碑记》及同治元年知县林瑞枝所撰《重修郧西县城记》（第 272～274 页），可参阅。

② 乾隆二十年，署理知县贾轮估算修城工料银需 28433 两；后来，对筑城方案做了调整，但估算工料银仍至少需 22147 两。这项巨额费用，不仅郧西县无从筹措，府、道、省乃至户部均认为"费无从出"。见乾隆《郧西县志》卷三《城池》,《故宫珍本丛刊》本，第 144册，第 265～266 页。

力，复按保"捐资"（实际上是强迫捐资），才终得修完城垣。道光、咸丰、同治、光绪间历次维修，也都采用劝捐或认修方式，经费主要来源于民间，而非官府。经费既源于民间，特别是士绅富户，则知县之权力乃势必受到士绅富户之牵制。翁吉士《补修城垣碑记》记道光二十一年（1841年）修城事，谓发起修城者虽为知县，而董其事者则为绅士四人，即武生刘宗耀、武举李登瀛、生员季长春、职员周鸣鹿，总其事者则县尉袁抑斋。"是役也，不佣乡民一夫，不科编户一钱，皆诸绅士踊跃输将。"[①]同治元年，知县林瑞枝筹划维修县城，亦先谋之于"绅耆"，捐资、董事者也都是县城内外士绅。[②]

　　显然，地方经济不发达以及由此而导致的地方财政的短绌，极大地限制了县衙权威的树立与知县权力的行使。在另一方面，历任知县对县城与县衙之修建或维修的重视，又恰恰说明县衙与县城是其行使权力的凭靠与核心，其权力的侧重点也正是在县城及其周围地区——控制县城及其周围地区意味着对县域范围内的有效控制，因此，知县在任期内的重要作为也大都集中在县城及其周围地区。虽然知县在理论上是全县的"父母官"，需要维护全县的社会安宁并负责全县范围的赋役征发，但我们注意到，在郧西，历任知县最为关注的主要是县城及其所在的狭小的天河谷地，其行政举措也主要集中在这一地区。除了修筑县城与衙门、保卫县城安全以及主管县城内的教育文化事业之外，知县特别注意县城所在的天河谷地的农业发展。位于县城西北十余里处的千工堰，就曾多次由知县主持重修。乾隆《郧西县志》卷二《水利》"千工堰"条云：

　　　　县西北十五里，肇自明洪武、[弘]治年间，知县刘理修治，明季废。康熙三十八年，知县王养璘重修。康熙五十三年，河决坏堰，知县秦起龙复修治。因源出天河，山水陡发，最易冲决，每一修补，动计千工，故名。乾隆十二年，知县臧茂生凿山改修，水势稍杀，溉田千有余顷。乾隆三十五年，知县张道南率众重修。[③]

　　① 翁吉士：《补修城垣碑记》，见同治《郧西县志》卷一八《艺文志》，《中国地方志集成·湖北府县志辑》本，第62册，第272～273页。

　　② 林瑞枝：《重修郧西县城记》，见同治《郧西县志》卷一八《艺文志》，《中国地方志集成·湖北府县志辑》本，第62册，第273～274页。

　　③ 乾隆《郧西县志》卷二《水利》，《故宫珍本丛刊》本，第144册，第261页。

此后，知县孔继榑于嘉庆五年、翁吉士于道光二十一年、瑞存于咸丰六年（1856 年）又相继重修。① 乾隆与同治县志所记郧西县境内的堤堰均为 25 处，其中只有千工堰多次由知县主持修建。其规模较大，看来并非唯一缘由，而其密弥县城，并且是县城所依赖的主要农耕区域，则是重要原因。明弘治十四年（1501 年）何春所撰《重修千工堰碑记》②，道出了历任知县之所以多次重修千工堰的根本缘由。他说：

> 成化十有二年，设立县治，军民杂处，食力者众。弘治癸丑，邑侯刘君理（广东人）以民食为急，国税为重，择耆老王恭等督率工役，聚石采木，重为修造，匝一岁，厥工成。虽曰劳民，实有利于民也。今令尹西蜀王君甫下车，问民疾苦，稔知斯堰之关系匪轻，损即随修，不时省视，以是水利疏通，岁获丰稔。二君诚可为民父母矣。

嘉庆年间，胡学洙在《修筑孔公堰记》中也说：千工堰（孔继榑重修后，改称"孔公堰"）之兴废实与"国赋民命攸关"。③ 可以说，明成化间置郧西县时，将县城设在南门堡，就与千工堰所在的天河河谷农耕区有着密切关系；而千工堰灌区，则可以看作是郧西县城的农业经济基础。

约翰·R.瓦特在《衙门与城市行政管理》一文④中曾讨论了中国传统社会中地方行政的都市化问题。他认为："自知县以下的多级衙门官员均在衙门内工作和生活。除了衙役常被派遣索税或逮捕嫌疑分子外，衙门官员不再直接受理乡村民间事务。衙门官员在任职期间，总是住在衙门内，不许他们外出。这样，衙门在许多方面就跟人口众多的乡村隔离开来了。"这一认识并不很恰当，还值得进一步的讨论，但是，它却正确地揭示出县衙权力的重心乃是在县城内。换言之，知县权力的行使主要集中或者说局限在县城及其附近地区。在郧西县，县域的辽阔，交通的困难，更进一步突显

---

① 参见同治《郧西县志》卷六《水利志》，"千工堰"条，《中国地方志集成·湖北府县志辑》本，第 62 册，第 82～83 页。

② 见乾隆《郧西县志》卷一九《艺文志》，《故宫珍本丛刊》本，第 144 册，第 367～368 页。

③ 见同治《郧西县志》卷一八《艺文志》，《中国地方志集成·湖北府县志辑》本，第 62 册，第 269 页。

④ 见施坚雅主编：《中华帝国晚期的城市》，叶光庭等译，北京：中华书局，2000 年，第 418～468 页。

了知县权力在区域上的局限。在地方志记载中,我们只看到几个知县出巡县境的例子:一是康熙二十九年(1690年)知县彭祖训前往县城东北七十里外的洞长庵黑龙洞祷雨;①二是乾隆三十七年(1772年)知县张道南的上津之行;②三是嘉庆初知县孔继檄率乡勇配合清军主力转战于县境各地,追剿白莲教起义军;③四是咸丰六年(1856年)知县瑞存带领乡勇由冷水、六郎保出夹河关,捕拿哗变乡勇;④五是同治初知县林瑞枝率领乡勇在湖北口、上津、蒿坪河等地与四川农民军蓝二顺部、太平军启王梁成福部接战,并进援郧阳府城。⑤此数次知县出巡,显然都是"非常之举",绝非正常巡视。虽然也可能会有某些正常巡视未见于记载,但绝对不会太多。换言之,在大多数情况下,知县一直居于县城内的衙门内,很少出巡县境;只是在发生重大事变的情况下,他才会离开县城。显然,县城与县衙是知县控制全县的据点与核心,是知县直接控制的区域。

---

① 乾隆《郧西县志》卷一九《艺文志》所录彭祖训《祷雨黑龙洞纪事》(《故宫珍本丛刊》本,第144册,第383~384页)详实地记载了这次出巡祷雨的过程。根据这首诗的记载,这年春夏间,郧西大旱,一老者告诉知县,县城东北七十里洞长庵旁有一个黑龙洞,"其中居黑龙,灵爽孰敢海。先代每祈求,率于是洞取"。彭知县乃决定前往祈祷。知县一行数十人(中有驻防千总李次槐、县尉孙尧文),"揽辔溯溪浒,遮头新箬笠。登涉尽崎岖,奔汗透衣苎",经八道河、老虎沟,当夜宿于废庙。翌日晨,洞长庵僧人海福来迎,经谭家坡至黑龙洞。第三日回县城。

② 张道南此行,自县城西行,经过五里坪竹扒寺,居数日,应僧人心月之请,写下了《劝修竹扒寺佛像序》。至上津,拆毁明末张献忠所修关圣庙,修复上津城隍庙,撰有《仆张献忠上津关圣庙记》、《劝修上津城隍庙记》;复自上津西北行,至关防铺西之一天门,游仙鹤观,步明万历中上津令陈一贞《咏仙鹤观》韵作诗三首。并见乾隆《郧西县志》卷一九《艺文志》(《故宫珍本丛刊》本,第144册,第376~328页)。张道南此行,各文均称是"因公",至于何种公事,则不详,但看来并非例行巡视,而是奉上峰差遣。

③ 参阅嘉庆《郧西县续志》卷首孔继檄所撰记事,《故宫珍本丛刊》本,第114册,第408~409页;同治《郧西县志》卷九《武备志·兵事》,《中国地方志集成·湖北府县志辑》本,第62册,第123~126页。

④ 见同治《郧西县志》卷一一《职官志·政迹》,《中国地方志集成·湖北府县志辑》本,第62册,第154页。

⑤ 参阅同治《郧西县志》卷九《武备志·兵事》,《中国地方志集成·湖北府县志辑》本,第62册,第126~131页。

(二)上津堡:地方控制体系中的另一个中心

在上引孔继檊《郧西县修城记》中,有一点很值得注意,即嘉庆二年(1797年)修筑县城,捐修城者有22保,其余之"上津保分另有议捐城堡"。当时郧西县境共有39保,其中22保捐筑县城,另17保捐筑上津堡。显然,上津堡是郧西县境内的另一个中心,也是地方控制体系中的另一个据点。

上津立县远在郧阳设府之前,[①]其筑城亦在郧西县城之前。万历《郧阳府志》卷五《城池》"上津县"下云:

> 上津原无城,成化四年,因山寇石和尚等啸聚为梗,始创筑土城,岁久倾圮,惟北门尚存。嘉靖二年,知县曾槐于土城内陶甓而城之,高二丈,厚一丈五尺。为城门五,窝铺七,上有楼。其土城门改为关门。万历元年,夹河水溢,冲崩西城六十余丈,知县张应凤修筑之。又加筑泊岸数丈,象鼻二座,以杀水势,城始可固矣。城西与南夹河为濠。东与北旧有小濠绕之,夹河山水冲淤,嘉靖十四年,知县胡岗浚之,而甓以石,深一丈,广倍之;后复淤塞,二十四年,知县黄德明浚之俾通云。[②]

据万历《湖广总志》卷一四《建置二·城郭》记载,成化四年(1468年)所筑上津土城"周四百七十丈,高八尺,为东、西、南、北四门"。[③] 嘉靖二年(1523年)曾槐所筑砖城,据梁槾《上津县砖城记》,"延袤二千五百余步";五门:"南曰达楚,北曰接秦,东曰通郧,西曰连汉。西之南再设一门,以便民。"[④]在明中后期,上津县城的规模与繁华程度均超过郧西县城,梁槾称

---

① 嘉靖《湖广图经志书》卷九《郧阳府·沿革》"上津县"条称:"后魏始置上津县,属上洛郡。梁属南洛州,西魏属上州,隋唐皆属商州,宋省入均州,元仍旧。本朝复置上津县,洪武十年废入郧县,三十年仍设,隶襄阳府。成化十二年置郧阳府,改隶焉。"(《日本藏中国罕见地方志丛刊》本,第887页)则明初即置有上津县,隶襄阳府;成化十二年(1476年)置郧阳府后,方改隶郧阳府。

② 万历《郧阳府志》卷五《城池》,第6页A、B面。

③ 万历《湖广总志》卷一四《建置二·城郭》,《四库全书存目丛书》本,史部第194册,第536页。

④ 见乾隆《郧西县志》卷一九《艺文志》,《故宫珍本丛刊》本,第144册,第368页。

其"形胜壮伟,为郧之七邑冠"。

上津城在明末也受到彻底破坏。乾隆《郧西县志》卷三《城池》称:"崇祯末,废于寇。顺治初,知县顾来初袭旧址三之一重建,东枕山,西阻吉水,广狭衺阔,惟西、南、北三门。十六年省县,遂降为上津堡,雉堞已毁,门制犹在。"[①]上津虽然不再置县,但它显然仍是郧西县西部地区(原上津县境)的中心。所以到乾隆二十年(1755年),乃在上津堡设立巡检司,并建立巡检司署。乾隆三〇七年冬,知县张道南在《劝修上津城隍庙记》中写道:

> 国朝顺治十六年,并上津于郧西,而其邑始废,然城之东西南北故址依然,其间荒榛败棘,狐狸巢穴。询之耆老,数年前仅数十人烟。近因五方涸聚,稍稍开拓。屋之草者易为瓦,商之行者遂居为贾。鳞次相比,倏改旧规。是皆休养生息百有余年,方克睹此景象也。

显然,至乾隆中期,上津又恢复为一个相当繁华的市镇。正因为此,张道南主张重修上津城隍庙。他指出:"夫城为县设,无县安得有城?无城安得有庙?第津本县也,垣堞即颓,基址如故,视彼乡村淫祠不更为确当而有益于民哉?"[②]上津城隍庙的修建,确立了上津堡的特殊性——虽无县城之名,而有县城之实。在我们考察过程中,向导陈同惠先生也一再将上津镇称为"上津县",说明上津在当地人心目中一直拥有"县城"的地位。

嘉庆年间知县孔继檊所主持修筑的上津城垣,现今仍保存完好。2003年10月30日晚,我们到达上津镇,当晚即住在古城墙下的农机站旅社。古城东依十八盘山,西临金钱河(古甲水、吉水、夹河)。夜晚,我们趁着夜色环绕上津古城墙外围周游了一圈,在繁星点点的夜空,黑黝黝的十八盘山直逼古城城垣;而曾引起无数诗人吟咏的甲水静静地流淌着,似乎在诉说着古城的沧桑。翌日晨,我们实地踏访了这座古城。城垣周长1236米,东西长约261米,南北宽约306米,总面积约80000余平方米,呈不规则方形。城墙由砖石砌成。有趣的是一些砖上印有"上津公修"、"嘉庆七年"字样。全城原有五门:东门通郧门早已堵闭;西门连汉门,小西门实为西南门;南门达楚门,北门接秦门。护城河环围城垣,宽3.5米、深6米,现绝大

---

① 乾隆《郧西县志》卷三《城池》,《故宫珍本丛刊》本,第144册,第265页。

② 张道南:《劝修上津城隍庙记》,见乾隆《郧西县志》卷一九《艺文志》,《故宫珍本丛刊》本,第144册,第376～377页。

部分被淤积填平,仅可辨痕迹。城内自北门至南门贯通着一条主街道,长288 米,宽 3.1 米;另有两条东西向横街,分别自南北主街向西门与小西门延伸,长约 60 米,宽 1.5 米。从规模、形制与城内现存建筑看,上津古城都基本上符合山区县城的标准。

在嘉庆六七年间上津城重筑之后不久,嘉庆十一年(1806 年),郧阳府通判自府城移驻上津堡,原上津堡巡检署改为通判署,上津巡检同时撤废。这样,驻守上津的官员级别就高过了郧西知县,上津堡的政治地位因此而得到抬升。① 上津通判之职责,乃在"专理查缉盗贼私盐钱债细故",并非"抚民通判",所以并无固定辖区,但置上津通判的同时,裁撤上津巡检,说明通判至少是接管了原上津巡检的辖区。同治初年,上津通判与郧西知县林瑞枝协同堵御蓝二顺义军,上津方面的乡勇即由通判定熙组织、率领,说明上津通判与郧西知县在防务上有一定的区域分工。②

(三)关、堡、寨与塘汛:军事控制体系及其变化

万历《湖广总志》卷三〇《兵防二·险要》"郧阳府"云:

> 郧阳府僻在荆北一隅,接壤雍豫。国初流逋甫定,成化中寇起,乃设重臣控制,为中原巨镇。寻置郡县及都司兵卫,守以官军。百年宁谧,其功隆矣。正德中,添设总兵,旋罢。顾其地,错万山,绵亘巉嵲,流逋□集,莫可诘御。是以前后台臣抚临其地,取次讨平,设险之虑周矣。③

按:成化十二年分置郧阳府、卫之前,郧县、上津、竹山、房县四县俱属襄阳卫驻屯区域。据天顺《襄阳郡志》卷二,襄阳卫辖千户所六:四所在本卫左右,一所在均州,一所在房县。④ 上津、郧县、竹山等县似乎没有卫所兵驻

① 同治《郧西县志》卷一〇《职官志·文秩》,《中国地方志集成·湖北府县志辑》本,第 62 册,第 142 页。

② 同治《郧西县志》卷九《武备志·兵事》,《中国地方志集成·湖北府县志辑》本,第62 册,第 126~131 页。

③ 万历《湖广总志》卷三〇《兵防二·险要》,《四库全书存目丛书》本,史部第 195 册,第 95~96 页。

④ 天顺《襄阳郡志》卷二《廨舍》,"襄阳卫",《陕西省图书馆藏稀见方志丛刊》本,据天顺三年刻本影印,北京:北京图书馆出版社,2006 年,第 1 册,第 151 页。

屯。据同书卷一"户口"栏记载，洪武二十四年(1391 年)上津县著籍户口有 463 户、2797 口；永乐十年(1412 年)有 257 户、1148 口。① 著籍户口之减耗，说明官府的控制实际上在减弱。至正统、成化间，流民大量移入，看来也与这些县没有卫所驻屯、控制较松有关。《明宪宗实录》卷三六成化二年(1466 年)十一月癸酉白圭、朱永奏称："……襄阳、荆州等卫所官军，永乐、宣德间俱于本处操守，未尝远调。房县在万山中，去襄阳七百余里，山水险恶，其千户所专一守御地方。均州与竹山、房县、上津、郧县、谷城、光化相为唇齿，其千户所专一控制诸县。"则上津、郧县均属均州千户所辖区。② 成化七年十一月，项忠筹设荆襄地区治安体系，于各要口增置巡检司，设立堡寨，"分兵守之，堡二百人……每堡二委指挥一员提督"。其中就有郧县南门堡。③ 此为今见材料中郧西地域内驻军之始。至成化十二年，立郧阳卫，领有前、左、右三千户所，其时守郧西(同时创置的新县)与上津者当即郧阳卫官兵。原杰在开设郧阳府的奏疏中提及白河、郧西县守备官军，其中郧西县守备官军当即原驻南门堡之官军。上引何春《重修千工堰碑记》谓成化十二年郧西置县之初，县城附近"军民杂处"，也说明其时郧西县城(即南门堡)驻有卫所军兵。又，上引万历《湖广总志》卷三〇《兵防二·险要》中见有上津县江口巡检司。嘉靖《湖广图经志书》卷九《郧阳府·公署》称："江口巡检司，在县南一百二十里，旧属均州，成化间，都御史李衍改属本县，置官巡检一员，吏一。"按：此江口巡检司，当即原有之均州小江口巡检司，其地既移置于上津县城南一百二十里，则当在今夹河镇附近。改置之时间，此条虽不言，然同书卷郧县"雷峰垭巡检司"条称："在县东北六十里，旧为均州马山口巡检司，成化十三年改建，置官巡检一员，吏一。"④ 则江口巡检司之移置上津亦当在成化十三年。前引万历《湖广总

---

① 天顺《襄阳郡志》卷一《户口》，《陕西省图书馆藏稀见方志丛刊》本，第 1 册，第 140 页。

② 《明宪宗实录》卷三六，成化二年(1466 年)十一月癸酉白圭、朱永奏，台北："中央研究院"历史语言研究所，1962 年，第 22 册，第 707 页。

③ 项忠：《善后十事疏·荆襄善后》，见陈子龙等编：《明经世文编》卷四六《项襄毅公集》卷一，第 1 册，第 359～361 页。

④ 嘉靖《湖广图经志书》卷九《郧阳府·公署》，《日本藏中国罕见地方志丛刊》本，第 895 页。

志·兵防二》又记上津县境内另有姨娘寨、杨六郎关、绞上关、北山寨、庙川堡（抚治潘旦疏设）；郧西县境内有南门堡、马鞍山口堡、鸡岭关、马鞍关、金花寨、廖家寨。这些关、堡、寨也当皆驻有卫所军兵。① 万历《湖广总志》卷三〇《兵防二》于"郧阳府"之末总叙称："此皆接境要害，故详为摭焉。凡为关三十，堡十有四，寨十有一，巡检司十有三。"显然，当成化中郧阳设立府、卫以及行都司，分置郧西县之前后，亦于同时构建了鄂西北地区的军事控制体系：以郧阳卫三所及竹山、房县二千户所为基本军力，以各县县城为据点，各地分置关、堡、寨与巡检司，共同构成控制地方的军事网络。其中，关、堡、寨所驻当是卫所军兵；而巡检司兵丁则为应役弓兵，其职司亦专在维护地方治安。②

　　清初以明代卫所兵积弱畸零，镇守地方改用八旗驻防和绿营镇戍。经过顺治、康熙初三十多年间的变动，至康熙二十年（1681 年），郧阳府驻屯绿营定为一协，兵员定额 1600 名，其中驻守郧西县把总一员，军兵若干，塘汛则未全面设立。③ 雍正《湖广通志》卷二四《军政》谓：

　　　　郧阳协，副将一员，都司金书一员，守备一员，千总四员，把总八员，马步战守兵丁原额八百七十八名，雍正九年调拨赴陕西凉州兵一百二名，实存伍兵七百七十六名，驻扎郧阳府城，并分防郧县、保康、郧西三县及县属之观音堂、上津堡等水陆四十五塘汛。④

则自康熙至雍正间郧阳协兵力在不断减少：先由康熙二十年的 1600 名，减

---

　　① 嘉靖《湖广图经志书》卷九《郧阳府·关梁》郧县"马山口堡"下称："在县西二十里，成化间巡抚都御史杨璿委百户口周廉筑土城，拨军守备于此。"（《日本藏中国罕见地方志丛刊》本，第 897 页）乾隆《郧西县志》卷七《武备》称："嘉靖八年，杨文政乱，都御史潘旦奏设庙川堡，以郧卫百户一员统军百名戍其地。"（《故宫珍本丛刊》本，第 144 册，第 312 页）结合前引白圭所奏，知诸堡驻有卫所军兵。

　　② 《明会典》（万历重修本）卷一三九《兵部二二·关津二》记洪武二十六年（1393 年）定制："凡天下要冲去处，设立巡检司专一盘诘往来奸细及贩卖私盐、犯人、逃军、逃囚、无引面生可疑之人，须要常加提督。或遇所司呈禀设置巡检司，差人踏勘，果系紧关地面，奏闻准设，行移工部，盖造衙门；吏部铨官，礼部铸印，行移有司，照例于丁粮相应人户内金点弓兵应役。"（北京：中华书局，1989 年，影印本，第 722 页）

　　③ 康熙《湖广郧阳府志》卷一〇《兵政》，《稀见中国地方志汇刊》本，据康熙二十四年刻本影印，北京：中国书店，1992 年，第 36 册，第 519 页。

　　④ 雍正《湖广通志》卷二四《军政》，雍正十一年刻本，第 24 页 A 面。

至雍正前期的878名，雍正九年（1731年）后复减至776名。这样少的兵力除驻守郧阳府城外，还要分防郧县、保康与郧西三县，则郧西县驻兵绝不会太多。雍正《湖广通志》未记载此三县塘汛的具体名称，但观音堂、上津堡均属郧西县，其地必驻有军兵，只是数量很少。乾隆《郧西县志》卷七《武备》谓郧西"地旷兵稀"，当是康、雍、乾时期的实况。

据乾隆《郧西县志·武备》记载，乾隆中期，郧西县城驻有郧阳协左营右哨千总一员，统马步战守兵22名（原额54名）；上津驻防左司把总一员，统马步战守兵24名（原额50名）；夹河关驻防外委把总一员，领兵4名（由上津把总所统军兵内分出）。除县城、上津、夹河关外，另设塘汛11处，各汛派拨军兵二三名。① 乾隆《郧西县志》卷二〇《余编》录乾隆三十六年（1771年）知县张道南《营制议》云：

> 查西邑所属水陆塘汛一十一处，城内千总一员，领马步兵丁二十二名；上津堡把总一员，领马步兵丁二十四名；夹河关协防外委把总一员，领兵丁四名。县东南三十里有火车铺塘，东北三十里有安家河塘；西北三十五里土门铺塘，又三十五里黄云铺塘，又四十里祥河铺塘，又北三十里至上津堡。堡西北十五里沙沟铺塘，由上津堡而西六十里则有八里川塘，七十里则有关防铺塘。以上八塘皆系陆路。堡之西南一百四十里有两岔滩塘，又一百二十里有夹河关塘，其东三十里则有大黄沟塘。以上三塘均临汉水山水要害，派拨防兵或二名，或三名，其烟墩坚固，哨楼高竿，排栅齐整，随时捐资修理，并无损废。但自上津至夹河崎岖险阻，塘汛遥远，兵丁稀少。向来人烟疏旷，如此巡防，亦觉周密。迩者五方杂处，山西、陕西、河南、江南、湖南以及本省之武、汉、黄、襄各属州县锄山稞地，接踵而至；夹河一塘，又与陕之镇安、白河连界，刁徒匪棍，充苹渊薮，惟设兵丁四名，未免镇压尚轻。②

我们注意到：以上11塘汛中，陆路8塘中有6塘处于自郧县至郧西（火车铺塘）、由郧西至上津（土门铺塘、黄云铺塘、祥河铺塘）以及由上津至庙川（八里川塘、关防铺塘）的东西大道上，沙沟铺塘位于由上津至陕西山阳县的大道上，只有安家河塘不处在交通要道上。而两岔滩、夹河关、大黄沟等

---

① 乾隆《郧西县志》卷七《武备》，《故宫珍本丛刊》本，第144册，第312～313页。

② 乾隆《郧西县志》卷二〇《余编》，《故宫珍本丛刊》本，第144册，第395～396页。

3个水塘则均位于汉水北岸、几条山溪汇入汉水处。显然,郧西县城、上津堡与这11个塘汛构成了郧西县境内军事控制的基本网络(参见图1)。

在乾隆中期,张道南就已觉察到,随着县境移民的不断移入,人口逐渐增加,这样的兵力已显得单薄,不足以控制全境,因而提请增加郧西驻军。至嘉庆白莲教事起,郧西武备乃为之一变。嘉庆《郧西县续志》卷三《武职》下称:

> 西邑为秦楚门户,山重洞复,奸宄易滋,御暴安民,尤资武备。自康熙初裁郧阳抚提二标员弁,专设协镇,西邑固协属,地阔兵单,急则难恃。二年,白莲贼至入无人之境,其前车之鉴也。今襄郡增设提督,移总兵驻郧阳,置城守营守备二,其一分驻郧西;原设之千总移驻上津。共设把总二、经制外委二,额外外委二,马步兵三百名,水陆塘汛碁布星罗,于以壮严疆而固封守,庶几思患豫防之道与?[①]

按:襄阳镇总兵改设湖北提督、郧阳协升为镇,事在嘉庆六年(1801年),当是白莲教起义后的军事调整措施之一。据嘉庆《郧西县续志》卷三《武职》,知郧西城守营守备置于嘉庆七年,同时于县城内添设把总一员;原驻县城之千总移驻上津,原驻上津之把总则改驻夹河关。至嘉庆九年,又于蓝滩置外委一员,兵丁15名驻防。全县兵额为马兵30名,战兵90名,守兵180名,共计300名。后裁汰老弱,至咸丰年间,实存兵丁238名,其中县城守城兵丁117名,分设各塘兵丁共53名,驻防上津兵丁24名,蓝滩汛塘12名,土门汛塘15名,夹河汛塘17名,黄云汛8名,其他各塘均为5名。与乾隆中期的定制相比,增加了蓝滩汛[②],八里川塘分为八里塘与八川塘二塘,驻县与上津武官级别亦均大幅度提高;兵丁人数虽不满定额的300名,但较之乾隆中则多出数倍。显然,嘉庆白莲教起义之后,郧西县的军事控制得到了很大程度的加强。

---

① 嘉庆《郧西县续志》卷三《武职》,《故宫珍本丛刊》本,第144册,第426页。

② 同治《郧西县志》卷九《武备志·兵制》称:"蓝滩汛向属上津汛兼辖,嘉庆九年,知县孔继櫆以其地方杂处,与洵阳、白河犬牙相错,最易藏奸,距县城及上津汛均属遥远,申拨上津外委一员,兵丁十五名驻防。"(《中国地方志集成·湖北府县志辑》本,第62册,第117页)

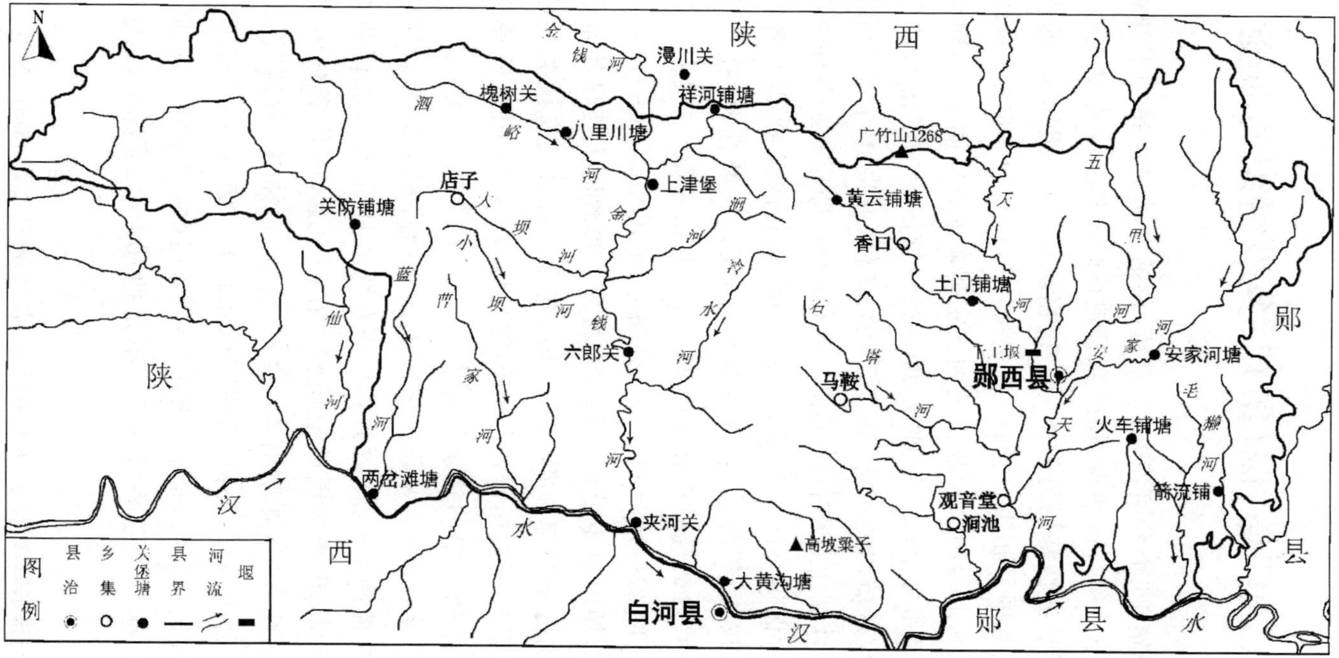

图1 清中期郧西县的控制体系

三、"里"与"保(堡)"：乡级组织的演变

郧西县现辖16个乡镇,其中7个镇(包括县城城关镇和上津镇)、9个乡。和全国各地一样,这些乡、镇政府是现行政府体系中的基层政府组织,其管辖区域则是县辖基层行政区域。根据现行《地方组织法》的规定,乡、镇政府的职权范围是相当广泛的,它包括：(1)执行权,即执行本级人民代表大会的决议和上级国家行政机关的决定和命令;(2)制令权,即制定行政措施,发布决定和命令;(3)管理权,即执行管辖区内的经济和社会发展计划,管理本行政区域内的经济、教育、科学、文化、卫生、体育事业和财政、公安、司法行政、计划生育等行政工作;(4)保护权,即保护公民和群众财产,维护社会秩序,保障公民人身权利、民主权利和其他权利,保障各种社会经济组织的合法权益;等等。① 由于职权广泛,所以不断强调"精兵简政",但实际上各乡镇政府的规模都在不断扩大。在这次考察中,我们只顺便进入上津镇政府略作观察：镇政府坐落在公路旁,依山而建,由一栋主楼和几栋附属建筑组成,镇政府主要机构都在主楼内。镇政府大楼显然是镇上的标志性建筑,在山区小镇里显得相当宏伟,充分显示出政府机关的威严。而作为县政府及其职能部门派出机构的派出所、工商所、财政所等机构的办公楼也都是镇上很显眼的建筑。

如所周知,乡、镇成为基层政府组织,乃是晚清、民国以来行政权力不断下延、对乡村控制不断加强的结果,而在明清时期,地方志记载中的"乡"与"镇"(集、市)则并非基层政府组织。在郧西县,明代资料中未见有关"乡"的记载,而在万历《郧阳府志》卷五《城池》上津县"村镇"下记有王家村、黄家店、军营店、六郎关镇、八里门店和北山寨店等6个"村镇";郧西县则有旧铺店、何家店、箭流铺店、观音堂店、羊尾山店、五里坪店、阎家店、黄连垭等8个"村镇"。② 这些"村镇"显然是拥有集市、店铺的较大聚落。乾

---

① 参阅浦兴祖主编：《当代中国政治制度》,复旦：复旦大学出版社,2003年,第196～202页。

② 万历《郧阳府志》卷五《城池》,第6页B面、第9页A面。

隆《郧西县志》卷二《疆域》记郧西县境分为东乡、南乡、西乡、北乡、西北乡共 5 乡,而同治《郧西县志》卷一则分为东乡、北乡、西北乡、西北边乡、西乡、西南乡、南乡共 7 乡。这里的"乡"明显是一种地理或方位概念,而不是行政或社会经济区划。①

那么,明清时期郧西地区(在明代中后期包括上津县与郧西县)县以下的区划与组织情况如何?从翰香主编《近代冀鲁豫乡村》中提出了"乡级社会结构"的说法,认为可以将明清时期的"里"、"保"看作为半官方的乡级机构,这种乡级半官方机构,"在当时的官府与乡村社会之间起中介作用。由于有这一中介结构,所以官府对乡村社会的控制是间接的,村庄在一定程度上处于'自治'状态"。② 其所论虽然主要是晚期华北地区的情形,但用"乡级组织"与"乡级社会结构"来作为探讨县政权之下、自然村落之上的社会控制方式的切入点,对我们有关华中地区的研究来说,也是很有启发意义的。因此,本文沿用这一提法,并将对这一乡级组织的探讨看作是考察国家与乡村社会之间关系的一个重要部分。

(一)"里"的设立、空间形态及其演变

如上所述,今郧西县境在明代前期分属上津县与郧县,明中后期分属上津、郧西二县。据嘉靖《湖广图经志书》卷九《郧阳府》"坊乡"记载,上津县编户旧 2 里,新 12 里,共 14 里,分别是:五峪里(在县前)、箭河里(在县东南)、思峪里(在县西北)、上津里(县北)、夹河里、长滩里、花竹里、小河里、嵩山里、德化里、蓝河里(俱在县西)、迁河里(县西)、八川里、永安里(俱在县西南);而郧西县则有 9 里,即由郧县划入的武阳二里、三里、四里、五里、六里(俱在县东南),以及由上津县划入的津阳一里、二里、三里、四里(俱在县西北)。③ 按:在上津县 14 里中,据天顺《襄阳郡志》卷一《坊郭乡

---

① 这不仅是因为"乡"常冠以东、南、西、北、西北、西南以及"西北边"这样的方位定词,更为重要的是,从现有方志和其他资料中,并未发现与"乡"概念相对应的管理区域、行政组织的官佐人员。参阅从翰香主编:《近代冀鲁豫乡村》,北京:中国社会科学出版社,1995 年,第 11 页。

② 从翰香主编:《近代冀鲁豫乡村》,"前言",第 14 页。

③ 嘉靖《湖广图经志书》卷九《郧阳府》,"坊乡",《日本藏中国罕见地方志丛刊》本,第 895 页。

镇》,知所谓"旧二里"乃是指上津、夹河 2 里,当系洪武初所编制;新 12 里,则当指成化十二年分县时新编的里。加上分给郧西县的津阳 4 里,原上津县境内实际上新增 16 里。而郧西县所属 9 里中,除津阳 4 里由原上津县划入外,武阳 5 里以二、三、四、五、六编序,显然是由原郧县武阳里分置的。那么,这些新里是如何分置的?它们与旧里的关系如何?

我们不妨先来看一看郧县的情况。嘉靖《湖广图经志书》卷九记郧县编户 18 里,其中旧编 5 里,新 13 里,如果加上已划给郧西县的武阳 5 里,则原郧县境内新增 18 里。依据天顺《襄阳郡志》、嘉靖《湖广图经志书》及万历《郧阳府志》卷一一的记载,这里新增里与旧里的关系是这样的:

原在城里(县城内)→扩编为在城里(县城内)、在城二里(县城西)2 个里。

原后川里(县西)→扩编为后川一、二、三、四、五、六里,共 6 个里,均当在县西,其中后川五里与后川六里偏北,与郧西县相邻;后川一、二里当偏南,在县西南,与遵化里相邻。

原武阳里(县西)→扩编为 6 里,其中武阳一里仍属郧县,武阳二、三、四、五、六里则划归郧西县。武阳里当因武阳堰而得名,在郧县之西北。

原高泽里(县东)→扩编为高泽一、二、三里,共 3 里,其中高泽二里偏南,在县东南。

原滔河里(县东北)→扩编为滔河一、二、三、四里,以及居仁里,共 5 里,俱在县东北。

显然,新增里都是在旧里的基础上建立的,换言之,是在旧里的地域范围内析置的。那么,旧里(以及新增里)就不仅仅是一种按照人口(比如说110 户,或者更多)编制成的户籍与赋役单位,而且是一种地域范围。在郧县,除了在城里(天顺《襄阳郡志》称为在城坊,又称宣化里)位于城内之外,其他 4 个旧里正位于郧县的西(后川里)、西北(武阳里)、东北(滔河里)、东及东南(高泽里)四个方位上,也就是四大块地域单元,后来的新增里都分别是在这四个地域单元里增加的。显然,明初郧县的"里"也有方位与人文地理的意义。又,万历《郧阳府志》卷一一《食货》"郧县"下按语称:

> 万历五年,知府宋彣奉抚治都御史徐学谟行议,丈地均粮,略云:据郧县民刘天民等告,要丈踏通县地土均粮。查该县一十九里,原有老户额粮,后安插新民,课种开垦,另自起课,[有]老户地被分截、粮仍

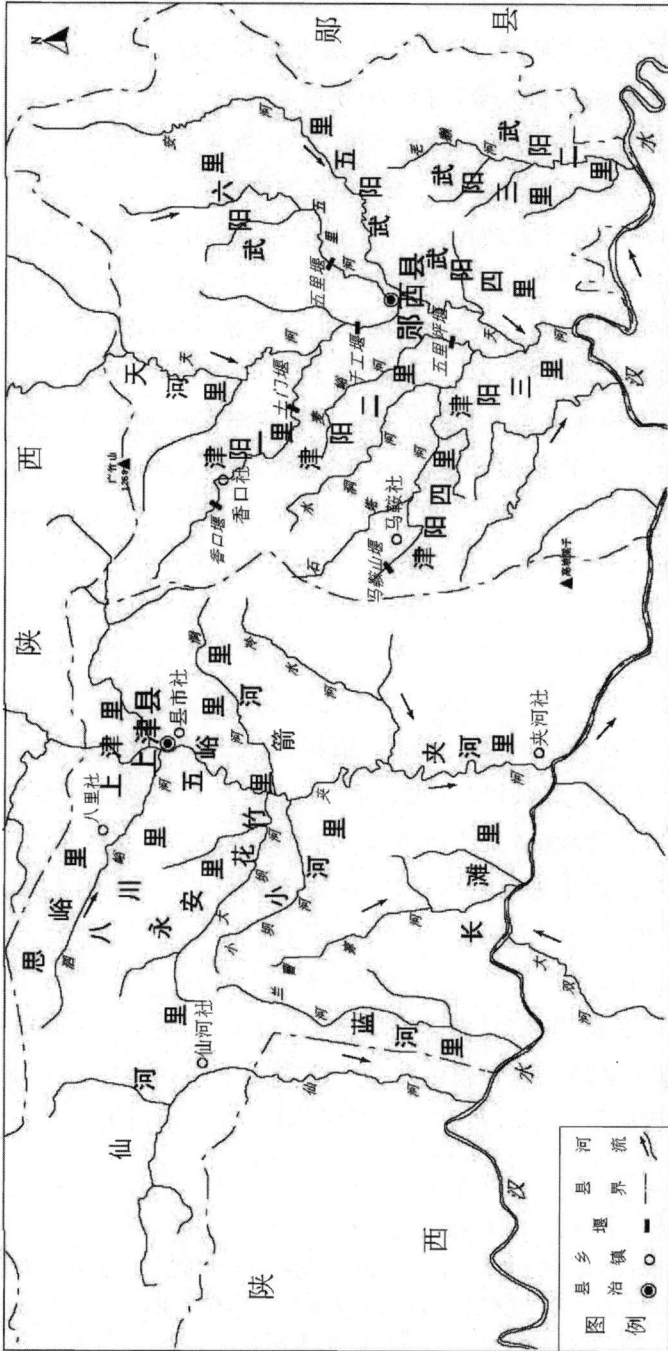

图2 明后期郧西、上津二县"里"的分划

旧额在户者、有各户将地减粮卖出图多得价、买者照约收粮、因而地去粮存者、有人户贫弱逃外、或故绝、地为里长变卖、或邻佑侵匿、或豪强混占、地失而粮仍在户者、有田地与军屯连畔、节被豪军霸占、移坵易段、改至入册、而一亩无半亩之存者、又有两县隔界、或两里隔界之处、豪民越界混占、而本户之粮在册、实年年赔纳者。[①]

这说明新置的"里"内既有新民、也有老民、"新里"并非"新民之里"。也就是说，新里是据地域设置的，从旧里中划出一块地域而置，并非以新民设置，故而才形成新里中新、老民混杂的情形。这条材料同时还说明，里与里之间存在着大致明确的边界。然则，我们据此可以得出一个初步认识："里"是一种明确的地域单元，虽然其编制必然会考虑到人户与赋役，但它显然是以划定一定的地域作为表现形式的。正因为此，当成化十二年（1476 年）新设郧西县时，是以"里"作为新县地域范围之界定标准的。

我们回过头再来分析上津县的情形。明初上津县的 2 个里，上津里位于县北，夹河里位于县南。县境内只此 2 个里，显然不能认为县境内的民户都集中居住在县北和县南。上津里与夹河里应当主要是指以上津城为中心的县境北部地区，和以夹河关为中心的县境南部地区。与郧县一样，上津的"里"也主要是一种地域概念。值得注意的是天顺《襄阳郡志》卷一《坊郭乡镇》下所记上津县里社，除上津、夹河 2 里之外，还有 6 个社，即：县市社（在县前）、夹河社（在县西南一百二十里）、仙河社（在县西北一百七十里）、八里社（在县西十五里）、香口社（在县东七十里）、马鞍社（在县东南八十里）。这里"里"、"社"并存，但显然"社"不等同于里。[②] 那么，天顺间的"社"又是怎么回事呢？

比照天顺《襄阳郡志》与嘉靖《湖广图经志书》所记，并对照地图，可知香口社与马鞍社就是后来划归郧西县的津阳四里，而仙河社很可能与成化至嘉靖间的"迁河里"有关，八里社则可能与后来的"八川里"有关。县市社

---

① 万历《郧阳府志》卷一一《食货》，第 7 页 A、B 面。

② 其最重要的理由就是既有夹河里，又有夹河社，而且其方位大致相同。嘉靖《湖广图经志书》与《大明一统志》卷六〇都记载说上津县原来只有 2 里，就是上津里与夹河里，而这 2 里实际上就是成化以前上津县全部"里"的编制。显然，天顺《襄阳郡志》所记上津县的 6 个"社"不会是"里"的别称。

则显然属于后来的五峪里。因此，我们认为天顺年间上津县的"社"是一种
非正式的基层组织，不是与"里"同样的赋役单位，而很可能是一种得到官
府认可的民间社会组织，当然，官府也可能利用它作为控制地方的一种组
织。直到成化间，香口、马鞍二社才被编组为武阳四里，并入郧西县；①而
夹河社则与夹河里统一，县市社、仙河社、八里社则分别被编组成五峪里、
迁河里、八川里。如果这里的揣测有道理的话，那么，"社"就很可能是"里"
的早期形态，它更主要是一种民间经济与社会组织，发展起来之后才被官
府所借用，并最终改组为"里"。

　　成化以后上津县的里名，大都是用山川陂堰之名命名的。通过对地方志
中有关记载的比照分析，我们发现，在上津县的 14 里中，除了德化里、永安里两
个里不能确定外，其他 12 里基本上可以断定都是用山川陂堰之名命名的。②
在这些标志性的山川陂堰附近，显然有较大的集聚村落。这使我们相信，每一
个里（及其前身的"社"）都是建立在一个中心村落的基础之上的。

　　郧西县的里名均以武阳、津阳为序，难以直接看出其与山川陂堰之间
的关系。但是，如上所述，由于津阳 4 里显然是由上津县之香口、马鞍二社
改建而来，因此，我们相信，郧西县的 9 个里实际上也可能都与某一山川陂
堰及其附近的村落有关。分析嘉靖《湖广图经志书》所记郧西县西北境的
山川陂堰地名，我们发现除香口、马鞍山二堰之外，还有土门堰、五里坪堰
（均在县西北三十里）与麦峪里堰（在县西北一十五里），津阳四里很可能就
是以这五堰为基础的。麦峪，是一条河名，今仍名麦峪河，流经今马鞍、五
顶二乡，入天河。五里坪，据万历《湖广总志》记载，有店，非常明显是一个
较大的集聚村落；土门、香口，据嘉靖《湖广图经志书》，均驻有铺兵；马鞍堰
附近则有马鞍山关，显然也都是集聚村落。换言之，津阳 4 里恰好有 4 个
较大村落，它们构成了 4 里的中心。

---

　　① 这两个社之得名，应当很早，嘉靖《湖广图经志书》记有马鞍山堰与香口堰，分别在
郧西县西北一十五里、北六十里，这两个社应当就是依靠这两个堰组织起来的。那么，这
里的"社"很可能是一种以水资源利用、经济开发为纽带连贯起来的民间组织。同样，在上
津县山川栏下有五峪堰、思峪堰、八川堰，分别在上津县北五里、西北五里和西南四十五
里，显然，后来编组的五峪里、思峪里、八川里均与此三堰有关。

　　② 如五峪里，显然与五峪山、五峪堰、五峪坪有关；而思峪里则得名于思峪河与思峪堰；夹
河里得名于夹河（甲水），嵩山里得名于嵩山，蓝河里得名于蓝河；等等。

武阳 5 里的情形如何？如上所述，郧县武阳里之得名当与武阳堰有关。嘉靖《湖广图经志书》卷九《郧阳府》"山川"栏谓武阳堰"在（郧）县西北三十里，灌溉田十余里"。这个武阳堰在分立郧西县后显然仍属郧县，然则郧西县之武阳五里当在此武阳堰之西。据同书卷记载，在郧西县城附近及其东境（与郧县相邻、原属郧县的地区），有千工堰（在县北一十五里）、五里堰（在县东南五里）、火车堰（在县东南三十里）、小堰（在县东二里）以及背峪川（在县西北五里，俱为水田）、南平川（在县南□五里）等。显然，以县城为中心的地域，是郧西县武阳 5 里开发最早、最为发达的区域。万历《郧阳府志》卷五称郧西县城旧为南门堡，当即天顺《襄阳郡志》卷一所记之"南门镇，在（郧）县西若干里，元时置巡检司于此，今不存"。南门堡一带在元代就已置有巡检司，说明其地已有相当开发。因此，虽然由于材料缺乏，我们无法弄清武阳 5 里与上述各堰为核心的农耕区域之间的关系，但至少可以确定，武阳由 1 里分置为武阳 6 里（其中 1 里仍属郧县，5 里属郧西县），显然与上述各堰为中心的农业区域的开发有着密切关系。

综上可知：在成化十二年分立郧西县以前，上津县只有 2 里；另有 6 社，是非正式的地方社会组织，或者说是民间社会经济组织；郧县则有 5 里，其中武阳里在郧县西北境。这应当是洪武时的编制。成化分置郧西县时，由原属上津县的香口、马鞍等社为基础，编制了津阳 4 里；而从郧县武阳里分置了武阳 6 里，其中 5 里划属郧西。这样，上津县共编制为 14 里，郧西县 9 里，则今郧西县境在当时合计有 23 里。这些"里"有明确的地域范围与边界，是一种地域单元；每一个里，都应当有一个或两个集聚的村落，并以已得到开发的农业区域为核心，可以看作是建立在农业经济基础之上的赋役单元。在编制之初，它们或者是以人户为纲的；但定制之后，它更主要的表现为一种地域单元，而越来越与人户失去必然的对应关系。也就是说，由于"里"在地域上是相对稳定的，而人户则在不断变动着的，因而"里"的稳定性必然是建立在相对稳定的地域之上，不可能随着人户的变动而不断调整。

但是，由于"里"最主要的还是一种赋役单元，赋役的征发又是以人户为依据的，所以，随着人户的变动、土地所有权的变更，就不可避免地导致了作为赋役单元的"里"与作为地域单元的"里"之间的脱节。前引万历《郧阳府志》卷一一所述郧县的情形已初步揭示了这种分离的倾向，"里"的职能也因此而逐渐废弛。乾隆《郧西县志》卷一九《艺文志》录有明万历十年（1582年）上津知县宁邦智《上津县征税记》云：

> 粮之征纳，在小民为正供，在有司为先务，不可缓也。近因里甲到卯，俱责令保歇，而保歇万端索求，又率包收代纳，任意花销，官司查追，百生力阻，或通同吏书需索数十金，以完粮之银饱虎狼之肠。及囊橐已尽，输纳不前，则曰习俗奸顽。弊端种种，难以枚举。兹奉本道檄示，一应钱粮，令花户亲自投柜，不许情人代交，不许胥役勒索，致民有畏獭避鹯之意。其未完旧粮，责令该年经管人役，不许波及见年。如仍蹈故辙，许花户揪禀枷责。其中有依限全完者，此良民也，量给花红以示奖劝；若有故意不纳者，枷责游乡，惩一儆百之道也。①

据此文，则"里甲"征纳赋役的职权已为"保歇"所侵夺。按：明代上津、郧西县保甲制之创立，不知始于何时，②但至迟至万历年间已在发挥作用，却是可以肯定的。问题在于这里的"保甲"与"里甲"的关系如何？乾隆《郧西县志》卷二〇《余编》录梁凤翯撰《乡会》文称：

> 明代乡设老人一人，选年高为众所服者，导民善，平争讼。地分军民，故有屯老、民老之目。老人之下，设总甲或一人，或二三人，视乡之大小与事之繁简，无定额。每村落及零星烟户则各设十长一人，而隶于总甲，联络统属，弭奸究而教姻睦之一法也。西当建县之初，原设老人十人，其后渐有所增。③

所谓"乡设老人一人"，实际上就是每里置有"老人"一名，其职责正在所谓"导民善，平争讼"。郧西县共分9里，每里置"老人"1人，另有屯老1人，共10人。上津县各里也都设有"老人"。④ 关于"老人"的设立、职责及其性

---

① 乾隆《郧西县志》卷一九《艺文志》，《故宫珍本丛刊》本，第144册，第368～369页。

② 同治《郧阳志》卷五《官师志·宦迹》记赵瀛于嘉靖二十三年（1544年）任郧阳府通判，"严定保甲，又饬捕巡逻四郊，内贼不生，外盗不入。由是鸡犬无惊，行旅晏然"（《中国地方志集成·湖北府县志辑》，第58册，第346页）。则嘉靖中或此前郧阳府即已创立保甲。

③ 乾隆《郧西县志》卷二〇《余编》，《故宫珍本丛刊》本，第144册，第393页。

④ 乾隆《郧西县志》卷一九《艺文志》录嘉靖十五年明上津知县胡岗《疏浚水道记》（《故宫珍本丛刊》本，第144册，第369页）中，见有以"老人"徐建督工挑浚河道的记载，说明上津县各里也置有"老人"。

质，前人已有较充分的论述。这里值得指出的是，在明代中后期，至少在包括上津、郧西在内的鄂西北地区，"老人"的职权有大幅度的扩张。上引梁氏称郧西县总甲隶于"老人"，如果可信，则至少在郧西县，保甲制是被置于原有的"老人"制度之下的，换言之，是由"里老"全面承担起了各里治安的职责。更为重要的是，一些材料说明，"老人"甚至还被赋予统领乡兵、守把关堡的权力。万历《郧阳府志》卷一七《关堡》竹山县"洪坪堡"下注云："（竹山）县南二百里，弘治间山寇野王刚等聚众掳掠，都御史戴明剿除立堡，以百户一员、官军一百哨守。正德间，移守邓家坝堡。本堡余老人一名、乡夫百名守把。近废。"① 而邓家坝堡在官军移驻之前，就有"老人"一名、乡夫百名守把。官渡堡、四庄坪堡也都由"老人"负责把守。这几处负责把守关堡的"老人"所统都是"乡夫"，则其身份不会是屯老，而是民老。那么，早在弘治间，竹山县就有乡里"老人"率领乡夫负责把守关堡的事例。

据上引万历《郧阳府志》卷一一《食货》，知各里均设有"里长"；而每里又皆设有"老人"（"里老"），这都是通例，可不具论。而上引材料则说明，自成化、弘治以来，乡里"老人"的职责范围在全面扩展，不仅具有原来的教化、息讼、劝农、导俗等方面的功能，甚至还全面负担起治安事务，甚至在侵夺里长的赋役征发功能。我们虽然没有材料证明在成化、弘治间郧阳府属各县即已建立保甲制，但可以肯定，原设的里老（"老人"）至此很可能已在行使保甲的治安职责。很可能的情况是，在郧阳府各属（可能也包括襄阳府属），保甲的推行实际上就是在原设的里老范畴内进行的，也就是说，赋予原设的里老以更多的地方治安职责，并在其下设立总甲、什长等更为具体的职位，从而使里老的统辖体系更为明确、具体。

明代后期包括上津、郧西、竹山在内的郧阳府里老职责、权力的扩展，显然是与这一地区治安情况复杂、治理不易有着密切关联。在社会动荡不宁的情况下，负责治安、教化的乡老权限扩张、而负责赋役的里长的职能萎缩，是非常可以理解的。此外，虽然我们没有材料说明这些里"老人"的社会经济地位，但他们可以统领乡夫、代替官军把守关堡，显然，仅仅是"年高为众所服"是不够的。实际上，这些"老人"很可能是乡村富户乃至乡绅，他

---

① 万历《郧阳府志》卷一七《关堡》，第 2 页 A 面。

们出任里"老人",与属于役职的里长有着本质的不同。

(二)"寨"、"堡"的实质——保及其演变

前引梁凤翥《乡会》在叙述明代"老人"之制后称:"至顺治初,烽火未靖,知县贺绳烈分为三十六寨,后并为十九乡。而上津之旧无考。国朝保甲之法,多因明制,惟军无定籍,其烟户皆隶于民老。"按:顺治初年,仍分设郧西、上津二县。据乾隆《郧西县志》卷一〇《名宦》,贺绳烈于顺治四年(1647年)出任郧西知县,"时流贼初定,绳烈招抚逃亡,民安耕作。学宫焚毁无余,因旧址结茅以祀。设立乡约,令民知义。疮痍残区,稍有起色"。[①]则招抚流亡、分设36寨、设立乡约,均为贺氏所为。此36寨情形如何,已难以详考。乾隆《郧西县志》卷二《关寨》下记有20寨,称"其寨则设于纷扰之秋",然其中指明属于贺绳烈36寨之一者仅金花寨即凌云寨一处,末称:"顺治初知县贺绳烈设三十六寨,除凌云等寨已载外,余皆不可考。"[②]无论如何,似乎可以肯定,此36寨当为地方治安组织,不仅仅是避乱的山寨;而每寨当设有乡约,此种乡约,看来亦非仅仅执行其教化职责,且兼有治安乃至赋役征发的功能。换言之,顺治初年郧西县境内的36寨,实为变乱局势下以地方自治为基础的社会治安组织。

顺治间上津县的情形,梁氏已谓"无考",确不能详知。考清代上津首任知县为王宸枢,他于顺治三年知上津,"时鼎革之初,流民未复,田地荒芜,宸枢以粮四十石、丁五百口上,屡遭驳饬"。至顺治七年,顾来初来任知县,"居红崖,地僻道险,民多不便。……修庐舍,分井烟"。[③]顺治初年的几任上津知县均寄居红崖(在今郧西县西北境湖北口回族乡西),粮仅四十石,丁五百口;顾来初于此"分井烟",盖重建乡里之制,然究其实,很可能也是如贺绳烈的郧西县所做的那样,凭依堡寨为中心,各立乡约,或沿袭明代"老人"之制。

顺治十六年(1659年),上津、郧西二县合并。然一直到康熙二十年(1681年),郧西一带迄未安宁,人口凋残。康熙二十年成书的《郧西县志》

---

①　乾隆《郧西县志》卷一〇《名宦》,"贺绳烈"条,《故宫珍本丛刊》本,第144册,第324页。
②　乾隆《郧西县志》卷二《关寨》,《故宫珍本丛刊》本,第144册,第254~255页。
③　乾隆《郧西县志》卷一〇《名宦》,《故宫珍本丛刊》本,第144册,第327页。

卷四记载了 21 个村店，却完全未言及保甲。在康熙二十四年刊刻的《郧阳府志》卷三中，我们看到当时郧县已编成保甲：县城编为 10 保，乡村编为 65 保，而在郧属其他各县中，则均未见有关于保的记载。可知至康熙二十四年，郧阳府除首县郧县外，其余各县均未编组保甲。

至康熙中期，郧西渐趋于安定。在康熙中期，"里"作为赋役征发单位似乎仍在发挥作用，而顺治间所创设的 36 寨之制也没有废弃。在康熙三十一年（1691 年）曾署理郧西县（其实职为郧县知县）的郑晃在《西山绘图记》①里说：

> 郧西为县，自明代始。盖其地东割郧县之武阳五里，西割上津之津阳四里。国朝又以上津并入。其在县远近，堰渠最多，附郭稻田，东藉激浪，西藉天河，二水环绕，仿佛南方风土。独西山一带，为津阳里，陡壁悬崖……以故水田绝无，间有沟田，多忧旱旸，其民困于赔累者十居八九。有数升而输数斗之粮，有数斗而输数石之粮。揆其所由，皆因国初定鼎之时，其地去县远且僻，官是土者徒知多报粮额而考成计实，未尝一履亩焉。五六十年中，其民不过藉所出土产如山果、木耳、五倍之类，赖有客商相与转移，故正赋不取给于田，而取给于山。迨岁月浸久，日就消耗，由是逋赋之民典妻鬻子，继以逃亡，其邻近亲族又以追呼波及，相率而去，所以户口寥寥。……予是岁三入兹邑，继而奉署篆。凡自彼地来输纳者，假以辞色，究其颠末，莫不众口一词。越两月，有催差拘两人至，曰："某津阳里民也。津阳共四里，独第二里与第四里为甚。某之里，又独某所居之娘娘山、板桥峡为甚。山腰岭脊，地不盈丈，常以人畊。某名下其始不过载粮二斗，后而某之亲族逃，加若干；又后而某之邻居逃，加若干，今已一石余矣！前岁追比，迫卖一牛；昨岁卖一子，今只夫妇二人，即不已而卖此身，明岁亦无所卖矣。欲止不能，欲去不得，可奈何？"……又闻十余年前，其地士民曾具控于官，欲将通县水田旱地合丈其数，为衰多益寡之举。乃附郭之强有力之家，明知膏腴之地多逾额，恐清出必稍增以济他人，于是百计阻遏，不果行。

则至康熙中，赋役似仍以"里"为单元征收。然此时的里似已成为单纯的赋

---

① 乾隆《郧西县志》卷二〇《余编》，《故宫珍本丛刊》本，第 144 册，第 396 页。

役征收单元,里中不再见有"老人"之设,[①]甚至"里长"亦不曾见于记载。更为重要的是,乾隆《郧西县志》卷一〇《名宦》下曰:

> 王养璘,字睿公,满洲人。康熙三十五年令郧西。县北有千工堰,明季水圮,而西山六寨以康熙初竹房难民遗粮赔累,养璘督工重修堤堰,溉田千余亩;遂酌移西山遗粮于此,至今民两便之。后复与训导邓家柱修崇圣祠。[②]

西山赋重,另有缘由,兹略不论;这里所说的"西山六寨",即见于下引乾隆《郧西县志》所记的石人寨、太平寨、朝阳寨、鸡冠寨、卢家寨、烟墩寨,均在今羊尾镇以北至马鞍乡之间,其地显然就是郑晃所说之津阳第二、四里。这里以"西山六寨"称津阳二、四里,而又以津阳二、四里之赋役移于千工堰灌溉田亩,说明赋税与作为地域单元的"里"已逐渐脱离关系,换言之,"里"也与户一样,已经演变成为赋役征收单位,而不再与实际的地域单元相对应。在郑晃的详细记载中,我们只见到衙吏下乡追比拘系逋赋小民,而未见"里长"在赋税追比过程中发挥作用,很可能其时已没有"里长"之设。

"里"既然已经演变为单纯的赋役征发单位,而不再与固定的地域相对应,且不再设有"里长"、"老人",也就不可能发挥控制乡村社会的作用。然则,其时控制乡村社会的组织,很可能仍然是"寨"或"堡"。据上引乾隆《郧西县志》所记,在康熙间,实际控制津阳二、四里的组织,就是所谓的"西山六寨"。乾隆《郧西县志》卷二《疆域》称:"今分三十九堡,而保正、总甲缘是以设矣。"此处所记 39 堡之设不知始于何时,我们认为很可能在康熙中期就已形成,而西山六寨就是这 39 堡的组成部分。39 堡各设保正,其下则有总甲。显然,这里的"堡"就是保甲之"保",而并非关堡之"堡"。郧西县保甲的"保"写作"堡",正透露出它的源头就是顺治年间贺绳烈所设的 36 寨。

乾隆《郧西县志》详细记载了这 39 堡的名称(见表 3)。在这些堡中,以"里"相称者有县川里、祥河里、五峪里、四峪里、大八里、小八里、红岩(或

---

① 乾隆《郧西县志》卷二〇《余编》另录有郑晃《禁出殡演戏》文,在文中,郑氏严禁出殡演戏,"敢有仍蹈前习,除重责主丧外,族长甲邻一并严处"(《故宫珍本丛刊》本,第 144 册,第 396 页)。按:出殡演戏之俗,本属乡里教化,导风之乡老之责,而在这里郑氏责之于"族长甲邻",说明"里"中已无"老人"之设。

② 乾隆《郧西县志》卷一〇《名宦》,《故宫珍本丛刊》本,第 144 册,第 326 页。

作"崖")里、嵩山里、小河里、仙河里、夹河里共 11 堡,其中五峪里、四峪里(当即明代思峪里)、夹河里、嵩山里、小河里、仙河里(当即明代迁河里)并仍明旧;大、小八里则当为明代八川里之析置。以上 8 里都在明时上津县境内。红崖里,当即顺治间上津知县所寄居的红崖,为新置的保(在今湖北口乡);上津堡当即上津城所在,亦即明时上津里。县川里为郧西县城所在,火车铺、廖河铺、箭流铺、土门铺、香口铺、黄云铺及六郎关,处于交通要道上;石人寨、太平寨、朝阳寨、鸡冠寨、卢家寨、烟墩寨,即所谓"西山六寨"。显然,这 39 堡(保)是以明代所遗留下来的"里"以及清初社会动荡局面下设立的"36 寨"为基础的,是以社会治安为中心的地域单元。

表 3　清乾隆中期郧西县的 39 堡

乡	堡数	堡名
东乡	6	县川里、安家河、火车铺、廖家河、有水沟、箭流铺
南乡	8	阎家沟、观音堂、石人寨、太平寨、朝阳寨、鸡冠寨、卢家寨、烟墩寨
北乡	14	秀峪川、土门铺、香口铺、黄云铺、孟家川、祥河里、上津堡、五峪里、四峪里、大八里、小八里、丁家坪、东西川、红岩里
西乡	4	马鞍川、石滩河、双掌坪、五顶坪
西北乡	7	嵩山里、小河里、仙河里、六郎关、夹河里、大黄沟、冷水河

资料来源:乾隆《郧西县志》卷二《疆域》,《故宫珍本丛刊》本,第 144 册,第 253~254 页。

从有关资料看,堡(保)不仅负责乡村治安,实际上也接管了催征赋役的部分职能。乾隆中期任郧西知县的张道南在乾隆三十九年(1774 年)所撰《新建何家店候馆记》中称:"……各保甲共捐给五金……"捐资建馆既然依保甲而行,则户口编审、赋役征发亦当以保甲为据。他在《种竹示》中说:"……仰县川保甲自本月立春后,务率该地居民各依城根栽种,时时灌溉。数年后枝翠根盘,用资保障,固不许居民砍伐售卖。……"①保甲的经济职能于此可见。然而,"里"作为赋役征收的计算单位一直存在着。同治《郧西县志》卷二〇《杂志》附有嘉庆十六年(1811 年)《知县赵秉淳拟征收钱粮秋米条款碑记》,其中规定:

①　并见乾隆《郧西县志》卷二〇《余编》,《故宫珍本丛刊》本,第 144 册,第 397~398 页。

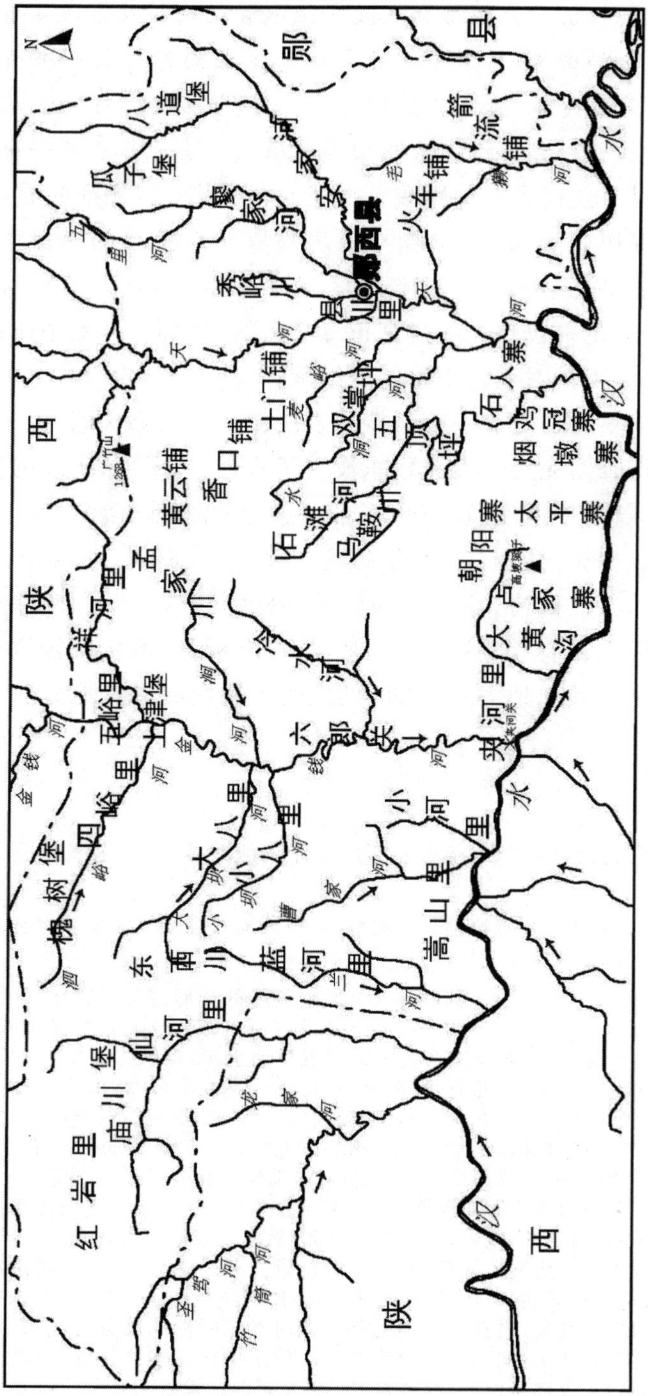

图3　清中后期郧西县"堡"的分划

每年征收前于户粮房金点殷实经承管理收粮及催收事宜,并于二月间刊刷易知由单,将里甲户各条编正银及南糟粮数一并开列,仍按十户另设滚单一纸,责令户首承催;传齐保甲到案,当堂散给,饬令转交各花户收领。毋许经书索取由单费项。所有上米小票一并禁革。①

显然,里甲户仅仅是一种赋税征收的计算单位,实际征收是按照保甲进行的,也由保甲长负责(到县衙户粮房领取易知由单的是保甲长)。因此,"里"很可能早已不再是一种实际存在的建制。进而言之,我们认为清代前期在郧西县也未曾建立起过真正意义上的里甲制,文献中所记有关里甲的零星记载应当是对明代里甲制的继承。

郧西县39堡(保)之制一直维持到嘉庆初年。至嘉庆间,由于"里堡辽阔,保甲难于稽查",先后于安家堡东设立了八道、瓜子堡,于廖河堡北设九龙、沉溪堡,于黄云堡西设黄龙堡,于仙河、八里堡南设蓝河堡,于红岩、泗峪之间设木瓜、槐树、庙川、欧川等新堡。所以嘉、道间,郧西全县共有49堡。至同治初,又以槐树、安家、蓝河3堡地盘辽阔,每堡设两保正以分司其事,因而实际上遂有52堡。② 堡(保)的不断析置,虽然直接原因是地方治安不靖,但也反映出地方户口的增加、经济的发展以及地方势力的不断增长。③

---

① 同治《郧西县志》卷二〇《杂志·轶事》,《中国地方志集成·湖北府县志辑》本,第62册,第347页。

② 同治《郧西县志》卷一《舆地志·疆域》,《中国地方志集成·湖北府县志辑》本,第62册,第33页。

③ 不妨分析一下嘉、道、咸、同间郧西县新置各堡的情形:(1)安家堡→安家堡、八道堡、瓜子堡→安家堡、安家二堡、八道堡、瓜子堡,均在县东安家河、五里河流域,包括今安家、三官洞二乡。八道、瓜子堡分别在安家河与五里河上源,反映出经济开发沿河谷向上游进展。(2)廖河堡→廖河堡、九龙堡、沉溪堡,均在今县北茅坪乡,廖河堡可能即在今之茅坪,九龙、沉溪堡则分别在今九龙寺与沉溪河。(3)红岩、泗峪二堡→红岩、泗峪、木瓜、槐树、庙川、欧川共六堡,槐树又分为二堡,则共有七堡。其中红岩位于今湖北口乡西,湖北口关当属其境;泗峪堡,当即在今泗峪河流域;木瓜堡当在今关防乡西北之木瓜寨,庙川则在湖北口乡东部;槐树堡当即在今槐树乡;欧川堡待考。这六七个堡均处于郧西县西北境,今湖北口、关防、槐树三乡境内,均为高山地区,显然是较晚开发的地区。同时,值得注意的是,这一地区也是嘉庆间白莲教活动的区域,以上各堡之分置,均当在白莲教起义之后。(4)仙河、八里川堡→仙河、八里、蓝河堡。按:仙河堡当即在今关防乡,八里川当在今小河坝上源,蓝河堡在其南,当在今蓝河河谷。蓝河堡至同治间又分为二堡,正反映出蓝河河谷的开发在道光、咸丰、同治间。析置各堡均位于郧西县境之边缘,主要是东北、北、西北与西南边境地带,也都是山区,这些地方显然是郧西最晚得到开发的地方。

（三）团练的兴起、组织及其意义

嘉庆五年（1800 年）闰四月十九日，嘉庆皇帝专门下了一份褒奖郧西知县孔继檊的上谕。上谕称："朕闻知县孔继檊在郧西素得民心，所团乡勇亦最称强健。前此姚之富、齐王氏窜近郧西，即实因该处乡勇实力堵截，德楞泰得以乘势歼除。此后乡勇等虑及贼匪为姚之富等报复，堵守亦更严密。孔继檊又能善于抚驭，地方颇资其力。"孔继檊以偏远知县之微，因缘际会，竟得上达天听，在感激之余，将此谕及其后几道上谕一并抄录在其所编的嘉庆《郧西县续志》卷首，并在上谕后详细地记下了嘉庆初年郧西县团练乡勇的过程及其在平定白莲教起义中的贡献。[①] 其文较长，不能具录，惟撮其大意，并结合有关记载，可知郧西县团练乡勇之大概：

（1）郧西县兴办乡勇，当始于嘉庆元年秋冬；而团练乡勇，则当始于嘉庆二年七、八月间。孔继檊称：

> 嘉庆丙辰春，荆宜白莲邪教倡乱，逆党之在诸郡者起而应之。未几，荆、宜、施、郧、安、汉各属之贼悉平，惟襄阳贼妇齐王氏及其徒姚之富等蔓延为害。嘉庆二年四月，由淅川、商南窜郧。西邑本无城，遂于是月初七日失守。会直隶提督庆成统兵至，贼走山阳之漫川关，郡守王正常率乡勇协同官兵追剿。继檊奉檄署郧西，招徕流亡，请予赈恤，民稍稍定。时贼已由汉中入川，与川之白莲教诸贼合，寻复奔楚。郧之西北接陕境，南临汉江，实为水陆要隘。因大集士民，各路设卡分守。是岁八月十七日，贼毛添喜等由苇子池抢渡汉江，继檊会同把总修永宏率勇击退。

显然，在嘉庆二年四月郧西县城失守之前，郧西县境内已组织起乡勇武装。如嘉庆《郧西县续志》卷四《忠义》记载："武生柯隆忠，殷实好义。嘉庆元年，捐资集勇，灭贼于黄龙山。前令秦锡畴请于大宪，授以行营千总。""祝方中，字晓初，郧西增生也。嘉庆元年捐资集勇剿贼，知县秦锡畴嘉其出力，详请八品顶戴示奖。……二年……三月，贼氛复起，逼近西邑，驰回关防铺，齐卡防堵。"[②] 则在嘉庆元年秋冬至翌年春，郧西各地已普遍兴办乡

---

①　嘉庆《郧西县续志》卷首，《故宫珍本丛刊》本，第 144 册，第 406～410 页。

②　嘉庆《郧西县续志》卷四《忠义》，《故宫珍本丛刊》本，第 144 册，第 430 页。

勇,而当时的知县秦锡畴亦颇加鼓励。至嘉庆二年七、八月间,孔继榯集各保乡勇,分卡设守。其时集于县城下者约有千余人,孔继榯并得以利用这一部分乡勇的力量修筑城垣。① 这可以看作是团练乡勇之始。

（2）各地乡勇主要以"保"为单位组织,各保乡勇首领或称卡首,或称"团总"。分析嘉庆《郧西县续志》卷四所记之义勇首领身份及其组织乡勇之过程,可以发现其身份大都为士绅,除吴瑞麟一人外,大抵皆为本地豪富,且以德行而得里党所推重。乡勇组织大抵以"堡（保）"为单位,如胡盛霖（"结社保境"）、刘举贤（马鞍保）、祝允中（仙河保）所团结的乡勇,都以其所在的保为范围。各保乡勇之首领或受委称"卡首",而自为"团总"。同治《郧西县志》卷一五《人物志·武功》载:

> 梁自修,字正平,邑之端人也。生平正直坦白无私,睦邻里,重交游,为一乡之硕望。凡遇乡里中有不平事,辄为劝解;或有涉讼不释者,必开导,多方为之措资息争,而免拖累。其好义若此,乡人以正人君子称之。嘉庆初年,白莲教乱作,修以团练而为团总。其时各卡首团总或意见不合,或挟以嫌怨,往往冤杀无辜,修极力拯救,保全甚多。旋以剿贼有功,得六品衔候补把总之职。②

又同书卷一六《人物志·寿民》:

> 刘龄旦,字正光,性正直。嘉庆间,白莲教乱,旦为卡首,其姻有惑于白莲教者,旦凭绅卡送官戮之。有与旦不睦者,或被诬,旦力救之。③

显然,梁自修、刘龄旦均为乡里豪霸,且以正直公平尚义而得乡民推戴。其团结乡勇,即得自称"团总",受知县委署,则称"卡首"。各保乡团团总往往乘乱挟嫌报复,致多有冤杀者。盖其时团总虽未得专杀之权,但实际上则多行擅杀之事。

---

① 嘉庆《郧西县续志》卷一《城池》,孔继榯:《郧西县修城记》,《故宫珍本丛刊》本,第144册,第410～411页。

② 同治《郧西县志》卷一五《人物志·武功》,《中国地方志集成·湖北府县志辑》本,第62册,第211页。

③ 同治《郧西县志》卷一六《人物志·寿民》,《中国地方志集成·湖北府县志辑》本,第62册,第225页。

（3）总领各保乡勇者则为知县、巡检、教谕、把总等县里的文武官员。据孔继檊记载，嘉庆三年（1798年）春，郧西乡勇分为三路，防守县境，"西北诸关隘，由继檊率巡检丁夫钧，士民桂荣、郭友、冯大学、胡楚梅、周君器，聚乡勇把守之；把总修永宏率武生柯隆忠、黄灿等为游兵策应；教谕颜大伦在任年久，周悉民情，东路边卡即委任之"。桂荣、郭友、冯大学、胡楚梅、周君器及柯隆忠、黄灿等都是各保乡勇卡首，至少在战时，他们均需听命于县里的文武官员。在此后数年中，乡勇征战亦均由正式的文武官员节制。然各保乡勇一般遇警则集，警撤则散在各乡保，而在农忙时乡勇则分散务农，[①]并未形成正式编制。

嘉庆八年郧西县境基本安定之后，境内乡勇未再集结，但各保乡勇很可能并未完全撤废，至少在一些保，仍然保持着乡勇。至迟到道光末、咸丰初，郧西境内复普遍兴办团练。翁吉士曾在道光二十年（1840年）至咸丰（1851—1861年）初年间长期担任郧西知县，同治《郧西县志》卷一一《职官志·政迹》称其在任时，"楚疆多警，修关寨，起乡团，防事于未然"。[②] 同书卷一四《人物传·忠节》记载："徐学华，性敏慧。咸丰初年，翁前令因粤匪犯鄂，思患豫防，制火药，造器械，修关卡，以备不虞。华之襄办居多。后以团防得效，保给府经历衔。"[③] 则翁吉士兴办团练当在咸丰初年。其时太平军虽已在广西起事，但乱事还只局限于广西一隅，与鄂西北的郧西县可算是风马牛，所谓"楚疆多警"云云，实不知所指。我们怀疑自嘉庆以后，郧西县境内各保乡勇仍或有存续，此种乡团又多控制于乡村豪霸之手，故频生事端。翁吉士之举，或在因势利导，意在使此种乡团纳入官府之控制。同书卷一一记载，瑞存于咸丰六年（1856年）接任郧西知县，"赴任之时，西邑因集团练勇不慎，致生事端，汉江两岸多不法之徒。君带勇由冷水、六郎等

---

① 嘉庆五年春，大旱，"至闰四月初四日始雨，耕作方亟，暂将乡勇抽撤归农"，导致蒿坪垭大败，陈必富、柯隆忠同时死难。见上引嘉庆《郧西县续志》卷首，《故宫珍本丛刊》本，第144册，第409页。

② 同治《郧西县志》卷一一《职官志·政迹》，《中国地方志集成·湖北府县志辑》本，第62册，第154页。

③ 同治《郧西县志》卷一四《人物传·忠节》，《中国地方志集成·湖北府县志辑》本，第62册，第184页。

保出夹河,拿获张集等六人,正法枭首示众。西邑赖以得安,惜未绝其根株也"。[1] 这次事端发生的缘由与具体情况不详,但揣测很可能是乡团之间发生摩擦,而官府处置不当所致。这一时期的各保乡团,已成为实际控制乡村的常设力量。同治《郧西县志》卷一五《人物志·武功》记载:

> 何飞熊,字卜臣,郡武生。……居临汉江,因贼氛扰境,遂制炮船数只,以卫天河两岸。咸丰七年,红巾贼窜竹山,已扰鲍鲍店,距河不远,熊督炮船沿江昼夜防堵,贼竟不敢偷渡。同治元年,发乱,邑城被围,难民出天河者不计其数,熊以防为卫,虽贼屡窜江岸,难民无惊。[2]

何氏天河口船团之创办,显然是在咸丰七年(1857年)前,而且维持时间甚久,已表现为一种常设形式。又,同书卷一四《人物传·忠节》记载:"李登云,武童。……咸丰七年,团防出力,瑞前令[指瑞存]奖给六品军功。壬戌乱,同佽景良招募训俗公义勇三百名,奉谕襄守城垣。""汪霖,例监生,世居观音保。年来尘氛不靖,霖奉谕练团勇保境,颇为出力。壬戌五月,贼围城,集勇二百余名救援。"[3] 显然,李、汪二氏所练团勇至少是自咸丰七年一直持续到同治初年。

至同治元年(1862年),以太平军扶王陈得才部自陕西山阳进逼郧西,为保守县城,郧西县乃有总团之创设。同治《郧西县志》卷九《武备志·兵事》录候选教谕叶年莱《失陷城池始末记》云:

> (同治元年)三月二十四日,陕省山阳县失守。山阳距西二百八十九里,二十九日闻报……邑侯梁公……谕绅士卡首,设军需局,敛经费,团乡勇,为防守计。翰林院待诏衔杨景秀为局总,卫守备衔李景良为团总,拔贡黄蒸云、监生盛世勋经理局赈,廪生夏宝树、生员谢开第、李炳南催收捐款。东门卡首职员徐学华、柴纪铨、典史袁名懿主之;南门卡首生员林谊、职员林祥启、学师蔡以储主之;西门卡首生员文景运、叶梦寅、把总黄金甲主之;北门卡首武生陈步瀛、监生李国禄、守备

① 同治《郧西县志》卷一一《职官志·政迹》,《中国地方志集成·湖北府县志辑》本,第62册,第154页。

② 同治《郧西县志》卷一五《人物志·武功》,《中国地方志集成·湖北府县志辑》本,第62册,第212页。

③ 同治《郧西县志》卷一四《人物传·忠节》,《中国地方志集成·湖北府县志辑》本,第62册,第183~184页。

柴文玉主之；城东北隅与黄山相敌，一城扼要，邑侯梁公张帷幄以坐镇之。……西邑共四十九保，奉谕团勇，缓不济急。……斯时城内营兵仅九十余名，而守城不与焉。李景良虽团勇二百名，分八十名派卡首赵大志、金光藻、李登云带领绞长关，其余分派四门，盘诘奸细，而守城亦不与焉。……（至五月初六日，城已合围），力阻招勇者始商众招勇，沿街招呼，得刨荞人百名，号豹子军，生员叶梦寅管带，为四面接应；又招梨园子弟三十一人护卫邑侯官棚。[①]

据此，县城乡勇虽起于仓促之间，且组织甚为粗陋，但它不是以保甲为单位，而是采取招募乃至拉差的形式，却是明显的。值得注意的还有县城总团团首的身份：①军需局局总为翰林院待诏衔杨景秀，监生盛世勖经理局赈，廪生夏宝树、生员谢开弟、李炳南催收捐款。军需局职责是负责筹措经费，而经费之来源是派捐。②团总是卫守备衔李景良。李景良，同书卷一四《人物志·忠节》有传，谓其"少业儒，当粤匪犯鄂，弃文就武，效力戎行，援例得蓝翎守备衔。素骁勇，家亦殷实。邑中团练，良经理颇多。壬戌岁，贼扑邑城，良为团总，堵御尽力"。李氏所结团勇是县城总团的主力，有200人之多，可能也是县内最大的一支团勇，故而李景良得以出任总团团总。③各门防务分由典史、学师（教谕）、把总、守备等官员负责，但实际率领乡勇的显然是绅士身份的卡首：职员、生员、武生、监生。

各保乡团则仍以保为单位组织。同书卷候选训导林正蕙《团防纪略》云：

（同治元年八月，）黔阳林使君墨香来视县事，为办善后事宜。适粤逆为我师剿逐回窜荆关，距县仅百八十里，城厢子遗，均以前车之鉴，逃避一空。林使君振励多方，飞谕集勇，以资保卫。……十月朔九日……星夜飞檄各保集团，而先以左右十余人亲带赴卡，赶集火车、箭流、阎家三保团练守御界牌关隘。……林使君见贼锋已挫，勇力渐增，饬绅士陈柏、殷汝霖等带勇守隘，自回县城调集西北各保团练，克期赴郡援剿。十六日，各团毕集，遂移请谭守备带同黄云、香口等保团练守城，何把总同绅士陈庚辛、杨正荣督带马鞍、双掌、九龙、廖河等保团

---

① 同治《郧西县志》卷九《武备志·兵事》，《中国地方志集成·湖北府县志辑》本，第62册，第126～127页。

练,会合界碑关防勇由旱路至郡,至武阳沙沟口会集;林使君自带大黄、小河、太平、朝阳、烟墩等保团练并炮船二十余只由水路趋郡。……二年七月,川逆蓝二顺由安汉直窜镇邑,锋锐而行速,警报至县,贼已踞大坪、米粮川一带,直压边境。林使君迅速发谕调勇防堵。先于漫川、上津两处安设转运米粮军火局,饬绅士叶年荣经理;亲带各团驻扎湖北口、将台等处,逼贼而垒。……(十月间,贼攻县东北之赵家川)林使君回县,知凯军[引者按:指李云麟所带官军]不可缓急恃,遂调八道、瓜子、安家三保团练就近助守,旋移请何把总带同马鞍、观音、烟墩、阎家、火车等保团练驻扎蒿坪隘卡,以顾后路援应;田把总带同双掌、五顶、石塔、大黄等保团练赶赴城墙垭隘,□易管把总回县调养;饬绅士杨正荣随营办理军粮。此十一月十六日事也。①

这段文字,提及练有团勇的各保有火车、箭流、阎家、黄云、香口、马鞍、双掌、九龙、廖河、大黄、小河、太平、朝阳、烟墩、八道、瓜子、安家、五顶、石塔、观音等二十保。这显然不是县境团勇的全部,而各团乡勇以保为单位编组,也是十分明显的。虽然行军打仗仍如嘉庆间那样,由县里的文武官员带领,但实际控制各保团勇的,则是各保乡绅豪强。

综上所论,可以初步认知:郧西团练乡勇始于嘉庆初年;嘉庆中后期至道光间虽然消歇,但可能并未完全撤废;道光末、咸丰初年,团练又起,至同治间乃成为控制乡村的常设组织。乡勇组织主要以保为单位,控制乡团者为乡村士绅豪霸;从现有资料看,郧西尚未形成由相邻各保乡团联合而成的复合团,同治元年县城总团则是非常情况下的特例。

团练建立后,逐渐成为乡村社会的实际控制力量,此点前人早有论证,无需申论。这里我们可以结合郧西县的情况,提供一条有力的证据。同治三年(1864年)十一月,程光第出任郧西知县,他在《请除流弊禀稿》②中详细叙述了其到县后的各种举措,称:

阜县衙门,历来新官到任,城内保甲收取民间各铺户钱文供应三

---

① 同治《郧西县志》卷九《武备志·兵事》,《中国地方志集成·湖北府县志辑》本,第62册,第128~131页。
② 见同治《郧西县志》卷二○《杂志·轶事》,《中国地方志集成·湖北府县志辑》本,第62册,第345页。

日,名曰下马饭;又书差每于新官到任时换簿点卯,向来缴官卯费五百余串之多,名曰点卯费。……又每遇因公下乡,保甲收民间之钱,送官二十四串,名曰过山礼。……卑县界连三省,员幅辽阔……卑职已传齐各保绅首到县,晓以大义,告以时势,立即整齐团练,以备不虞,无事则各安农业,以免失时,有警则志切同仇,毋分疆界。数月以来,办理已有成效,卑职仍随时亲赴各保抽点查验,以壮声威而资捍卫。

据此可见,当时郧西县赋役之事仍由保甲负责,而各保绅首的责任则是"整齐团练,以备不虞,无事则各安农业,以免失时,有警则志切同仇,毋分疆界",是各保的实际控制者。

四、移民入住及其生计、发展与宗族形态

在郧西县,我们遇到的几乎每一个人都自称是移民的后代,善谈的老人还会讲出一大篇他们的祖先历尽艰辛,来到郧西,开辟山林,繁衍生息的故事。移民迁入的时间,一部分家族可以追溯到明初。上津镇《寇氏族谱》称:其祖籍为山西洪洞县,明洪武初年先迁居陕西渭南县,继而转徙至上津伍峪河寇家岭。相传当时土旷人稀,"插草为标,占山为界",繁衍至今 23 代人。县东部原郧县境内最早迁来的是梁姓,据说是明洪武初年从湖南长沙迁至城东四堰坪(在今郧西县城北,属寺沟乡);师、韩、罗三姓接踵而至,4 户、4 姓、4 眼井,四堰坪即因此而得名。从江西吉水迁来夹河长沙坝住居的王姓,据说也迁自明初,迄今已有 21 代。也有部分移民家族迁入郧西的时间是在明中后期。新编《郧西县志》依据调查、采访资料指出:"由山西洪洞迁来居住的姓氏有秦、夏、母、李等姓,从四川迁来的庹姓,安徽来的汪姓,湖北大冶来的何姓,至今均有 16 代;江南(指江西)吴、杨二姓,湖北浠水、黄州来的毛、干二姓,亦均有 15 代。"这些已传至十五六代的移民家族,很可能就迁自明代中后期或明末清初。[①]

而大部分移民家族迁入郧西的时间则是在乾隆以后,直到道光、咸丰

---

① 郧西县地方志编纂委员会编纂:《郧西县志》,武汉:武汉测绘科技大学出版社,1995 年,第 94 页。

间。上引乾隆中期知县张道南所撰《劝修上津城隍庙记》、《营制议》等文中均提到乾隆前期大量移民进入郧西境内。乾隆《郧西县志》卷五《赋役》亦称：

> 西邑叠嶂崇山，绝少平旷，兼以地土确薄，经年芟柞，不能数艺。
> 闻明之中叶，安辑招徕，赋税渐广。国初遭兵燹，人民外散，土地荒芜，存者十之一二。至是承平日久，户口岁益，田亩日增，几复旧规。①

新编《郧西县志》谈到：曾、阎、师、卢、仇、张、孟、高、徐、刘、柴、钟、姚、周、朱、袁、纪、雷、韩、郭、冯、彭等姓迁入郧西后迄今大都已传至十一二代，他们很可能都是乾隆以后迁入的。而上文在分析嘉庆、道光、咸丰、同治间郧西县新增各堡时，我们也谈到这些新增的各堡都位于郧西县的东北、西北与西南边缘地区，说明这些地区直到这一时期才得到普遍开发，而其背后则显然是移民的进入。

关于明清时期包括郧西县在内的郧阳、襄阳地区（鄂西北地区）的移民过程、来源及其对人口增长、区域经济开发的影响，前人已有较为充分的探讨。② 但是，对于这些移民进入这一地区之后的生计方式、发展途径及其居住方式、社会组织形式与社会关系网络的建立等方面，则基本尚未涉及。我们认为，对这些问题的探讨，有助于我们认识明清时期鄂西北地区社会发展的基本特点，也是开展有关移民社会史研究的切入点之一。因此，在这次考察中，我们比较重视对这一方面问题的观察与思考。

（一）生计手段之一：开垦土地、种植农业及其局限

咸丰五年（1855年）前后间，黄陂人金国钧应邀在郧西县西津书院任教席，在郧西居住了几年。在这几年里，他几乎游遍了郧西山水（甚至登上了我们曾经逶巡山下良久终未攀登的金宝山罗汉寨），并留下了不少诗文。在一首题为《西山锄禾咏》的诗中，他详细描述了西山地区（即上文提到的

---

① 乾隆《郧西县志》卷五《赋役》，《故宫珍本丛刊》本，第144册，第279页。

② 参阅赖家度：《明代郧阳农民起义》，武汉：湖北人民出版社，1956年；前揭樊树志：《明代荆襄流民与棚民》；前揭钮仲勋：《明清时期郧阳山区的农业开发》；张建民：《明代秦巴山区的封禁与流民集聚》，《中南民族学院学报》1998年第2期；前揭张建民：《明清长江流域山区资源开发与环境演变——以秦岭—大巴山为中心》；等等。

西山六寨地区,包括今马鞍、黑虎、五顶、涧池、羊尾等乡镇)农民的生产状况:

> 郧山塉且墝,瘠壤少滋润,小旱土巳焦。山高水难致,枯槁何能浇?斜坡虽偏植,土浮根未牢。大雨忽倾注,稼穑皆流漂。三岁只两种,岭上无肥饶。种广收则薄,秉穗都难抛。输租入大户,所存已寥寥。丰年尚不足,何论歉岁遭。况复生齿众,无田耕平皋。老林伐且尽,开垦穷岩峣。寸地不留隙,石罅连山坳。牛耕不得上,锄柄须亲操。土疆岂易圻,一插争分毫。悬崖与峭壁,足缩心如摇。播种固不易,刈谷尤焦劳。肩挑或背负,□□随猿猱。往往逢坠石,仆压难奔逃。或者步仄磴,失足空呼号。

另一首题为《溪田叹》的诗则叙述了山溪河谷的生产状况:

> 郧居万山中,峦嶂分向背。两山必有川,溪水出其内。发源皆涓涓,滥觞浅可揭。众流归渐多,其后遂恣肆。筑堰兼开渠,山民竞修制。纸窑沤为池,蔬圃供润渍。大者支磨轮,小者嵌石碓。就浅或就深,水力征次第。溪涧曲而宽,滔滔任其逝。用水讵不多,水行究不滞。岂无泛滥时,易长还易退;岂无奔腾时,补葺仅小费。惟有溪中田,劳力实无济。畛域判纵横,两岸互相对。始则缘山隈,开畦操铚刈。半亩依高原,播谷尚可艺。渐次耕河涯,意图食无匮。载获虽有余,近水已可畏。人心多无厌,辟土更推暨。直截河中流,沟塍认鳞次。平壤多方畦,计亩先定税;此则无升科,不畏催租吏。平野多旱田,水车宜早备;此则资山泉,引之常自至。只恐盛涨来,沿溪常惴惴。立木插为椿,叠石拦为砌。建坝相凭依,穿窦司启闭。保障无差池,有若吕梁埭。溪岸本自宽,束之如带细。溪湾本自曲,夹之使直逝。东皋接西畴,多稼望无际。寸地值寸金,程工良不易。偶值天时和,甘雨早晴霁。既无枯槁嫌,并无坍塌弊。望杏晚扶犁,瞻蒲朝负耒。麦陇刚割黄,秧畦复交翠。细水凭长流,秀罦诚可爱。但使分青苗,即可收禾穟。滌场储仓箱,山农意已慰。虽曰需人工,且幸逢乐岁。无奈夏秋间,大雨苦难避。譬之决江河,奔湍何纵恣。有木摇之行,排椿空捍卫。有石推之沈,碌碡皆破碎。灌耳如雷鸣,砰礚心为悸。骇目如涛飞,澎湃谁能制。田禾非不嘉,漂没无遗穗。田塍非不坚,冲决无遗类。颗粒俱未收,前功已尽弃。阡陌徒自夸,顷刻忽沦替。总缘深山

居，苦无稻可食。平田杳难寻，聊为开垦计。当其创始基，未必无远志。暴涨不常有，此心存妄觊。一旦付洪流，皆为贪所累。旧址既崩溃，曾无懊悔意。利重害斯忘，仍思再尝试。屡作屡无成，人事倍劳瘁。所失逾所得，补救渐不逮。至于无力修，始停筑田议。劝耕虽良图，此举殊昧昧。惟知稼事勤，不知水性锐。况复开山多，浮土日下坠。溪身淤益高，溪流更难治。狂澜岂易回，曲防古所忌。钜细纵悬殊，排决总一例。……我今告山人，冲压毋怨恚。非水埋尔田，乃尔遏水势。古者有神禹，导水行无事。……治水无他策，不与水争地。[①]

150多年后，当我们在郧西县考察时，所见的情形与金国钧的描述并无根本性的差别。2003年10月30日下午，我们从香口乡赴上津镇，中途翻越黄龙山、天蓬山、绞肠关一带的山岭，所见正与金国钧所述几乎是完全相同：路两旁陡坡上开垦着大小不等的山地，间或有几位山民在收获黄姜；坡很陡，有的估计已超过45度，人站在上面就要向下滑。山路不时被滑坡的山石泥土堵塞，车行过滑坡处，总是令人心悸。翌日上午，我们先由上津镇沿金钱河谷而下，复溯金钱河支流大坝河河谷而上，到达店子镇；下午，又由店子镇翻过一道山岭，经蓝河河谷到达蓝滩口。在金钱河谷、大坝河谷与蓝河河谷，我们也充分领略了金国钧当年所描绘的溪田风光。最为典型的溪田是在大坝河谷。两山夹峙的河谷宽度大约只有50米至400米不等，河谷上的田地都平整得很好。河岸两边用石块垒筑着高约1～3米的石堤，蜿蜒伸展。据新编《郧西县志》记载，大坝河上的这种石堤总长为17600米（合35里余），共保护着1295亩土地。在店子镇南的铁山寺，我们停下来，经过溪上的石蹬跨过大坝河，仔细地观察了这些石堤，深为人类的伟力而震惊。金国钧真诚地告诫山民，不要与水争地；今天，"退耕还林"之类的大幅标语更写满了山间林边。然而，当地的山民们何尝是愿意砍伐山林、筑堤遏水？实在是出于生计的驱迫。

在考察过程中，常常引起我们震撼的，就是山区民众生计的艰辛。我们虽然也都来自农村，对农村生活并不陌生，但依然深为郧西山民们的勤劳与艰苦而感动。2003年11月1日上午，我们在羊尾镇大院村见到了柴

---

① 同治《郧西县志》卷一九《艺文志》，《中国地方志集成·湖北府县志辑》本，第62册，第310～311页。

洪瑞老人。在访谈中,柴老人说到他的儿子在山西挖煤时遭塌方死去,其抚恤金至今还未补齐,自己又有肺病,老年生活无靠。山西小煤窑塌方死人的事件我们也略有耳闻,据说郧西是鄂西北去山西挖煤人员最多的县之一,因而死伤也最多。只有当我们面对老泪纵横的柴洪瑞老人时,才真正明白这些事故导致的死亡所具有的含义。这也从一个侧面反映出郧西民众生活的艰辛:如果不是本地生计困难,又有谁愿意冒着生命危险,到异乡去出卖苦力并最终葬身于异乡阴湿黑暗的煤窑里呢?200多年前,署理知县郑晃面对着被拘系到县衙的西山百姓,哀痛之余,不禁慨叹:"嗟夫,予以何术以处此?"200年后,山民们依然"形容枯槁",而"郑晃们"早已习以为常,夫复何言?而我们连郑晃那样慨叹的资格都没有,夫复何言?

(二)生计手段之二:多种经营与经商

的确,单纯的种植农业不仅非常艰苦,其收益即便勉强可以养家糊口,也不足以缴纳赋税,更遑论家族的繁衍与发展上升了。早在康熙年间,郑晃就谈到西山六寨山民"不过藉所出土产如山果、木耳、五倍之类,赖有客商相与转移,故正赋不取给于田,而取给于山"。[①] 同治中,郧西县训导叶年菜在《板桥峡记略》[②]记载了板桥河谷造纸业的发展情况:

> 邑西九十里,烟墩保有板桥峡。……烟墩为邑西边鄙,西逼于山之高险,虽曰可耕,无非薄碗之地;东限于汉之洼下,虽曰有水,难为引导之方。蚩蚩者几无以为生,惟业纸聊足以养生而资国赋。然取竹而碾之、舂之、蒸之、缲之,经手凡七十余度,而纸始成,一皆有赖于水力:碾为之转运者惟水,舂之上下者亦惟水。

上文提到的柴瑞洪老人居住的大院村就位于板桥河的上游。如今,板桥河上已见不到舂木碾叶的水车,原以产纸著称的羊尾镇也不再产纸,大概是因为山林已砍伐将尽的缘故。

郧西县境内地形复杂多样,生物资源相当丰富,其重要的经济林特产

---

① 郑晃:《西山绘图记》,见乾隆《郧西县志》卷二〇,《故宫珍本丛刊》本,第144册,第396页。

② 同治《郧西县志》卷一八《艺文志》,《中国地方志集成·湖北府县志辑》本,第62册,第282页。

包括生漆、桐油、木耳、香菇、茶叶、药材等。采集、培育这些林特产,一直是当地农民维持生计的重要手段之一。随着商品经济的发展,这些林特产品被大量运出山外。在经济利益的驱动下,各地移民在山区除了进行大规模的农业垦殖外,山区丰富的经济林特产资源也成为他们开发的重点,并且由野生资源开采向人工栽培过渡。我们在香口镇八亩地村就遇到一个称"耳扒"的地名,据说是因历史上曾经大量出产耳扒而得名。

或许正因为此,这个僻远的山区县,商业却相当发达。据上引郑晃《西山绘图记》,就在康熙前期,郧西境内尚未完全安定下来,已有较多的客商深入到西山地区,收购、贩运山区土特产;而至少在晚清与民国时期,上文提到的板桥峡所产火纸集中到羊尾镇后,"从水路运销武汉、陕西等地"。新编《郧西县志》指出:"清末至民国年间,私营商业遍布城乡集镇,规模不等。城镇大商户经营粮食、桐、香、木油、白酒、丝烟、土纸、雨伞、药材及其他土特产品,运销老河口、武汉及陕西等地。购回生产生活用品,如布匹、红白糖、食盐、煤油、海味、纸烟、钢铁、瓷碗、酱醋、火柴等,批零兼营或设店摆摊销售。小商人除经营小土产、手工业产品外,还向大商号批购工业品零售,以维持生计。县下集镇或交通要道,均有小杂货店、中药铺、肉铺、染坊以及熟食兼客栈等,家数不多,农商兼营。"[1]这里值得注意的是农商兼营的商号。据说,清末上津镇所谓"八大家"商号(洪兴魁、谢万顺、余兴发、周济善、张大升、石兴耀、邓宪善等)均为农商兼营,收地租少者60余石,多者达200余石;天河口的兴盛和、福兴仁等商号也都兼收地租。这些商号基本可以断定是定居的商户,而非客商。

在这次考察过程中,我们看到了许多客民和商贾在山区修建的众多会馆。在郧西县城,我们考察了山陕会馆、江西会馆、武昌会馆与河南会馆;在上津镇,考察了山陕会馆。据民国《郧西县志》卷二《建置志·坛庙》记载:"山陕会馆,在南门外,奉祀关圣",自乾隆二十五年(1760年)始即成为山陕两省客民祭祀集会的地方;江西会馆,也在南门外,祀许真人,江西客民公建;黄州会馆亦在南门外,祀帝主神像,武(昌)、黄(州)客民公建;武昌会馆,在西街,祀三闾大夫,武昌客民公建;河南会馆,在北门外,祀三皇神,

---

① 郧西县地方志编纂委员会编纂:《郧西县志》,第487、550页。

河南客民公建。① 这里各省客民基本是各祀其本地乡土神，体现出强烈的地域性。在考察中，附近的老人也都回忆说各会馆里都供奉着各种"老爷"——即各种神像，而且各会馆的建筑样式也都带有各自家乡的特色。如河南会馆的建筑风格为戏楼歇山屋面、翼角飞奔，斗拱檐椽结构精巧、藻井彩绘图案精美，颇具中原地方特色。这种乡土神灵和乡土建筑在异乡为远离故土的寄寓者营造了一种浓浓的家乡气氛，并增进了彼此间的地域认同感和凝聚力。另外，我们在郧西考察会馆时还发现了一个有趣的现象，即每一个会馆的墙砖上都烧制有标明地域的文字，如郧西县城江西会馆的墙砖上刻有"江西馆"、"西会馆"字样；上津镇山陕会馆的墙砖上刻有"山陕馆"。② 这应当也是其强调地域归属感与地域认同感的一种方式，也可能是势力和财富的一种体现。

尽管部分会馆随着风雨的侵蚀已经残破衰圮，甚至有的已经被人为拆毁，但从残存的高大架构，粗壮的木柱，雕刻精美的石墩，以及设计精巧的戏楼，我们依然可以想见当年的辉煌和热闹。郧西县城的河南会馆戏楼宏伟壮观，显示出客民客商在当地社会所具有的雄厚实力。这些精致而壮美的会馆建筑所显示出来的繁华富庶，与乡村普通民众生计之艰辛，形成了鲜明的对照。这些会馆，在今见地方志中，一概称为某地客民公建。其所谓"客民"，当然主要是指客商——虽然来这里参与集会祭祀活动的并不一定都是客商，普通移民可能占有相当部分，但组织、建设乃至在这里进行日常活动的，则肯定主要是客商。可以相信，这些客商中，相当一部分属于流寓性质，但也可能有一部分最后留居在这里，成为移民。问题还不仅在这里，最重要的是，发达的区域外贸易以及繁华的以客商为主体建立的会馆，揭示出经商是移民进入郧西的重要缘由之一，更是进入郧西的移民最重要的谋生与发家致富的途径之一。

地方志的记载给我们这一认识提供了一些强有力的证据。分析乾隆、

---

① 民国《郧西县志》卷二《建置志·坛庙》，《中国方志丛书》本，华中地方第 359 号，据民国二十五年石印本影印，台北：成文出版社，1975 年，第 234～235 页。现在山陕会馆、江西会馆、武昌会馆为郧西县人民医院药房仓库所在地，河南会馆在城外旧街，仅剩一座戏楼，为郧西县首批文物保护单位。

② 同样的情况也出现在十堰市郊区的黄龙镇，其所属的黄州会馆、武昌会馆、江西会馆等无一例外的将地名镌刻在墙砖之上，分别为"黄州"、"鄂邑"、"江西"等字样。

同治、民国三种《郧西县志》中有关移民家族移居与发家致富的案例，我们发现，单纯依靠从事农耕而发家致富的家族非常之少，大多数较成功的家族都在农耕之外，兼营采集、培育、手工业乃至商业，或者是以经商为主业。我们不妨来分析几个移民家族的案例：

（1）板桥河梁家。同治《郧西县志》卷一六《人物志·义行》记载："梁有才，先世陕西韩城人，国初迁居邑西板桥河，以耕贸起家。……道光壬辰（十二年，1832年）大饥，斗米钱数千，自下江贩米归，倾舟给散，不计偿值。亲友困乏，必量力周济，乙未年（十五年，1835年）故，远近感为流涕，子及诸孙悉廪贡胶庠。"[①]梁氏先祖，在清初迁居郧西县板桥河，起家的途径是农耕与贸易兼营；至道光年间，梁家已在从事长距离粮食贸易，其资本显然已经不小。这个板桥河梁家的梁学源，在道光二十三年（1843年）前后，聘请了一位先生，徐家修。徐氏所撰《游娘娘山记》，收录在同治《郧西县志》卷一八《艺文志》中，其中称："（道光）癸卯岁（二十三年），馆于板桥河之慎独斋，僻壤耳。而此中有奇伟士焉，则吾东道主学源梁君者是。"[②]同书卷一五《人物传·孝友》有梁学源的小传：

> 梁学源，邑庠生，号巨川，生性孝友，立品端方，父逝，母久病弗瘳……遗幼弟三，延师课读，二弟虹、三弟尚华次第入邑庠，四弟美亦业儒……至若疏财好义，修石桥、设义渡，茸庙宇之倾颓、开路途之逼窄，无不踊跃为之。以行其素志，乡里咸推重焉。[③]

我们无法确知梁学源与梁有才之间的关系，但估计学源乃有才的孙辈。很明显，梁氏家族至有才这一辈才真正发家致富，而其发家致富的根本缘由则是经商。致富之后，有才的子孙，包括学源在内，都入学成为廪生，从而得以晋升入士绅阶层。在这里，梁家走过了一条耕贸兼营——以商贸为主——耕、商、读相兼的发家之路。

---

① 同治《郧西县志》卷一六《人物志·义行》，《中国地方志集成·湖北府县志辑》本，第62册，第215页。

② 同治《郧西县志》卷一八《艺文志》，《中国地方志集成·湖北府县志辑》本，第62册，第282页。

③ 同治《郧西县志》卷一五《人物志·孝友》，《中国地方志集成·湖北府县志辑》本，第62册，第204页。

2003 年 11 月 1 日上午，我们访问了羊尾镇大院村。这个村的原名就是梁家大院，可以相信，它就是当年板桥河梁家居住的地方。村子坐落在两山之间，板桥河自西而东穿村而过，河北是村落的主体，村后向阳山坡上据说是梁氏家族的墓地。在村落的中央，板桥河南北岸，各有一座匾额上题着"学府第"三个大字的宅院。河北的"学府第"已基本倾圮，上房已塌毁，只剩下前堂与侧屋。现在的住户虽然姓梁，但已不能说清其先祖世系。河南的"学府第"保存完好，我们就是在那里见到了上文提到的柴洪瑞老人。据柴老人讲，这座"学府第"是"梁公爷"所建，梁公爷读过书，但未能考取功名，有许多田地。柴老人的父亲原来在郧西县城，是个读书人。由于其母亲是梁家人，故其父亲来这里教书，前后近 30 年，后定居于此地。考民国《郧西县志》卷四《教育志》，知民国中期板桥河设有初级小学堂，估计柴老人的父亲就是应聘到这所小学堂来任教的。而聘请他的，据柴老人讲，就是当年梁姓的保长。显然，梁家发家之后，一直没有放松对子弟的教育。很清楚，对于梁家来说，经商虽然可以致富，但读书仍是使其家族社会地位得以上升的根本途径。

（2）县川保王家。民国《郧西县志》卷九《人物志二·孝友》据"县川堡采访册"记载：

> 王正年，字瑞雪，蕲水团坡人，幼赤贫。九岁时父母携长兄及三、四两弟转徙来西，留年与叔牧，叔爱其勤，给以钱，每惜不用，还之叔。叔为之储，又次助以生利焉。年稍长，日以父母为念。叔感其孝，乃将所积赀买布匹，令赴西担卖，藉寻父母。比至，父母兄弟犹佣工度日，萧条四壁，故我依然。年忧之，遂将卖布所得赀课地若干亩，同力合作。由是父子团聚，家渐给，皆娶妻生子焉。后因生齿太繁，同居异爨，而妇邹氏善治内，子上宾善治外，家因益富，友爱之情亦愈笃。子四，长上宾，懿行有传。次德，次伦，次富，均孝友。孙十二，长心一，廪生，陕西候补知县；德一，从九；爵一、精一，俱国学生；道一，邑庠生；定一，州吏目。余皆业商业农，融融有孝友之风。[①]

同书卷一〇《人物志三·懿行》记载王上宾的事情说：

① 民国《郧西县志》卷九《人物志二·孝友》，《中国方志丛书》本，华中地方第 359 号，第 748～749 页。

王上宾，字鸿渐，例封奉政大夫。少家贫，弃儒学贾，性和易而机警，往来应接闲雅，有儒者风。平日疏财仗义……毋年五十患病笃，宾沐浴祈祷，不使人知。及店务纷繁，不能长侍母侧，乃于店旁另辟新居，迎奉朝夕焉。……兄弟共八九十丁口，同居数十载，毫无闲言，亦可谓得齐家之法者。子四，孙曾八。①

这很可能是最为典型的发家史。王正年的父母（第一代移民）携三个儿子迁入郧西之初，以佣工为生，是王家最为艰苦的阶段，时间延续了至少是十余年。至王正年（王家第二代）寻父来到郧西，以卖布所得课地耕种，王家开始创业，然其时单纯经营农业，故虽然渐能自给，但依然贫穷。到了以王上宾为代表的王家第三代，开始从事商业活动，开设了店铺，家道方开始富裕。王家的第四代，就出现了候补知县、从九品和州吏目这样的官吏以及数名生员，"余皆业商业农"。王家四代由佣工、佃农而自耕农、兼营商业，而晋升为士绅，可说是一代一个台级，上升非常迅速，其中的关键就是经商：第二代王正年卖布所得成为立家的起点，而第三代王上宾善于经营商业则是王家最终走上致富之路的根本。

（3）六寨保胡家。民国《郧西县志》卷九《人物志二·孝友》据六寨保采访册记载：

胡宗烈，字守谟，原籍武昌金牛镇。父渡湖坠水死，母老家贫，长兄训蒙于外，次兄远贸久无耗，母日夜悲啼，时烈年仅十三，以寻兄请。母怜其幼，弗许，乃潜赴商舟，晤次兄于邑之夹河关。相持大恸，因相与共营商业，置产万金。未及迎养，而母卒。兄弟白首相依，怡怡然有姜家大被之风。②

胡氏兄弟均以商贸而来郧西，居于夹河关。他们在数年之内即"置产万金"，推测其所营商业当是长距离贩卖，亦即中转贸易，而非如王上宾那样开设店铺，主要从事本地零售业务。王氏兄弟在一代内即"脱贫致富"，拥有万金家产，可见经商实为致富之捷径。

---

① 民国《郧西县志》卷一〇《人物志三·懿行》，《中国方志丛书》本，华中地方第359号，第833页。

② 民国《郧西县志》卷九《人物志二·孝友》，《中国方志丛书》本，华中地方第359号，第751页。

（4）县川保周家。民国《郧西县志》卷九《人物志二·义行》据县川堡采访册记载：

> 周人元，监生，性勤俭，喜周济。小贸赢余，除奉甘旨外，必厚赠老籍中之诸伯叔父。后小康。有同族弟自蒲圻来，求抚恤，元慨然分与产业之半。至待子侄，更无轻重厚薄之分，亦晚近之佼佼者。[1]

周家显然系自蒲圻县迁来郧西的移民，周人元的身份已是监生，可能不会是第一代移民；但他与"老籍"诸伯父来往还很密切，很可能是第二、第三代移民。周家达至小康的途径，也是"小贸"，也就是小规模的商贸，很可能是店铺生意。

这几个发家致富的案例，都是因为他们致富后不忘孝友、敦行仁义而见载于地方志，以一般情理论，可能还有更多因商致富者。而在同治与民国《郧西县志》里，可以确认是单纯或主要依靠从事农耕的移民家族只有一例，即土门保周家。民国《郧西县志》卷九《人物志二·孝友》据土门保采访册记载：

> 周希璧，先世蕲水人。乾隆间徙居西津。性孝友，以勤俭起家。念季弟希瑛在蕲，返梓偕之来。后析居，尽以膏腴让弟，自愿得其硗确者。所居仅隔一岗，朝夕相聚，终身怡怡然。[2]

显然，土门周氏兄弟以农耕为主，未见其从事商贸活动。但是，这对从事农耕的周氏兄弟并不很富裕，周希璧的田地还很贫瘠，更谈不上得到功名而上升为士绅了。换言之，单纯从事农耕的家族，即便能达致小康，也算不上富裕，更很难晋升入士绅阶层。因此，如果说农耕与多种经营是大多数移民家族谋生的主要手段的话，那么，经商、读书（以及我们将要讨论的从军）则是移民家族谋求进一步发展、逐步走向致富并抬升社会地位的最重要的途径。

---

① 民国《郧西县志》卷九《人物志二·义行》，《中国方志丛书》本，华中地方第 359 号，第 800 页。

② 民国《郧西县志》卷九《人物志二·孝友》，《中国方志丛书》本，华中地方第 359 号，第 754 页。

（三）香口柯家湾：一个移民家族的个案分析

如果说地方志的记载为我们了解移民家族的生计、发展与晋升途径提供了一些粗略资料的话，那么，对香口乡柯家湾柯氏墓地的考察，则为我们提供了一个更为详尽的案例。

香口乡柯家湾村位于香口乡西南约5里，坐落在流入天河支流汇河的一条小溪的西北面（这条小溪自西南向东北流过村庄，在村东折了一个大湾，转南流，复转东流入汇河），四周均有相对高度约在300米左右的山峰环绕。全村有50多户人家，除几户解放后迁入的江、王、高姓人家之外，其余都姓柯。柯氏祠堂位于小溪的东南一侧，背山东向；小溪西北一侧曲转处，与柯氏祠堂正对，是土地庙。柯家墓地主要集中在村庄后、小溪西北一侧的一座小山上，也有几座建于祠堂后的山坡上。根据我们在柯家湾所发现的《双圳柯氏家谱》[①]、柯家墓地碑铭、柯氏祠堂碑刻，结合有关访谈资料，我们可以将柯家湾柯氏家族的历史做一个初步的梳理：

（1）柯氏祖籍在江西瑞昌县，其一世祖为德元，字南舜，居双圳。其派系是：

> 南伯永兴，本日柯正，字启家祥，瑞隆道进。益大愈昌，尊贤希圣，长发方将，以肇万康。恢宏先志，世履其光，泽垂弈穰，悠久弥彰。

到柯氏十三代瑞字辈上，有一支迁居鄂东罗田县。乾隆三年（1738年），该支派的瑞琏、瑞瑀、瑞瑶三兄弟又复迁至郧西。对此，瑞瑀的墓碑上说：

> 瑀公□辈大父也，系南舜公十三代之孙，生于罗田青台关。乾隆三年，携伯祖始至郧邑，居于谷社，享年七十有二。诞于癸丑年十月初七巳时，没于嘉庆甲子年四月廿日未时。正寝。[②]

瑞琏的墓碑磨灭较甚，不能通读。就其可辨识者，抄录如下：

---

① 乾隆续修《双圳柯氏族谱》，垂远堂刻本。现藏郧西柯家湾柯愈林家。此家谱为江西双圳柯氏总谱之残本，为柯愈林在"文革"烧谱时捡回，其余全部被烧毁。

② 是碑续云："前有墓志，被风雨飘零，字迹模糊，今重立铭新，恐世远年湮灭，永垂不朽。"墓碑正中刻有"故祖考柯公讳瑞瑀大人之墓"。立碑人为孙道锦、道谦、道琴、道珍、道明、道元，曾孙进任、进章、进文、进取、进田、进鼎、进新、进铎、进享。立碑时间为"道光二十一年岁次辛丑月届仲冬吉旦"，是此碑复立于道光二十一年（1841年）。

康熙[乙](己)酉年二月十七辰时，生于罗田县，系南[舜公第十]三代孙。□□长别有殊志，远业郧都，尤前裕后□□□□[八]十八岁，不意没于乾隆[五]十八年五月□□日□□□□。恐世远名湮，于□刊碑。①

瑞瑶的墓碑未见。但瑞琏三兄弟是柯家湾柯氏的始迁祖当无疑问。据以上碑文，则瑞氏三兄弟均生于鄂东罗田县，于乾隆三年（1738年）迁来郧西，卜居柯家湾。当时，瑞琏（生于康熙乙酉年即四十四年，1705年）已34岁，而瑞瑀（生于雍正癸丑年即十一年，1733年）却只有6岁，实由长兄所携来。在祖坟山上，柯愈云老人（70岁）的讲述也可得到佐证：柯氏三兄弟原属六房，迁到郧西后，三兄弟在此地又分为三个房份，在祭祀的时候，三个房份先共同在祖坟山上一起祭拜老祖宗，然后各房又各自祭祀自己房份的祖宗。

在柯家湾村后、小溪西北一侧的祖坟山上，我们还发现了瑞琏兄弟们父亲（当为祥字辈）的坟茔，但字迹极为模糊，依稀抄录如下：

……瑞昌[县]复迁大冶□……殒于罗田。乾隆十七年四月二十七午时正寝。男□□吝费惜坚，将父骸移至谷社。

据此，瑞琏兄弟于乾隆三年迁居郧西时，其父尚在罗田，而且再往上追溯，其父可能还在大冶居住过。在柯氏祠堂后面的山坡上，有一座孤立的墓，是经祥夫妇的墓，碑文是：

考生于雍正十三年乙卯岁，产于黄州罗田县九屋湾，寿年五十二岁，殒于乾隆五十一年四月初一□□。妣生于乾隆二年丁巳岁，产于黄州府罗田县汪家畈，寿年五十岁，殒于乾隆五十一年四月二十一日未时。名朽□□刻□碑垂万古。

碑立于乾隆五十六年（1791年）九月初一，立碑人是"孝侄"瑞琏、瑞壁、瑞琳，以及孙隆茂、隆贵，婿叶国富，侄婿周昌华等。经祥是瑞琏的叔叔，生于雍正十三年（1735年），比瑞瑀还要小两岁，比瑞琏更要小30岁。经祥无子，故由瑞琏领头立碑。经祥的妻子汪氏也是罗田人，看来他并没有与瑞琏兄弟一起由罗田迁来郧西。而其死于乾隆五十一年，墓碑却立于五年之

---

① 立碑人是二子隆某，与孙道汉、道河、道江、道怀。

后,很可能也是在罗田过世之后,迁葬于此。但也可能在生前即已迁居郧西。即便如此,经祥也不是与瑞珽一起迁来的,更可能是瑞珽在郧西立足之后,前来投奔的。由于经祥无后,所以无论情形如何,都不算是柯家湾柯氏的始迁祖。

(2)柯家湾柯氏的第二代是隆字辈。隆字辈的墓碑今见者有两通。一是隆麟的墓碑,为子道劝、道谦、道锦及孙进鼎、进新、进铎立于道光二十一年(辛丑,1841年)。碑文是倩人代撰的,谓:

> 柯公乃人中之豪杰也,诞于乾隆四十七年十一月初六日子时,不禄于道光十九年四月十六日辰时,享年五十有八,终于正寝。今少君向予索碑一事,予不禁有感,为之铭曰:公初宗孔孟,博史通经。宏才小试,续振家声。友于兄弟,视□如生。□局复合,惠及乡邻。灵椿既老,□桂斯系。生而为英,死而为灵。地生一穴,以安哲人。光前裕后,荫厥子孙。

由立碑人署名可以推知,隆麟(1782—1839年)当是瑞瑀子(瑞瑀得此子时已年近五十)。隆麟的夫人与他不葬在一起,其墓在坟山南面的另一座山坡上,墓碑为道谦所立,碑文称隆麟夫人为徐氏,“于乾隆四十六年十二月八日子时生于香口堰□河,于同治□□□六月廿五日午时内寝”。则徐氏出自本地徐家,娘家在香口,距柯家湾只有几里。

另一个隆字辈墓碑的墓主是隆吉。碑立于光绪十七年(辛卯,1891年),立碑人为道权、道桂、道椿、道松、道树及孙进炳、进福、进超、进献、进受、进交等。碑文称隆吉为庠生,谓其“生于乾隆十二年丁卯九月初二,殒于嘉庆二十四年己卯夏四月十四,正寝,享年七十有三”。隆吉出生时,柯氏移住这里还不到10年。由立碑人署名推断,他不会是瑞瑀之子,当是瑞珽或瑞瑶之子。

(3)到第三代道字辈,柯家族众已相当之多。现存墓碑者即有道元、道锦、道衍、道谦等。道元的墓碑立于同治四年(1865年),碑文称:

> 生于乾隆甲寅九月二十六日亥时,不禄于同治甲子年九月三日戌时,正寝,享年七十一岁。建立碑牌,以垂奕世。系国学。

立碑人为子进璋、进廷、进霞,孙益贵、益芬、益万、益均、益菜等。这个柯道元,见于民国《郧西县志》卷七《选举志》,称其为“举贡”。碑文说他“系国学”,当即指此。同书卷九《人物志·文学》据土门保采访册记有柯道元的

小传,谓:

> 柯道元,邑廪生,学术湛深,出经入史,终其身不道异家言。又善教授,不以束修计。年未五十而卒,著有《易经批注》,兵燹残损。[1]

则柯道元虽然不曾入试,但颇通经史,而以教授为业。

道锦墓碑立于光绪十九年(癸巳,1893年),墓碑正文称其功名为"皇清例赠昭武都尉"。碑文署名为"廪庠恩贡教谕侄三羊敬撰",文称:

> 公生于嘉庆丁丑年六月初七日亥时,没于光绪丙子年十二月初七日辰时,享年六十岁。母生于嘉庆己卯年正月十三日辰时,没于光绪癸未年八月廿八日子时,享年六十有五。闻知积厚无不发之光,天意亦视人所事,观于我叔父婶母二大人而知之矣。公值祖业渐废之时,通户悉狃膏粱,独公能□(授?)先绪,性积精明,建修祖祠,佑其后人;孝[友](有)兄弟,惠施相邻,敬事公姑,言容贞静,和睦族里,公德堪称优异者。武略冠世,虽屡试未授,而邑尊翁公特许为大器,公亦志不衰。公之三子遵其遗训,均得功名显耀,而公亦晋封为昭武都尉焉,事非偶然。天生叔母之内助,在在与公无拂,家道以之复新,嗣裔因而愈起。二大人者,实我族之卓异,其后之昌盛,畴非其前置积遗为不爽也。爰铭之碑志!

立碑人为子进修(钦授翰林院)、进佑(武生)、进仕(钦点卫守府),孙益鍚、益会、益耀、益荣、益显。按:柯道锦之得封昭武都尉,乃因其子柯遇春之故(见下)。道锦好武,"武略冠世"虽未必,但其子逢春、遇春均习武,说明道锦以武立家。他"屡试未授"的,也当是指武举。

道衍墓碑立于民国五年(1916年),立碑人为子进昭(长)、进春(教谕)、进香(三房),孙益起(廪生),曾孙大慈、大厚(毕业生)、大允,玄孙愈敏(次)、愈守(三)、愈晓、愈存、愈寿、愈防(六)。碑文称:

> 公生于乾隆四十八年癸卯八月十四日酉时,没于道光二十六年十一月三十日,享年六十有四,寿终正寝。公精儒术,尤善医术。而且有阴骘功,相传有甜鸡肉一囊以卖者,公观之,乃活蛙也,遂买而仍放之池中。其后子孙有荣,皆公之仁效欤?因藉铭之。

---

① 民国《郧西县志》卷九《人物志二·文学》,《中国方志丛书》本,华中地方第359号,第773页。

则道衍虽曾习儒业,但以医术行世。

道谦墓碑磨灭不可辨,仅可见出"公于嘉庆十九年七月廿九日生于香口谷社沟,没于同治七年四月初四日"字样。立碑人为进字辈,名字已不能辨识。道谦是隆麟之子,惟其后人似无显迹,碑文亦甚简略。

此外,在一块题有"故老妣柯母罗老孺人"墓碑的立墓人中见有"道和"。据民国《郧西县志》卷七《选举志·封袭》记载,这个柯道和"承袭恩骑尉世职"。这是个武职,很可能也是因亲属(或者就是因为柯遇春?)立有武功的缘故而得到这一封袭称号的。

(4)柯家湾柯氏的第四代进字辈,虽然在坟山墓碑上见到很多名字,但却没有一块进字辈的墓碑保存下来(或者我们没有见到)。进字辈中最突出的人物显然是道锦的三个儿子:逢春、迎春和遇春(当即道锦墓碑上的进修、进佑与进仕,后者当为他们的谱名,而逢春、迎春、遇春很可能是其小名,后可能以小名行)。民国《郧西县志》卷七《选举志·武职》谓:

> 柯遇春,字东臣,幼随仲兄迎春习儒,颇聪颖,多膂力,复从长兄逢春学骑射,可穿杨中。光绪壬午乡试;癸未,成进士,钦点三等侍卫。就职北京南城内练勇局统领,拿获巨盗,勇闻一时,旋补卫守府。请假归,年三十五卒,未竟其用,人甚惜之。子二,益耀、益显。[①]

遇春于光绪癸未年(九年,1883年)中武进士,任职京城。据上引道锦墓碑,知光绪十九年他们兄弟三人为其父立碑,遇春请假归郧西很可能就是为此事。遇春不久大约就去世。民国《郧西县志》又称,遇春的两个哥哥逢春、迎春都因遇春之故得补卫守府,封武德骑尉。其事自当在遇春死后。前抄道锦墓碑上立碑人有"钦授翰林院进修",很值得怀疑。如果这个进修就是道锦长子逢春,确实已是"功名显耀",但若果如此,道锦墓碑上应当会大书特书,而地方志中亦不应全无记载。此事姑置疑。尽管如此,从现有墓碑署名看,进字辈确已有数人拥有功名。除道锦三子外,还有道衍子进春为教谕。

至若第五代益字辈、第六代大字辈、第七代愈字辈,均已处于清末民国乃至于解放以后,除了一方愈山的墓碑外,我们也没有见到其他人的墓碑。

---

① 民国《郧西县志》卷七《选举志·武职》,《中国方志丛书》本,华中地方第359号,第608页。

现在村中的老人多为愈字辈。显然,自瑞琏三兄弟迁居柯家湾(原称"谷社"),经过几代的苦心经营,到第四代进字辈上,柯氏已经在本地扎下根来,并逐步发展起来,成为当地的大家族。

由于没有柯家湾柯氏的族谱,现存墓碑毕竟残缺不全,我们无法完全弄清柯氏的世系传承。但从以上抄录的墓碑资料,已可对柯氏家族的发展路途形成一个初步认识:第一代始迁祖(迁入郧西柯家湾的这一支)是瑞琏、瑞瑀、瑞瑶三兄弟,于乾隆三年(1738年)自鄂东罗田县迁来郧西谷社(即今之柯家湾)居住。第二代隆字辈中已出现读书人,隆麟"初宗孔孟,博史通经,宏才小试",虽然没有任何功名,但已开始走上读书道路,却无疑问。第三代道字辈中,道元业儒,为廪生,以教授为业;道锦习武,以武传家,虽然未能博得科名,却得到知县的赏识;道衍虽也学儒学,但更善医术,以行医为业。显然,柯家的社会地位已逐步上升。至第四代,道锦三子长子逢春(进修)业儒,次子迎春与三子遇春习武,均博得功名,特别是三子遇春得中武进士,成为家族中的翘楚(长子的"钦授翰林院"头衔暂且存疑)。道衍子进春亦得为教谕。柯家已正式晋升入士绅行列。

柯家的发展史与上文所述县川保王家有一点相同之处,即都是在第四代上晋升入士绅阶层:县川保王家在第四代出了候补知县、从九品,而柯家在第四代上出了武进士与教谕("钦授翰林院"存疑),两家在社会地位上所达到的高度亦大致相同。这似乎表明一个普通的移民家族,一般需要经过四代的经营,才有可能进入士绅阶层。所不同的是,在王家的发展史上,经商曾发挥过重要作用;而从现有材料中,我们未发现柯家前几代曾经商的证据,[①]而柯家在第二代上就出现了读书人,第三代更出了庠生(以教授为业),比王家更早走上读书道路。相比较而言,柯家的晋升之途要比王家早一些。这使我们相信柯氏始迁祖瑞琏兄弟迁来郧西之初,可能不是如王家始迁祖那样为人佣耕,而很可能略有资本,迁来郧西后即课地耕种,也就是说,在迁居之初就有一定的经济基础。在访谈中,现年54岁的柯愈林讲,

---

① 据柯愈煜老人(60岁)讲,其祖先在周边集市街道上开有许多店铺,其中包含有果铺。而其祖宗特别爱吃果子,口中常有余香,当其到上面的店铺时,称为上香口,其往下走的街道就称为下香口。这个故事因为"香口"之名早在明代就已存在,而不尽可信;而且也无法确定柯愈煜所说祖先的具体辈分,所以无法确证,姑录于此,以备考。

柯家的祖先懂得堪舆之术，当年是拿着秤到处秤土，根据土质的轻重来决定去留的，并最终选择柯家湾为定居地。这个传说曲折地折射出柯氏始迁祖迁来郧西时并非赤贫。没有材料说明柯氏始迁祖可以算得上是"投资性移民"，但他们迁来郧西时拥有一定资本却是基本可以肯定的。

(四)柯家祠堂：移民宗族构建的一个案例

现存的柯家祠堂是民国十一年(1922年)重建的，一进二栋，单檐硬山顶封火墙，砖木结构，由围墙联结，构成四合院式。第一进当是祠堂门面，正中开门，双开木门；门前置两级台阶。面阔3间，长约10米，进深约5米，高约6米；青砖平卧墙体，封火墙土封檐，檐角上翘高昂，饰山水花卉图案，着蓝黑色。第二进是正祠，格局、建筑材料、式样均与第一进大致相同，惟门前置三级台阶。柯家祠堂于1947年曾作为陕南军区医院，所以解放后一直保存较好。现为民房。

在祠堂大门前左侧，我们发现了四通平置的石碑，保存均相当完好。这使我们有可能对柯家祠堂的创建、重修过程及其管理形成一个大致的认识，并借此对山区移民宗族的构建做一些初步的探讨。

第一通碑立于咸丰四年(甲寅，1854年)，碑文末署"文成道锦序，经管道锦、进贵、益财，户长道元，鉴修道谦、(道)嵚、(道)泰、进贤"。文称：①

> 盖闻莫为之前，虽美弗彰；莫为之后，虽盛弗传。想我祖之创建祠堂，历有年矣，捐资生息置买产业。于嘉庆廿一年，经管人道岗、(道)江、(道)菌经营建造，实属盛事，惜未告竣，大抵财用不足耳。迄今轮流推管三十余载，只谓积累余资，以成其事。不料数十年间，积攒无余。虽因人繁，究当事者不力，竟被风雨凛摇，渐至毁颓。追思前功，岂不惜哉？我族于咸丰元年春举予理事，不忍坐视萧条，而恐前功俱废，如是三房公议，惟变产以观其成。仰体先祖创业之心，佑启后人思哀之意。春露秋霜，萧然有若见之形；凄伦怵惕，俨然有如在之象。不知者以为废坠前业，咎莫免焉；其知者以为丕振庙貌，致孝享也。是以内尽其心，外铭其志，俾我族咸知予未尝有毫厘之侵也。意所明显，语

---

① 碑文( )内字为抄录者为阅读理解方便所加，[ ]内字为原文不易辨识，抄录者据揣测所补。标点为抄录者所加。下同。

多直朴,无非本先志以启后人,使后嗣子孙当以予为鉴哉。勒碑刊示,以志不朽。

第二通碑立于光绪十四年(戊子,1888年)冬,碑末署名为"经管进辅、(进)福、(进)治、益广、大臣"。碑文称:

> 尝思物本乎天,不忘生成之德;人始于祖,当尽报本之恩。我族先年经管祖事,账项清结、至公无私者固多,而积私肥囊、以公徇情者亦不少也。且祠堂田地余资俱属族内佃种左借,往往有持刁欺祖及不完租之辈,以祖宗之余业而儿孙承佃,即不完租,亦如胡底?以祖宗之余资而儿孙揭借,虽不楚给,亦又何妨?于是稞石账项,历年未清;族间公直者无人承领经管。我辈等身居儿孙,岂忍祖业坐视废坠而前功俱弃乎?于光绪壬午岁三大房公议,惟有进[崇]抗租不付,且又霸庄,较他人更甚,族内佃种者皆以崇为鉴。故合族难忍,而经管人更难忍。如是进辅、(进)福、(进)治及大臣同户长进福、户族进仕、(进)堂以抗租霸庄禀□□□[在]案,蒙谢宪堂谕:以后祠堂田地余资再不准族人佃种左借,永杜后患。非我祖之灵祐,何得堂谕至此。除已往之非,开将来之基耳。于戊子秋同前鉴事人进春、(进)书、(进)琦、(进)修及合族商议,恐年远日久,后世子孙仍蹈前辙,先功岂不惜哉,因特勒碑刊示,永垂不易耳!

第三通碑立于光绪二十一年(1895年)春,碑末署名为"经管祖事人进琦、(进)考、大成、(大)富、(大)礼"。碑文脱落较多,但仍可通读:

> 尝思物本乎天,不忘生成之德;人始于祖,当尽祭祀之想。我祖之创斯祠也,始于(瑞)琏、(瑞)瑀、(瑞)瑶三公,自乾隆岁□轮流□□,历有年矣!翼贻谋置买田产,继而□□□三公于嘉庆年间,建□宗祠,虽其内工□□□,其外□亦颇成其规模矣。及咸丰甲寅年□□□□□涂废坠,而复不领重修,始得大公告竣耳。于光绪癸巳岁经管□□人进考、(进)琦、大成、(大)富、(大)礼等□□隆辈已前,内外尊卑,昭穆□□分序,而享祭祀矣。道、进二辈在生者固□,而仙逝者亦不少。孙等不忍内外公妣未入宗祠,故建修碑位,得享万世之祭祀,使昭穆复以分序,尊卑得以列位耳。永垂不朽。是为序。

第四通碑立于民国十五年(1926年)春,碑末署名为"董事人益星,襄事人进辅、(进)功,益刚、(益)炳、(益)耀、(益)起、(益)华、(益)嘉、(益)博,大嵝、(大)彩、(大)礼、(大)章"。碑文为在柯家湾坐馆教授的廪生张会斗所撰。文称：

> 民国七年，余馆此祠，见上殿墙倾，嘱学生谨防之。九年六月十日之夕，学生皆来矣，灯烛皆燃矣，余忽命生友强抱被出前殿扑尘垢，众学生因潜出耳门，聚小院。余扑被方毕，见上殿飏尘灭烛，俄而雷霆乍惊，如天覆压，余惊骇，趋视，学生则号泣呼□。盖二生之后出者，坠瓦伤头，血涔涔滴。余师生之不聚而歼者，盖间有不容发矣。秉烛以视，见梁木其坏，因而栋折衰崩。噫！防在墙壁，坏在梁木，昔人云所患常出所备之外，不信然哉！阖族同心积资［庀］材，遂于十一年三月经营宗祠，经之营之，众匠攻之，不年成之。余于祠圮后建馆上津二载，十二年复延余教授其祠。见墓址仍旧，而坚固高大华□过之。且作学舍其旁，以教育人才焉。苏子瞻云：庆与成毁，相寻于□，尽然。是祠，余一夕见其毁与庆，期年见其成与兴。其毁与庆，以潮□朽蠹之不及防；其成与兴，以绳勉竭□□不稍。惟天□□□□，由于人欤？祠创于嘉庆年，重修于咸丰年。今兹重修，族中长幼尊卑成与有为，独益□□体弱而巨细兼综，寒暑不避，且从容之度、和悦之色，有以得人心而尽人力。此阖族众目瞩之而交口□□者也。族人讬余序其本末，余不容辞□，谨为之序。

仔细研读这四方碑文，有几点值得注意：(1)柯家祠堂当创建于嘉庆二十一年(丙子，1816年)，其时主其事者为道字辈的道岗、道江、道菌三人(疑分别来自三房)，然因经费短绌，并未完全竣工(但已建有祠堂，且"颇成规模"，当无疑问)。在此之前，虽然光绪二十一年(1895年)碑文称，早在乾隆时，始迁祖瑞琏、瑞瑀、瑞瑶三公就已创置；咸丰四年(1854年)碑文也称："我祖之创建祠堂，历有年矣"。然细揣其文，则知此前并未建立起祠堂，只不过是"捐资生息置买产业"，轮流经管，以备修建祠堂而已。尽管如此，这里仍然透露出一个信息，即：早在乾隆间，始迁的瑞琏、瑞瑀、瑞瑶三公就已筹划兴建祠堂，而且已着手筹资，并制定了具体的筹资、管理资金的办法。(2)咸丰四年(甲寅，1854年)重建祠堂，主持其事者乃道锦。上抄道锦碑文亦称他"建修祖祠，佑其后人"，足资为证。当时的族长(户长)是道元，但看来道元并未直接经营其事，而由有财力的道锦主其事。其事虽经三房公议，但族中可能也颇有异辞，故道锦于碑文中频频为自己辩白。

（3）自咸丰四年至民国十一年，近60年间，柯家祠堂迄未大修，所以到民国初年已颇为破旧，致坠瓦砸伤在祠堂里读书的学生。民国十一年重修，主事者当为益星。（4）自始迁祖瑞璇等三公以来，一直在筹措建立祠堂的经费，逐步置买祠田。然此项祠堂田地多由族众佃种，拖欠、拒纳田租之事频有发生，以致光绪十四年（1888年）经管人进辅、进福（户长）、益广、大臣等将抗租不交的进崇等告上县衙，奉堂谕，"以后祠堂田地余资再不准族人佃种左借，永杜后患"，则柯氏家族内的贫富分化与矛盾也相当尖锐。本族族众既不得佃种祠田，则必然引进他族佃户。惟其详情已不能知。（5）祠堂建立后，似乎并非所有柯氏族众死后均可进入祠堂。光绪二十一年碑文称"孙等不忍内外公妣未入宗祠"，显然有一些"公妣"在此之前未能进入宗祠，得享祭祀。其缘由不详。然则，柯家湾柯氏除3个房份的区别之外，还有"内外"之别？所谓"外"，是否指迁出柯家湾的那些柯氏子孙？换言之，柯家湾柯家祠堂，是否并非柯家湾一村柯氏子孙的祠堂？这些问题，还有待进一步的考察。（6）至迟到民国时期，柯家祠堂已发挥起教育本族子弟的功能，这在上抄民国十五年碑文中得到明确的证明。这个学校显然属于义塾性质。

柯家祠堂的功能如何？柯氏始迁祖何以在立足初稳之后即亟谋修建祠堂、想方设法筹措经费？后世子孙又何以切切以修建、维护祠堂为念？光绪十四年碑文称："尝思物本乎天，不忘生成之德；人始于祖，当尽报本之恩"；二十一年碑文也说："尝思物本乎天，不忘生成之德，人始于祖，当尽祭祀之想"，确为建立祠堂之一义。然其根本缘由，则当仍在凝聚族众、以在当地生根繁衍。前述瑞璇兄弟在郧西立足后，曾远赴罗田，将父母骨殖移葬柯家湾坟山，此举固然有不绝血祀、怀念父母养育之恩的意义，也不无奉祖为本、固立家族的现实目的。这两者是密切联系在一起的。祠堂的建立也有同样的双重目的，即是为了祭祀先祖，不忘祖宗，也是为了昭显本族的势力，加强本族的内聚力，以在异乡生存、发展。在上引道锦的墓碑碑文中，我们注意到道锦之时，柯氏家族曾出现了一些衰败倾向，所谓"公值祖业渐废之时，通户悉狃膏粱"；道锦在咸丰四年祠堂碑文中也隐约透露出当时族内异辞纷杂、心志不齐。而道锦之所以亟谋兴修祠堂，可能也与试图挽回此种衰颓之势有关，而且似乎确实起到了这种作用，柯家因此而得以继续上升。

显然,祠堂的这种凝聚作用是比较虚的,基本上停留在教化层面,并无强制性的制度约束。我们没有见到柯家湾柯氏有成文的族规,族长(户长)的权力也常常被其他有势力的族众所侵夺(如道元是族长,但在修建祠堂过程中,作用远不如道锦的作用大)。至于佃种祠田的族众竟然可以拒纳田租,而族长(户长)与经管人竟无可如何,最后只能诉诸官府,依靠官府的力量加以解决,更可以见出宗族权力的局限。

五、神庙系统与民间信仰的神祇

2003 年 10 月 30 日上午,我们由郧西县城出发,前往香口柯家湾。车过土门镇六官坪村时,我们下车试图找寻千工堰的源头。沿着潺潺流淌的天河,溯流而上,在距六官坪所属的一个自然村不远的田地边,我们发现了一处挂有红布的祭拜场所,供奉着两具用黑纸剪成的小猪。我们的向导陈同惠先生告诉我们,这就是当地人所称的“猪法官”,因为当地人认为他们属于“猪法官”管辖,故供奉之以祈求神灵保佑。陈先生大声地询问正在河边洗衣裳的村妇:“牛法官在哪里啊?”村妇们指着河对岸的山坡,告诉我们,对岸属于“牛法官”的辖区。

在郧西考察的几天中,我们时常感受到当地民众在信仰上的纷杂乃至混乱。我们善谈的向导,陈先生,在途中向我们讲述了很多神奇鬼怪的传说,使这个边缘山区充满了神秘感。我们知道,包括郧西县在内的郧襄地区,曾是清中叶白莲教孕育、活动的中心地区之一,著名的襄阳白莲教教首王聪儿就死在郧西县西北境槐树乡。那么,明清时期郧西地区民众的信仰状况如何? 民间信仰的神祇有哪些? 民间信仰与白莲教在这一地区的孕育、发展之间有怎样的关系? 带着这些问题,我们在考察中比较注意对有关资料的收集。可是,受到时间的限制,这一方面的收获并不尽如人意。现在,我们也只能主要依据地方志的记载,结合考察所见,从地方志所记神庙系统入手,对郧西地区民众的信仰体系做一些初步探讨。

(一)郧西县城内外的坛庙:官方祭祀与官方信仰及其与民众的关系

与大多数地方志一样,郧西县的地方志对县城内外的坛庙都有详细的记载。我们就根据这些记载,将明清时期郧西县城内外的坛庙列如表4。为了集中讨论,我们忽略了明代上津县的情况。实际上,明上津县城内外的坛庙与郧西县大同小异。

表4　明清时期郧西县城内外的坛庙

资料来源	祭坛	祠庙
嘉靖《湖广图经志书》卷九《郧阳府》	社稷坛,山川坛,邑厉坛	原都祠,关王庙,城隍庙,萧何庙
万历《湖广总志》卷四二《坛庙》	社稷坛,山川坛,邑厉坛	关王庙,城隍庙,萧何庙,原都御史祠
万历《郧阳府志》卷一六《祀典》	社稷坛,山川坛,厉坛	城隍庙、萧公庙(即县土地神)、原公祠、去思亭、忠烈祠
康熙《郧阳府志》卷八《祠祀》	社稷坛,山川坛	原公祠,萧公庙,城隍庙,忠烈祠,去思亭
乾隆《郧西县志》卷六《坛庙》	先农坛,社稷坛,风云雷雨山川坛,厉坛	城隍庙,萧公祠,火神庙,武庙,原公祠,忠烈祠,吴忠烈祠
同治《郧西县志》卷三《舆地志·坛庙》	社稷坛,风云雷雨山川坛,先农坛,邑厉坛	武庙,城隍庙,八蜡庙,火神庙,原公祠,忠烈祠,吴忠烈祠,忠义祠,孔公祠,翁公祠,林公祠,程公祠、文庙
民国《郧西县志》卷二《建设志·坛庙》	社稷坛,风云雷雨山川城隍坛,先农坛,厉坛	城隍庙,文昌宫,八蜡庙,萧公祠,火神庙,原公祠,朱忠烈祠,吴忠烈祠,忠义祠,孔公祠

在表4所列官方坛庙中,祭坛均为国家之制,除先农坛为雍正四年(1726年)增设之外,变化不大,可不具论。而官方之祠庙,则大抵可分为三种类型:一是城隍、火神、八蜡庙之属所谓"法施于民"者;二是文庙、武庙(关王庙)之类具有教化功能者;三是原公祠、萧公庙之属,祭祀名宦、先哲、忠烈的乡贤祠。前二种亦为国家定制,但落实到地方,有两点值得注意。一是官方祭祀的民间性。如武庙,同治《郧西县志》卷三《舆地志·坛庙》云:

> 武庙祭祀溥遍六合,由侯而王而帝,襃崇盛典,弥陟弥上。原在南门内,康熙中移建南关外,雍正九年知县马坦、贡生梁凤鸯、生员向日

琼督建三公祠。庙北今为山陕会馆,仍祀关圣。乾隆二十五年知县王必昌缘梓潼庙改建武庙,在西津书院前,大门三间、正殿三间,塑像其中,因殿宇不甚宽敞,商之士庶,设立拜坛三间、后殿三间以奉三代,东西各两厢房。又庙三间在县治东门外营中。同里人设立另祀;余如县东东营,县西六官坪、马鞍川、板桥河、土门铺、上津堡,县北大黄沟以及香口、过风楼,均各有庙,里民香火不绝。乾隆四十五年知县张曾秀捐廉增修,乾隆五十一年知县游殷亨续修,并建戏楼,头门临街市,房七间,董事贡生胡洙学、全学文、职员夏敬忠、周绍武,监生周之琯各捐银百余金,始得竣事。嘉庆二年寇扰,焚毁头门。嘉庆七年知县孔继楙重修,并建三代祠于正殿左,以后殿祀定光佛,增修正、后殿三楹,祀如来佛,每值旱涝祈祷辄应。①

显然,武庙(关帝庙)不仅在县城有,在县境四乡均广泛存在;除县城武庙由官府主持外,四乡及县城东门外之关庙、南门外由原武庙改设之山陕会馆均以里民或商民主持,显示出关帝信仰在民间的广泛性。

二是官方祭祀的民间根源以及官方祭礼对民间信仰及民间解释的吸纳。比如八蜡庙,乾隆《郧西县志》卷一六列入"寺观"栏,谓:

八蜡庙,在县治西门外,康熙四十七年里民建,瓦屋一间,设牌位,祀先农、先啬、司啬、邮表、□猫、虎坊、水庸、昆虫。……乾隆十二年罢祀。里民于三十一年建正殿三楹,三十五年建拜亭。②

显然,在康熙、乾隆年间,八蜡庙主要是由里民修建,其祭祀虽然有官方的允可,但并未列入官方祭典,官方甚至还于乾隆十二年(1747年)一度停祀。同治《郧西县志》则将其列入"祠庙"栏中,正式承认其为官方祠庙。③八蜡庙由里民信仰向官方祭祀的转变,正反映出官方信仰的民间根源。而上引嘉庆七年(1802年)孔继楙重修武庙,于武庙内增祀定光佛与如来佛,

---

① 同治《郧西县志》卷三《舆地志·坛庙》,《中国地方志集成·湖北府县志辑》本,第62册,第57页。

② 乾隆《郧西县志》卷一六《寺观》,《故宫珍本丛刊》本,第144册,第353页。

③ 同治《郧西县志》称:"今移祀县东南五里青龙观,并祀刘猛将军。西门外庙基废。"(《中国地方志集成·湖北府县志辑》本,第62册,第60页)看来郧西八蜡庙在嘉道咸同间曾经过一些变化,惟其详情已不能知,但所谓"并祀刘猛将军",实际上可能刘猛将军已成为八蜡庙所祭祀的主神。

则是儒释合流的一种表现。

至于乡贤、忠烈祠，就其祭祀对象分，则可别为三类：一是古代先哲，如萧何庙（萧公祠）即是。[①] 二是于本县有功劳恩德者，原公祠、孔公祠、翁公祠、林公祠、程公祠之属是。三是祭祀死于忠义的本县人士，忠烈祠、忠义祠之类是也。此类祠庙，当以表彰与教化之功能为主。然此类祭祀，似并未得到民间之广泛而长久之信仰，祭祠多因年久失修圮毁。如乾隆《郧西县志》卷六记原公祠（祀原杰），谓"成化十九年知县侯爵建，嘉靖四十四年知县孙衮重修。兵寇后，典史借为衙署。乾隆二十四年移建县署，即将此祠与千总衙署更换。现作千总署，祠废，时议重建"。[②] 实际上，原公祠于清代迄未重建。祭祀明代左参政朱衮的忠烈祠与祭祀吴应元的吴忠烈祠也都在明末毁圮，到清代均未重建。因此，这几个祭祠，虽然地方志一直相沿记载，但实际上都早已废毁不存。这当然有改朝换代的因素，但"功德"、"忠烈"云云，均是从官方立场出发而言的，与一般民众关联不大，甚至对官方而言的"功德"与"忠义"，正是与民众对立的，或者与民众存在着很大的隔膜。因此，这些祠庙多不能持久，即使是在当时，也并不能得到民众的广泛信仰。我们注意到，这些祠庙，很少有里民参与维修的记载，说明民众甚少参与这种祭祀事务。[③]

（二）城乡寺观：官方许可或支持的民间信仰

广泛分布在郧西县境城乡各地的寺庵、宫观与杂祠是真正与普通民众信仰有着密切关系的祠庙，而且一般也得到官府的认可或支持——实际上，见于地方志记载的这一部分寺观杂祠都不同程度地得到了官府的认可，那些完全未得到官府承认的民间祠庙，更多地被斥为"淫祀"而很少有可能被记载下来。因此，依据地方志资料的考察，实际上有很大的局限性，它远不足以揭示民间信仰的真实情况。但地方志的记载至少反映了民间信仰中得到官府允可或支持的那部分，也是民间信仰的主体部分。

---

① 萧何之祭祀是郧襄地区之地方特点之一，盖以萧何封地在此之故。
② 乾隆《郧西县志》卷六《坛庙》，《故宫珍本丛刊》本，第 144 册，第 311 页。
③ 即便是同治年间建立的忠义祠、嘉庆年间建立的上津义勇祠以及茅山神庙，也完全未见到有民众的参与，更遑论孔公祠、翁公祠之类歌功颂德的祭祠。

表5　明清时期郧西县境内的寺观杂祠

时期	寺庵	宫观	杂祠	资料来源
明中后期	清明寺,清洁寺、龙泉寺、东泉寺、太宁寺、圣水寺、盘龙寺、天寿寺、云峰寺、如来寺、弥陀寺、铁山寺(以上属上津县),乾兴寺、万寿寺、九龙寺、永庆寺、清净寺、普佛寺、九龙寺、正仁寺、兴胜寺、天池庵、观音堂(以上属郧西县)	玄真观、蟠龙观、仙河观(以上属上津县),悬鼓观、弥罗观、云台观、仁威观、青龙观(以上属郧西县)	龙王庙、文昌庙、五通庙、关王庙、火星庙、泰山庙、娘娘庙、水府祠(并属上津县)	嘉靖《湖广图经志书》卷九,万历《湖广总志》卷四五,万历《郧西府志》卷二三《寺观》、卷一六《祀典》
清前中期	永庆寺、乾兴寺、竹扒寺(万寺寿)、万古寺、九龙寺、正仁寺、弥陀寺、祖师庙、兴胜寺、天池庵、清凉寺、观音寺、东泉寺、龙泉寺、石佛寺、白寨庵、兴龙寺、如来寺、莲花庵、菩萨庙、清明寺、铁佛寺、林秀寺、祖师殿、净头庵	悬鼓观、云台观、仁威观、元真观	八蜡庙、东岳观、观音堂、玉皇庙(有二)、山陕会馆、黄州会馆、文昌祠、三官殿(有二)、大仙庵、太山庙(有四)、三郎洞、娘娘庙(有二)、黑龙庙(黑龙洞)、佛洞(有三)、黄龙庙、五谷庙、黄龙洞、十王庙、观音洞、红庙	乾隆《郧西县志》卷六、一六
清后期	永庆寺、乾兴寺、竹扒寺(万寺寿)、万古寺、九龙寺、正仁寺、弥陀寺、祖师庙、兴胜寺、天池庵、清凉寺、观音寺、东泉寺、龙泉寺、石佛寺、白寨庵、兴龙寺、如来寺、莲花庵、菩萨庙、清明寺、铁佛寺、林秀寺、祖师殿、净头庵、云峰寺	悬鼓观、仁威观、元真观、娘娘山老庙、盘龙观	东岳庙、观音堂、山陕会馆、江西会馆、黄州会馆、武昌会馆、河南会馆、青龙寺(祀八蜡)、大仙庵、三官殿(有二)、太山庙(有四)、三郎洞、娘娘庙(有三)、黑龙庙(有二)、佛洞(有四)、黄龙庙(有二)、五谷庙、黄龙洞、十王庙、观音洞庙、檀树庙、杨泗庙(有二)、东玉皇岭庙、中玉皇岭庙、同母庵、石佛庙、尖山庙、钟王庙	同治《郧西县志》卷四,民国《郧西县志》卷二

应当指出,表5所做的分类是非常粗略的。表面上看,寺与观的区别应当是清楚的,但事实上并不如此,至少有一部分寺庵实为道士所居;寺中所奉,亦不限于佛教神主,往往兼奉道教与民间诸神,乃至周公、孔子;道观所奉,也不一定都是道教神祇,而多供奉佛像。至若杂祠所祀,则更为繁杂,有玉皇大帝、东岳大帝、观音菩萨、关帝、许真人、帝主、三闾大夫、三皇神、八蜡、大仙、三郎、阎王、药王、三官、碧霞元君、黄龙、黑龙、河神、杨泗、石佛等等。这些寺观杂祠,皆非官方定制祠庙,但大都得到官方的承认乃至支持。乾隆《郧西县志》卷一六《寺观》云:

> 狄梁公巡抚河南,毁淫祠千七百余所,尚已。明太祖废寺观,府州县许存宽大者一所,限僧道无过二十人,法亦尚已。乃制度维严,奉行不善,后人欲求福田利益,遂使祠宇遍满,沿至于今,各社里民踊事重修,岂昔人谓释氏如良金美玉,老氏如彝鼎法物,吾儒如布帛粟菽耶?第山明水秀间,振以法鼓金铎,庶几聋聩之徒,不终于愚昧。①

同治《郧西县志》卷四《舆地志·寺观》序称:

> 寺观始于周,兴于汉,穆王修灵宅,明帝筑精舍,而使黄冠缁流之徒居以崇奉也。于是寺观遂遍天下,世俗相尚,今古相沿,虽士君子摈之,而亦足壮山林之瞻视也。②

寺观杂祠,"虽士君子摈之",而官府终不得不予以承认且借重者,实因为"世俗相尚",民众信仰之故也;而"里民"之所以"踊事重修"者,其目的亦正在"求福田利益"也。至若官府之利用,其目的则在借助寺观杂祠之"法鼓金铎",以教化乡愚"聋聩之徒",维持其统治。因此,就官方而言,无论是佛寺、道观,还是杂祠,只要其所祀之神祇不具反叛之意义,民众祭祀之目的限于"求福田利益",就不妨予以承认、支持并借为凭靠。乾隆《郧西县志》卷一九《艺文志》录乾隆中张道南《劝修竹扒寺佛像序》云:

> 僧大彻者,偕其徒侄心月,食苦茹素,计每岁稞资,蓄而积之,以修其殿宇。……越数日,心月奉簿一本乞予为序,盖因像之额也,欲与众共新之。余曰:是亦可矣,独不见举大木者呼于邪乎?昔韩退之谏骨

---

① 乾隆《郧西县志》卷一六《寺观》,《故宫珍本丛刊》本,第144册,第352~353页。
② 同治《郧西县志》卷四《舆地志·寺观》,《中国地方志集成·湖北府县志辑》本,第62册,第62页。

一疏,谓解衣散钱,老少奔波,伤风败俗,其事非细;然苟能得吾君臣父子之道,虽大颠、文畅,亦可与游矣! 倘都人士知寺为万寿,而以敬佛心为敬上心,心蒸蒸然向风慕义,是亦为民牧者之幸也。[①]

欲使民众"以敬佛心为敬上心,心蒸蒸然向风慕义",可算道出了官府之所以礼佛崇道的真实目的。而《郧西县志》中亦屡见地方官祷雨于杂祠的记载,说明官府于杂祠亦一般予以承认,并在需要时籍以为助。[②]

正因为此故,寺庙杂祠得到官方与民众较广泛的支持。在表 5 中,明代的情况受到资料的限制,无法加以详细的讨论。就清代前中期与后期相比较而言,寺观杂祠均有相当高的继承性,反映出其香火延绵不断。仔细分析清代郧西寺观杂祠的修建(包括重修)情况,可以发现,其主持状况大约有两种:一是由官方主持修建,方志中所见知县某某修建或重修者,皆属于此种情形;二是完全由民众修建者。兹据乾隆、同治与民国《郧西县志》的有关记载,将可考的寺观杂祠修建情况列成表 6。

表 6　清代郧西县寺观杂祠的修建情况

修建方	寺庵	宫观	杂祠
官府主持,官民共修	永庆寺、乾兴寺、竹扒寺、九龙寺、天池庵、东泉寺、万古寺	悬鼓观	观音堂、玉皇宫、黑龙庙
民众自修	乾兴寺、正仁寺、弥陀寺、祖师庙(二)、白寨庵、兴隆寺、莲花庵、菩萨庙、祖师殿、净头庵、铁佛寺、林秀寺、云峰寺、如来寺、兴龙寺	悬鼓观、娘娘山老庙、元真观	山陕会馆、江西会馆、黄州会馆、武昌会馆、河南会馆、大仙庵、三郎洞、娘娘庙(三)、黄龙庙(二)、五谷庙、观音洞、杨泗庙(二)、东玉皇岭庙、三官殿(二)、太山庙(四)、红庙

据表 6 可知:官府主持修建寺庵者有 7 例,修建道观者 1 例,修建杂祠

---

① 乾隆《郧西县志》卷一九《艺文志》,《故宫珍本丛刊》本,第 144 册,第 377～378 页。

② 乾隆《郧西县志》卷一九录彭祖训《祷雨黑龙洞纪事》(《故宫珍本丛刊》本,第 144册,第 383～384 页),记载了康熙二十九年知县彭祖训前往祭祀黑龙洞祈雨的具体过程,可参阅。

者 3 例，共 11 例；民众自修者共 43 例，其中修建寺庵 16 例，道观 3 例，杂祠 24 例。显然，民众自修（包括方志所谓"里民"、"社民"修建或重修，"客民"或"商民公修"，以及僧人主持修建者）占据了主导地位。其实，方志所称官修者，也往往是借用官方的名义，实际上也主要是民间筹资、组织并具体修建的。如乾隆二十七年（1762 年）重修悬鼓观，虽名为官修，实际上是由"知县胡廷槐率里人姜烈承、姚启元重修"；康熙五十四年（1715 年）知县秦国龙重修观音堂，志称乃"徇里民"之请，当是里民自修、而求得官府允可而已。因此，可以肯定，这些寺观杂祠不断重修，主要是民众自发组织进行的，从而反映出佛、道及民间诸神具有广泛的民众基础。

我们认为这些寺观杂祠得到普通民众的广泛信仰，也可以得到一些碑刻资料的证明。2003 年 10 月 31 日，我们在店子镇南铁山寺遗址抄录了两方碑文，其中一碑立于同治年间，记载僧人本乘与其徒弟们募化修寺事，中称"众善亦复乐输捐助"。其下详记捐筑众善人，有捐修首人张居法、刘癸运，朝邑县客人某某，庠生喻牲善，山阳县刘文莲等。翌日下午，我们在夹河镇金銮山盘龙观遗址上又抄录了一方完整的施舍山地以作庙产的碑文。碑立于道光二十五年（1845 年）九月十六日，立碑人为邓发耀父子，凭户有本族邓发兰、发黄、发东、发顺、发高及族侄才相、才高，凭见人为冯级，凭首士有邹学奎、乔新兴等 14 人。碑文全文是：

> 立施山地文约人邓发耀合子才奎，父子商议，将自置山地一段，坐落土名金銮山庙前后左右，其地四至：东至刘姓地畔原岭分水端下水河口石嘴为界，西至原岭邓发林地畔小乾沟端下大河心为界，南至大河心为界，北至李姓地界石桥端下效汉地畔为界。四至明白，凭众首士、户族亲友，情愿施于盘龙观祖师座前，永作香火之费。言明载地价钱四串文整，以为印约。根杨其地，随带额粮一合，在小河保四甲里邓大德户下过割。自施之后，地内所出竹木金石柴草等件并地一笔扫施，永无反悔，任从盘龙观税契承差管业。观内住持只许耕种，不准当卖；邓姓内外亲疏老幼人等生端异言者，尽在施主父子身承担，不与盘龙观干涉。□□有凭，特立施山地文约一纸，刻碑永远为凭。

这是一份典型的施舍契约。这样大宗的施舍，与上述官方祠庙的维修完全看不到民众自发的施舍、支持，形成鲜明的对照。

然而，民众又是如何组织修建这些寺观杂祠的呢？由方志所见，民众自修的情形大约有四种：一是如山陕会馆、黄州会馆、河南会馆之类，地方志称其为"客民公修"，当主要是由客商集资修建，其具体情形若何，尚无资料说明。二是某氏捐资修建，如同治四年（1865年），桂氏捐资重修悬鼓观。① 三是僧道倡修，或募资修建。如乾隆中僧人大彻、心月重修竹扒寺，已见上文所引张道南《劝修竹扒寺佛像序》。上文提到的铁山寺则是僧人本乘募化修建。2003年10月31日上午，我们在上津镇政府院内抄录了一方重修元贞观的碑刻。碑文名有磨灭，但仍可大致辨识。碑立于乾隆五十六年（辛亥，1791年），立碑人为全真道士王仁同。② 碑文称（标点为抄录者所加）：

（前磨灭，无以断定其字数——抄录者）亦无以获庇佑；使□无关于方土民人灾祥休咎者，即在可因可仍之列，似无烦再造而修举之也。社稷诸神均为一县之保障，其所系岂或鲜哉！则金并为带，铁□峰作屏，高山峻拔于左，蛮寨耸峙于右，地势之□。云游道人王太臣、冯和敬募缘获众□。时造作之盛，殿宇整齐，神像鲜明，以及山门西廊等处无不俱备。□福无疆，四方之安堵，莫不皆赖神圣之灵佑也。夫何盛美之下，其多难继？逮寇贼张献忠兵燹火后，不但城垣毁□，□独保无恙乎？□是由今溯昔，□百有余年，以至栋折衰朽，殿漏墙塌，其倾圮一至于此！道人王仁同系河南人氏，中年出家，二年云游上津，居住元贞观焚修。初见荒芜，始行开砍；三十余年，积金千余，赖祖师之保护也。同年近七旬，□己系上津十八里之香火，□制虽废，古刹犹存，顾令颓然摧残，不思□以恢宏旧制也乎？即择日兴工，窃□二楼鱼池桥前，修戏楼、山门、中殿、三教殿；即皇经堂旁修娘娘殿，前后各殿宇神像一并装颜重新。又□官舍外，修大街高桥一座，元真桥一座，以便□□。□系王仁同捐金自修，不□成功。丹楹刻榭，亭房粲然，一□制

---

① 见同治《郧西县志》卷一八，李鼎：《游悬鼓观记》，《中国地方志集成·湖北府县志辑》本，第62册，第280～281页。

② 是碑末署"季岁次辛亥□月"，不明其具体为哪一辛亥年。然立碑人署名中有"□□[上津]堡分司加三级　周春龙"。考同治《郧阳志》卷五《官师志》，知周春龙于乾隆五十四年任上津巡检，乾隆五十六年适逢辛亥，据此可断定此碑立于是年。而碑文中磨灭不清的"□□左部司修□宏"也就可以断定为当时正在上津任驻防左司把总的修永宏了。

矣。窃见休祥屡应，丰登造征，功果万代，道缘无穷，刻石晋芳，永垂不朽。

据此碑文，知元贞观初修于明代，①当时就是道人王太臣、冯和敬募缘修建的。乾隆末此次重修的经费，也主要是由全真道士王仁同几十年募化积聚所得。

然而，绝大部分寺观杂祠则是所谓"里民"或"社民"修建（即第四种）。这一部分寺观杂祠大抵属于村社信仰范畴。关于其修建、管理，今仅见有一条材料。同治《郧西县志》卷一八《艺文志》录程光第《火车岭养正义学碑记》所记火车岭元妙观的组织情形颇值得注意：

> ……殷汝霖等来谒，谓于火车岭巅元妙观左创修房屋五间，为义塾之处。若延师开学，馆谷修金以及书纸笔墨，其费用则以旧存观中之田所得租课为周年之需，不足则责在首士。予讶之，即询田所自来，云："昔年里中所捐，为创修义举事，起于道光初年，分十人为首主之。至咸丰元年，积租课得千有余串，公议于岭上建元妙观，祀火神，招香火道人奉之。其田仍为十首士执之。年来租课所余，纷争迭起，曾经控告，有案可稽。生等议将此款拨入义学，一则可以成就人材，一则可免彼此争竞。……"②

此火车岭元妙观，不见于同治、民国《郧西县志》记载，想其规模不大。据上引程光第文，知是观创建于咸丰元年（1851年），祀火神，以道人主持。在建观之前，保中就已存在着一个村社组织，主持里社"义举事"。这个组织设有十首士，负责共有财产（包括田产）的管理。修建元妙观也就是由这个组织负责的。后来，在知县程光第的倡议下，决定创设义学，也由这个组织筹备。虽然没有充足的证据，但我们认为地方志所记"里民重修"、"社民修建"之类的寺观杂祠，很可能就是以这种民间村社组织为主体主持修建的。

---

① 1986年《郧西县文物普查资料汇编》称，元贞观创于明嘉靖间，原称玄妙观，并称原存一方《玄真观重修碑记》，刻于万历四十一年（1613年）。我们未能见到此碑。

② 同治《郧西县志》卷一八《艺文志》，《中国地方志集成·湖北府县志辑》本，第62册，第284～285页。

(三)地方志所见民间秘密宗教的踪迹

由于民间秘密宗教的秘密性与反叛性,在地方志中很少见有记载,但也并非全无蛛丝马迹可寻。同治《郧西县志》卷一四《人物志·忠节》记载:

> 朱彝周,世居马鞍。白莲教倡乱,惑周,周不可;胁周,周曰:"我生凡恐人知者不为,今汝暗室诵经,予岂为之哉!"胁者退。适贼至,时周年八十二,具衣冠缢而死。[①]

这说明,嘉庆初年,白莲教在郧西县境有一定的传播。同书卷一八《艺文志》录何学濂《西山形势论》记载:

> 嘉庆初年,白莲教乱作,山之侧旧有响水洞、蓬家山以及木家砦,皆娘娘山之发脉也。其时啸聚山寨者麻大王、王玉相为之创首,相从者则有张草苞、韩三姑等相助为恶,麕聚于娘娘山下广山寨内,延及刘家湾地方。经官军剿灭数年,其党悉伏于法。不意咸丰年间,山之北有惠家河,山穷水恶,地阔人疏,储原苟居此,假团练为名而起"穷人会",扰害乡间,聚众约数万人,其势猖狂,莫能扑灭,幸前邑侯林公计擒而诛之,以息其祸,而协从者皆不之咎。[②]

麻大王、王玉相之属,很可能就是郧西县本县的白莲教徒众。至于储原苟所组织的"穷人会"是否利用民间秘密宗教,则不能确知。[③]

同治《郧西县志》卷一九所录金国钧《乙卯侨寓西津,偕桂氏昆季、何世菴、周界侯登金宝山观罗汉寨有感而作》诗,则采集传闻,隐约透露出某些

---

① 同治《郧西县志》卷一四《人物志·忠节》,《中国地方志集成·湖北府县志辑》本,第62册,第169页。

② 同治《郧西县志》卷一八《艺文志》,《中国地方志集成·湖北府县志辑》本,第62册,第287~288页。

③ 同治《郧西县志》卷二〇《轶事》载:"储原苟,首倡穷人会,联络竹山、郧县、陕西白河等处,假名团练,诱胁乡愚,党羽蔓延几不可制,欺官诈民,恶难悉数。壬戌之乱,乘机焚掠。知县林瑞枝莅任,计斩之,其党刘全礼、张可福等五人先后正法,解散党羽,胁从罔治,地方以安,郧县知县奎联亦斩其党羽范映芝、何开义等七人,会始平。"(《中国地方志集成·湖北府县志辑》本,第62册,第344页)按:惠家河,当即马鞍乡泥河上源之惠家河;储原苟当即惠家河对岸之储家湾人。其以团练为名,聚众起事,则很可能其本身并非穷人,而当为地方土豪,会以"穷人"为称,盖资号召耳。而此会在短时期内即聚众约数万人,很可能是利用了民间秘密宗教。

秘密宗教活动的踪迹。诗中称他在罗汉寨，"寻碑特为搜苔斑。仅存洪化五年字，其余断碣皆摧残。有碑有字尚磨灭，况无一字留人间。洞中旧塑阿罗汉，遗像至今存者半。耕地往往得金身，妙相沉沦良足叹"。[①] 诗又云：

> 我忆明史长太息，千斤倡乱先谋逆。三百年来祸变频，郧山屡见枭雄迹。妖僧妖妇纷如麻，王师八次勤搜拿。林深箐密行不到，深山何怪生龙蛇。蛇窟龙巢无可考，寨中轶事传闻少。胜朝变迹犹模糊，何况宋唐更元杳。白马黄牛偶出游，樵农掘地犹绝倒。齐东野语多荒唐，不信此山有金宝。主人抵掌为我言，惟有二事传故老。曾闻前代栖僧寮，此山宫殿凌青霄。暮鼓晨钟自撞击，一声飞过高天高。法门蕴利广田产，五百阇黎身是胆。穿井饮水头如铜，负嵎竟致扬兵反。官军百战经岁时，铜头始被天戈斩。毁庙堙井成荒丘，前车之鉴本不远。又闻仁庙登基年，三省邪教称白莲。郧阳各邑任蹂躏，千峰万壑皆蔓延。此拿彼窜恣焚掠，道官坪畔无人烟。老稚生灵逾万口，恃有此山为保全。同时立寨竞修筑，兵蹑其后勇踔前。焚无可焚掠难掠，始得次第歌凯旋。[②]

显然，在郧西山区，所谓"妖僧妖妇"的活动迄未终止，彼伏此起，不绝如缕。金氏诗中所述，虽然都得之传闻，很难得到证实，但罗汉寨洞中所塑的阿罗汉，深山穷谷中的金身遗像，都显示出这些活动都很可能与白莲教有关。

同治五年（丙寅，1866年），知县程光第又在境内发现了民间秘密宗教的结社。叶年菜在《除妖民记》[③]中详细记载了这次宗教结社情况：创教人为陕西人孙义法。同治五年初，他在郧西县西北境冷水堡立坛传法，自称西天大帝降临，称"能言人隐事"。"不匝旬，远近男妇敬香日以千计，白邑香表市卖一空。""被惑者遂藉神敛财，分簿邻堡，拟于三月三日聚会朝神。"

---

① 按：洪化是吴三桂孙世璠年号，但洪化只三年，不当有五年；若为洪化五年，则当在康熙二十二年（1683年），待考。

② 同治《郧西县志》卷一九《艺文志》，《中国地方志集成·湖北府县志辑》本，第62册，第314～315页。

③ 同治《郧西县志》卷一八《艺文志》，《中国地方志集成·湖北府县志辑》本，第62册，第283页。

知县程光第于二月二十五日到达冷水堡,"见男妇遍山野,夜则灯火星布,几不可以数计"。这种景况与本文"引言"中所引万历《郧阳府志》所记明中后期上津县"传经"的情形非常相似。这里值得注意的并非孙义法如何煽惑民众,而在于竟有如此之多的民众会轻易地信服此种相当肤浅的宗教法术。它提示我们,在郧西,民间秘密宗教有着相当广泛的民众基础。

六、结语

综上所论,我们对明清时期郧西地域社会史的几个主要侧面可以形成一些初步的认识:(1)明清时期,郧西地区(明上津、郧西县,清郧西县)的行政与军事控制体系在空间格局上表现为"凭城据险",即主要控制郧西县城、上津堡(城)及十数个关堡、塘汛,特别是郧西县城及其所在的天河谷地、上津堡及其所在的夹河谷地,一直是郧西地区的政治、军事与经济的核心地带,历任知县都十分重视对这两个核心区域的经营与控制。(2)明清时期,郧西地区的乡级组织的演变经历了"里"、"保(堡)"两个主要阶段,而里、保(堡)的数量则在不断增加:明代以"里"为乡级组织的基本方式,明初上津县只有 2 里,至成化年间增为 14 里;成化间分郧县武阳 5 里与上津县津阳 4 里置郧西县,郧西县共有 9 里。明代的"里"是一种明确的地域单元,虽然其编制必然会考虑到人户与赋役,但它显然是以划定一定的地域作为表现形式的;每一里都有一个或两个集聚的村落,并以已得到开发的农业区域为核心。明中后期,"里老"的职权逐步扩大,全面负担起里内治安事务,甚至侵夺里长的赋役征发功能;而保甲的推行实际上就是赋予里老以更多的地方治安职责,并在其下设立总甲、什长等更为具体的职位,从而使里老的统辖体系更为明确、具体。清代郧西县乡级组织的演变之迹是:顺治初年的 36 寨→顺治后期 19 乡(未含上津县)→康熙中期以后的 39 堡。寨、堡的实质就是"保",是以社会治安为中心、兼具赋役征发功能的地域单元。(3)明中后期郧西地区里甲的编组与保甲制的推行,都是在官府对这一地区的军政控制得到加强的前提下进行的,也是为强化此种控制而采取的具体措施。但是"里老"范畴内推行的保甲制,特别是担任里老的很可能是地方士绅或富户,显示出地方士绅与富户势力的抬升。清中叶嘉庆初年,郧西县团练的兴起,则标志着主要以保为地域单位组织的团练,逐步成为控制乡村的实际力量,而控制乡团者则为乡村士绅豪霸。因此,团练的兴起,也意味着地方士绅势力的崛起。我们注意到:明中后期与清嘉庆以后郧西地方士绅势力的抬升,并不以国家在这一地区控制能力的衰退为前提,恰恰相反,无论是明中后期,还是清嘉庆间,官府对这一地区的军政控制都得到了明显的加强。(4)明清时期,郧西地区是典型的移民迁入区。入居郧西的移民主要的生计方式是开垦土地、从事农耕。但单纯的种植农业不仅导致了生态环境的恶化,最重要的是不足以使移民家族较好地生存、繁衍、交纳赋役,更遑论发展以及社会地位的上升了。因此,多种经营与经商就是移民家族维持生计与追求发展的最重要的途径,特别是经商,对于移民家族的发展与社会地位的晋升有着十分重要的意义。一般而论,一个移民家族需要经历至少四代人的努力,才有可能晋升入士绅阶层。(5)以祠堂为中心的移民宗族的构建,有着明确的现实目的,即昭显本族的势力,加强本族的内聚力,以在异乡生存、发展。(6)虽然有部分来源于民间的官方信仰得到民众的广泛支持,但总的说来,官方祠庙所祀神祇、乡贤、忠烈等并不能得到民众的普遍信仰。民间信仰的主体部分表现为得到官府认可或支持的民间寺观杂祠,其所祀奉的神祇表现为明显的释、道、儒与此民间神祇合流的特征。民间秘密宗教虽然甚少见于文献记载,但毫无疑问地拥有广泛的民众基础。

通过对明清时期郧西县地域社会诸层面的初步考察,我们对此种"内地的边缘"区域加深了一些认识。我们注意到,在这些"内地的边缘":(1)国家权力相对空缺,政治控制相对较弱,而国家为达到控制此类地区之目的,多采取因地制宜的变通方法,充分利用各种地方势力,遂形成了政治控制方式的多元化。(2)经济与社会资源严重匮乏,特别是在农业社会中,耕地资源的严重匮乏,迫使民众多方寻求生存资源,遂导致了生计方式的多样化,而民众生计方式的多样化,直接形成了经济形态的多样性。(3)人口来源复杂多样,多是逸出于社会体系之外的流民、亡命、土豪等,属于所谓"边缘人群";其社会组织或以利相聚,或以义相结,或以血缘地缘相类,具有强烈的"边缘性",社会关系比较脆弱、不稳定,流动性强。所以,我们可以将这种地区的社会称为"边缘化"社会。(4)文化上表现出强烈的多元性,特别是异于正统意识形态的原始巫术、异端信仰与民间秘密宗教在边缘区域均有相同的影响。(5)这些边缘区域,并不处于帝国的边陲,并不是整个体系的边缘,而是处于体系内部的空隙处,是帝国体系中的"隙地"。

　　本文所考察的郧西县,很早即已纳入中华帝国的统治体系之中,因此,并非像新疆、西藏那样的"边陲"或"边疆地区";但是,直到明代前中期,这片介于秦楚万山之中、"土阔道远"的山区,实际上并未完全融入帝国政治、经济与文化体系网络之中。本文仅仅通过郧西县这一个案,初步揭示了此种"内地的边缘"区域社会经济发展过程中的某些特征,而未能就此种区域如何逐步融入帝国的政治经济体系网络之中展开讨论。更为重要的是,因为本文所讨论的仅限于郧西一县,很多问题仅仅通过一个县的考察还远不足以充分地揭示出来,尚有待于对更广地域范围内的深入考察。但我们相信,这将是一个良好的开端,沿着文献研究与田野考察相结合的道路走下去,必定会在地域社会史研究领域里取得一些成绩。

卷三　江汉平原的水利社会

散村的形成及其演变

——以江汉平原腹地的乡村聚落形态及其演变为中心

一、问题之提出

所谓"乡村聚落形态",是指乡村聚落的平面展布方式,即组成乡村聚落的民宅、仓库、牲畜圈棚、晒场、道路、水渠、宅旁绿地以及商业服务、文化教育、信仰宗教等公用设施的布局。一般将乡村聚落形态分为集聚型和散漫型两种类型:集聚型村落又称集村,就是由许多乡村住宅集聚在一起而形成的大型村落或乡村集市,其规模相差极大,从数千人的大村到几十人的小村不等,但各农户须密集居住,且以道路交叉点、溪流、池塘或庙宇、祠堂等公共设施作为标志,形成聚落的中心。散漫型村落又称散村,每个农户的住宅零星分布,尽可能地靠近农户生计依赖的田地、山林或河流湖泊;彼此之间的距离因地而异,但并无明显的隶属关系或阶层差别,所以聚落也就没有明显的中心。① 最典型的散村是一家一户的独立农舍,所谓"单丁独户之家";而最典型的集村则当是聚族而居、多达数千人的大村落,或市廛繁庶、工商业发达的市镇。但二者的根本区别并不仅在于人口多少及其空间规模的大小,更在于各个邑居之间及其与所依赖的田地、山林、湖泽之间是呈现集聚、互相靠近的趋向,还是表现出离散的趋向。"在(集聚)村庄的景观中,房屋群聚在一起,这多少有点加强了耕地上的孤寂感;村庄与其土地是截然分开的。在散居的景观中,房屋不远离耕地,房屋相互间的

---

① 前揭左大康主编:《现代地理学辞典》,"乡村聚落形态"条,第699页。

吸引力,远小于房屋和田地间的吸引力。农庄及其经营建筑物都建在田地附近,而且每块耕地的四周,常有围墙、篱笆或沟渠。甚至那些被称作小村(hameau,Weiler,hamlet)的小房屋群,似乎也应当一般地看作散居的形式,因为它们几乎总是意味着房屋和田地是靠近的。"① 换言之,集聚村落本身表现出集聚化倾向,而村落与田地、山林之间则相距较远;散居村落各农户之间相距较远,而每个农户都尽可能地靠近其耕种的土地、赖以为生的山林湖泽。

　　一个乡村地区的人们采用怎样的居住方式,是集聚居住(形成集村)还是分散居住(形成散村或独立农舍),显然受到诸多因素的影响。在《汉宋间长江中游地区的乡村聚落形态及其演变》一文中,我们曾立足于对两汉至宋代千余年间长江中游地区乡村聚落形态的初步考察,对影响乡村聚落形态及其变化的诸因素做了粗浅分析,认为:在长江中游地区,散居,而不是聚居,是人类最初的居住形式,亦即这一地区人类居住的原始倾向;散居形式与长江中游地区的地理环境有着密切的关系:在易受洪水泛滥侵袭的平原和河谷地带、耕地资源匮乏的中低山区、水资源分散的低山丘陵,就人类生产、生活与居住的自然选择而言,都比较适宜于分散居住的聚落形态;而集聚村落则是乡村社会经济长期发展与演变的结果,是一种次生的聚落形态,人口的增加、安全防御方面的考虑、社会经济的发展以及宗族制度、文化传统等因素在散村向集村演化的过程中,都发挥了重要的作用。② 在理论上,随着人口的不断增加与乡村社会经济的发展,大部分规模较小的散村都可能并应当发展成为集聚村落。但事实并非如此,在很多地区,散村在相当长的时间内一直是主导性的乡村聚落形态,只有相当少的散村才发展成为集村。这就促使我们去思考:(1)一个地区分散居住的形式究竟是怎样形成的? (2)为什么在某些地区分散居住会成为长期延续的主导性居住形式? (3)在怎样的情况下,一个规模较小的散村会发展成为集聚村落?

---

　　① 阿·德芒戎:《农村居住形式地理》,见氏著:《人文地理学问题》,葛以德译,第140～192 页,引文见第 146 页。
　　② 鲁西奇:《汉宋间长江中游地区的乡村聚落形态及其演变》,《历史地理》第 23 辑,上海:上海人民出版社,2008 年,第 128～151 页。

江汉平原腹地(主要包括今洪湖、仙桃、潜江、监利四县市以及江陵、汉川、汉阳、沙洋四县区的大部分地区)湖泊星罗棋布,水网交织,垸堤纵横,在历史上曾饱受洪涝灾害之患。在地势低洼、洪水时常泛滥成灾的江汉平原腹地,散居村落一直是主导性的乡村聚落形态。在江汉平原腹地考察,沿着长江、汉水及其重要枝河如东荆河、通顺河等堤防,可以见到成百上千户人家的房屋顺着堤岸展布开来,有的村、镇还形成两三条甚至更多与堤岸平行的街道,从而组成规模相当大的村、镇。但如果我们进入这些村、镇仔细考察,就会发现:很多表面看上去是一个集聚聚落的居住地,实际上内部是分离的,是由几个来源不同的居住地组合而成的。换言之,很多表面上似乎是大规模集村的村落,实际上是由若干分散居住的散村组合而成的,其背后仍然是散村。离开纵横交织的堤岸与道路,深入到平坦的垸田区,则随处可见散布在稻田中央或河湖边上的小村,一般只有十户左右人家,分处在地势略高于周围的几个墩台上。通过访谈与实地考察,我们相信:直到民国时期,江汉平原腹地的乡村聚落形态仍以分散居住的散村占据主导地位。因此,本文即试图以田野考察与文献分析为基础,通过对江汉平原腹地乡村聚落形态及其演变的探讨,分析这一地区的散村是如何形成及如何成为主导性居住形式并长期延续下来的,以期有助于对传统中国乡村聚落形态之区域差异及其成因的认识。

二、居于台、墩之上

同治《汉川县志》卷一○《民赋志》录嘉庆二十一年至二十三年间(1816—1818年)任汉川知县的樊钟英所上"通禀汉川地方情形民间疾苦"云:

> 汉川地处襄江下游,形势低洼……素称泽国,除梅城、长城两乡地处高阜,其余尽属垸畈。每年泛涨,不破堤,仅厂畈被淹,若破堤,则垸内亦淹。……民庐多居墩、台。墩者,乃民间锄土造筑而成。若水淹久,则墩、台亦多坍卸,故居民多造茅屋竹篱,略加墙垣。夏秋水至,则

拆屋移居,撑船远逃;春冬水退,则[刘](于)茅索陶,亟其乘屋。[①]

按照樊钟英的解释,墩"乃民间锄土造筑而成",是由人工堆筑;台,樊钟英没有解释,从其特别强调"墩"乃人工堆筑而成来看,似乎"台"主要是指自然形成的丘阜。但我们在田野调查中向当地人请教台、墩的意思时,几乎没有人能说出二者究竟有什么差别。一直追问下去,有的人会绞尽脑汁地说:墩小一些,上面不一定建有房屋,可能仅仅是临时躲避洪水的土堆;台要大一些,上面一般都建有房屋,有人家,是村子。但这种分别显然是被"追问"出来的,所谓大、小和是否有房屋也是相对而言的,并不构成将二者区分开来的标准。

因此,台与墩并无根本性差别,在江汉平原腹心地带都是指略高于周围的冈阜、小丘。由于平原湖区频受洪水侵袭,人们不得不选择地势稍高的天然丘阜作为相对稳定的居住点;在没有适当天然丘阜的地方,则集中人力堆筑成墩台,以作为栖身之所。康熙《潜江县志》卷二〇《艺文志下》录张承宇《秀野园记》称:"吾邑苦无山……凡筑室者,虑无不有事于畚锸,高高焉,下下焉,而后可居。"[②]所谓"高高焉"即堆土为台,"下下焉"则是掘土成塘。1883 年,英国商人阿奇博尔德·约翰·立德乘小帆船从汉口出发,经沌口进入长河,溯长河而上,辗转达沙市。经过汉阳县西境蒲潭一带时,他写道:"我们今天经过的地区,夏天是一个巨大的湖,孤零零的秃山像海岛一样在水面上只露出 10 至 200 英尺的山头。蒲潭村就建在其中一座山头上,与夏季的洪峰等高。"在蒲潭以西,沿途所经的地方景色十分单调,"打破这种单调景观的只有一些可怜的村庄,每隔三四英里,可以见到一个高出平原约 10 英尺的圆形土丘,丘顶上挤着十间八间泥屋"。[③] 前者所说的是汉阳西境蒲潭、马影一带的低丘陵地带,蒲潭村所在正是一个自然残丘;而那些"高出平原约 10 英尺的圆形土丘,丘顶上挤着十间八间泥屋",

---

① 同治《汉川县志》卷一〇《民赋志》,《中国地方志集成·湖北府县志辑》本,据同治十年刻本影印,南京:江苏古籍出版社等,2001 年,第 9 册,第 240 页。

② 康熙《潜江县志》卷二〇《艺文志下》录张承宇《秀野园记》,《中国地方志集成·湖北府县志辑》本,据光绪五年刻本影印,南京:江苏古籍出版社等,2001 年,第 46 册,第 331 页。

③ 阿奇博尔德·约翰·立德:《扁舟过三峡》,黄立思译,昆明:云南人民出版社,2001 年,第 15～16 页。

则正是"台"或"墩"。

在常受洪水侵袭的平原湖区,选择或营筑高于周围地面的台、墩,在上面营造房屋以供居住,是一种原始的倾向,人类很早以来就会采用这种办法。长江中游地区新石器时代的澧县城头山遗址,坐落在洞庭湖西北澧阳平原中部的徐家岗东头。徐家岗的平均海拔为45.4米,高出两侧河床2米多。岗地南头突起一个小土阜,土阜东端即城头山城址。城址以西的土阜上分布着密集的东周和西汉墓群,其东、西、北三方的高程均在43~44米间。城头山城址外形保存完好,数里之外即可看到它的轮廓,突兀地矗立在一望无际的平原上。① 澧县鸡叫城遗址位于湖南省澧县北约10公里的涔南乡复兴村,也位于澧阳平原中部。遗址处在涔水南岸的一个长方形台地上,城中地势高出周围地面2~3米,城垣更是高出城外水田4米余。考古发掘表明:鸡叫城城垣先后经过两次修筑,其一期城墙(属屈家岭文化中期)直接修筑于地势较高的生土面上;二期城垣(属石家河文化早期)则附筑于一期城墙的内侧。换言之,鸡叫城的先民们先是选择地势较高的台地筑起了一座城垣,然后又在已经过人工加高的基础上再建二期城垣。在城外东、西各500米处,各有一处夯土建筑台基,残高2~4米;城址西北6公里的土阜上,分布着密集的东周墓群。② 石家河遗址群位于湖北省天门市石河镇北,位于低山丘陵向江汉平原过渡的地带,地势自西北向东南依次递降。遗址群以土城为中心,密集地分布着30多个新石器时代遗址,其中城内的谭家岭遗址、邓家湾遗址、土城遗址以及城外的罗家柏岭遗址、肖

---

① 前揭湖南省文物考古研究所:《澧县城头山屈家岭文化城址调查与试掘》;湖南省文物考古研究所:《澧县城头山——新石器时代遗址发掘报告》上卷,北京:文物出版社,2007年,第2~7页;任式楠:《中国史前城址考察》,《考古》1998年第1期。

② 曹传松:《湘西北楚城调查与探索——兼谈有关楚史几个问题》,载楚文化研究会编:《楚文化研究论集》第二集,武汉:湖北人民出版社,1991年,第177~190页;尹检顺:《澧县鸡叫城新石器时代晚期遗址又有新发现》,《中国文物报》1999年6月23日。

家屋脊遗址等,均高出其周围地面约 1.5～6 米。[①] 石首走马岭遗址位于湖北石首市焦山河乡走马岭村与滑山垱镇屯子山村交界处的上津湖东南台地上,比周围地势高约 2～5 米。[②] 荆门马家垸遗址(位于荆门市五里镇显灵村)也处于高出周围地面约 2～3 米的比较平坦的岗地上,四周均为宽阔的稻田。除马家垸遗址外,在荆门市南境平原地区发现的荆家城、孙家台、梅老岗、肖岗、踏车畈、叶家湾、草家湾等十余处屈家岭—石家河文化早中期遗址,也都位于高出周围地面数米不等的丘岗、台地上。[③] 公安鸡鸣城遗址位于公安县狮子镇龙船嘴村,处于由洈水河北堤和松滋河西堤所围成的合顺大垸的南部,高出周围地面 2～3 米。城内中部的沈家大山又高出城内地面约 1 米,是城内文化层堆积最厚的地方,耕土层下可见到大面积的红烧土堆积,可以断定应是城内的居住区。显然,鸡鸣城遗址的先民们是先在现在称作"沈家大山"的台地上营造简陋的房屋以栖身,后来又在其周围筑起了城垣。[④]

许多研究表明,在石家河文化末期至商初,长江中游地区曾经存在一个延续时间较长的洪水期。[⑤] 长时间的洪水造成了江汉平原地区湖群的大幅度扩张,湖泊发育在距今 4000～3000 年间达到鼎盛,江汉平原上的大小湖泊很可能联成为一体,成为水势浩瀚的巨大湖泊。因此,殷商、西周时期,江汉平原地区的城邑聚落大多分布在平原边缘的丘陵低山地带,平原

---

① 北京大学考古学系、湖北省文物考古研究所:《石家河遗址群调查报告》,《南方民族考古》第五辑,成都:四川科学技术出版社,1993 年,第 213～294 页;石河考古队:《湖北省石河遗址群 1987 年发掘简报》,《文物》1990 年第 8 期;石河考古队:《湖北天门市邓家湾遗址 1992 年发掘简报》,《文物》1994 年第 4 期;湖北省文物考古研究所等:《湖北石家河罗家柏岭新石器时代遗址》,《考古学报》1994 年第 2 期。

② 荆州市博物馆、石首市博物馆、武汉大学历史系考古专业:《湖北石首市走马岭新石器时代发掘简报》,《考古》1998 年第 4 期。

③ 前揭湖北省荆门市博物馆:《荆门马家垸屈家岭文化城址调查》。

④ 贾汉清:《湖北公安鸡鸣城遗址的调查》,《文物》1998 年第 6 期。

⑤ 前揭朱诚等:《长江三峡及江汉平原地区全新世环境考古与异常洪涝灾害研究》。

腹地的聚落非常稀少。① 盘龙城遗址断断续续地分布在一片突入湖区的丘陵地带上,现在每逢夏、秋涨水季节,遗址的东、西、南三面环水(北面是一个小山岗),其南面不远处就是流入长江的府河。因此,盘龙城遗址实际上就是孤立地处于平原湖区的边缘。② 江陵荆南寺遗址位于荆州城西约1.5公里,也处于一个长方形台地上。③ 考古发现的西周时期文化遗存,主要分布在江汉平原北部边缘的随枣走廊及其以东的孝感地区和西部边缘的荆门、荆州江陵区西部。④

湖北地区发现的大量楚文化遗存,主要分布在鄂西北的襄宜平原、随枣走廊、鄂东丘陵低山地区以及鄂西荆门、荆州西部的低丘——平原过渡地带,真正处于江汉平原腹地的只有潜江龙湾遗址群及洪湖螺山遗址等。⑤龙湾遗址群由放鹰台、水章台、章华台、华家台、打鼓台、陈马台、徐公台、荷花台等十余个台基遗址所组成。其中,放鹰台是一处高出周围地面约0.7~6米的不规则长方形岗地,海拔高度26~28米,长约380米,南北宽约90米,当地农民在台上耕种旱地作物。台上自东至西排列着四个高台子,系龙湾遗址群中相对高度最高的台子,其第一、三号台均经过发掘,发

---

① 已发现并发表材料的江汉平原及其周边地区的商代文化遗层,主要有黄陂盘龙城遗址、袁李湾遗址、徐家州遗址、光山造遗址、孝感聂家寨遗址、安陆晒书台遗址、云梦好石桥西城遗址、凤凰台遗址、汉阳东城坑遗址、汉川甑山遗址、江陵荆南寺遗址、沙市周梁玉桥遗址等,主要分布在江水下游以东、以北的低山丘陵及其向平原湖区过渡的地带,以及江汉平原西缘,今荆州、荆门境内的低岗丘陵地带。参阅鲁西奇:《区域历史地理研究:对象与方法——汉水流域的个案考察》,第128~130页;杨宝成主编:《湖北考古发现与研究》,武汉:武汉大学出版社,1995年,第73~83页。

② 湖北省博物馆:《1963年湖北黄陂盘龙城商代遗址的发掘》,《文物》1976年第1期;湖北省博物馆、北京大学考古专业盘龙城发掘队:《盘龙城一九七四年度田野考古纪要》,《文物》1976年第2期。

③ 前揭荆州地区博物馆、北京大学考古系:《湖北江陵荆南寺遗址第一、二次发掘简报》。

④ 如新洲香炉山遗址、黄陂鲁台山遗址、孝感聂家寨遗址、安陆晒书台遗址、随州庙台子遗址、钟祥六合遗址、江陵张家山遗址等,参见上揭鲁西奇:《区域历史地理研究:对象与方法——汉水流域的个案考察》,第138~141页;杨宝成主编:《湖北考古发现与研究》,第83~90页。

⑤ 国家文物局主编:《中国文物地图集·湖北分册》,西安:西安地图出版社,2002年,第63页。

卷三　江汉平原的水利社会　　散村的形成及其演变

195

现了大型宫殿遗址。显然,龙湾遗址群是在低洼的平原选择地势较高的岗地,于其上夯土立基,建造房屋、宫殿。[①] 荆州纪南城遗址则处于江汉平原西部边缘、丘陵岗地向平原湖区的过渡地带,地势西北略高、东南略低,平均海拔 34 米左右,城东垣外则为湖泊地带。城内突出于地面之上的土台数以百计,与纪南城同时代的夯土台基有 84 座,集中于城内东部,特别是东南部最为密集。东北部有 15 座夯土台基集中在今广宗寺一带的高地上,规模较大,夯土层一般在 40～150 厘米。去除夯土层堆积后的台基地面,仍比周围地面略高,说明这些夯土台基多是建在原有自然台子之上的。但东南部密集分布的台基的夯土堆积底层大抵与周围地面等高,应当是在平地上夯筑而起的。[②]

文献记载所见之汉魏六朝时期江汉平原地区的城邑聚落,也主要位于平原边缘的低丘山岗上。如《水经注》卷二八《沔水中》所记之荆城、权城、临嶂城、鲁山城以及卷三五《江水三》所记华容县尉治所城(在杨岐山上)、州陵县故城(在石子岗上)等。[③] 平原腹地的城邑聚落,大抵兴筑城垣,既用于防卫,亦用以防御洪水。《水经注·沔水中》"阳水"条记阳(杨、扬)水所经有郢城、冶父城、方城、鲁宗之垒、华容县等城邑聚落,又有楚庄王钓台、天井台、大暑台等。方城为南蛮校尉府治,由注文所谓"春夏水盛,则南通大江,否则南迄江堤,北迄方城西"观之,则方城处于平原湖区之地势稍高处。楚庄王钓台在龙陂北,"高三丈四尺,南北六丈,东西九丈"。天井台在天井水之西侧,"因基旧堤,临际水湄,游憩之佳处也"。大暑台在赤湖东北,"高六丈余,纵广八丈,一名清暑台,秀宇层明,通望周博,游者登之,以畅其情"。章华台在离湖之侧,"台高十丈,基广十五丈。左丘明曰:楚筑台于章华之上"。[④] 凡此诸台,均为王室贵族所营筑,故甚为宏敞高显。然据

① 潜江市博物馆:《潜江市龙湾遗址群放鹰台第 3 号台试掘简报》,《江汉考古》2001年第 1 期;荆州市博物馆、潜江市博物馆:《湖北潜江龙湾放鹰台 1 号楚宫基址发掘简报》,《江汉考古》2003 年第 3 期。

② 湖北省博物馆:《楚都纪南城的勘查与发掘》,《考古学报》1982 年第 3、4 期;郭德维:《楚都纪南城复原研究》,北京:文物出版社,1999 年,第 45～58、148～159 页。

③ 鲁西奇:《城墙内外:古代汉水流域城市的形态与空间结构》,北京:中华书局,2011年,第 47～72 页。

④ 郦道元注,杨守敬、熊会贞疏:《水经注疏》卷二八《沔水中》,第 2405～2410 页。

此推测,普通民居亦当选择高阜处或堆筑墩台。《水经注·沔水中》描述汉水下游地区的地理面貌云:"及其夏水来同,渺若沧海,洪潭巨浪,萦连江沔。"同书卷三二《夏水》谓监利、州陵、华容诸县境内"土卑下,泽多陂池"。在这样的地理环境中,唯有堆筑台墩,方能营居。

唐代诗人的描述也给我们认识唐代江汉平原的聚落状况提供了一些线索。王建《江陵道中》句云:

> 菱叶参差萍叶重,新蒲半折夜来风。江村水落平地出,溪畔渔船青草中。[1]

这里的江村傍依小溪、荷塘,只有在"水落"之后,方得现出"平地",其所处地势显然稍高。又,钱玥《江行无题一百首》乃自襄阳泛舟汉水、长江,经郢、沔、鄂诸州至江州途中所作,其中有句云:

> 柳拂斜阳路,篱边数户村。可能还有意,不掩向江门。

江岸之上一条小路,在斜阳中蜿蜒而来,杨柳掩映处,竹篱环绕着几户人家,各家的门扉都朝向江面。诗人虽未直述此"数户村"所处地势,但其必处岸上高阜,自可断言。又云:

> 佳节虽逢菊,浮生正似萍。故山何处望,荒岸小长亭。

时令正当重阳,岸上野菊遍地,一座小亭独立江岸,引发了诗人的一片乡愁。这首诗中,虽不见江村,然"荒岸小长亭"背后,一个村落或隐约可见。在另一首诗里,诗人描述说:

> 岸草连荒色,村声乐稔年。晚晴贪获稻,闲却采菱船。[2]

江岸荒草萋萋,不远处的村子里传来庆祝丰年的锣鼓声,农人们正忙着收割稻谷,村前湖塘里的采菱船静静地泊在那里。一幅江村图画宛在眼前。这些村落,多依江岸而立,正处在江、汉自然堤上,地势较其后的平原湖区要略高。

南宋乾道六年(1170年),陆游被任为夔州通判,由故乡绍兴经运河至京口入大江,溯江而上。经鄂州(今武汉市武昌区)后,沿鹦鹉洲南行,过谢家矶、金鸡洑;九月一日,由通济口转入沌中,"实江中小夹也"。自此至八日,均行沌中。这条沌水,自监利鲁家洑至汉阳通济口,长达数百里,大致

---

① 王建:《江陵道中》,《全唐诗》卷三〇一,第3421页。

② 钱玥:《江行无题一百首》,见《全唐诗》卷七一二,第8273~8275页。

自今监利县城附近通大江，东北流经鸡鸣铺、福田寺，进入今洪湖、仙桃境，在今洪湖洚口、仙桃杨林一带与当时的汉水南支（约相当于今东荆河）相汇，东流一段后又分出，东流经新潭（今新滩）至通济口（今武汉市汉南区东津口）入江。[①] 沌中的聚落，多在地势稍高的自然堤或墩台上，下郡有二十余家，白臼有数家，归子保十余家，纲步二十余家，芦藩茅屋，短篱晒罾，舍旁或有果园，正是一幅散居村落的图画。毕家池"地势爽垲，居民颇众。有一二家，虽茅荻结庐，而窗户整洁，藩篱坚壮，舍旁有果园甚盛，盖亦一聚之雄也"。虽称居民颇众，盖亦不过为一稍大之集市。[②]

明清时期，江汉平原腹地的汉川、江陵、汉阳、沔阳、天门、监利、潜江诸县聚落地名中，颇见有以"台"、"墩"为称者。如汉川县有擎香台（又作"沉香台"，在县治西四十里）、城隍台（在县西十七里，属长城乡，旧有城隍庙，后废）、神灵台、张家台、掘钉台（三台并在县治西一百里）、纸房台（在县治南三十里）、宝花台（在刘家隔）、西寺台（在县北三十里）等，[③]江陵县有绛帐台、施茶台、钓台、庾信台、落帽台、磨旗台、章华台、熙春台、濯缨台等，[④]汉阳县有五里墩（在县治西五里）、流鱼台、竹台、鹅鸭台、城隍台、草洋台等，[⑤]沔阳州有花台、罗台、蒿台、莲台、仙女台、望沔台、五氏台、清薰台等，[⑥]景陵（天门）县有梦野台、撒花台（在县治东南六里，广百余丈）、城隍台（在乾镇东）、花台（在县治北三埂城，周五丈，高丈余）、浮石台、剪石台

① 鲁西奇、潘晟：《汉水中下游河道变迁与堤防》，第110～115页。

② 陆游：《入蜀记》卷五，《知不足斋丛书》本，第1册，第613页。

③ 嘉靖《湖广图经志书》卷三《汉阳府》"古迹"栏，《日本藏中国罕见地方志丛刊》本，第297页。

④ 嘉靖《湖广图经志书》卷六《荆州府》"宫室"栏，《日本藏中国罕见地方志丛刊》本，第516页；嘉靖《汉阳府志》卷三《创置志》，《天一阁藏明代方志选刊》本，据宁波天一阁藏明嘉靖刻本影印，上海：上海古籍书店，1963年，第46页A面。

⑤ 嘉靖《汉阳府志》卷二《方域志》"山川"栏，《天一阁藏明代方志选刊》本，第15页A面、第53页A面；嘉庆《汉阳县志》卷三《疆域》，"七乡"，嘉庆二十三年刻本，第2～4页。

⑥ 嘉靖《沔阳志》(《天一阁藏明代方志选刊》本)卷五《提封上》，第12页B面；卷七《创设志》，第14页A面。

等。① 汉川刘家隔宝花台上建有圆通寺（元末兵燹，明宣德初重建），明时
赵弼诗云："荒台零落老烟霞，羽客空传散宝花。古庙无人榛莽合，夕阳惟
听噪寒鸦。"②正形象地描述出低洼平原上荒台独立、古寺零落的凄凉景
象。天门（景陵）县的莲台寺亦建于台上。乾隆《天门县志》卷首"莲台寺
图"所附图说云："城南莲台寺，在隰田中，敦邱自结，古木森如碧城。环长
甽，俯宽池。莲花色白，又有白龟曝池中小阜上，蹒跚行。右仙人台，有七
星沙，拳然突起。刹建自隋，十八阿罗汉，唐人所装。顾盼徒倚，赫然欲
动。隰田常积潦成湖，基随水上下，不没也。"从图上可以见出，莲台寺处天门护
城堤之外，四周都是水田，莲台、仙人台兀然而立，很可能是在自然墩台的
基础上，再加堆筑而成。③ 同书卷一《地理考》"古迹"栏谓莲台在县南二十
五里泽中，"岿然隆起"，"基广十余亩"。又记梦泽台侧有指挥台，"李廷琛
世家此"；鲁铎别业"已有园"亦在梦泽台旁。④ 显然，李廷琛、鲁铎等都是
在梦泽台旁另筑台基，营造室屋。鲁铎《东冈》诗云："湖上东冈旧得名，结
庐高处作书生。北瞻京国寸心远，下瞰郊原四面平。"又《少时》句云："古树
冈头屋数椽，主人家世史残编。"⑤正反映出其筑屋东冈头、下瞰平原的
形势。

乾隆《天门县志》卷一《地理考》"村里团"记全县编户以村统里，以里统
团，共分为六村二十五里三百六十团，其中有塚子台（属上一里）、申台（属
上二里）、竹台（属上四里）、陶蛮台（属下四里）、龙王台（属云一里）、花台
（属云二里）、蒿台（属云四里）、古老台（属官三里）等八个以"台"为称的
"团"。⑥ 这些"台"，都应当是较大的自然聚落。同书卷"风俗"栏称：

---

① 嘉靖《沔阳志》卷七《创设志》，《天一阁藏明代方志选刊》本，第 14 页 B 面；乾隆《天
门县志》卷一《地理考》，"古迹"，《中国地方志集成·湖北府县志辑》本，据民国十一年石印
本影印，南京：江苏古籍出版社等，2001 年，第 44 册，第 380～381 页。

② 嘉靖《汉阳府志》卷一○《方外志》，《天一阁藏明代方志选刊》本，第 9 页 A 面。

③ 乾隆《天门县志》卷首，"莲台寺图"，《中国地方志集成·湖北府县志辑》本，第 44
册，第 364～365 页。

④ 乾隆《天门县志》卷一《地理考》，"古迹"，《中国地方志集成·湖北府县志辑》本，第
44 册，第 380 页。

⑤ 道光《天门县志》卷六《山川》，道光元年刻本，尊经阁藏版，第 7 页。

⑥ 乾隆《天门县志》卷一《地理考》，"村里团"，《中国地方志集成·湖北府县志辑》本，
第 44 册，第 368～340 页。

村落惟依高阜而居,多星布棋错,族处者仍不相远。桑柘影处,庐舍出焉。村或百余家,或数十家,吉庆则醵饮相贺,疾丧则敛赀相恤,犹有古风。①

"依高阜而居"的数十家或百余家之村落,很可能就组成"村里团"系统中的一个"团",如其同聚于一台之上,或以某一台为中心,这个团就可能被称为"某某台"。

迄于今日,江汉平原还保留着众多称为"某某台(坮)"或"某某墩"的自然村落。据 20 世纪 80 年代初编纂的《汉川县地名志》统计,在 1939 个自然村落中,以"台"命名的村落共有 479 个,占全部自然村落的 24.7%;②在沔阳县(今仙桃市),以"台"或"墩"命名的自然村落共有 1184 个,占全县自然村落总数(3071 个)的 38.6%;③而潜江县 3150 个自然村落中,有 1418 个村落以"台"为名,占全县村落总数的 45%。④ 考虑到还有很多居于台墩之上的自然村落在村名上并未缀以"台"字,也有不少称为"某某台"的村落在《地名志》中被列入"消失地名",⑤所以实际上居于台、墩之上的自然村落在全部村落中所占的比例只能更大。

这些以"台"命名的自然村落,规模相对较小,且多冠以姓氏,称为"某家台"。潜江县中部偏东的杨市公社(今为杨市街道办事处)位于东荆河东岸,北接潜江县城关镇、园林镇,东邻沔阳县(今仙桃市),南与总口农场接壤;境内地势平坦,海拔高度一般在 32 米左右,曾长期受汉水、东荆河、(潜江)县河、通顺河溃口洪水的威胁。据《潜江县地名志》记载,全境共有 348 个自然村、5 个自然镇,另有 22 个自然村被列入"消失地名"下,其中称为

---

① 乾隆《天门县志》卷一《地理考》,"风俗",《中国地方志集成·湖北府县志辑》本,第 44 册,第 383 页。

② 据汉川县地名领导小组编《湖北省汉川县地名志》(内部资料,1981 年 12 月刊印)统计。

③ 据沔阳县地名领导小组办公室编《湖北省沔阳县地名志》(内部资料,1982 年 6 月刊印)统计。

④ 据潜江县地名领导小组办公室编《湖北省潜江县地名志》(内部资料,1982 年 10 月刊印)统计。

⑤ 《湖北省潜江县地名志》在部分"公社地名录"后列出了"消失地名录",根据这些"消失地名录"统计,潜江县全境共有 413 个已"消失"的以"台"命名的村落地名。

"某某台"的地名共有 194 个(在 22 个"消失地名"中,有 18 个以"台"命名)。在这些地名中,以单姓命名、称为"某家台"的村落共有 142 个,居大多数(73%),以双姓命名的村落有 21 个,称为六姓台、五姓台、三姓台、七姓台者各有 1 个。1981 年,这些聚落的平均人口规模为约 121 人,以当时杨市公社平均每户约 5.61 人计算,每村约有 22 户(见表7)。显然,这些自然村落最初都是由一户或两三户、四五户人家发展而来的。[①]

表7　湖北省潜江县杨市公社以"台"命名的自然村落(1981 年)

村落	人口数	村落	人口数	村落	人口数	村落	人口数	村落	人口数
余家台	208	周家横台	37	小西台	190	曹家台	142	施家台	85
易家台	158	龙家台	48	廖家台	150	新刘家台	77	大赵家台	128
邓家台	67	魏家台	139	廉陈台	20	柴家台	184	小赵家台	54
冯家台	83	杨家台	246	上王家台	36	三户台	181	刘傅家台	26
谢家台	184	盛家台	149	上尹家台	176	黄刘台	132	邹家台	70
毛李家台	165	下易家台	78	张家台	81	余家台	177	赵家台	54
黄家台	101	熊家台	69	阳家台	116	康徐台	234	甘蒋家台	178
苏家台	122	上易家台	221	背窝台	102	下王家台	104	黎家台	30
蔡家台	30	高家台	214	袁家台	40	方家台	142	新许台	90
新蔡家台	168	西余台	163	黄家台	116	百户台	160	李家台	100
唐家台	90	东余台	121	下阳家台	96	五房台	110	许家台	100
樊家台	40	永宁台	118	下尹家台	162	高台上	86	侯家台	140
郭家台	80	夏家台	146	大石家台	80	雷家台	197	陈波台	40
宋家台	104	新屋台	213	小石家台	40	郑家台	245	吕家台	60
彭家台	102	下赵台	225	吴刘台	85	彭杨台	78	老邱家台	50
姚家台	40	孙家台	132	舒易台	86	北河台	178	毛家台	100
鲍家台	187	李家台	102	郭杜台	85	罗家台	247	新屋台	80
彭易家台	223	赵家台	232	姚家台	94	五姓台	151	王黄台	70
白家台	202	小李家台	87	何家台	140	邹祠堂台	160	佘家台	70
新陈家台	134	王傅家台	189	廖家台	134	廖家台	80	丁家台	52
张兴隆台	239	丁家台	234	朱家台	97	上夏家台	101	邱家台	90

①　潜江县地名领导小组办公室编:《湖北省潜江县地名志》,第 135～162 页。

南强丛书

长江中游的人地关系与地域社会

村落	人口数	村落	人口数	村落	人口数	村落	人口数	村落	人口数
横张台	78	郭家台	141	大徐家台	190	刘家台	40	黄家台	100
彭家台	182	钟万台	41	周家台	90	王许家台	101	下彭家台	102
张李家台	83	大李家台	221	赵家台	110	彭家台	220	上彭家台	90
龚家台	89	黄家台	41	小刘家台	121	下夏家台	98	杨家台	42
聂家台	126	万家台	62	小徐家台	147	周家台	90	陈家台	104
六姓台	158	王家台	106	尹家台	79	滩上台	166	张家台	140
关家台	201	张家台	43	大赵台	110	堤湾台	165	孙黄台	73
曾马家台	195	廖家台	86	方家台	79	老爷台	183	六房台	50
周魏家台	212	杨家台	42	小李台	139	石家台	140	魏家台	130
七姓台	159	马家台	20	大刘家台	148	老谭家台	157	李家台	107
钟杨台	61	艾家台	190	胡家台	263	新台上	205	中台上	83
陈家台	31	邱家台	110	杨幸台	232	西家台	192	刘家台	106
甘家台	45	张家台	140	王家台	160	墙屋台	50	南台上	40
甘杜家台	51	曹何台	250	向家台	70	幺房台	70	楼子台	230
向家台	172	刘家台	170	邱家台	30	新谭家台	50	束家台	130
李家台	174	左家台	160	薛家台	135	胡家台	146	三姓台	25
陶家台	169	大西台	210	傅家台	123	东台	148	上章台	40
陶杨家台	148	东台上	100	刘家台	60	西台	164		

资料来源：潜江县地名领导小组办公室编：《湖北省潜江县地名志》(内部资料)，1982年10月刊印，第135～162页。

　　江汉平原腹地的台(当地人多称为"台子")一般高出周围地面1～3米，少有低于1米或高于3米者。有的台是利用自然堆积或原有残丘加以修整而成，大部分台均当为人工挑筑而成，当地人多称为"挑台子"。挑台子多选在靠近自家田地、本身地势即稍高的地方，先取土堆筑，夯实，然后于其上构筑房屋。一户人家所居的台子面积一般在100平方米以上，故所需土石大约为200立方米左右。由于筑屋多选在冬春进行，如果在一个冬春季节筑不起台子，春夏洪水来临时可能会将已筑部分冲毁浸塌，所以，

"挑台子"又有很强的时间性。因此,即便是一家一户"挑台子",也需要亲邻帮助、协作才能顺利完成。① 陈涛曾经对荆门市小江湖区杨马村的台子进行过细致的观察,他描述"挑台子"的过程说:

> 修建台子是家庭的事,但是如果要仅凭一家之力完成它,这个工程量又显得太浩大了一点:杨马村的台子一般高约 1.5 米,面积有100 余平方米,而在堤外的村庄的台子,由于受洪水的威胁更大,高度一般达到 2 米左右。就像农民在碰到建房等大事时一样,台子的修建也是通过合作来完成的。

> 通常一家建台子,其亲朋好友都会过来帮忙。亲兄弟、堂兄弟自不必说,亲姐妹、妻子的弟兄的家如果离得不远,也肯定会派人来帮忙,邻居、朋友也会过来"串工"……在当地有所谓"情是赶的,工是串的"一说。正是在赶人情和串工的过程中,村民们建立起了自己的社会关系网络。修台子是一个比较纯粹的体力活,因而修建速度的快慢是由人数的多少决定的,而人数的多少则体现了主人社会关系网络的大小。具体而言,则是由两个因素决定:一是家族人丁兴旺与否;二是主人的社会交往圈的大小,尤其是在村中的人际关系的好坏。②

这样的观察有助于我们理解现今遍布于江汉平原腹心地带的大大小小的"台"("台子")是如何筑起来的。在潜江境内,有很多以双姓命名的台,或者直接称为三姓台、五姓台、六姓台、七姓台,都从地名上暗示了最初挑台时的协作关系。大量以单姓命名的台,虽然很可能是由一个农户家庭逐步扩展而来,但更可能也是当初通过协作挑筑而成的。蔡家台与新蔡家台、老谭家台与新谭家台、大赵家台与小赵家台、上尹家台与下尹家台,这几组地名之间显然存在某种关联,很可能是母聚落与子聚落的关系。然则,新台的挑筑很可能是在老台受到人口增长压力的情况下进行的,所以一定会得到老台居民的帮助。至于五房台、六房台、幺房台,则很可能是家族协作的结果,即在家庭扩展的过程中,有计划地建立起来的聚落点。

由于在平原湖区堆筑墩台以建造房屋必借众力协作才能完成,十分不

---

① 2008 年 5 月 29 日,汉川县田二河镇访谈资料。访谈人:鲁西奇、周荣、杨国安。

② 陈涛:《洪水与村落空间结构的演变——江汉平原杨马村的台子的社会学考察》,《古今农业》2007 年第 2 期。

易,所以,在地理条件许可的情况下,人们可能会在已筑好的台墩周围,继续堆筑,从而扩大台墩的面积,以营筑新的房屋。如果是这样,就会形成几家共处一个台墩之上的状况。但在田野考察中,我们较少见到两家或多家共同使用一个台墩的情形。事实上,在江汉平原民众的观念中,建筑房屋的台、墩本身就是房屋的组成部分,属于"家产"范畴,所以,即便是分家的儿子,也往往希望拥有自己完整的房屋(包括台墩的房屋),而不愿使用自己父母房屋的台墩扩展出来的部分。这样,建筑新房屋,也就意味着堆筑新的台墩,而这些台墩往往各自独立,并不相连。由于父母房屋周围可能不便再堆筑台墩,或者出于耕作稻田或入湖网鱼的方便,分家另居的儿子往往选择离开父母房屋一定距离的地方营建自己的房屋,从而延续并强化了分散居住的传统。

三、依堤而居

在江汉平原腹地考察,很容易就会注意到很多村落集镇沿着河堤分布,形成"一字形"格局(较大的聚落会形成两三条与河堤平行的街道),有些房屋会建在堤上,大多数房屋则依堤而建,位于堤防的后面——有的房基所在的台子与堤联成一体,形成向外突出的"凸"字状;有的房屋基台与堤分离,中间用木板搭桥或填实一道土桥相联系。数家、十数家乃至数十家房屋台基沿着堤防一字排列,遂形成规模较大的聚落。

在民国时期测绘印制的比例尺为五万分之一的地图上,可以清晰地看出江汉平原腹地聚落的分布情况。以沔阳县东部沙湖镇以北的大升垸、丰乐垸、十五垸一带为例(见图1)。大升垸所属的自然聚落中,居于围垸腹心者只有李家台、郑家台、何家嘴、庄屋台等四处,其余的白砂嘴、斗沟子、方家湾、邵家[湾]、宿家湾、金家湾、蔡家湾、崇墉垸、青龙寺、邱家台、同善堂、郑家台、凌家台、张家台、张家台、雷家台、小院子、八谭沟、小白沙、王家帮、永福寺、工口上、单州子等聚落均依堤而居。丰乐垸规模较小,所有聚落都依垸堤而建,没有位于垸腹之中者。这一地区三个规模较大的聚落(市集)——何家场、余家场与王家场,也都沿堤分布,只有一条与堤平行的街。从地图上可以见出:以场、湾为称的聚落,大抵形成了连续的房屋建筑区,显示出街巷的雏形;而以台为称的聚落,每家房屋建在各自的台基上,相互之间没有连接起来。这种差别引导我们揣测:以湾、场为称的规模较大的聚落,大抵是由每家分离居于台上的那些"台"逐步发展而来的。在汉川县田二河、小里潭一带的田野调查,基本上证实了我们的这个揣测。但是,我们没有获得足够的材料,可以"复原"出由"台"逐步扩展为湾、场乃至镇的过程。

地方志中的一些描述性反映出这种依堤而居的聚落形态。嘉靖《汉阳府志》卷二《方域志》记汉阳县诸河泊所所属河湖地名中,除多以湖、港、泾、塘、湾、潭、陂、汊为称者之外,还有不少以垸、堤为称者。如平塘河泊所所属河湖地名中,就有潭家垸、东西杨树堤、穴堤口、李家堤、莲花堤、青草堤、山嘴堤、万家堤、谢家堤、柘林堤、洲家堤、郑家堤。[①] 这些以"堤"、"垸"命名的聚落,大抵都是沿着堤岸分布的。万历《湖广总志》卷三三《水利二》"荆门州堤考略"云:"(荆门)州堤防要害全在沙洋镇一带。夫此镇控荆门、江陵、监利、潜江、沔阳五州县之上流,汉水自芦麻口直冲沙洋北岸。旧有堤,接连青泥湖、新城镇,由沈家湾至白鹤寺、不刹脑,至潜江界,凡二十余里,惟沙洋堤势独宽厚,军民廛居其上。"[②]沙洋堤为汉江大堤,相当宽厚,故军、民多"廛居其上"。嘉庆《汉阳县志》卷八《堤防》录乾隆三年(1738年)湖广总督德沛《请修江堤疏》,谓汉阳城外江堤上"居民房间内贴城墙,外临江岸",东门外"堤上居民稠密"。[③]

乾隆《天门县志》卷一《地理考》"村里团"记诸里所属各团中,有西湖堤、长堰堤(属在城里)、大佃垸(属上四里)、老观垸、多多垸、牙旺垸(属下一里)、马家垸、龚新垸(属下二里)、风水垸、丁吴垸(属下四里)、大有垸、陈家垸(属官一里)、蒋家垸(属官三里)、长城垸、新堰堤(属官四里)、倒套垸、鸦鹊垸(属方一里)、裴麻垸、殷老垸(属方二里)、小堤、马昌垸、老食垸、谭家垸、河湖垸、团湖垸(属方三里)、赵家垸、冯思垸、六合垸、杨恬垸、陈昌垸

① 嘉靖《汉阳府志》卷二《方域志》,"山川"栏,《天一阁藏明代方志选刊》本,第32页B面~33页A面。

② 万历《湖广总志》卷三三《水利二》,"荆门州堤考略",《四库全书存目丛书》本,史部第195册,第143页。

③ 嘉庆《汉阳县志》卷八《堤防》,第5页A、B面。

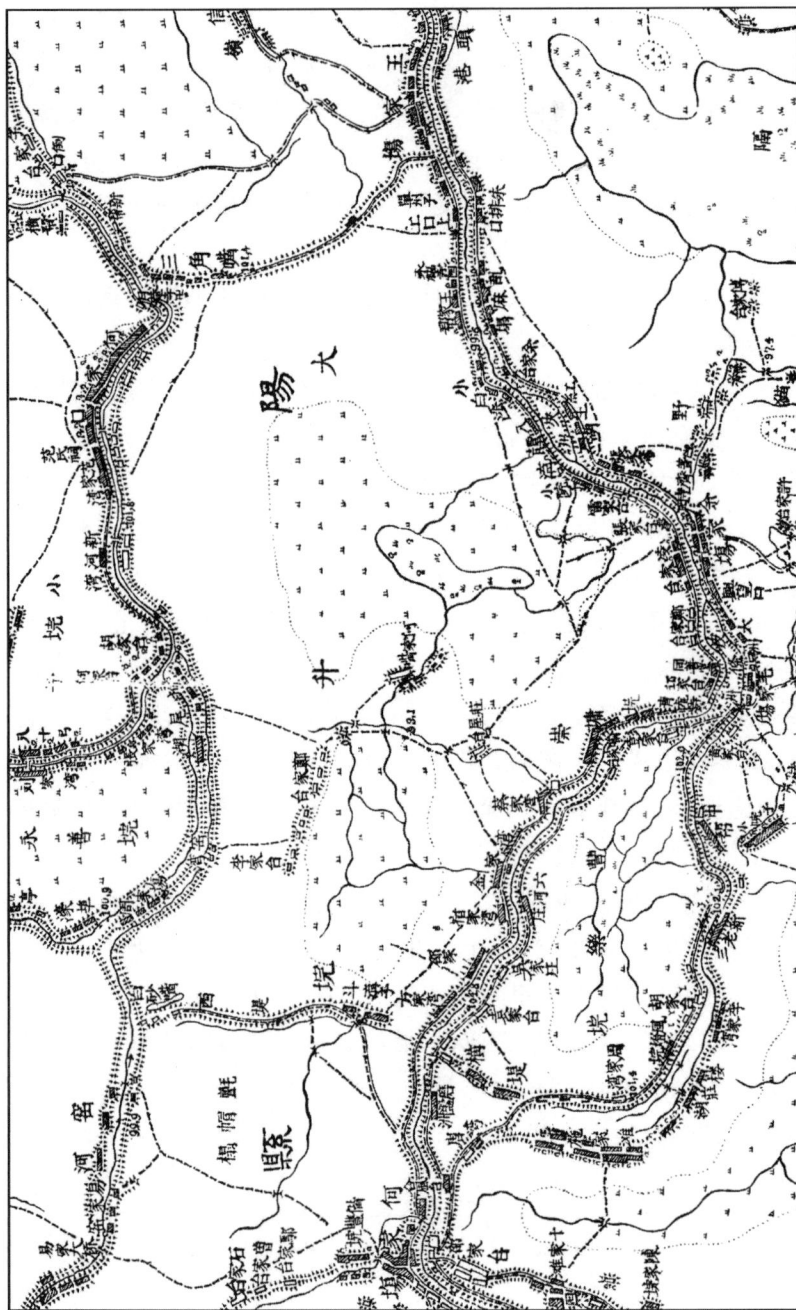

图4 沔阳东部沙湖一带的自然聚落

注：采自参谋本部陆地测量部绘制，民国十六年制版的比例尺为五万分之一的军事地图，"沙湖幅"。

（属方四里）、中洲垸、牛槽垸、大剅垸、上古垸、下古垸（属南一里）、吴孔垸、谷渠垸、猪矢垸、青泛垸、澜泥垸（属南二里）、陶林垸（属南三里）等。① 这些以"垸"、"堤"为称的"团"，其编户大抵主要依垸堤而居。《汉川图记征实》第三册《堤防》"汉北官民垸畈堤防"记洪湖北民垸（属长城乡），谓垸堤长 6660 丈，"内除台堤一百三十丈，实堤工六千五百三十丈"。这里的"台堤"，当即聚落所居部分。又记洪湖南民垸垸堤起止，谓"其堤自李姓住址起，西行转蚕头嘴东首"，则知李姓即居于堤上。又快乐民垸，注称即"赵家台"，旧为长湾厂畈，垸堤长 288 丈。又《竹筒河西岸堤防》记德丰垸垸堤，谓竹筒河堤"自新集东起，北迤至虾子沟集止，二里；樊家河堤一称湖堤，自虾子沟集起，西迤堤角头，计三里"。② 则新集、虾子沟集、堤角头这些小集市，也都是在堤上。

许多市镇是沿堤扩展而成的。嘉靖《汉阳府志》卷三《创置志》汉川县"刘家隔巡检司"条下录明黎淳《刘家隔巡检司记》云：

> 刘家隔为汉川县旧址，距今县三十里。相传宋知军刘谊隔岸种荻，因名；或云楚人称水滨为隔，土业如刘氏也。地卑下，每岁垫於春涨，逮秋始涸，榛芜沮洳，人鲜居之。然地脉来自应城，蛇蜒起伏，走一日之程及此，衍为平原，周广四十里余，而襄水、汉水、㲿水、郧水、白水五派合流，环焉一入。我国朝辟为通衢，人遂乐业。其始居民十数家，宣德正统间，商贾占籍者亿万计，生齿日繁，贸迁益众，卒成巨镇，今编氓六里，驻节有馆，送使有舟，可见其民人之盛。其始行货者肩负，居货者蓬庐，至是连舻系舰，百货云来，重屋累栋，五金山积，日易数千缗。③

据此，则知刘家隔本来地势低洼，居民甚少；后来居民渐多，然主要居于蓬庐与舟船之上，然后才在河岸营造房屋，形成"重屋累栋"。黎氏未述及这些"重屋"是否建于河岸堤上，但地势既低洼，沿河筑屋，势必堆土为堤，方

① 乾隆《天门县志》卷一《地理考》，"村里团"，《中国地方志集成·湖北府县志辑》本，第 44 册，第 368～380 页。

② 光绪《汉川图记征实》第三册，田宗汉纂修，光绪二十一年汉川对古楼刻本，第 38 页 A 面～39 页 A 面、50 页 A 面。

③ 嘉靖《汉阳府志》卷三《创置志》，《天一阁藏明代方志选刊》本，第 42 页 A 面。

能安全。"累栋"之"重屋"均营堤为基,遂形成沿河长堤。同书卷二《方域志》汉川县"和公堤"条下录吴节《和公堤记》记成化九年(癸巳,1473 年)吴琛主持兴筑和公城至刘家隔堤路,"于刘家隔河口布椿板培筑高阜,以便行者,俾入市有途,居货有所"。[①] 可知刘家隔镇上商铺多居于培筑而成的"高阜"之上。

天门岳口镇位于汉水北岸,沿江筑堤,然后形成市镇,街廛初居于堤上,后来才渐次形成与河堤平行的街道。乾隆《天门县志》卷首"岳口镇图"所附图说云:"岳口临襄河,便舟载,康熙时移建于此。其地[上流]接关洛襄郢,下流据鄂会湖湘之上,途当冲要,行商坐贾交易之所聚,三湾三街,樯林立,人肩摩,盖饶庶哉。"[②]天门岳口《金氏宗谱》卷首《玉沙金氏源流》叙岳口金氏之源起云:"成化年间,彦文祖过岳江庄地,升高望远,地广人稀,河水萦环,宛然乐土,遂筑室于兹,与祖母陈率所生三子住居岳江,取名陶林垸,广开基业,教育子孙。窃闻三祖析产,山湖田垸,各掌一区,镇集基址,连属无间。"[③]所言虽未尽可信,但岳口金氏始迁祖起初沿堤而居、然后渐次拓展、形成街区的过程,应当大致不误。

四、江汉平原腹地乡村聚落形态的历时性变化

嘉庆《汉阳县志》卷八《堤防》下记汉阳县所属十九里所属诸村落地形之高下情形甚详。据其记载,大致可将汉阳县村落据其所在地形分为三种类型:(1)居于低山残丘之上,较少水患的村落。如玉一里所属尉武山、补锅岭、鸭港桥三村,"皆系尉武山为屏蔽,形势较高";玉二里"村落山多水少,不畏浸涨";湘一里、湘二里村落"近龙霓山,地势颇高","俱不畏水";湘

---

① 嘉靖《汉阳府志》卷二《方域志》,《天一阁藏明代方志选刊》本,第 49 页 B 面～50 页 A 面。

② 乾隆《天门县志》卷首,"岳口镇图",《中国地方志集成·湖北府县志辑》本,第 44 册,第 359～360 页。

③ 《湖北竟陵岳江金氏续修支谱》卷首《玉沙金氏源流》,民国三十三年第七次续修本(叙伦堂刻本),现藏天门市博物馆,2004 年 8 月 20 日,杨国安拍照。

四里"村落系九真山,地势颇高"。(2)位于湖泽四周,环湖而居,地势低洼的村落。如湘三里村落"逼近太白湖,以水汛迟早,定麦收丰歉";山二里村落"近大涧、楮山等湖,畏水浸溢";山三里"村落近太白湖,岁忧水患"。(3)濒临长江、汉水等主要河道,易受洪水威胁的村落。如山一里"村落俱洼下,西近襄河,东临大江,每忧水患";山四里村落"东临大江,内环诸湖,地势最下";怀一里、怀三里村落俱滨大江,怀二里村落"地势低下,当襄河、南湖交会之地";凤栖里村落"俱滨大江,带以襄河,绝无屏障"。因此,汉阳县的绝大部分村落都会受到江汉洪水与内湖积水泛溢的威胁。[①] 故乾隆《汉阳县志》卷七《堤防》末总论汉阳县水利情形称:"汉阳邑境约方百里,大都为山者十之二,为土田、为廛市村舍者十之三,而水居其半。当夏秋之际,重湖千顷,晶森无垠,不独秧针麦浪尽委波臣,而室家飘摇,鸿雁之哀,无岁或免。"[②]汉阳县地处江汉平原较为边缘的地带,境内多有残丘小山分布,尚且如此;处于平原腹地的沔阳、潜江、监利及江陵东南部、荆门东南部和天门、汉川二县大部分地区,地势更为低洼,其情形自可想见。

因此,江汉平原腹地乡村聚落的选址,首先考虑的是选择地势稍高的自然墩台、长冈或建造人工墩台,以躲避洪水的侵袭。最初,人们可能主要利用江、汉等自然河流两侧的自然堤、平原周边的天然冈阜、平原腹地的残丘;随着开发的深入,越来越多的民众进入到没有自然冈丘可资凭依的平原湖区,就不得不依靠集体的力量,通过协作,堆筑墩台,以营筑居所。很多台、墩依堤而建,或者与堤相联,从而形成了依堤而居的居住格局。

由于房屋多建在较为狭小的台墩上或堤旁,同时也受到家庭经济能力的限制,江汉平原腹地的乡村住宅最初均相对简单,即采用最简单和最经济的布局,把人的住宅和存放财物、牲畜与生产工具的建筑物集中在一起,放在一个屋顶之下。在江汉平原上考察,我们仍然可以看到不少这类简单的房屋。它一般由一明二暗的三间房屋组成,上覆稻草或瓦,屋檐向外伸出较长,以遮挡雨水;墙体以木材搭起框架,中间多为夯土,只在门窗、屋脚处用砖砌成;没有院子,屋前或屋后一般会有一个小园子,肥料堆常放在屋

---

① 嘉庆《汉阳县志》卷八《堤防》,第7~8页。
② 乾隆《汉阳县志》卷七《堤防》,《稀见中国地方志汇刊》本,据乾隆十三年刻本影印,中国书店,1992年,第36册,第93页。

基通往堤上的路旁,牲畜(如果有的话)棚(牛棚或猪圈)就搭在肥料堆边上。如今,这种房屋多由老人和部分贫困的人家居住着。在访谈中,老人们告诉我们,一直到"包产到户"之前,当地农村的住宅大多属于这种类型。只有很少的富裕人家和集镇上的商铺,才会建造少数楼房。

在数年的田野考察中,江汉平原腹地农村居住形式的高度分散性给我们留下了深刻的印象。居住的分散程度最高的是主要从事养殖、捕捞渔业但已上岸居住的渔民。在汉川县汈汊湖区,我们曾观察到这样的居住形式:一栋两间或三间的孤立平房(直到 2005 年,还很少见有楼房),坐落在湖边的堤岸上;房前岸上插几根木棍,挂晒着渔网;湖里停泊着一只小木船(有时会另有一只较大的水泥船)。康熙《汉阳府志》卷一《舆地志》"风俗"栏称:

> 汉川四周皆水,湖居小民以水为家,多结茭草为籓,覆以茅茨,人口悉居其中,谓之茭籓,随波上下,虽洪水稽天不没。凡种莳牲畜,咸在其中,子女婚嫁,靡不于斯,至于延师教子弟者。其同塚一带,土瘠民贫,西成之余,即携妻子乘渔艇,转徙于沔之南、江之东,采菱拾蛤以给食;至东作时,仍归事南亩。逐岁习以为常。嘉、沔之人苦之,然亦莫能禁也。①

今日所见散居于河湖之旁孤立房屋里的民户,大抵就是这些曾以茭籓、渔舟为家的渔户们的后裔。据此,我们可以大致推知明清时期那些居于湖区的渔户们(实际上也耕种田地)高度分散的居住状态。

分散程度较之上岸渔户稍低的,是那些居于围垸腹心地带台、墩之上的农户。他们的房屋散布在平旷的田野中间,往往位于沟渠或较小湖塘的旁边,堆筑起台、墩;相隔十几米或数十米乃至数百米,在另一个台墩上住着另一户人家。几乎每户人家的台基边上均植有柳树,以便加固,附近会有一个堆筑台墩时取土而留下的池塘。在台与台之间,铺展着稻田或菜园。各个农户之间,会有弯曲的小径相联系。这是居于围垸腹地台墩之上

---

① 康熙《汉阳府志》卷一《舆地志》"风俗"栏,国家图书馆藏,胶卷,抄录时未记下页码。乾隆《汉阳府志》卷一六《地舆》汉川县"风俗"下所记大致相同,文字略异(《中国地方志集成·湖北府县志辑》本,据中国科学院图书馆藏钞本影印,南京:江苏古籍出版社等,2001 年,第 1 册,第 166 页)。

的人家与那些居于河湖岸边的上岸渔户最重要的差别：后者相互之间可能没有小径相连，即便有，也为荒草覆盖着，说明各个上岸渔户间的联系并不密切；而台墩之上的人家则不同，他们即便相隔数百米，仍互相看作为"邻居"，属于同一自然村落。

如今，沿着江汉平原腹地的堤塍走过，可以发现：很多依堤而建的房屋实际上已连成一片长形的村庄，不少村庄的房屋已经相当密集，形成集聚村落，甚至拥有与堤塍平行的街道或与堤塍垂直交叉的道路，从而向块状的村庄发展。但在这些长形或块状村庄中间，一组房屋与另一组房屋之间，很可能仍然保留着一些间隔（种植蔬菜和水稻），各个房屋之间也相对松散，留下一些空隙。这些间隔与空隙，使我们相信：各个房屋或各组房屋本来是分开的，只是随着人口的增加、不断增添新的房屋，才使得它们联成一体。换言之，分散的布局很可能是这些村庄本来的面貌，集聚的长形或块状村落则是后来不断发展的结果。

受到文献记载的限制，我们很难梳理出江汉平原腹地乡村聚落形成及其变化的历史过程。但是，历史文献中零星的记载和多年的田野考察经验，仍足以使我们对这一过程形成某些粗略的认识：最初的居住方式应当是渔户的水上或水边居住方式（住在船上，或在河湖岸边搭建简陋的茅茨棚屋），表现出高度的分散性、流动性和不稳定性；然后，是在平原湖区自然丘冈上居住下来，或者人工堆筑台墩营造房屋，既从事围垦、种植农作物，又兼营捕捞渔业的半农半渔的民户，生产活动多以家庭为单位，其生计来源主要依靠耕种其居住的丘冈台墩周围的田地和河湖捕捞，也具有相当高的分散性；再其后，则是在围垸过程中或围垸建成后，逐步进入垸中从事耕作的民户，他们多依堤而居，在近堤处筑台营造住宅，其初相对分散，随着房屋渐次增加，乃形成相对松散的集聚村庄。这三种居住方式和聚落形态，在今天和过去都可能同时并存着（当然，前两种形态越来越少），但无论是在逻辑上，还是在实际的历史过程中，都有一个渐次发展演变的过程。

20世纪50—70年代，江汉平原各县程度不同地推行了合并自然村的行动，大量分散在台、墩之上的散村被合并。《潜江县地名志》于每个公社之后附录了"消失地名录"，使我们得以窥知这一"并村"运动的部分情形。在潜江县西北境的高石碑公社，1965—1979年间，共有95个自然村落搬迁或废弃，占合并前全部自然村落的35%；潜江县东北境的竹根滩公社，

1966—1979 年间搬迁、合并的自然村落有 86 个,占合并前全部自然村落的 25%。[①] 大量的自然村落搬迁合并,再加上人口的自然增长,使原来以散居村落占主导地位的聚落形态发生了根本性的变化,聚居村落逐步增加。如潜江县高石碑公社笃实大队的肖家河、李家台、唐家湖三个自然村落全部并入天主堂,合并后的天主堂 1981 年有 140 人,则四个村落合并前,每村平均不会超过 7 户人家,是较典型的散居村落。魏棚大队的吴家台、彭家台、槽坊台、王家台四个自然村落均于 1975—1976 年间迁入戴家台,五村合并后的戴家台 1981 年前后共有 189 人,则合并前五个自然村落平均也只有六七户人家。由散居村落向聚居村落的演化,必然使村落内部与村落间的社会关系发生一系列变化,社会经济的各方面均表现出向"集聚"发展的倾向。

五、散村之形成与长期延续的根基

综上考述,可以认知:江汉平原腹地以散居为主导的乡村聚落形态之形成,实有其根深蒂固的地理基础与社会经济根源。地势低洼、洪水泛滥的地理环境迫使人们选择地势稍高的自然墩台、长冈或建造人工墩台,在其上营建房屋;而自然墩台与冈丘的分散性、人工堆筑台墩的困难和对台墩独立产权的诉求,是导致江汉平原腹地的乡村聚落形态以散居为主的重要原因之一。正因为此,即便是依堤而居的聚落,由于每个家庭大都单独地依凭堤岸堆筑自己房屋的台基,各个家庭房屋的台基之间并不相连,所以,各栋房屋、家庭之间也明显地表现出某种疏离(而不是集聚)的倾向。同时,频繁的洪水威胁,繁重的稻作劳动,泥泞的乡间小路和田埂,也迫使人们将居住的房屋与耕作的田地或网鱼的河湖尽可能地靠近在一起。阿·德芒戎指出:从农业生产的角度来看,"位于田地中央的孤立居住的形式,是一种很优越的居住方法,它给农民以自由,它使他靠近田地,它使他

---

① 潜江县地名领导小组办公室编:《湖北省潜江县地名志》,第19～42、86～112 页。

免除集体的束缚"。[①] 因此,经济生活的需求,是导致散居作为一种原生居住方式的另一个重要原因。如果人们生存的环境条件与经济生活的基本方式并未发生根本性的变化,那么,散居的方式,至少在理论上,应当会一直延续下去,即便人口有较大增加,人们也仍然可能更倾向于选择分散地居住,而不是集中地居住。

尹钧科先生曾分析北京郊区山地的散村(他称为"散列型村落")及其分布特点,认为其成因主要有两方面:一是因地形和土地资源的制约,二是因村落形成时间较晚、村民较劳苦。他指出:

> 散列型村落之所以多见于山区,是因为山区地势崎岖,缺少山地,既不利于耕垦,也不便于生活。在一个居民点上,容不得很多人共同生存。几户人家即把附近可耕的土地占尽了,后来的人们只得另择他地,别处安家。然而,一座座崇山峻岭限制了人们的视野,一道道深涧狭谷阻碍着人们的往来,除非循着山谷而上或沿羊肠小道而进,没有更多的余地可供选择。即使一个新居民点设立了,同样因附近耕地有限而排斥晚到后来者。所以,山区中的村落一般不大,几户人家、一二十口人的小山村,不乏其例。[②]

既然山区的资源条件与生存环境相对稳定,人们又主要依靠开垦山地作为主要生计方式,那么,这种分散居住的聚落形态也就会长期延续下去。

滨岛敦俊在考察江南乡村社会及其变迁时,曾讨论过不同地理面貌下聚落形态的差别及其社会网络的差异。他根据民国《盛桥里志》等文献记载,分析了清末民初江南三角洲东北部地势稍高的盛桥地区的乡村聚落形态。据《盛桥里志》卷三记载,清末民初盛桥共有 236 个自然聚落、2449户、12148 人,则平均每个聚落有 10.38 户;扣除很可能构成盛桥镇街区的30 户以上的聚落 11 个、529 户,其余的大部分聚落规模可能平均只有七八户,而不满 5 户的极小聚落(包括只有一户的孤立庄宅在内)则有 76 个。

---

① 阿·德芒戎:《农村居住形式地理》,见氏著:《人文地理学问题》,葛以德译,第169 页。

② 尹钧科:《北京郊区村落发展史》,北京:北京大学出版社,2001 年,第 346～347 页。

因此,这是一个散村占据绝对多数的地区。[①] 与江南其他地区相比,这里虽然开发较晚,但到 19 世纪中后期,其社会经济实已相当发达,人口也相当密集,但其乡村聚落并未因人口增加与经济发展而使大量散村发展成为集聚村落,却仍以散村为主导性的居住方式。滨岛先生的着眼点在于散村地区社会关系网络的形成及其特点,所以没有分析这一地带散村形成并得以延续的原因,但可以相信,这种居住形式应当是与这一地带独特的地理环境、生存条件、经济生活方式相适应的,所以,它才得以长期延续下来,并未因为人口增加、经济发展而改变。

陕西韩城县西北部是山区,包括王峰、枣庄、桑树坪、独泉、薛峰、林源、盘龙、板桥、乔子玄等九个乡。其平均海拔 600～800 米,山峦起伏,沟壑纵横,村落多散布于山岭间的川道、坡地和梁峁间台地。据当地调查资料称:相传明清时期立村的有 400 余处,绝大多数为 10 户以下的散村,不少仅 1～5 户农居而已。民国十三年修成的《韩城县续志》卷二《兵防》下录有吉廉锷撰《伏峰川道里记》一文,对韩城县西庄镇西北伏峰川道浅山部分的村落描述甚详悉:

> 治北二十余里,西庄镇西北有川,曰伏峰川。川口路途窄小,崎岖不易行,北为牛鼻山,南为枝子庙。入川四里许,居民数家,曰赵家河。又行二里许,曰龙湾村,东有煤窑。又行三里,曰坪头村,隔川相对曰凤凰山,上有祖师殿。沿川而上约二里,曰涧东村,村西斜对晋公庙。上曰下庄村,村上有吴王砦,系秦时董翳所居,村下有水田百六十余亩,亦秦时所修。又行二里许,曰上庄村,村东有吴王墓,村西有严福寺,村下水田数十亩,系民国二年开修。盘道川与小长川汇合于此。由村南上二里许,曰汉岭村;北上七八里,曰道口梁;西北上曰韩家山,山北为保泉川,南为小场川;西南上曰砦子坪,坪上为盘道川,翻底桥在焉。伏峰川共长十余里,大小七八村,每村三四十家不等,土地狭隘,人情俭朴。[②]

[①] 滨岛敦俊:《明清江南农村社会与民间信仰》,朱海滨译,厦门:厦门大学出版社,2008 年,第 132～134 页。

[②] 民国《韩城县续志》卷二《兵防》,民国十四年韩城县德兴石印馆石印本,第 3 页 B 面～4 页 A 面。

虽然下庄村吴王砦及其村下水田为秦时所修的传说未必可靠,但伏峰川各村皆有悠久历史、并非明清时所建村落,当无疑问。各村户口,盖以赵家河为最少,仅"居民数家";龙湾村,因为有煤窑的缘故,可能人口较多;下庄村和上庄村各有水田百六十亩、数十亩,应当相对富裕,户口可能也较多。在民国《韩城县续志》卷首所列纂志采访诸员中,吉廉锷被注明是"韩城县立高等小学堂甲等毕业,邑人",则此文当撰写于民国初年,反映的是民国初年的情形。约七十多年后,20世纪80年代末,伏峰川各村的户口与耕地数虽然有较大幅度的增加(见表8),但规模仍然相对较小(平均每村37户)。此数村还都处于川口,越向山区伸展,村庄的规模越小。据统计,盘龙乡其余村落耕地多在100~200亩间,十余户人。在盘龙乡79个村子中,有45村人口在15户以下,28村在10户以下,13村在5户以下。[①] 显然,山区资源条件的限制乃是这些村落长期维持在较小规模水平上的根本原因。

表 8　韩城县盘龙乡伏峰川诸村的户口与耕地(1980 年代末)

村落	户数	耕地(亩)	平均每户耕地(亩)
赵家河	18	143	7.94
龙湾村	76	408	5.37
坪头村	59	446	7.56
涧东村	11	146	13.27
上庄村、下庄村	103	627	6.09
汉岭村	34	590	17.37
韩家山	30	367	12.23
砦坪村	43	436	10.14
合计	374	3163	8.46

资料来源:《韩城村寨与党家村民居》,西安:陕西科学技术出版社,1999年,第44页。

---

① 周若祁、张光主编:《韩城村寨与党家村民居》,西安:陕西科学技术出版社,1999年,第43~45页。

　　因此,无论是在平原,还是在山区,由于受到特定资源条件和环境的制约,人们不得不采用分散居住的方式,从而形成为以散居占主导地位的乡村聚落形态。江汉平原腹地和江南三角洲微高地带的例证,说明人口增加与经济发展并未导致散村发展成为集聚村落;而韩城西部山区虽然时常受到土匪的侵扰,人们却并未为了安全需要而集中居住。显然,山区环境与资源条件的限制、传统的经济生活方式,乃是散村形成并长期延续下来的根本原因。

明清时期江汉平原里甲制度的实行及其变革

　　明清时期特别是明代里甲制度在各地区的实行及其变革,学术界虽有部分讨论,然受到资料限制,论者大多主要引述里甲制度的有关规定,结合地方志的有关记载而加以推衍,从而形成对不同地区里甲制度实施及其变革之迹的认识:(1)由于今见地方志有关洪武年间在各州县推行里甲制度的记载较为详悉,相关户口资料亦相对完备,大多数研究者相信,洪武年间里甲制度在各地区曾得到切实推行。(2)至明中后期,地方志所载的各州县著籍户口普遍下降,文献中亦有大量有关里甲制下编户逃亡的记载,遂使人们得出里甲制逐步松动乃至崩解的认识。(3)清初顺治、康熙年间,厉行整顿里甲,编制"更名"里、社,并将部分卫所军户编入民甲;同时,编审里甲主要以田粮为准,即按粮定里,里甲遂演变为赋役征收体系中的纳税单位,渐次与实际地域范围相脱离;里甲既渐次脱离实际地域范围而实为一种纳税单位,明代中后期即已在部分州县实行、清初复厉行推广、以治安为主要职能的保甲制遂逐步取代里甲制,成为集治安、编户、催征于一身的乡村基层组织。①

　　上述有关里甲制在各地区实施及其变革之迹的认识,有赖于制度史研究与地方志记载分析的结合,它有一个重要前提,即认为里甲制度在各地区的推行及其变革,是与王朝国家及其地方官府的控制能力、行政效能紧密联系在一起的:在王朝国家具有较强控制能力和行政效能的明初和清前期,里甲制度在各地区均得到较为切实的推行(虽然其进展有先后之别);明中后期,官府控制力与行政效能既渐次下降,里甲制遂逐步松动乃至崩解。然这一前提实有进一步辨析之必要。首先,如所周知,明初的里甲制度是以江南地区基层社会组织为基础设计出来的理想化模型,将这一整齐划一的里甲制施行到各个地方时,必然要与当地社会经济条件特别是既有的社会组织相结合,做出调整,因而,各地区建立起来的里甲体制,“在基本原则一致的大前提下,往往表现出多种多样的形式”。② 所以,不能仅仅根据明初王朝国家强有力的控制能力和行政效能,就得出各地均已切实有效地按照制度规定建立起整齐划一的里甲体制的结论。其次,自洪武以迄嘉靖乃至隆庆、万历,各地区经济开发与社会发展的进程不一,所产生的社会经济问题亦各异,各地方官府所面临的财政、社会管理问题及其所采取的应对之策各不相同,凡此,都会对各地区里甲体制的变革产生重要影响。

---

　　① 大部分地方史或区域史研究著作论及明清时期里甲制度在当地的实施及其变革时,都基本遵循这样的研究理路。如张建民著《湖北通史·明清卷》第一章论及明代里甲制在湖北地区的实施及其演变时,就首先引述《明会典》、《明实录》、《图书编》等文献所记里甲制度的有关规定,然后引证嘉靖《湖广图经志书》等地方志书的记载,以说明“里甲制度在明代湖北境内得到较为切实普遍的推行,特别是明前期”;复引证嘉靖《蕲水县志》等材料,以说明湖北“许多州县到明晚期都出现了乡无全里、里无全甲的现象”,“编查户口、催征钱粮、劝督农耕、协调关系、协理诉讼诸职能都在不同程度上受到影响”;而“里甲制度在明后期的崩溃导致了保甲制度的出台”(张建民:《湖北通史·明清卷》,第23～37页)。作者从事明清时期长江中游地区社会经济史研究多年,这些认识都曾是我们开展相关研究的出发点,我们早年的论著也多遵循这一研究理路并认同乃至阐发上述观点(鲁西奇:《区域历史地理研究:对象与方法——汉水流域的个案考察》,第418～435页;杨国安:《明清两湖地区基层组织与乡村社会研究》,武汉:武汉大学出版社,2004年,第28～76页),所以,我们无意于全面否定这一研究理路的意义及诸多地方史或区域史研究者在这方面的贡献,只是试图说明我们已经认识到它的局限性。
　　② 刘志伟:《在国家与社会之间——明清广东地区里甲赋役制度与乡村社会》(增订本),北京:中国人民大学出版社,2010年,第7页。

所以,各不同地区里甲体制在明清时期的变革之迹,不可能是一致的。

因此,欲探究明清时期里甲制度在各地区的实行及其变革,必须将里甲制度"还原到"或"置入于"特定地区社会经济的发展历程中,将其与当地具体的经济发展、社会结构乃至文化变迁结合起来,仔细辨析地方志等相关文献记载,综合运用档案文书、家谱资料等民间文献及田野考察方法,探究:(1)明初在各地推行里甲制度时,是在怎样的社会经济背景下,与当地既有的社会组织相结合,建立起里甲体制的?(2)明前期以迄明中后期,当地的社会经济究竟发生了哪些变化,产生了怎样的问题,影响或导致了里甲体制的变化?(3)地方官府对于这些问题的应对之策如何?它们与王朝国家的全国性政策和制度变迁之间有怎样的关系?(4)清初地方官府在整顿里甲体制时所面临的地方社会经济形势如何?其应对办法及其根据是什么?它们对里甲体制的变革究竟发挥了怎样的作用?(5)清代里甲是否确如许多制度史研究者所认定的那样,已经脱离具体地域范围,成为赋役征收体系中的一种纳税单元?

显然,这种研究理路必须落实到具体的地区范围里,部分学者沿着这一理路也做出了很有价值的探索。[①] 本文即在我们多年来从事江汉平原历史地理与社会经济史考察的基础上,主要运用地方志、档案与族谱数据,结合

---

① 近年来,越来越多的学者遵循将制度变迁与地方社会相结合的研究理路,探究明清时期里甲制度在各地区的实行及其变革,最具影响力的成果是前揭刘志伟《在国家与社会之间——明清广东地区里甲赋役制度与乡村社会》、郑振满《明清福建的里甲户籍与家族组织》(初刊《中国社会经济史研究》1989年第2期,后收入氏著:《乡族与国家:多元视野中的闽台传统社会》,北京:三联书店,2009年,第117~131页)与《明清福建里社组织的演变》(收入氏著:《乡族与国家:多元视野中的闽台传统社会》,第238~253页)以及 Huang Ch'ing—lien,"The Li—chia System in Ming Times and its Operation in Ying—t'ien Prefecture"(黄清连:《明代的里甲制及其在应天府的实行》,《"中央研究院"历史语言研究所集刊》第54本第4分,1983年,第103~156页)。相关的研究还有:周玉英:《明中叶福建惠安县里甲状况探析》,《中国社会经济史研究》1992年第4期;周绍泉:《徽州文书所见明末清初的粮长、里长和老人》,《中国史研究》1998年第1期;权仁溶:《从祁门县"谢氏纷争"看明末徽州的土地丈量与里甲制》,《历史研究》2000年第1期;权仁溶:《明代徽州里的编制与增减》,《上海师范大学学报》2005年第4期;权仁溶:《清初徽州的里编制和增图》,《上海师范大学学报》2007年第3期;贺喜:《编户齐民与身份认同:明前期海南里甲制度的推行与地方社会之转变》,《中国社会科学》2006年第6期;刘永华、郑榕:《清初中国东南地区的粮户归宗改革——来自闽南的例证》,《中国经济史研究》2008年第4期;等等。

南强丛书

长江中游的人地关系与地域社会

田野考察所得认识,初步梳理明清时期江汉平原诸州县[汉阳县、汉川县、沔阳州、潜江县、天门县(景陵县)、监利县等]里甲制的实施及其变革情形,以为弄清里甲制度在各地区的实施与变革提供一个区域性的实证基础。

一、明初江汉平原聚落分布与里甲编排

在江汉平原围垸大兴之前,人们主要居住在平原边缘的低岗丘陵及平原腹地地势略高的冈阜、小丘或人工堆筑的墩、台上。在江汉平原诸州县中,天门(景陵)北境、汉阳东南境、汉川东南境及江陵西北境处平原边缘,低岗残丘较多,地势稍高。乾隆《天门县志》卷一《地理考》"风俗"称:"村落惟依高阜而居,多星布棋错,族处者仍不相远。桑柘影处,庐舍出焉。村或百余家,或数十家,吉庆则釀饮相贺,疾丧则敛赀相恤,犹有古风。"①乾隆《汉阳县志》卷七《堤防》末总论汉阳县水利情形称:"汉阳邑境约方百里,大都为山者十之二,为土田、为廛市村舍者十之三,而水居其半。当夏秋之际,重湖千顷,晶淼无垠,不独秧针麦浪尽委波臣,而室家飘摇,鸿雁之哀,无岁或免。"②天门、汉阳二县至乾隆前期尚且如此,处于平原腹地的沔阳、潜江、监利及江陵东南部、荆门东南部和天门、汉川二县大部分地区,地势更为低洼,其明初之情形自可想见。③ 嘉靖三年(1524年),沔阳知州储洵上疏论沔阳堤防利害云:"(沔阳)南临大江,北枕襄汉,(中略)地势卑洼,湖泊相连,正系江汉下流,原无冈阜障蔽,诸水奔赴,若就大壑,民田惟土筑圩院,防卫耕种。"④嘉庆二十一年至二十三年间(1816—1818年)任汉川知县的樊锺英在《通禀汉川地方情形民间疾苦》中说:

---

① 乾隆《天门县志》卷一《地理考》,"风俗"栏,《中国地方志集成·湖北府县志辑》本,第44册,第383页。

② 乾隆《汉阳县志》卷七《堤防》,《稀见中国地方志汇刊》本,第36册,第93页。

③ 鲁西奇:《区域历史地理研究:对象与方法——汉水流域的个案考察》,第512~515页;鲁西奇:《汉宋间长江中游地区的乡村聚落形态及其演变》,第128~151页;鲁西奇、韩轲轲:《散村的形成及其演变——以江汉平原腹地的乡村聚落形态及其演变为中心》,《中国历史地理论丛》2011年第4期。

④ 嘉靖《沔阳志》卷八《河防志》,《天一阁藏明代方志选刊》本,第5页。

汉川地处襄江下游，形势低洼，（中略）素称泽国，除梅城、长城两乡地处高阜，其余尽属垸畈。每年泛涨，不破堤，仅厂畈被淹，若破堤，则垸内亦淹。（中略）民庐多居墩、台。墩者，乃民间锄土造筑而成。若水淹久，则墩、台亦多坍卸，故居民多造茅屋竹篱，略加墙垣。夏秋水至，则拆屋移居，撑船远逃；春冬水退，则［刈］（于）茅索陶，亟其乘屋。①

显然，在人们普遍围垦垸田、堆筑墩台以定居止之前，江汉平原腹地的低洼湖泽之区实无以稳定地居住，更无以持续垦殖田地。

当洪武间江汉平原诸州县推行里甲制时，垸田的大规模开发才刚刚起步，②人们仍然主要居住在此前已经开发的低岗丘陵及部分地势较高的围垸地区，所以，里甲的编排大抵也主要是在这些地区开展。景陵县（天门县）大抵以义河（今天门河）为界，其北地势较高，有五华山、青山、天门山、巾戍山等连绵蜿蜒的低山丘陵；其南则地势低洼，汉水及其分支牛蹄河、狮子河、马肠河、清水汀河、陶溪潭河流经其间，东南境更是沼泽湖区，有澧马潭、白云三汊、葫芦三湾、下帐湖、上帐湖、嵩台湖等湖泊。③ 嘉靖《沔阳志》卷六《提封下》记景陵县坊厢村里，谓有坊厢二（坊一，县城内；厢一，县城外），村六，里二十有三（据其下文所记统计，实为二十四里）。嘉靖《湖广图经志书》卷一一《沔阳州》"坊乡"所记与此同。④ 万历《承天府志》卷六《民数》谓景陵县"原额二十四里"。⑤ 则此二十四里之制，当即洪武中所编排的里数。其中，上白湖村在县西北境，领马溪、巾港、青山、洲上四里；下白

① 同治《汉川县志》卷一○《民赋志》，《中国地方志集成·湖北府县志辑》本，第9册，第240页。

② 关于江汉平原垸田开发的研究，请参阅石泉、张国雄：《江汉平原的垸田兴起于何时》，《中国历史地理论丛》1988年第1期，第131～140页；彭雨新、张建民：《明清长江流域农业水利研究》，第184～268页；梅莉、张国雄、晏昌贵：《两湖平原开发探源》，第87～102页；鲁西奇：《区域历史地理研究：对象与方法——汉水流域的个案考察》，第438～445页。

③ 嘉靖《沔阳志》（《天一阁藏明代方志选刊》本）卷五《提封上》，"山"，第4、12～13页；卷六《提封下》，"川"，第1～3页。

④ 嘉靖《湖广图经志书》卷一一《沔阳州》，"坊乡"栏，《日本藏中国罕见地方志丛刊》本，第966页。

⑤ 万历《承天府志》卷六《民数》，《日本藏中国罕见地方志丛刊》本，据日本尊经阁文库藏万历三十年刻本影印，北京：书目文献出版社，1991年，第102页。

湖村在县西南境,领永和、永丰、泰宁、安和四里;云潭村在县东北境,领东林、诸流、萧城、仁和四里;官城村,在县东境,领兴仁、仁和、三才、白云、仁平五里。此四村十七里,除下白湖村处义河上游、兼跨义河两岸地外,其余皆处于义河之北。然则,洪武间在义河北岸至少有十五个"里"。方乐村所领永平、安平、泰平、和平四里,大抵在义河与汉水分流牛蹄河之间,靠近县城;南黄村所领泗江、狮子、崇进三里,则当在牛蹄河以南,包括了汉水以南地区。则在义河中下游南岸地区,当有七个里(若加上上游南岸、属于下白湖村的二里,则为九个里)。① 明清时期景陵(天门)县的南境包括今仙桃市北境的汉水以南、通顺河以北地区,地域面积远大于义河北岸的北境,而洪武间编排的里数则少于北境,说明其时湖泽地区尚未得到开发,可能并未编排里甲。

汉阳县洪武年间的二十八里,到嘉靖中朱衣编纂《汉阳府志》时,只剩下十九里,所以很难据以讨论洪武年间各里的分布。然嘉庆《汉阳县志》卷八《堤防志》详记"汉阳十九里地形高下",卷一二《户口保甲》复记有各里所属村落,我们尝据以复原清中后期汉阳县各里之今地范围及所包括的村落。如玉一里(当即嘉靖《汉阳府志》所记之玉山乡一图)所属有南湖嘴、张大渡、季余家垸、宝家嘴、洪山庙、黄沙庙、尉武山、补锅岭、鸭港桥等九个村落,"唯尉武山、补锅岭、鸭港桥三村皆系尉武山为屏障,形势较高,余村并无冈陵,均畏官湖、南湖水涨"。可以相信,在官湖、南湖堤垸兴修之前,玉一里居民主要居住在尉武山周围地势较高的三个村子里,明初的玉山乡一里很可能就是以尉武山、补锅岭、鸭港桥三个自然村落为基础编排的。又如山三里(当即明代的山阳乡三图),位于汉阳县西南境(今汉阳区蒲潭一带),其南滨大江,西临太白湖,北依蒲潭山。在嘉庆年间有上蒲潭、香炉山等十三个村落。其中,位于山麓的上蒲潭、周家河、水南(分为上下)三村建村较早,而地势低洼的滩头、东庄、南庄等村建村最晚。据此,我们揣测洪武中编排山阳乡三图时,所能控制的村落大抵就是位于山麓的上蒲潭、周

---

① 嘉靖《沔阳志》卷六《提封下》,《天一阁藏明代方志选刊》本,第8~9页。明代景陵县六村二十四里之制的考定复原,根据康熙《景陵县志》卷三《舆地》,"坊村",康熙三十一年刻本,乾隆《天门县志》卷一《地理考》及湖北省天门县地名领导小组办公室编《湖北省天门县地名志》及实地调查。

家河、水南等村。①

　　沔阳州全境均介于江汉之间，是江汉平原的腹心地带，除东南境与汉阳交界处有黄蓬山外，境内只有长江、汉水及其支流卢洑河、长夏河等河流两侧的自然堤地势稍高。因此，自古以来，人们主要居住在这些河流两岸的自然堤上。南宋乾道六年（1170年），陆游溯江入蜀，于九月一日在汉阳通济口离开大江，转入沌中，溯沌水（即明清时期的长夏河、大马长川）而上，沿途所经之村落，即多位于地势高爽之处。如其时属玉沙县沧浪乡的毕家池，"地势爽垲，居民颇众。有一二家，虽茅荻结庐，而窗户整洁，藩篱坚壮，舍旁有果园甚盛，盖亦一聚之雄也"。其地又有广福永固寺、东场，"并水皆茂竹高林，堤净如扫，鸡犬闲暇，凫鸭浮没，人往来林樾间"。② 可以想见，二百余年后，当明朝官府在沔阳州编排里甲时，人民居住分布之情形当与陆游所见大致相同。嘉靖《沔阳志》卷六《提封下》记沔阳州有坊厢五、村三十八，并列举三十八村之目及其相对于州城之方位、距离，其中除"新增"一村外，其余五坊厢、三十七村（当即三十七里）可信洪武间已置。③其中，五坊厢在州城内外；三十七村（里）中，漕河（州北三里）、石板（州西五

　　① 嘉庆《汉阳县志》卷八《堤防志》，"汉阳十九里地形高下"，第7～8页；卷一二《户口保甲》，第10～14页。此处之认识，主要根据2002年11月2—4日在当地的调查。

　　② 陆游：《入蜀记》卷五，《知不足斋丛书》本，第1册，第613页。

　　③ 嘉靖《沔阳志》卷六《提封下》，《天一阁藏明代方志选刊》本，第8页。此处所记各"村"之性质，仍可基本断定当即"里"，盖万历《承天府志》卷六《民数》称沔阳州编户为"三十六里"（《日本藏中国罕见地方志丛刊》本，第102页），下载万历二十年"原军民杂役人户"数，则三十六里之制当为万历中的编制。而嘉靖《沔阳志》所记之五坊厢、三十八村则当为嘉靖中的编制。二者相距非远，三十六里之制应当是在五坊厢、三十八村之制基础上演化而来。嘉靖《沔阳志》卷八《河防志》录嘉靖三年知州储洵之言，谓若川江水发，监利车木堤水口冲塌，"沔阳后潬、茅埠凡一十六村，熊家、泖潭凡四十余垸税粮八千余石高低淤没，尺土不堪耕种"；若襄汉水发，潜江排沙头诸处水口冲塌，"沔阳深江、西范凡二十七村，莲河、柘树凡七十余垸，税粮一万五千余石，亦无尺土耕种"（《天一阁藏明代方志选刊》本，第6页）。显然，后潬、茅埠、深江、西范等四十三村（当是五坊厢三十八村之和）应即四十三里。最为重要的是，在雍正年间沔阳知州禹殿鳌主持编排的乡图中，仍多存有嘉靖《沔阳志》所记的诸村之目，而名之为"里"，如东安悦安乡所领四图二十里中有汉广里、渣潭里、马宗里、沧浪里、泗江里、接阳里，西方宝成乡四图十七里中有石板里、石湖里、云潭里、漕河里、铁柜里、到河里、西范里、深江里、南池里等。其下按语称："沔地自明迄今，区分方域，编载田赋，粮田四十三里。"（乾隆《沔阳州志》卷三《提封》，"乡图"，乾隆八年刻本，国家图书馆藏胶卷，抄录时未详记页次）其所说之"四十三里"，当即五坊厢三十八村。

里)、汉广(州东五里)、江北(州东北三里)四村可以断定即在流经沔阳州城的漕河两岸,茅埠(州西南一百五十里,当即在同书卷五《提封上》"川"所记大江北岸的茅埠口,其地后来兴起了茅镇),林湾(州西南一百五十里,当即长江北岸的竹林湾)二村当在长江北岸江堤上,南池(州西北七十里)、渣潭(州东北三十五里)、直步(州东南五十里,或即陆游昔年所见之"纲步",位于芦洑河与长夏河汇合处)三村当位于汉水分流河道芦洑河两岸,深江(州北九十里)、剅河(州北六十里)、西范(州东北七十里,当即范溉关,其地后来兴起了范溉市)、黄荆(州东北八十里,当即排沙河进入下帐湖的黄荆口)等四村当位于芦洑河北面支流排沙河两岸,长夏(州南四十里)、沧浪(州东五十里,当即在昔年陆游所见之毕家池附近)二村当位于长夏河两岸,黄蓬(州西南一百五十里,其地后来兴起了黄蓬市)、上平放(州南四十里)、下平放(州南一百三十里)三村当位于长江分流复车河两岸。沔阳州境内湖泊密布,然在三十七村中,大致可以断定濒湖者只有西湖(州西南一百五十里)、石湖(州北四十五里,当近百石湖,至明中期,百石湖边已筑有长堤)二村,境内大湖如太白湖(在沔阳州东南境,周二百余里)、沙湖(与太白湖相连)、阳名湖、白鹭湖、黄蓬湖(在沔阳州南境,即洪湖之前身)等湖泊周围均未见置有村里。[①] 因此,虽然无法逐一考定上述三十七村之所在,但可以想见:当洪武间编排沔阳州里甲时,大抵仅可在居于诸多河流自然堤、已初步围垦的较高地带的居民中推行,所以编成的里甲当主要沿河流自然堤分布,而在远离河流自然堤或河流下游入湖地带,则湖泊密布,其间虽散居众多渔户,却并未编入里甲(见下文)。

二、河泊所《甲册》的攒造与渔户"业甲"的编排

如上所论,当明初推行里甲制时,江汉平原诸州县,大抵皆仅可在已辟

---

① 此处关于沔阳州三十七村(里)所在位置的考定复原,主要根据嘉靖《沔阳志》卷五《提封上》的相关记载及作者此前关于汉水下游平原河流变迁与堤防建设的研究,每一地名之考定均甚为烦琐,故此处无法一一注出。请参阅鲁西奇、潘晟:《汉水中下游河道变迁与堤防》,第123~147、339~368页。

为土田、营筑廛市村舍之区攒造黄册、编排里甲。但平原腹地的低洼湖区并非无人居住。嘉靖《湖广图经志书》卷三《汉阳府》"风俗"引《汉川志》云："民朴略,春夏力农,秋冬业渔。盖其地云梦之薮,当春水泛涨,农民迁居原隰耕垦;秋冬涸时,还移居就下,近湖泊网罗以自给。"[①]康熙《汉阳府志》卷一《舆地志》"风俗"亦称:

> 汉川四周皆水,湖居小民,以水为家,多结茭为簰,覆以茅茨,人口悉居其中,谓之茭簰。随波上下,虽洪水稽天,不没。凡种莳牲畜、子女婚嫁,靡不于斯,至有延师教子弟者。其同冢一带,土瘠民贫,西成之余,即携妻子乘渔艇,转徙于沔之南、江之东,采茭拾蛤,至东作时仍归事南亩。逐岁习以为常。[②]

这些渔户漂泊河湖水域,居处不定,亦耕亦渔,早期则以渔为主。明初于南直隶、湖广、浙、闽诸省河湖集中之区分置河泊所,以负责征收渔课、管理渔户。[③] 据嘉靖《汉阳府志》记载,汉阳县领有长江局、三沦湖、平塘河、桑台湖、马影湖、蒲潭湖、新潭湖等七处河泊所,每所皆领管数处至数十处河湖水域。如马影湖河泊所即领管贵子潭、贵子湖、天清湖、协山湖、丰门、龙船陂、高作陂、夫人港等六十七处河湖水域。[④] 除汉阳县七所外,沔阳州与景陵县共有三十一所,江陵县有五所,汉川、监利、钟祥三县各有三所,孝感县有二所,应城、安陆二县各有一所,故明初江汉平原诸州县境内,共有五十

① 嘉靖《湖广图经志书》卷三《汉阳府》,"风俗"栏,《日本藏中国罕见地方志选刊》本,第 291 页。

② 康熙《汉阳府志》卷一《舆地志》,"风俗",康熙八年刻本,国家图书馆藏缩微胶卷,抄录时未记下页码。

③ 参阅中村治兵卫:《中国渔业史的研究》,东京:刀水书房,1995 年,第 112～113 页;张建民:《明代湖北的鱼贡鱼课与渔业》,《江汉论坛》1998 年第 5 期;尹玲玲:《明代的渔政制度及其变迁——以机构设置沿革为例》,《上海师范大学学报(哲学社会科学版)》2003 年第 1 期;徐斌:《明代河泊所的变迁与渔户管理——以湖广地区为中心》,《江汉论坛》2008 年第 12 期;徐斌:《明清河泊所赤历册研究——以湖北地区为中心》,《中国农史》2011 年第 2 期。

④ 嘉靖《汉阳府志》(《天一阁藏明代方志选刊》本)卷三《创置志》,第 24 页;卷二《方域志》,第 29～35 页。

六个河泊所。①

凡此五十六个河泊所,可能大部分均置于朱元璋控制湖广地区的甲辰岁(1364年)至洪武(1368—1398年)初年间。② 河泊所设置后,即可能对所辖水域、渔户展开清理工作,丈量水域面积,编排渔户户帖,核定渔课课额。洪武间婺州诗人童冀《渔荡行》句云:

> 永州江清稀见鱼,永民岁岁输鱼租。当年差官闸湖荡,尺水从兹起波浪。江滨湖岸多沙洲,一望不见天尽头。常时风色黄尘起,一夜雨声潇潇流。丈量绳引计顷亩,半抑编氓强分受。黄绫大册书入官,岁岁催粮烦甲首。(中略)君不闻道州鱼课年年足,当年闸课官

---

① 据嘉靖《湖广图经志书》(《日本藏中国罕见地方志丛刊》本)卷三《汉阳府》,第294～285页)、卷五《德安府》(第426～427页)、卷五《荆州府》(第510～511页)、卷一〇《安陆州》(第935页)、卷一一《沔阳州》(第967～968页),嘉靖《沔阳志》卷七《创设志》(《天一阁藏明代方志选刊》本,第7页)、嘉靖《汉阳府志》卷三《创置志》(《天一阁藏明代方志选刊》本,第43页)。潜江县未见置有河泊所的记载,其境内河湖渔课分属江陵县倚北湖河泊所、监利县分盐河泊所、沔阳州剅河河泊所、景陵县葫芦三湾河泊所征收,见康熙《潜江县志》卷三《舆地志》,"乡区"下所录万历三年(1577年)潜江知县朱熙洽《请清渔粮详文》,《中国地方志集成·湖北府县志辑》本,第46册,第48页。

② 嘉靖《汉阳府志》卷三《创置志》并未载明汉阳县七河泊所与汉川县三河泊所的设置时间。嘉靖《沔阳志》卷七《创设志》亦未载明沔阳州及景陵县各河泊所的始置时间,仅在按语中称:"国初河泊所有长下河、官港湖、螺子渎、西港湖、乌流湖、千金湖、剅口百石湖、青山湖、黄蓬湖、赛港湖,统三十有一。"(《天一阁藏明代方志选刊》本,第7页)其所说之"国初",至少可理解为洪武间。嘉靖《湖广图经志书》(《日本藏中国罕见地方志丛刊》本)卷六《荆州府》"公署"栏记监利县领大长马河、家绿湖、分盐河三河泊所,"俱洪武初建"(第511页)。同书卷一〇《安陆州》"公署"栏记钟祥县所领河泊所,谓城北湖河泊所"洪武乙巳年开设"(按:当为吴王乙巳年,即元至正二十五年,1365年)、赤马野猪湖河泊所"洪武五年开设",芦洑湖河泊所"洪武初所官陈子晦创设"(第535页)。同书卷二《武昌府》"公署"栏记武昌县领六河泊所,其中长港江套、西泾湖、炭门湖三河泊所俱"本朝甲辰年开设",碛矶湖河泊所"丙午年开设",马钦浆湖河泊所"洪武元年开设",乌翎湖河泊所"吴元年开设"。嘉鱼县所属四河泊所,"俱洪武元年创"(第136页)。咸宁县所属咸宁湖河泊所"洪武十四年开设"。大冶县所属华家湖等三所,均开设于甲辰年(第137页)。同书卷四《黄州府》"公署"栏记黄冈县所领九河泊所、黄梅县所领六所"俱洪武初建";蕲水县所领圻湖河泊所建于洪武初,阳历湖河泊所建于洪武中(第334～336页)。因此,我们认为江汉平原诸州县所领诸河泊所,大部分当创设于甲辰岁至洪武初。

不酷。①

据同书卷《丁巳晦日立春》"去岁三湘送雁行"句,知童冀永州之行当在洪武九年(丙辰,1376年)。然则,永州"差官闸湖荡"之事必在洪武九年之前。据童冀诗句所述,知其时差官"闸"湖荡,引绳丈量,计算顷亩,强迫"编氓分受",并书入"黄绫大册"(当即下文所见之"水鱼鳞册"或"甲册")。永州河湖水域非多,其湖荡尚且需要如此大费周章地引绳丈量、造册征租,河湖纵横的江汉平原诸州县自更可想见。然其时承纳渔课的编氓或属于州县里甲系统。黄冈《梅氏宗谱》中录有一份梅氏在洪武三年立户的"户帖"抄件:

　　户名图式

　　一户梅琅,系黄州府黄冈县伍重乡一图户。

　　男子四口。成丁一口,不成丁三口。本身,年三十七岁。男寄看,年四岁;虎儿,年三岁;码儿,年二岁。

　　妇女[二](一)口。妻阿任,年三十二岁。姐梅　,年四十八岁。

　　事产　茅屋三间。黄溪湖濠网业户。

　　右户帖付梅琅收执。准此。

　　洪武三年　月　日。

　　肆字七百号。②

伍重乡在黄冈县北境(上乡在县北一百里,下乡在县北一百二十里),境内有黄汉湖(又名武湖),③则上引梅氏户帖中的"黄溪湖"或当为"黄汉湖"之讹误。户帖未记梅氏拥有田产,但称其为"黄[汉](溪)湖濠网业户",则其当为渔户。黄汉湖河泊所是黄冈县九河泊所之一,为"洪武初建"。④然则,其时虽已设有河泊所,其所辖渔户仍当编入州县里甲系统。

　　河泊所管领渔户的编排与纳课应役,十分复杂。万历间,汉阳府人王光裕在《七所鱼课说》中,追述明初本地编派鱼课之况云:

────────

　　① 童冀:《尚絅斋集》卷三《渔荡行》,《景印文渊阁四库全书》本,台北:商务印书馆,1986年,第1229册,第620页。

　　② 黄冈《梅氏宗谱》卷首《户名起立》,光绪五年,乐道堂刊本,武汉大学图书馆藏。

　　③ 弘治《黄州府志》(《天一阁藏明代方志选刊》本,据明弘治刻本影印,上海:上海古籍书店,1965年)卷一《坊社乡镇》,第21页;卷二《山川》,第24页。

　　④ 嘉靖《湖广图经志书》卷四《黄州府》,"公署"栏,《日本藏中国罕见地方志丛刊》本,第334页。

本朝自则壤成赋之外，泽梁虽有禁，未尝不酌鱼利之多寡，因年岁之丰歉，小民之便否，分制七所，各随地之所近，以便催征。自洪、永以来，以及宣德，先议钞，后议课米。开国之初，法禁甚严，小民畏威，尚未怀德，每有湖业，辄不敢领。故布为功令，凡大小湖池有名可查、有地可稽者，责军户闸办，各领为业，取鱼办课。其湖水泛阔长且渺者，责令所官某、吏某，同经纪某、商客某，招集大网户、浅网户、扒网户、岸罾户、手罾户、花罾户等，鱼利以月计，钞课以利计，各分浪业，众轻易举。行之三朝而均平长久之法定矣。汇造赤历，永为遵守。①

洪武、永乐间，"闸办"湖池、领以为业、承办鱼课的"军户"当然属于州县编户，但却未必就是实际以网鱼为业的"渔户"，其性质或即后来所谓之"湖头"。作为鱼课征收机构的河泊所，直接掌握的就是这些承办鱼课的"湖头"。后来又以河泊所所官、胥吏、经纪、客商招集各色渔户，"各分浪业"（"浪业"当即"湖业"），所行也当是包税之法，具体承办鱼课者，是那些"经纪"、"客商"；河泊所通过这些经纪、客商，掌握"各分浪业"的诸色渔户。再后来，很可能在宣德间（1426—1435年），方攒造赤历，"永为遵守"。所谓"赤历"，当即河泊所为征收渔课、管理渔户而编制的册籍，一般包括本河泊所应承担的鱼课总额、隶属于本所的渔户编排分甲以及每户应承担的具体课额、渔户各甲具体办课的水域、办理课程的具体数额等内容。②

湖北省档案馆藏《顺治四年黄冈零残湖赤历甲册》，反映了《洪武赤历甲册》的部分内容。③它在"洪武赤历甲册编定"下首列"本府"（当即零残湖河泊所）四季课钞数及总数（钞柒千柒百柒拾叁贯贰百文，有闰月加钞伍拾贯）、子池业户管解干鱼数（捌百伍拾叁斤，有闰月加柒拾斤）、子池折解黄白麻桐油熟铁等数（肆千陆百伍拾叁斤壹拾肆两肆钱）；然后录"洪武年

① 万历《汉阳府志》卷五《食货》，附王光裕《七所鱼课说》，武汉：武汉出版社，2007年，第109页。

② 参阅前揭徐斌：《明清河泊所赤历册研究——以湖北地区为中心》，第65～77页。

③ 湖北省档案馆藏：《最高法院、湖北省高等法院黄冈分院对张祖荫、陈受二等湖业所有权纠纷案的判决，1948》，附录，《顺治四年黄冈零残湖赤历甲册》，LS7—2—534。这份文书将所抄录的洪武赤历甲册的内容与清初顺治年间的"见存"情况混在一起，但我们仍可以大致窥见洪武赤历甲册的基本结构与内容。本文以下所引即经过我们"还原"处理的洪武赤历甲册。

间赤历编定甲册轮流征收麻铁干鱼花名",分为六甲,下列各甲所领渔户花名,计六十户(一甲十三户,二甲九户,三甲七户,四甲七户,五甲十二户,六甲十二户),每甲下将"干鱼"解户单独列出;再其次是"长江业户陆拾肆名"之花名及其各自的课米数(以上三部分当属于河泊所"赤历"的一般内容,是官府登记应征与交纳诸色物品钞课的会计簿);最后则是各业甲所领湖池水域、各户承办的具体课额(应即附编于"赤历"之后的"甲册")。显然,"甲册"乃是所谓"赤历甲册"的核心内容。如:

一甲叶茂春。

一、子池:杨子下墩、芳墩、胡戚原港、香水汊、高家波、出水沟、方家墩等处,地名坐落赶花畈,(原)课米捌拾贰石,业户拾伍名。(见存陆名,逃绝玖名。业户许再成、涂均保、余元五、桂政办纳课米参拾伍石,逃绝户黄兴、蔡胜三、姚文吉、桂政清、许文斌、许十一、许再成、董兴□九户课米肆拾柒石。①

一户叶茂春,课米伍石。

一户李文吉,课米伍石。

(以下从略,共十三户。)

又"一甲干鱼解户"(失名,据同件文书上列之六甲花户册,当为何兴等六户)下,记"子池何家湖、董家垱、严家汊、马践湖、泥河、天井湖,地名坐落杨儿港东北边,约有十里,(原)闸课米贰拾捌石贰斗贰升,舒胜一、余成、黄二共闸课米拾柒石伍斗四升,何兴(下残)课米壹拾柒石伍斗肆升。内有剩食湖"。则一甲共有两处"子池",至少有二十一名业户,共同课米一百一十石二斗二升。又如,在"二甲麻铁解户刘朝一"条下,载有"子池:沙河、土堎、梓潭港,地名坐落中和乡",下录明受四等十八户名及其各自课米若干;然后又记另三处"子池",各有二、四、四名业户,分别课米若干。则二甲当共有三处"子池"、二十六户。在《顺治四年黄冈零残湖赤历甲册》之后,有一

---

① 本件文书中所说之"原"当是指洪武时情形,"见存"当是指顺治四年复位赤历甲册时的情形。

份"黄州府黄冈县广安乡零残湖河泊所业甲"李遵（五十岁）的供状。[①] 李遵称：

> 洪武年间，曾祖李宗杰，与在官刘皋即刘重三、张继祖、黄荣、汪朝俊（未到）、胡兴六、叶茂春、刘朝一、陈兴、汪聪、胡胜三、陈四、汪伏、二船张七、刘兴、陈受（并逃移）、戚子旻、卢佑、郑旺共贰百贰拾壹户，俱闸充本所业甲各一名。本所额办干鱼捌百伍拾叁斤，额定未到业甲马兴隆等壹拾捌户管办；又闸熟铁叁千柒百贰拾伍斤陆两肆钱，每斤额征银一分五厘，共银伍拾伍两八钱八分二厘；线缪八十八斤，每斤额征银七分，共银六两一钱六分；黄麻叁百六十柒斤，每斤额征银二分二厘，共银一十四两零二分五厘；白麻二百斤，每斤额征价银三分，共银六两。通共征银八十二两七钱六分七厘，额定遵与吴兴六等二十六户名管办。又闸子池课米轮流征解。又闸府钞银二十七两二钱六分，额定刘皋兴、胡胜三等七户额于长江百业办解。遵祖闸子池驼坑、尹家埫、杨家涝等处，议课米一十五石；张继祖闸长港、红莲坑等处，议课米三石柒斗；黄荣闸莲湖港、沙湖等处，课米二十四石；刘重三闸新生洲、江套，课米三石五斗；吴兴六闸万子湖等处，议课米六十四石八斗；陈兴闸小长河腹内埫等处湖，议课米一百五十四石六斗；叶茂春闸扬子埫、香子汊等处湖，议课米叁拾伍石；刘朝一闸走长沙河七里、泙东流湖、黄家汊等处，议课米一百一十三石。（下略）。

李遵列举的洪武间闸充零残湖河泊所业甲的户名中，有"叶茂春"，亦见于上引洪武甲册所列花户名单，为一甲中的第一户；一甲中又有"李原吉"，或即李遵所称的曾祖"李宗杰"。然则，其时曾充零残湖河泊所业户者共有二百二十一户，而承办干鱼、熟铁、府钞者合计为五十一户，则此五十一户，以李遵之例推之，皆当为"业甲"。

---

① 此项供状颇多舛误，不能通解，幸档案中有两份同一供状的抄件，我们据之校补，得大致可读。本文所引，即为校补后的文字。"李遵"，另一份抄件作"李尊"。本件文书残缺不全，末尾已佚，故没有明确纪年。然内中提及嘉靖十年（1531年）"前项麻铁料银轮该遵户收解"、"嘉靖十三年奉文"、"嘉靖十六年前项麻铁钱粮又轮"及"本年十月内赴巡按老爷杨处告"等，故推测当系于嘉靖二十年前后。

湖北省档案馆另藏有一份《万历十七年金东西水鱼鳞册》(抄件),^①原系武昌府江夏县金口垱河泊所"为改编湖课以征干鱼□□鱼鲊钞银事"上报而编制的,内称:

> 切照本所西水总先年十八总业甲,□□应□□户陆续逃亡,湖业荒芜,钱粮累及当在业甲,[今](无)凭大小业户公同议论,逃亡豁除,活存实派,湖池柞场曒□就分管。现征实在稞米五百四十六石贰斗五升,每石派银一钱七分五厘四毫。量户分载,照米铺银。编立四总,共计一十贰名。四名承应一年,各依册定银米数目,各收各解,永为定规。自今十七年为始,已后轮流征解,毋致混乱。理合造册,顶立册者。

其下先录"西水总实征"稞米(五百四十六石贰斗五升)、干鱼(银九两五钱八分七厘四毫五丝七微五尘)、鲊鱼(银九两八钱九分七厘)、钞银(十一两八钱一分七厘)、麻铁(银六十四两五钱七分二厘三毫九丝)之数;然后录四总十二业甲、业户之名及应承稞米数目,其格式是先载明湖池水域之所在及其四至,后录在此湖池范围内取鱼为业的业甲、业户及其稞米之数。如:

> 一、额办稞湖董塘池(外白石赛作官湖),东至八(下残)鹅公硚为界,西至岳家边为界,北至□山(下残)。
>
> 业甲一名:邓李毕。
>
> 一户邓朴,顶桂文兴,稞米五石七斗。
>
> 一户李春乔,稞米十石。
>
> 一户邓兴效,顶尹金予,稞米十贰石。
>
> 一户毕尚学,稞米一石九斗。
>
> (下略,共十二户)
>
> 以上各户入董塘池取鱼,共办稞米五十九石八斗,该麻铁银十两五钱九分五厘。

"业甲邓李毕"之名,显系邓、李、毕三氏之合称(十二业甲之目,多以此种方式命名);而"邓朴顶桂文兴"、"邓兴效顶尹金予",说明户名已有改变,桂文兴、尹金予既为编改前之户名,则可推知此业甲在编改前并不称为"邓李

---

①　湖北省档案馆藏:《湖北省高等法院对蒲圻县民王明新、余新祥等湖地共有权纠纷案的判决,1948》,附录,《万历十七年金东西水鱼鳞册》,LS7—2—302。

毕",它不过是此十二业户(编改前未必为此数)共同拥有"入董塘池取鱼"之业的名头。据上引黄冈县零残湖之例推测,它可能最初是某一实在的渔户。每一业甲名目之下,皆有业户两户至十四户不等("业甲邓李毕"十二户,"业甲杨李王"九户,"业甲王清谷"五户,"业甲张陈何"二户,"业甲汤曾徐"八户,"业甲姚李王"六户,"业甲吴任毛"十四户,"业甲王钦宋"四户,"业甲何汤甫"五户,"业甲聂鲁朱"五户,"业甲何李龙"五户,"业甲龙吴高"五户);每三个业甲又编为一总,"轮流应役"。

同卷宗另附有一份《万历二十七年八月初九日给金东西水稞全册》,其格式是先于各业甲名下载明"额办"湖池水面及稞米数额,然后录各业户名目及其稞米数,与《万历十七年金东西水鱼鳞册》的格式不同,而与上引黄冈县零残湖河泊所的《洪武赤历甲册》的格式大致相同。其卷首称:

> 湖北武昌府蒲圻县民公议合同约人杨俊卿、邓李毕、聂何龙、吴任毛、张陈何、姚王李、汤曾徐、王钦宋、何汤甫等祖,充江夏县金口坦业甲,额总稞米壹千三百石有零。[嘉](加)靖四年,编立壹拾捌总。至万历十七年,人户陆续逃绝,钱粮扦累,官民比并,任官黄河泊票拘通总业民到所公议合约,开除绝亡,实在稞米五百四十石有零,比例改编一十二总,至今无异。内有杨俊卿项下朋户李祥甫近时逃亡,累及俊卿,于廿七年八月内有卿具告本县王太爷,蒙准行拘各业甲中证到官审理,断令仍将原米五百四十石有零赏押外,议写分关,造册一本,请印存图,以后一十二总永远遵守,每年四名轮流,照旧应役。

则知杨俊卿等之祖本为蒲圻县民,"闸充"江夏县金口坦河泊所所属"业甲";嘉靖四年(1525年)编立为十八总及万历十七年(1589年)编改为十二总,仅为轮流应役之制,而"业甲"之编排则当在此前就已存在。此件《金东西水稞全册》及上引《金东西水鱼鳞册》均攒造于万历年间,然其中关于"业甲"之记载当反映出明前中期制度的部分真相。而据此两件文书,知若干"业甲"(在万历十七年编改后的制度中,是三个业甲)又编为一"总"。此种合若干业甲为一总的编制,不见于黄冈县零残湖河泊所的赤历甲册。然上引王光裕《七所鱼课说》提及"逐年业总,不过一二人";万历间潜江知县朱熙洽在《又请清渔粮详文》中说:"据各业总开造旧额、新买人户姓名、粮石数目及坐落地名册籍。"①其所谓"业总",当即"业甲之总",亦即金口挡河泊所西水业甲所编之"总"。若所说不误,则河泊所渔户之编排在"业甲"之上,又有"总"的编制,形成为"总—甲"二级。然上引《金东西水稞全册》又将西水十二业甲称为"十二总"(据此推测,所谓嘉靖年间的十八总,也当是指十八个业甲),似乎"甲"即同于"总",盖"甲"仍为渔户编排之基本单元,而"总"只在轮役方面才发挥作用。

综合上述材料,大致可以认知:明前期,湖广地区诸河泊所对所辖河湖水域与渔户曾攒造《水鱼鳞册》与《甲册》,并将渔户编排为"业甲"。"业甲"各领业户若干(一甲初编时有十五户),以全"甲"为单元或以"业户"身份闸领湖池水域、承办诸色鱼课;然后再由各甲所属之"业户"共同使用所领湖池水域,分担课米。黄冈《刘氏宗谱》卷首《业甲序》云:"业甲者,业渔以供国赋也。甲有八,我居其一。八家同业,是业私以营生,公以裕国。"②然则,"业甲"的首要含义在于"同业",即若干户共同拥有同一份"产业"(湖池水域),是以"业"("湖业")为基础编成的"甲";被称为"业甲"的户不过是同业诸户的代表,同时也是承办诸种鱼课的"户名"(当然,由于实行轮役,代表本甲应役的业户都可能称为"业甲",所以,每个业户都可能轮作"业甲")。因此,黄冈县零残湖河泊所所谓"洪武年间赤历编定甲册"的"甲册",实为"业甲之册",即记载以"业"为基础编成的"甲"的簿册。它应当是河泊所"赤历"的核心部分,或者王光裕所说的"赤历"就是这种"甲册"。它与万历二十七年《金东西水稞全册》均以"业甲"领湖业,以"业户"系于"业甲"与湖业之下,与黄册里甲编排之原则大致相同。万历十七年《金东西水鱼鳞册》则以湖业为纲,各系以业甲、业户若干,与田土鱼鳞册的编制原则大致相同。由于今见文书实为后世抄本,已无以窥知其本来面目,然由此仍可得知:河泊所控制河湖水域与渔户的基本方式,当是以业甲闸办湖业、承纳课役,并由业户轮流应役,而将业户组织编排起来的基础,乃是同一"甲"的渔户拥有"共业"。盖河湖水域不便如田地那样分割成小块、各归田

---

① 康熙《潜江县志》卷三《舆地志》,"乡区",《又请清渔粮详文》,《中国地方志集成·湖北府县志辑》本,第46册,第48页。

② 黄冈《刘氏宗谱》卷首《业甲序》,民国三十五年,藜照堂刊本,武汉大学图书馆藏。

户,只能由若干渔户共同拥有一片水域,从事渔业生产,遂成为同甲业户之"同业";①而官府既侧重于征科诸色鱼课(包括解送之役),故"同业"各户合立为一"甲",轮流承办鱼课。

河泊所攒造的"甲册"既然以业甲领办湖业为基础,则与以人户为基础的黄册里甲,在编排原则上并无根本性差别。然则,这些编入赤历册、由河泊所领管的业甲、业户是否同时也会编入州县黄册里甲系统? 如上所述,洪武初年,黄冈县的渔户梅琅是编入里甲系统的,洪武、永乐、宣德年间汉阳县闸办湖业的军户也当属于里甲系统。然上引李遵供状称李遵为"黄州府黄冈县广安乡零残湖河泊所业甲",而未言明其所属里甲。这固然可理解为意在强调李遵在本案中的身份乃是"业甲",也可理解为河泊所业甲(及业户)并未纳入州县里甲系统。在此件供状之前,有节单列的文字(并非供状之组成部分,可能来自河泊所的榜文),称:"大小业户有奸顽霸占,许赴所呈告,以凭申究。"说明涉及业户领管水域、承办鱼课等纠纷问题,当由河泊所负责处理。嘉靖四年(1525 年),封国在常德府的荣王奏讨沅江河泊所鱼课作为王府"管业",嘉靖帝允准,并"敕谕沅江河泊地方军民人等",令沅江河泊所"所属其团坪等场村湖二十七处及腹内所载子湖并西南二江潭长河口岸缯网湖头、业甲人等,俱着本府自行征收"。② 则在归属荣王府管业之前,凡此村湖及江河口岸的"缯网湖头、业甲"均归沅江河泊所管辖。嘉靖《汉阳府志》卷五《食货志》记永乐十年府、县黄册户,列为"军民匠等";嘉靖十一年、二十一年黄册户,除军、民外,详列"杂役力士校厨鼓手水夫马站匠铺僧道文等",并未及于渔户。在赋税类中,亦将"鱼课"("湖课")单独列出,独立于黄册里甲户所纳税、丝、粮、额办及税课局"额办商税"之外。嘉靖《沔阳志》卷九《食货志》记洪武二十四年(1391 年)沔阳州、

---

① 当然,在后来的演变过程中,业甲所属的湖业(特别是湖池已淤为洲滩、甚至围垦为田地后)逐步析为若干块,分由各业户占有,而同甲业户仍共有一块湖业。如据黄冈《刘氏宗谱》卷首《业甲序》记载,刘氏所属之"业甲"由八个业户组成,共有浠泥湖、轮车河两处湖业,"八家轮流管绍",为"八甲之公所也";而三店上之圩渠垱、赤土坡之铁杆称等处,则是"我甲之私管绍业",亦即刘氏一户所管之湖业。显然,同甲共业,到后来演化为各户分占湖业、然仍保留一片共业的形态。

② 《嘉靖事例》、《议驳荣府鱼课》,《北京图书馆古籍珍本丛刊》,影印本,北京:书目文献出版社,1988 年,第 51 册,第 183 页。

景陵县合计杂役户共有八百五十七户，其时二州县共有三十一处河泊所，这些"杂役户"当不会包括河泊所领管之渔户。直到清初顺治年间沔阳州编审人丁，曾将"渔田人户"编入"加增人丁"，"附载粮里"，而府、司批为不合，令将"渔丁各归各所"。① 凡此，似都指向明代沔阳州渔户的籍属纳课应役，与黄册里甲户的籍属田粮应役一直分属不同的系统。黄冈《松湖陈氏宗谱》首卷《夏部·凡例》载："本族里长名陈得。樟松湖大业甲名陈什一、什二、什三，明万历中回粮里。湖课繁冗，通计户口，厘为一分、二分、三分均当，房分未免参错。今图依二世祖列为孟、仲、季三房，粮里湖课，悉遵旧例。"②陈什一、什二、什三本为樟松湖河泊所管领的业甲之名(户名)，万历间"回"入"粮里"，说明他们本来属于"粮里"(黄册里甲)，"闸入"河泊所之后即不再属于"粮里"。这也从侧面说明河泊所业户不属于黄册里甲系统。

上引嘉靖中李遵供状中提及洪武间零残湖河泊所共闸入二百二十一业户。南直隶池州府明初设有八处河泊所，原额二千一百零三户，平均每所有二百六十三户；③江西九江府湖口县逆沙夹河泊所明初洪武间额定渔户一百八十四户。④ 若以每河泊所领有渔户二百户计，明初汉阳、汉川、沔阳、景陵四州县境内置有四十一处河泊所，当有渔户八千余户；而据嘉靖《汉阳府志》卷五《食货志》与《沔阳志》卷九《食货志》的记载，明前期四邑黄册户数约在一万八千户上下，⑤则渔户约当黄册户数的二分之一弱。换言之，估计江汉平原诸州县河泊所管领、编入"甲册"的渔户，可能占全部著籍户(包括州县黄册户与河泊所"甲册"所载的业户)的三分之一左右。

———————

① 光绪《沔阳州志》卷四《食货志》，"户口"，《中国地方志集成·湖北府县志辑》本，据光绪二十年刻本影印，南京：江苏古籍出版社等，2001年，第47册，第130～131页。

② 黄冈《松湖陈氏宗谱》首卷《夏部·凡例》，民国十六年刻本，武汉大学图书馆藏。

③ 《明英宗实录》卷七四，正统五年十二月甲午，台北："中央研究院"历史语言研究所，1964年，第14册，第1466页。

④ 嘉庆《湖口县志》卷五《食货志》，"渔课"条，嘉庆二十三年刻本，第7页。

⑤ 以永乐十年为例：本年汉阳府黄册户军民匠等共6340户(嘉靖《汉阳府志》卷五《食货志》，《天一阁藏明代方志选刊》本，第1页)，沔阳州为7475户，景陵县为3611户(嘉靖《沔阳志》卷九《食货志》，《天一阁藏明代方志选刊》本，第1～2页)，四邑合计为17426户。

需要说明的是：编入河泊所"甲册"或"水鱼鳞册"的业户，未必就是实际的渔户。在《万历十七年金东西水鱼鳞册》中，见有邓李毕、杨万乔、杨李王等业户之名，且有两个或三个人名共有一个户名者（如"一户：吴有望、张天信"；"一户：彭恩、汤万德、李禄"），说明这些"业户"也仅是户名，可能由若干渔户共有一个户名。这些编入河泊所"甲册"或"水鱼鳞册"的业户，也可能同时就是黄册里甲户。上引王光裕《七所渔课说》述及明初曾命"军户"闸办湖业，这些军户当然是黄册里甲户，但当他闸办湖业、承办鱼课时，也可编入河泊所的"甲册"以纳课应役。这样，闸办湖业的军户即当具有双重身份。永州府被强迫"闸湖荡"的"编氓"，可能也是如此。在这种情况下，河泊所"甲册"中的业户与黄册里甲户之间可能有诸多交叉模糊之处，从而为里甲户"变身"为渔户提供了可能（见下文）。当然，凡此被"闸"入河泊所的业户，并非皆以渔为业，此点为众所周知，无须赘论。

三、明代江汉平原大部分新垦垸田及垸民未入或未完全纳入版籍

嘉靖《沔阳志》卷八《河防志》记沔阳州垸田开发之进程甚悉，谓明初"江汉既平，民稍垦田修堤"，其"时法禁明白，人力齐壹，堤防坚厚，湖河深广。又垸少地旷，水至即漫衍"。则知当时垦田修堤之"民"受"法禁"约束，是被编入黄册里甲的；而"垸少地旷"，说明编入里甲的垸民并不多。至成化以后，围垸不断增加。嘉靖《沔阳志·河防志》说：

> 其后，佃民估客日益萃聚，闲田隙土易于购致，稍稍垦辟，岁月浸久，因攘为业。又湖田未尝税亩，或田连数十里而租不数斛，客民利之，多濒河为堤以自固，家富力强则又增修之。民田税多徭重，丁口单寡，其堤坏者多不能复修，虽院必有长以统丁夫、主修葺，然法久弊滋，修或不以时，故土未坚实；丁夫或非其数，故工尚卤莽。夫院益多，水益迫；客堤益高，主堤益卑，故水至不得宽缓，湍怒迅激，势必冲啮，主

堤先受其害。由是言之,客非惟侵利,且贻之害也。①

在这里,"客"所围垦的湖田与"主"所耕种的"民田"相对应:湖田不"税亩",即不纳田赋,"或田连数十里而租不数斛","民田"则"税多徭重";民垸(主堤)丁口单寡,堤工粗率卑下;客垸(客堤)则坚固高大,且为数众多。显然,"客"及其"湖田"未入图籍,即未被编入黄册和鱼鳞册,其所纳之"租",当即鱼课(湖课)。同书卷九《食货志》末童承叙论云:

> 沔地洼泽钟,故岁恒凶;频歉少穰,故民恒瘠。然湖多易淤,土旷易垦,食物旋给,他方之民萃焉,而江之右为甚。强者侵产,弱者就食,故客常浮于主。然客无定籍,而湖田又不税亩,故有强壮盈室而不入版图、阡陌偏野而不出租粮者。民丁口单寡,田地污莱,则至于鬻妻子、死桎梏而不能免也。(中略)或谓民无两籍,地无两赋,客之系,非不曰某郡县也;湖之租,非不曰某河泊也。不知既已树桑梓、开甽甽,尚可泥于乡土、同于湖泽乎?况彼籍易审,此籍易匿,湖租常少,田租常多,变移生死,规避重轻,其弊岂一日之积哉?夫无籍游民也,无税之闲田也,二者惟沔为多,而其增其杀、兴利渐弊,非良有司莫能调停矣。②

据此可知:(1)沔阳州的外来移民较多,其来源以江右(江西)为最。(2)客民多未入籍,或仍系以江右旧贯,或脱籍而成为游民;因未入籍,故亦无徭役。(3)客民围垦的湖田(垸田)多不税亩,即不纳田赋;偶有征科,亦止纳"湖租",归入河泊所系统,而实际上这些进入湖区的客民"树桑梓、开甽甽",即已围垦垸田,并非居于湖泽之上的渔户。

这种情形,在明中后期的江汉平原诸州县,均相当普遍。万历《承天府志》卷六《风俗》谓承天府各县"佃户多流徙,轻弃其业,桀黠好讼,欺凌主户;而豪贵之家,弱肉强食,法所不逮。地多异省之民,而江右为最,□游工作者,赁田以耕,傺屋以居,岁久渐成土著。小民恒以赋役烦重,为之称贷,倍息而偿之,质以田宅,久即为其所有,以故公逋日多,而民亦日贫"。其钟祥县"频年民困征输,习俗狡伪,避徭畏罪之徒,争投皇庄之佃,动梗约束;小民复产去粮存,土户凌于客户";潜江县"田多者皆流寓豪恣之民,土著反

---

① 嘉靖《沔阳志》卷八《河防志》,《天一阁藏明代方志选刊》本,第3页。
② 嘉靖《沔阳志》卷九《食货志》,《天一阁藏明代方志选刊》本,第17~18页。

为佃仆;奸民享淤田之利,而愚朴贫弱者有赋役不均之叹。盖王府之占田、军□屯地错处其中,民之受累极困矣";沔阳州"顷年湖多淤为膏腴,而各藩奏请为业,士夫之有力者亦从而强占之,民无所得利,而黠者又以己业跳入其中,赋日逋而民亦日贫"。① 那些拥有大量田产的豪恣之民乃是"流寓"、"奸民",显然多未入籍;其所有之田,也大抵多未征科,故贫弱者才"有赋役不均之叹";至于各藩占田及王庄上的佃户,更不可能纳入州县官府的征科范围。康熙《潜江县志》卷三《舆地志》"乡区"录万历五年(1577 年)知县朱熙洽《又请清渔粮详文》云:

> 渔粮之设,各该州县湖池多者设河泊所,而邻境州县湖池少者以其稞就近附于各所。本县地界窄狭,湖池间杂,西南则递江陵县倚北湖河泊所,东南则递监利县分盐河泊所,正东则递沔阳州剅河河泊所,东[北](南)则递景陵县葫芦三湾河泊所,岁有常稞,载在赤历。但稞虽属于各所,其地皆在本县腹里,强有力者据为己业,享利无穷。且自夜汉水浍之后,地名三湖一带淤成膏腴,一望漫弥,莫知顷亩,而粮不满数石,民心因已不平矣。且乘便置产,专务便宜,买者非轻粮不收,卖者非轻粮不售。贫民追呼救急,则以秋粮捏作渔粮者有之;豪强肆为巧诈,则以渔粮罩占民田者有之;甚至田在腹内、冒名渔田,而秋、渔二粮两无办理纳者有之;藉以业甲包占民田、而逋户粮差全然不办者有之。是以田连阡陌者无担石之粮,而贫无立锥者多赔赋之苦。②

则潜江县河湖渔户亦皆曾攒造"赤历","岁有常稞",而至万历初年,原先交纳湖课的河湖水域实已多淤为平地,特别是三湖一带(在今潜江市南境),已围垦成膏腴垸田,却仍然按旧额交纳湖课,而居于其间的民众也仍被列入渔户,编为"业甲"。不仅如此,还有很多豪强以"业甲"为名,包占民田,或将民田冒称渔田(纳鱼课之田),从而将户籍改作渔户业甲,民田改作湖产。朱熙洽又述及潜江县白龙湾有何七老没官田一千八百余亩,"土民"徐京告领前田,出办鱼课一百二十石;又有潜江县民曾本洪等买有沔阳州剅

---

① 万历《承天府志》卷六《风俗》,"潜江县",《日本藏中国罕见地方志丛刊》本,第99～101 页。

② 康熙《潜江县志》卷三《舆地志》,"乡区",《又请清渔粮详文》,《中国地方志集成·湖北府县志辑》本,第 46 册,第 48～49 页。

河河泊所渔田,谢勤、张伏善等买有沔阳州剅河河泊所、监利县分盐河泊所湖池,其地都是潜江县腹内,仍照纳鱼课。这些材料都说明:很多湖泽被围垦成垸田后,仍照旧交纳鱼课,而未升科纳赋;原编为河泊所业甲的渔户也未转为军民籍,编入州县黄册里甲,更遑论渔户因其特殊的流动性,在编排渔户业甲时即多虚捏隐匿了。

如所周知,自明初以来,即有大量主要来自江西地区的移民进入江汉平原地区,成为垸田围垦的主力军;原居于河湖水域及其周边地区的大量渔户,也是围垦垸田的重要力量。但在江汉平原大规模围垦垸田的过程中,大部分新围垦的垸田并未升科纳赋,纳入田赋征科系统;垸田开发的两大主力军——客民与渔户,大部分也未随着垸田的开垦而被编入黄册里甲。[①] 换言之,大规模围垦的垸田以及围垦垸田的客民、渔户,大部分均未入或未完全纳入版籍。虽然大量客民不断进入江汉平原各州县,渔户也相继上岸,但官府所掌握的民户数量却不升反降,官府控制的田地也只有很小幅度的增加(参见表9)。对此,论者多归因于里甲制度的破坏乃至崩溃,但很多州县的户口数在洪武二十四年(1391年)大造黄册之后,到永乐元年(1403年)第二次大造时,即有相当幅度的下降;至永乐十年第三次大造时,下降幅度更大。里甲制度的破坏何以如此容易而且迅速?我们认为,就江汉平原诸州县而言,问题的关键乃在于,黄册里甲在编排之初,即未能包括散处平原湖区的渔户、客民,也未全部包括他们围垦的垸田;随着垸田开发的不断深入,客民、渔户这些垸田开发的主力军固然大部分未被纳入或未完全纳入版籍,原已编入里甲的土著老户也纷纷进入湖区,加入围垦湖垸的行列,从而脱离了其原来的里甲,所以官府控制的户口遂越来越少。

---

① 据正文所引嘉靖《沔阳志》卷六《提封下》及万历《承天府志》卷五《乡市》所记,知明中期沔阳州、潜江县均有将附籍客民编为新增里之举,说明也有部分客民被编入里甲,但其数甚微。

表9　明前中期沔阳州、景陵县著籍户口田亩的变化

时间	沔阳州		景陵县	
	户数	田地（亩）	户数	田地（亩）
洪武二十四年（1391年）	7572	394106.2	4702	389554.4
永乐元年（1403年）	−97	＋37212.5	−1091	＋3113.9
永乐十年（1412年）	−217	＋37662.5	−760	＋13899.9
永乐二十年（1422年）	−324	＋38716.5	−576	＋2948.9
宣德七年（1432年）	−407	＋38716.5	−500	＋11896.1
正统七年（1442年）	−496	＋45127.6	−1543	＋35817.0
景泰三年（1452年）	−640	＋47897.9	−1544	＋14576.4
天顺六年（1462年）	−651	＋48982.4	−1357	＋33669.2
成化八年（1472年）	−587	＋49754.73	−791	＋11297.57
弘治十五年（1502年）	−1389	＋51023.315	缺	缺
正德七年（1512年）	−829	＋51118.815	−790	＋11297.57
嘉靖元年（1522年）	−520	＋51132.775	−496	＋13268.1

　　资料来源:嘉靖《沔阳志》卷九《食货志》,《天一阁藏明代方志选刊》本,第1～7页。

　　说明:表中"永乐元年"以下各栏户数、田地数均是与洪武二十四年数的差额。

　　族谱材料为我们提供了客民移居江汉平原数代之后,仍未纳入版籍的实际例证。沔阳《刘氏宗谱》卷六四《恒产志》载:

　　　　昔我祖之始来此土也,当明季开创之初。汉沔间陈氏乱后,人民鲜少,沔阳之北境有大湖,东南际江,北距汉阳,我祖自［江西］(西江)来泛此湖,爱其水清鱼美,领其地于官,标竿以为界,周回数十里,择其地势少高者而宅焉,今王家沟是也。天顺朝始附籍纳税,乃招集渔户而收其稞以自给。(中略)万历末年,始建圩田之议。圩田者,围湖为田,与水争地。圩田成而吾宗日以贫,产日以鬻,以至于今,而子姓之贫无撮土者,十盖五六也。考初建圩田时,新胜院最先,芦白、芦花次之,常熟、硬垎次之,大有院次之,乐耕院最后。新胜院田约八千余亩,堤约千丈;芦白、芦花两院田约三千亩,堤约六百余丈;大有院田约千余亩,堤约五百余丈;乐耕院田约万亩,堤约三千余丈。[①]

沔阳刘氏于明初自江西迁居沔阳,居于湖侧王家沟,"标竿以为界,周回数十里",显然是指湖泽,故族谱所称"领其地于官",实际上当是包占湖泽。

---

　　① 沔阳《刘氏宗谱》卷六四《恒产志》,民国三十七年续修本,湖北省仙桃市档案馆藏。

至天顺间(1457—1464年)始"附籍纳税","招集渔户而收其稞",是刘氏以包收鱼课形式闸办湖业,其所附之"籍"当系河泊所领管之"业甲"。至万历以后,刘氏渐次筑起新胜、芦白、芦花、常熟、硬垴、大有、乐耕等垸(在今仙桃市东南境),拥有垸田二万余亩,然所纳大抵仍为鱼课,并未真正入籍纳赋。显然,刘氏利用了河泊所"业甲"闸办湖池、承纳鱼课的制度规定,以渔户"业甲"的身份占据大面积湖泽水域及其周边,然后加以围垦,逐步发展成为"阡陌遍野而不出租粮者"(刘氏盖仅出少量"湖租")。

汉川县南湖林氏的"发家之路"与沔阳刘氏大致相同而稍为曲折。民国《汉川南湖林氏宗谱》卷一七《杂编下》载:

> 元末兵戈四起,川沔一带烟火寂然。明洪武间,土旷赋悬,听客户插草立界,孙曾世守,军民两差并征,是称"闸业"。名额不一,则或承充世职,或备具战守,或输挽漕粮,或调赴边塞应伍。(中略)吾祖避家难,承管闸业居此,别以在官军人尹章在卫顶伍,置南湖膳田八石、柴山一段供应差务。万历年,军人应隆等自卫陆续回籍,索取军装,又照分重派,给军人在卫买田、制装,以省往返。崇祯五年,付军人外甥龚成代解。自后,中原多事,戍差除免,惟运军转漕如故,其民差则以里甲别之。吾族闸办湖河,坐落税务口,各处地界宽广,初当网课米税,隶沉下湖河[泊](北)项下,朋附鸡鸣里六甲尹姓完粮。①

明初尝允许("听")客户"闸业","插草立界"之事,不见于官书记载,应属于民间的述说方式。林氏始迁祖所"闸"之业,本属湖河,隶沉下湖河泊所下交纳鱼粮(湖课),是河泊所管领的"业户"。但他又以"在官军人尹章"的名义"在卫顶伍,置南湖膳田八石、柴山一段供应差务"。尹章盖即下文所谓"鸡鸣里六甲尹姓"的户名,应属于军户。则其时林氏盖以"尹章"户名应承军差,复作为河泊所"业户"闸办湖业,而"地处宽广"的湖业方为其"发家"之基。林氏兼有两种身份,既以"尹章"户名纳赋当差,获取编户权利;又以河泊所闸办湖业名义,占据大量湖产,并围垦成垸田。万历三十一年(1603

---

① 《汉川南湖林氏宗谱》卷一七《杂编下》,民国四年刊,七修本,汉川县田二河镇白果村林丑才先生(82岁,曾任斗埠兴区支部书记)家藏,第9～10页。

年），勘明南湖垸内田地约有三万七千余亩，林氏据有其中的大部分。① 可以想见，在此之前，相当部分已开垦的垸田仍以湖产的名义交纳鱼课，并未与民田一体纳赋。

沔阳刘氏与汉川南湖林氏巧妙地利用河泊所"业户"系统与州县里甲户籍属纳赋应役系统相对分离的"制度性空隙"，最大程度地获取自己的权利与利益，"强壮盈室而不入版图"或仅有部分纳入"版图"、"阡陌遍野而不出租粮"或少出租粮，应是明代江汉平原诸州县司空见惯的普遍状况。更有甚者，豪势之家利用以"甲"为单位"闸办"湖业以致河湖水域所有权不明的机会，巧取豪夺，将大片河湖水域据为己有。上引王光裕《七所鱼课说》述汉阳县七河泊所"汇造赤历，永为遵守"之后，续云：

> 不期时异事殊，法久弊生。除各子湖濠埠约帖顶补、业有定主、课有定额者不敢混淆外，其余水面，虽载在赤历，而人无定主，其邻近土豪，奸习可摄小民，机变可乱成法，小民一堕计中，惟言是听，由是数十里河水悉归兼并之家。又贿嘱吏胥，将原载数百石课米捏作"无征"。②

显然，由于河湖水域的产权不属于单个渔户，而为一"甲"所共有，故易为豪势之家所兼并。而豪势之家据有这些河湖水域后，更得利用其雄厚财力人力，开展大规模围垦，而所垦之田，自不列入征科范畴。

在明中后期的江汉平原诸州县，强占河湖水域最"强有力"的奸豪乃是王府及其代理人。明中后期，兴王、荆王、岐王、景王等王府通过受赐、奏讨、纳献、夺买、侵占等途径，占据了大面积的田地，其中相当部分就是所谓"近湖淤地"、"湖陂柴洲"。③ 嘉靖《兴都志》卷八《典制·礼仪》"庄田"项下记载，嘉靖前期，兴王府（王府在安陆府）共有庄田八千四百余顷，其中原属赤马野猪湖河泊所的"收租田地"约九百五十七顷，原属芦洑湖河泊所的"收租田地"一千一百五十七顷余。④ 二河泊所管领河湖区域已垦为"收租

---

① 同治《汉川县志》卷九《堤防志》，"南湖垸"，《中国地方志集成·湖北府县志辑》本，第 9 册，第 228～229 页。

② 万历《汉阳府志》卷五《食货》，附王光裕：《七所鱼课说》，第 109 页。

③ 参阅殷崇浩：《方志所见鄂境明代王庄及其危害》，《中国经济史研究》1988 年第 3 期；张建民：《湖北通史·明清卷》，第 78～92 页。

④ 嘉靖《兴都志》卷八《典制·礼仪》，"庄田"，国家图书馆藏缩微胶卷。

田地"者即高达二千余顷,在未入兴王府庄田之前,均纳鱼课。汉川县沉湖、安汉二河泊所,原征鱼课五百金,嘉靖中为景藩(王府在德安府)指为"淤滩"割占,共有田地湖洲二千五百八十五顷三十三亩。万历《汉阳府志》卷六《艺文志》录邑人萧良有《汉川安邑侯惠政碑记》云:"潞藩之国,奏请景藩故业,其中贵更藉倚淤洲,波及粮地,割邑之红粮田归诸藩府,名曰王田。有司莫能抗,而势不得不以所未归诸府者补偿税额正数。"①是王府所割占者,不仅是河泊所管领的河湖淤洲,还包括部分民赋田(红粮田),本来承纳"红粮"的编户自也被割为"庄客"。

原属河泊所管领的湖池淤洲割给或"投献"为王府"管业"之后,原有鱼课与承纳鱼课之"业户"遂脱离官府掌握。乾隆《汉阳府志》卷一二《地舆·形势》录嘉靖二十五年(1546年)立石之《汉口北课旧碑记》("北课"当为"泊课"之讹称)载:

> 汉口基地,先该抚按衙门会议,查系江夏县民萧廷机始祖承佃汉阳县三沧河泊所十八垱、蚁子马场湖南侧地土,西至郭师口,东至大江。天顺年间,民人张添爵等父祖在彼筑基盖房,每年认萧[二](一)课银三分。成化年间,被武昌护卫军孙广、刑琏投献江夏王府,每年上岸基地一间收鹅二只,下岸一间收鸡一只。比时民因[微](征)租,不会告争。弘治十年,又要加征课银,各民不肯认纳,孙广、刑琏转投献楚府,每年上岸一间征银三钱六分,下岸一间征银一钱八分。各民惧府势力,不能抗违。嘉靖四年,该府差巳处决承[差]张庆等丈量出上岸张添爵等六百三十户,共房基一千零三十五间,每间每季该银九分,共该银九十二两一钱五分;下岸徐文高等六百五十一户,共计地一千零九十一间,每间每季该银四分五厘,共该银四十九两零九分五厘;李勤等七十三户新筑基地二百八十一间,每间每季征银六分,共银一十六两八钱六分;丁泰等二十户偏僻地八十间,每间每年征银一钱,共银八两二钱;王彦、李仕英二十一户,开垦园地一十一段,每年收银三两五钱八分。通共每年该银六百四十七两。②

① 万历《汉阳府志》卷六《艺文志》,萧良有:《汉川安邑侯惠政碑记》,第285~286页。
② 乾隆《汉阳府志》卷一二《地舆·形势》,"汉阳县城郭坊镇",《汉镇形势说》,《中国地方志集成·湖北府县志辑》本,第1册,第129~130页。

该志下录顺治十八年(1661年)湖北巡抚与汉阳知府合署之榜文称:"查汉口业甲萧廷机原系武昌府江夏县籍,先朝承本县三沦所湖课钱粮,管收基地湖业等项";上引《碑记》又谓:"前项基地天顺年间民居始盖房屋,洪武年间无由拨给",则萧廷机之祖当在洪武间既已闸办汉阳县三沦湖河泊所湖池,成为河泊所"业甲"。天顺年间汉口初兴,居民即向萧氏纳租。成化间汉口地方被"投献"给江夏王府后,即由王府征收地租。至嘉靖四年(1525年),据张庆等丈量清查,汉口地方已有民户一千三百九十五户,建有房屋近二千五百间,开垦园地十一段,而凡此土地户口均不属汉阳府汉阳县或武昌府江夏县掌握,径由楚王府派人丈量清查、征收租银。

然而,当承办湖业的"业户"兼具里甲户身份时,情况就要复杂得多。上引《汉川南湖林氏宗谱》卷一七《杂编下》续云:

> 嘉靖三十六年,由官派设户长,督理房长什役,通族丁粮派算均一。除戍差照旧外,什役加增,津贴本户,帮贴甲户,帮银酌给。开征期近,房长传知,上门三次;开完,指名呈送。若奉府县拘唤,什役引赴该户,勒令到官。其民壮、月夫、水夫、马船,通甲轮应,干驿交卸。景府事件,亦系通甲分焉。旋复拨充潞膳,珰监需索更甚。[1]

所谓"通甲",当指"鸡鸣里六甲"全体民户;"景府事件"与"潞膳",皆当指只应王府租课差役。盖鸡鸣里六甲本来"通甲轮应"里甲户应充之民壮、月夫、水夫、马船诸役,后因使用"尹章"户名的林氏同时承办湖课,故沉下湖河泊所割给景府管业之后,复由"通甲"分担"景府事件"与"潞膳"。而鸡鸣里六甲"通甲"民户之所以愿意分担本由林氏承办的湖课,盖其时六甲全体民户已随林氏一起,拨属景王府王庄(后又归潞王府)。换言之,本属里甲户的鸡鸣里六甲民户,在这一过程中"变身"为王庄的"庄客",脱离了汉川县的里甲户籍系统。

当沉下、安汉二河泊所管领的河湖洲滩被割给景府管业之后,二河泊所即自行废置。按照规定,河泊所废置后,渔户当发回有司当差。[2] 但由上引嘉靖四年谕令沉江河泊所所属"缯网湖头、业甲人等,俱着本府自行征收"及上述汉阳县三沦湖河泊所、汉川县沉下湖河泊所之例观之,其原管渔

① 《汉川南湖林氏宗谱》卷一七《杂编下》,第10~11页。

② 《明会典》(万历重修本)卷三六《课程五·鱼课》,第258、265页。

户"业甲"并未发回给有司,更未编入州县里甲系统,而是沦为王府的"私属"、"庄客"。研究表明,明中期以后,特别是正德、嘉靖间,江汉平原诸州县乃至湖广地区的河泊所渐次裁废,至万历年间几已裁革殆尽。① 在这一过程中,原本属于河泊所管领、编组为"业甲"的渔户,可能有相当部分脱离了原有的河泊所"业甲"系统,或者沦为王府"庄客",或者成为豪强佃户。当然,也有相当部分改由州县"带管"鱼课征纳事宜,其渔户则或被编入里甲册中(往往附于里甲册尾),②或仍保持其渔户身份,而未散入一般民户的里甲系统。③ 至于如上引黄冈《松湖陈氏宗谱》所见那样,"回"入"粮里"、成为正式里甲户者或并不多见,且必有其不得不然之故。

四、明后期的清田与垸田征科

大量已开发的垸田及居于其上的垸民溢出于官府的控制、以各种名目

① 尹玲玲:《明清长江中下游渔业经济研究》,济南:齐鲁书社,2004 年,第 303～306、389～400 页;徐斌:《明代河泊所的变迁与渔户管理——以湖广地区为中心》,第 84～88 页。

② 同治《公安县志》卷三《民政志·田赋》录康熙三年荆州府颁《湖粮征正免杂榜示》称:"本府确查湖粮名色,果有湖粮册籍,应附各里甲之后,征正免杂",并规定"速将生员邹昂、毛翔云等湖粮一概编入各里九十甲之尾,征正免杂。仍严谕通县里书速行遵照"。其下录《旧志》按语称:"公邑地处洼下,上田之外,则有湖河荡港,旧有河泊所官征收鱼租,原无秋粮。今常、岳等府湖水止纳鱼税,盖犹仍旧制耳。独公邑以明末裁河泊所,附县征收,遂滥派秋粮,然犹附courir里甲之尾,名曰尾粮,止征条饷、南糟,不科经总徭役,仍与田粮有别也。国初仍然。迨顺治十四年,经承紊籍,将湖粮混入田粮册内,正供杂徭,概责均当。是以数年中,邑民凡有湖粮,无不破者。"(《中国地方志集成·湖北府县志辑》本,据同治十三年刻本影印,南京:江苏古籍出版社等,2001 年,第 48 册,第 75 页)然则,在河泊所废罢之后,鱼课湖粮即由州县代征,附于里甲之尾,而承纳湖粮的生员邹昂、毛翔云等显已具里甲户之身份。

③ 黄冈地区行政公署水产局编《黄冈地区水产志》(武汉:武汉大学出版社,1992 年)录有民国十四年编成的《八十户注册》与《三修印册条例》二种,后者登载各渔户管理的水域范围及应纳鱼课数额等内容(第 108 页),与上文所述之明代河泊所"赤历印册"格式大致相同,说明黄冈地区至少有部分渔户,直到民国时期,仍然保持其特殊身份,并未散入一般民户登记与纳赋应役系统。

不纳或少纳赋役的现象,在明中期即已逐渐突显出来,上引嘉靖《沔阳志·食货志》末"史氏曰"即是明证。自成化至嘉靖间,沔阳州与景陵县均可能采取了一些措施,试图控制更多的户口、田地。表9中,沔阳、景陵二邑正德七年(1512年)、嘉靖元年(1522年)两个大造之年的册载户数、田亩数均较弘治十五年(1502年)有程度不同的增加,很可能就是这种努力的结果。沔阳州的新增里或亦编于此时。潜江县在成化二年(1466年)因流逋附籍增编五里,①均当是官府试图掌控新辟田地、户口的表现。至万历五年(1577年),潜江知县朱熙洽更主持进行了一次大规模的清田。康熙《潜江县志》卷三《舆地志·乡区》录朱熙洽《清田记》云:

> 楚故多水患,而潜于楚,撮土也。襄汉会流,决口数四,已而浑沙渐积,湮没界址,民惟视强弱艺治,而田额紊矣。且渔湖徙入民田,渔稞轻,富者利粮之轻,非渔田不收;而鬻者亟于求收,则以粮田假渔田以售,即存粮不顾也。是以有田者无粮,粮多者鲜田,而粮额又紊矣。又有王府太府官庄之田,显、承等卫籽粒之田,亘邑之中,十居三四。②

袁国臣《清田记》也说:

> 邑当汉下流,自嘉靖以来,汉水数涨,涨则田没而民徙,田没则经界淆,民徙则故业失,猾里豪右往往乘此蚕食之。渔田、屯田与民田犬牙错,而民田之税较渔、屯所输不啻十之七八。小民欲纾目前之急,率影射以售,以故阡陌其田者无升合之税,税至数十石者地鲜立锥,弊也久矣。③

所以,此次清田的重点乃是清理渔田,即将假冒"渔田"、交纳渔粮的田地重新归入"民田",按民田科则纳粮;至于潜江境内的王府庄田、卫军屯田,则"因其旧勿籍制也"。其具体做法是"家各为丈,丈毕则受成于里;里各为丈,丈毕则受成于公正"。显然,此次清田仍然依靠基本已成具文的里甲体系,其目的也在恢复户口、田亩之旧额,使"里各有户,户各有籍"。同时,

---

① 万历《承天府志》卷五《乡市》,"潜江县",《日本藏中国罕见地方志丛刊》本,第97页。

② 康熙《潜江县志》卷三《舆地志》,"乡区",朱熙洽:《清田记》,《中国地方志集成·湖北府县志辑》本,第46册,第47~48页。

③ 万历《承天府志》卷一四《艺文》,《日本藏中国罕见地方志丛刊》本,第270页。

"照田均粮"，更粟地、渔田、民田三等为一则，"不分等则，一例起科"。① 这样，实际上是取消了"渔田"的特殊性，从而使新垦垸田不能再以"渔田"为借口不纳田赋。换言之，此前假"渔田"之名的部分垸田，可能通过这次清丈，被纳入官府直接控制之下，并在"不分等则，一例起科"的原则下，归入"民田"之列。在此后潜江县的田亩统计中，即不再有"渔田"一目，就是证明。

潜江县的清田在万历八年（1580年）十一月明政府下令全国清丈田亩之前，很可能是全国性清田运动的试验或先声。万历九年至十年间，江汉平原各州县都奉命开展了清丈田亩的行动。万历《承天府志》卷六《田赋》下载有承天府各州县"清丈过田地"与"今新开垦田地"数，其中新开垦田地数多迄于万历二十八年或二十九年，则其所记"清丈过田地"数必在此前。其中潜江县"清丈过田地"为205595.6亩（税亩），与万历五年朱熙洽所清丈的1102270.3亩（实亩）按5.36148亩折算1大亩（税亩）后相差无几（差5亩），应即指万历五年的清丈数；沔阳州"原清丈过田地山塘"约为20830顷，与光绪《沔阳州志》卷四《食货志·田赋》所记万历九年清丈所得"田地山塘水乡湖垱"数完全相同，说明万历《承天府志》所记沔阳州"原清丈过田地山塘"顷亩数即万历九年的清丈数。② 康熙《景陵县志》卷八《田赋志》"田地"条下称："万历九年辛巳，奉例丈量，田地山塘上中下四则共计一万八千一百四十四顷二十五亩四分。万历十年壬午，拨出渔田上中下四则共四千六百一十一顷八十亩四分九厘，实存民田上中下四则共一万三千五百二十二顷四十四亩九分一厘。"③通过这些清田活动，官府控制的户口与田亩数均有所增加。万历《承天府志》卷六《民数》记潜江县"旧管军民杂役人户"为4103户，据康熙《潜江县志》卷九《赋役志·户口》所记，这一户数为朱熙洽清田后的万历七年数；"今届新人户"5547户（当是万历二十八或二十九年数），二十年间增加了1447户。沔阳州与景陵县的户口、田亩，较之嘉靖《沔阳志》所记嘉靖元年的户口、田亩，也都有所增加，特别是田亩数，

---

① 康熙《潜江县志》卷三《舆地志》，"乡区"，刘垓：《清田记》，《中国地方志集成·湖北府县志辑》本，第46册，第52～53页。

② 万历《承天府志》卷六《田赋》，《日本藏中国罕见地方志丛刊》本，第102～107页。

③ 康熙《景陵县志》卷八《田赋志》，第4～5页。

是原来的四倍余(见表 10)。著籍户口数的稳步增加,与嘉靖以前的持续递减,形成鲜明对比;而田亩数的大幅增加,更说明官府对围垦垸田的控制大大加强了。

表 10　嘉靖、万历间沔阳州、景陵县著籍户口、田亩数

年代	沔阳州		景陵县	
	户数	田地(亩)	户数	田地(亩)
嘉靖元年(1522 年)	7052	445238.975	4206	402822.5
万历九、十年(1581、1582 年)	8698	2083007.773	缺	1814425.4
万历二十年(1592 年)	8779	2083007.7	5696	1814425.4
万历二十八、二十九年 (1600、1601 年)	9333	2084307.7	5935	1815220.8
万历四十年(1612 年)	9729	缺	缺	缺

资料来源:嘉靖《沔阳志》卷九《食货志》;万历《承天府志》卷六《民数》、《田赋》;康熙《景陵县志》卷八《田赋志》;光绪《沔阳州志》卷四《食货志·户口》。

　　因此,正是在自嘉靖至万历间官府不断通过清田、新编附籍里甲等手段,努力控制新垦垸田及在其上耕作的垸民的过程中,部分新垦垸田和垸民被纳入官府控制之下,成为征科田亩和编户齐民。上引民国《汉川南湖林氏宗谱》卷一七《杂编下》称:"万历四十一年,从化公以朋当不便,愿以祖分丁粮仍留六甲公完,其余本身丁税、夏秋两税,另拨三甲,新立本姓户籍应差。"[①]盖林氏"祖分丁粮"本在六甲"尹章"户名下完纳,"本身"应承纳鱼课(随沉下湖河泊所割给景府、潞府后,承纳王府租课差役)。据万历三十一年(1603 年)林若企撰《范公南垸修堤碑记》,知大约在万历二十九年前后,南湖垸垸田(其地多为原沉下湖河泊所管领之湖泽)又归属汉川县,时任知县范士林对垸内里甲赋役征纳曾做过部分清理调整,"征粮其按季有单,每季清单具有成数","解粮则起运属官各行,扛解尽行蠲免"。[②] 林氏在"祖分丁粮"之外另得有"本身丁税、夏秋两税",或即在此时。万历四十一年,林氏以"朋当不便",另于三甲(也当属鸡鸣里)下"新立本姓户籍应

---

　　①　《汉川南湖林氏宗谱》卷一七《杂编下》,第 9～11 页。
　　②　林若企:《范公南垸修堤碑记》卷九《堤防志》,"南湖垸",见同治《汉川县志》,《中国地方志集成·湖北府县志辑》本,第 9 册,第228 页。

差"。林氏由河泊所"业户"兼具里甲户身份,到嘉靖三十六年(1557年)加入六甲轮役,后以河泊所"业户"带同六甲人户割入景府,又于万历二十九年前后与六甲一起回复汉阳县里甲系统,再到万历四十一年新立本姓户籍,虽然有其家族自身发展的内在需求,但显然也与官府力图控制更多湖区已垦田地、户口的努力不无联系。嘉靖十一年(1532年)汉川县著籍户数为1340户,万历三十九年(1611年)大造,共有军户杂役户2546户。[①]显然,自嘉靖至万历,汉川县新入籍之民户较多。上引黄冈《松湖陈氏宗谱》所记樟松湖业甲在万历中"回粮里"即附入里甲户"陈得"户名之下,情形可能亦与汉川南湖林氏相似。但是,由于推行"一条鞭法"之后,赋役之征,并为一条,随田均丁,计亩征银,"赋役一出于田",户籍在赋役征纳体系中的作用大为降低,[②]故万历以后的清田,并不同时伴随整顿里甲,更不包括检括户口,所以如汉川南湖林氏那样在万历后期新立户籍应差的事例相当鲜少;上引沔阳《刘氏族谱》所记之刘氏,虽已拥有二万余亩田产,却迄未入籍,就是明证。

五、"按田归垸"与里甲制的变质

如所周知,清初各州县编审人丁与税粮,仍是以里(图)甲为基本单位的,催征钱粮、清丈田亩,亦仍多由里排、里书负责。就江汉平原诸州县来说,以久已破敝不堪的里甲体制为基础编审人丁、税粮,除通有之弊端与困难外,还有一个特殊的问题:前明王府庄田已尽改为民田("更名田"),"一切税粮徭役率归划一"。然此前这些庄田上的"庄户"并未纳入里甲系统,其催租征科属于另一系统:在汉川县,原属楚藩、潞藩庄田的更名田,仍均由"区头"催租征役;[③]在潜江县,"明皇庄租亩荒多熟少,明时太府征收,租

---

① 万历《汉阳府志》卷五《食货志》,第113页。

② 王毓铨:《明朝徭役审编与土地》,《历史研究》1988年第1期;又见《王毓铨史论集》,北京:中华书局,2005年,第708～738页。

③ 康熙《汉阳府志》卷一《舆地志》,"里甲",康熙八年刻本,国家图书馆藏胶卷,抄录时未记下页码。

无一定,每亩或重至三四分,或轻则一二厘不等"。① 至清初,既将庄田改为民田,势必调整差别巨大的赋役征科系统。故清初江汉平原诸州县清田均役的重心实际上在于将更名田(包括王府庄田和部分渔田)或升科,或改则,使之与民田一致,一体纳赋征役。

顺治十年(1653年),潜江知县柯贲昌率先在潜江县进行"均平图赋",以"(税粮)四十三石为一里,征输用官民细户单",即按田粮编里甲;但其实对民田"有编审,无清丈,亩赋盈虚淆乱仍旧"。柯氏此次均平图赋的重心乃在"比照民粮例,将官、庄田地编派里甲,革除总小甲,为四十六总,每亩一则,摊租一分四厘"。② 值得注意的是,柯氏所编的官、庄田地四十六总中,有九总位于潜江北境洙水北岸泗汊湖一带,称为"外九总",原为皇庄庄田(在割入皇庄前属设在景陵县的葫芦三湾河泊所管领),包括九个垸("外九垸"),九总恰好对应九垸,说明至少有一部分"总"是以"垸"为单位编制的。

柯氏的改革实际上将潜江县的赋役征科分为两个系统:原有的里甲系统与新立的四十六总系统。这种二元体制显然不能持久。顺治十六年(1659年),知县叶臣遇遂更行"甲粮法","粮七石五斗编提甲首一名",遂"增置甲首三千余人",也是按田粮编里甲。然其法行之不善,"人民大困,其为徭役害者,自豪赀势要,以至上下胥吏,皆避役之人,所寄坊厢册尾冒滥,免徭之粮尤甚。愚戆乡氓,子衿世胄,偏受毒累,一经里长,当年夫马解运无名外派,诛求靡宁日,必至卖产破家、死且徙而后已,流祸不可胜言"。③ 故至康熙四年(1665年)即予革除。但问题并没有解决。至康熙八年,知县王又旦复主持清田平赋。康熙《潜江县志》卷三《舆地志·乡区》录黄里《清田记》记其事云:

> 区划疆理,检定户籍,土著者必核其人,逃亡者必详其地。原隰坟衍,川泽之污,体形惟肖,凡漏弓匿亩,改形灭等,析名诡户,擿发如响。

---

① 康熙《潜江县志》卷九《赋役志》,"全书",《中国地方志集成·湖北府县志辑》本,第46册,第167页。

② 康熙《潜江县志》卷九《赋役志》,"全书",《中国地方志集成·湖北府县志辑》本,第46册,第167页。

③ 康熙《潜江县志》卷九《赋役志》,"全书",《中国地方志集成·湖北府县志辑》本,第46册,第168页。

乡以内，量度勾股之所及，有神明式之，如公之履亩而稽也。事既竣，择吏之能书计者若干人，扃置公廨，朝晡放衙，躬自编校：以乡规田，以田均亩，以亩定赋，里准于田，长准于赋。凡为乡者五，为里二十有三，而更坊厢之三为毕公里，以处荐绅之在城市者。①

重新编制的里甲，以四十石为一里，每里十甲，带辖尾二甲。显然，王又旦编制的里甲按田、赋编组，以田粮为中心，以人户从田粮。"里甲"之名称虽然仍旧，其性质却已发生了根本变化。

新编制的里甲既以田粮为中心，而潜江县的田亩绝大部分又在围垸之中，这样，垸遂成为新编里甲体系的基本单元。正因为此，至康熙二十三年（1684年）禁革里排之后，"税粮按户随田，田归各垸，垸归各乡"，"乡图之名存而籍非旧矣"。② 在康熙《潜江县志》卷三《舆地志·乡区》所记潜江县乡里体系中，则完全未记二十三里之详情，而径以"垸"系于诸乡之下。如其于"长乐乡垸田"目下即分记长垴一垸等共四十五处垸、洲，各垸、洲之下则详载其征科田亩，如长垴一垸有"民田三万一千三百二十亩五分九厘一毫，更名惠地一百四十五亩六分八厘三毫"。③ 显然，垸已成为赋役征科的基本地域单元。

这种按户随田、按田归垸、按垸归乡的赋役征科办法，在潜江县一直相沿使用。潜江市档案馆藏有清末至民国时期的太和乡实征底册两卷。第一卷封面左侧题为"太和乡实征底册，并毕"。中题"光绪拾柒年分"，旁有小字四行："实征。内凡做推收，或新立户柱，从中格起，转致下格，后至上格。如三格均满，或挨同姓移前移后，另立户柱，不可粘搭纸条。特记。"右侧一行，作"垸湖流滩子垸，并毕芦、太平、福抵、黄中"。然则，第一卷所录为垸湖垸流滩子垸田赋征科的底册。每一户柱分为三格：首格列户名，旁注小字注明属绅户抑民户；第二格分列粮、艮（银）、米三项，其所添注之小

① 康熙《潜江县志》卷三《舆地志》，"乡区"，《中国地方志集成·湖北府县志辑》本，第46册，第54～55页。

② 康熙《潜江县志》卷三《舆地志》，"乡区"，《中国地方志集成·湖北府县志辑》本，第46册，第47页。

③ 康熙《潜江县志》卷三《舆地志》，"乡区"，《中国地方志集成·湖北府县志辑》本，第46册，第37～39页。

字或有涉及民国年间者（最晚至民国三十六年），显系后来所添加；第三格多为添注。卷末一页总书有"二百七十五户"字样。第二卷为"砖淌外垸"册，册封与册页书写格式与第一卷基本相同，左侧第一行亦直书"太和乡实征底册，并毕"，中题"光绪拾柒年分"，右侧直书"砖淌外垸"四字。这两卷底册于光绪十七年（1891年）造册，后相沿使用至民国时期。仔细研究这两卷实征底册，可以断定：直到清末民国时期，潜江县的赋役征科（粮、银、米）仍是以垸为单位进行的。

清代潜江县里甲赋役体制的演变，在江汉平原诸州县中具有代表性。当然，各州县的变化过程与具体方式不尽相同。在沔阳州，顺治九年（1652年），"粮渔归并，清丈田亩"，盖亦只有编审，实未清田。至康熙间，将渔田人户附载粮里之事均未能实施（见上文），更遑论更名田并入民田、一例征科了。乾隆《沔阳州志》卷三《提封·乡图》谓："沔地自明迄今，区分方域，编载田赋，粮田四十三里，渔田四十一所析为四十六总，又益以澄马所、潞楚福惠四藩租，足以尽沔之疆域。无何，区图紊乱，税图漏淆。"①则沔阳州在明末清初乃按粮田、渔田分别征科，其所分粮田四十三里、渔田四十一所（分为四十六总"业甲"，其时沔阳州境内大部分河泊所已废罢，"渔田"当即原由河泊所管领、交纳鱼课但实已开垦的垸田），也当是按照田粮编组的；仅存的澄马潭河泊所领辖湖泽和潞、楚、福、惠诸王府庄田则另有租课系统。至雍正十二年（1734年），知州禹殿鳌始主持全面清丈平赋，于乾隆元年（1736年）告竣，"丈出上、中、下、水乡菱塌、白水等项共田四万一千一百六十八顷九十一亩七分一厘四毫，内除神坛庙基、堤脚、义冢、官路、官地、学田、公沟等项五百一十五顷一十八亩四分五厘四毫不派饷米，实在五则田共四万六百五十三顷七十三亩二分六厘，较原额增出田一万一千五百五十一顷五十四亩三分一厘八毫三丝二忽七微。豁除粮渔及更名诸目，分为五乡统之"。②禹殿鳌《清丈致同事各委官书》，述及清田之程序，谓："每临一院，五日前先谕六役，传集业户，发给册式，公同覆丈。号次不清者，令挨序编顺之；等则不确者，令速行改正。（中略）凡附近之院，度其大小，或

---

① 乾隆《沔阳州志》卷三《提封》，"乡图"，乾隆八年刻本，湖北省图书馆藏。
② 光绪《沔阳州志》卷四《食货志》，"赋役"，《中国地方志集成·湖北府县志辑》本，第47册，第135页。

十日以前，或一月以前，先为晓谕，亦无不可。（中略）一临该院，按册查号，按号查则，使号无错乱，则无混淆，民情相安，众口如一，则此院之田无庸过疑，即令造明提户大总，核算无讹，以成信册。"①则知当时清丈田亩，是按垸进行的，每垸各造"提户大总"一册（即按户分立的总册）。不过，可能因为沔阳州疆域广阔，并未按垸归乡，而是以垸归里，复以里归图，以图归乡，即所谓"地有乡，册有里，田有垸，赋有则，合粮、渔一例均摊"。刘国佐《清丈录》详记此次清田始末云：

> 吾沔本称泽国，淤沉不一，沧桑屡更，有昔本上粮而今为湖野，有向称荒塌而近成膏腴，完无田之差者所在多有，享无粮之土者不一而足。田之赖于丈、民之欲其清者，急急矣。（中略）［雍正］壬子，氾水禹公简莅兹土，（中略）甲寅秋，遍察舆情，绘图请命，得邀俞允。于是分方设官，彻底澄清，公以一身总理。未及两载，旋告成功，版图一新。仍以沔五万一千五百五十六两有奇之额饷，均之通州四万六百五十三顷七十三亩有奇之地亩。昔之分为粮、渔者，今止作上、中、下、水乡、白水五则。（中略）昔之粮、渔、藩租种种名色，经百年未改者，今悉削除，盖盛世之制度又为不可无因革损益之义也。昔粮饷之在甲者，不转瞬而移于乙，时增时减，惟凭里书业民之意。今田坐某院，饷即随之，初布晓单，亩数粮额并载，作间阎传家之宝。岁给催单，定限轮滚，示小民完纳之便，杜飞诡、免冤栽、省追呼也。②

"田坐某院，饷即随之"，即以赋随田、按田归垸。这样，沔阳州到乾隆初年，遂最终完成向按田、垸编里甲的转变，较之潜江县，晚了六七十年。在禹殿鳌所编制的五乡二十图一百里中，乡、图、里实际上只用以表示地域单元，特别是百姓纳赋实行"岁给催单，自行投柜"的办法，"里"亦失去了催征赋役的功能，于是"垸"遂成为赋役征科的基本单元，举凡清丈田亩、晓单催单之派发、红簿（实征册）之编制、堤防之维修，均是按"垸"进行的。而在光绪《沔阳州志·食货》"赋役"所列各里管领垸目中，见有"浃字号一册"、"浃字号二册"(悦安乡第三图东三里)、"百石上院子果院五册合总"、"百石院渔、湖二册合总"(宝成乡第二图石板里)等记载,说明红簿底册(实征底册)正是按垸、洲造册的。

汉川县的情形与沔阳州大致相仿。康熙《汉阳府志》卷一《舆地志》记清初汉川县赋役征科办法云:

> 汉邑每里旧设十甲,甲各有什役,即别邑所云排年是也。什役催各纳户应完钱粮,亲封投柜,而每里各有当年一人,以督什役。自兵燹后,户口流亡,向来什役大半消乏,于是每里金纳户粮多者为什役,里各五人,不计各花户细数,而总其甲之成数于什役,每月限比,照数交官,入库起解。此亦变通旧制而得其平者也。或大兵经临,其夫草照粮均派。(中略)至包收之多,穷民实受什役之剥削,然法立弊生,亦有无可如何者矣。若楚屯田督催各役,谓之把头,其法亦与民粮同,但旧征青银,今俱足色。至汉川县民粮,谓之红粮,催役或云里长,亦云什役。楚屯芦洲,谓之芦稞;潞藩湖课,谓之渔粮。相传楚藩望青占田,潞藩望白占田,其催役俱谓之区头。[1]

则至康熙初,汉川县仍沿用什役(里长)催征之旧例(虽略有变革),屯田、庄田、渔粮仍各自纳课,未能整齐划一。然乾隆十一年(1746年)成书的《汉阳府志》卷一三《地舆志·形势》汉川县"五乡八里堤垸里至田亩数目"中,已详载汉川县各垸田亩数。如其"谢家垸"条载:"自史家山岭起,从汪家河包圆至石滚滩下转湾,南至榔头岭,东至汉阳白湖横堤底,共堤一千二十五丈,该垸建有石闸一座。垸内上田五顷六亩,中田三顷七亩,下田二顷九亩。上地一顷八十亩,中地五顷六十亩,下地一顷四十九亩三分。滨临大河,坐落长城乡。"[2]则至迟到乾隆十一年,汉川县已全面清丈全县各官垸所有田亩,并划分田亩等第。据此,结合汉阳县的情况,我们推测汉川县清丈诸垸田亩、按垸征粮,应是在乾隆初年完成的。

监利县实施田亩归垸的办法相对较晚。同治《监利县志》卷四《田赋志》云:

---

① 康熙《汉阳府志》卷一《舆地志》,"里甲",国家图书馆藏缩微胶卷,未抄录页码。

② 乾隆《汉阳府志》卷一三《地舆志·形势》,"汉川县五乡八里堤垸里至田亩数目",《中国地方志集成·湖北府县志辑》本,第1册,第139~140页。

254

监利田亩，自明万历时两次清丈，田粮具有成数。崇祯末，邑经兵燹，版图毁失。国初起科，多凭报亩。康熙四十六年，邑侯王公奉文清丈，民噪而止。监利分三十三里，粮附各里，每岁堤工，随粮摊派。窑圻、利厅二汛居上乡，堤短；朱河、白螺二汛，居下乡，堤长，故有上下粮之分：上粮土较轻，下粮土较重。北乡又有缓征灾垸，于是飞洒诡寄，粮无定里，亩无定粮，弊端百出。至道光时，漕额寝亏，莫可究诘。[①]

则直到道光时期，监利县仍沿用"粮附各里"的征科办法，田亩数、赋额则仍据万历九年（1581 年）清丈之数。直到咸丰八年（1858 年），监利县知县吉云樵方奉湖北巡抚胡林翼札饬，着手清丈境内田亩。同治《监利县志》卷四《田赋志》称："咸丰时，中丞胡文忠公下令减漕，民困乃纾。然赋额所亏犹多。嗣是，乃徧行清丈，造为定册。"其后录邑人游克钦《清丈本末》云：

咸丰八年春，奉中丞札饬清丈，吉公乃于城内设立总局办理，（中略）随于五汛分设公局十七所，凭公局举报督丈，定弃里就垸之议，合邑通行丈量。（中略）九月中，局乃设齐，渐渐开丈。值是年冬干，低洼尽涸，至冬尽，合邑已丈十之六七，乃定各垸鱼鳞、归户二册式。鱼鳞册者，花名为经，田为纬，具载土名四至弓广，相地势高下分为上、中、下三则；归户册者，总花名田调以便科秋征收者也。（中略）于是田分三则，赋错九等，又有荒沙、湖田、湖水、滩田等项，亩有定粮，粮有定垸，钱漕堤工，俱可按册以征，而飞洒诡寄之端无自而起。[②]

然则，此次清田的基本原则，乃是"弃里就垸"，即放弃实际上已不能发挥作用的里甲系统，以田归垸，将垸作为赋役征科的基本地域单元。此次清丈后，监利县的里甲体系完全废弃，故同治《监利县志》卷一《方舆志》于"里名、垸名、洲名"下不再记载乡里名目，而是详录咸丰清丈时的垸分：中汛一百七十三垸，朱河汛一百三十八垸，窑圻汛八十九垸，分盐汛八十六垸，白

---

① 同治《监利县志》卷四《田赋志》，《中国地方志集成·湖北府县志辑》本，据同治十一年刻本影印，南京：江苏古籍出版社等，2001 年，第 44 册，第 78 页。

② 同治《监利县志》卷四《田赋志》，《中国地方志集成·湖北府县志辑》本，第 44 册，第 76～79 页。

螺汛四十一垸,共计四百九十一垸。①

总之,从清初开始,江汉平原部分州县渐次推行按田粮编排里甲的做法,并分别在康熙前期(潜江)、乾隆前期(沔阳、汉川)及咸丰间(监利)相继完成里甲编排和赋役征收办法的改革。编排里甲既以田地赋税为核心,江汉平原地区的大部分田地又都在围垸之中,故在编排过程中乃实行按田归垸、按垸归乡的办法,"垸"乃成为赋役征科的基本地域单元。在这一过程中,里甲制不仅未"与实际地域范围相脱离",恰恰是落实到了拥有明确地域范围的"围垸"上;而由于按户随田,人户亦系于垸,户籍编查实有赖于对围垸田粮的掌握,故户籍乃与里甲体制相脱离,反而附着于围垸之上。这样,里甲户籍制度遂渐次崩解。② 到清后期,至少在江汉平原腹心地带的

---

① 同治《监利县志》卷一《方舆志》,"里名、垸名、洲名"目所记"咸丰九年清丈垸分",《中国地方志集成·湖北府县志辑》本,第44册,第44~48页。按:统计中汛、朱河汛、窑圻汛、分盐汛、白螺汛五汛所管垸分,共有527垸;而同治《监利县志》所记全县垸的总数为491垸,与五汛合计数不符。盖因部分垸分属两汛,在各汛分属垸目中均有统计之故,故此处之总数仍取《监利县志》所记之总数。

② 在康熙《潜江县志》卷三《舆地志·乡区》、卷九《赋役志·户口》及光绪《潜江县志续》卷三《舆地志·乡区》等相关部分,均未记载里(图)的情况,说明早在康熙中期,潜江县即已不再以里甲编排户籍。沔阳州虽然在乾隆初年由知州禹殿鳌主持将全州划分为五乡二十图一百里,然如上文所述,其图、里仅仅是地域单元的赋役征科单元,绝非户籍登记系统。在光绪《沔阳州志》之相关部分,亦未述及图、里与户籍登记之间存有联系。所以,虽然断其为"无"非常困难,但我们仍然倾向于认为:至少在清中后期,江汉平原诸州县很可能已不存在里甲户籍制度。而根据嘉庆《汉阳县志》卷一二《户口保甲》、同治《续修东湖县志》卷四《疆域志上》、同治《桂阳直隶州志》卷五《赋役》等记载,至少在清中期以后,包括江汉平原诸州县在内的很多两湖州县,是以保甲作为户籍登记之基础的,即所谓"清理户册,劝行保甲"、"申行保甲之法,稽户口者即以保甲册为据"。惟此点涉及清代保甲法在两湖地区之推行及其具体情况,容俟另文详考。

潜江县,基本上不再以"里、甲"指称士民籍属居里,而径称为"某某垸人"。①

六、结语与讨论

综上所考,可以认知:(1)洪武中江汉平原诸州县编排黄册里甲,大抵仅可在已辟为土田、营筑廛市村舍之区开展,故所编里甲主要集中在已经开发的平原边缘低岗丘陵和平原腹地地势较高的围垸地区(主要沿河流自然堤分布);散布于平原腹地低洼湖区的众多渔户,则并未被编入黄册里甲系统,而是由河泊所攒造"赤历甲册",编排渔户"业甲"(以若干户共同拥有同一份"湖业"为基础编成的"甲"),由业甲、业户闸办湖业、承纳鱼课。由河泊所管领、编排为"业甲"的渔户,在籍属、纳课、应役方面,当与黄册里甲户分属不同的系统。(2)自明初以迄明中后期,大量客民进入江汉平原,渔户也纷纷上岸,成为明代江汉平原垸田开发的两大主力军,但其大部分均未被纳入版籍,或即仅以"业户"身份编入河泊所管领的"业甲",其所垦垸田也多未征科,或仅承纳鱼课(湖课、渔粮);原已编入里甲的土著老户也纷纷进入湖区,加入围垦湖垸的行列,从而脱离了其原来的里甲;这些主要由客民和渔户组成的垸民及其新垦垸田游离于官府直接控制之外,或者被割给、投献给"王庄"(或"皇庄")成为"庄户"和"庄田",或凭借势力成为"豪强"、"奸民",田连阡陌而无升合之税。(3)自嘉靖至万历间,地方官府不断通过清田、新编附籍里甲等手段,努力控制新垦垸田及在其上耕作的垸民,

---

① 光绪《潜江县志续》卷一七《人物志》述及本县人物籍属居地,即多不载人物所属之乡里,而直接称述其居于某垸,即称为某垸人。如《孝友传》下记"文曰明",谓其为乡西垸人,荆州卫籍;"谢光廷",荷湖垸人;"何东义",乡南垸人;"庄鸿铎",乡西垸人;"刘冕",荷湖垸人(《中国地方志集成·湖北府县志辑》本,据光绪五年刻本影印,南京:江苏古籍出版社等,2001 年,第 46 册,第 535~538 页)。同书卷一五《兵防志》记嘉庆元年潜江县团练乡勇,其为首者有"长湖垸庠生吴树炳"、朱诚("世居潜邑之长四垸");咸丰年间长堖镇十五垸绅首组织"西乡六团",其为首者唐廷鉴为"漳湖垸庠生"(第 476~477 页)。其卷一五、一六按垸详录了咸丰三年蚌湖之役中潜江西乡六团阵亡团首、团勇的姓名,如阵亡团勇中,长老垸有 442 名,长一垸 632 名,长二垸 439 名,长三垸 366 名,长四垸 312 名(第 481~514 页)。凡此,似都说明至少在潜江县,应不再以里甲作为户籍登记的基本方式。

其中,万历五年潜江县的清田取消了"渔田"的特殊性,将此前称为"渔田"、交纳鱼课(湖米)的部分垸田,纳入官府直接控制之下,归入"民田"之列,一例起科。在这一过程中,有部分新垦垸田起科纳赋,也有部分垸民入籍或由渔户转变为里甲编户,但数量并不多。(4)从清初开始,江汉平原诸州县渐次推行按田粮编排里甲的做法,按田归垸、按垸归乡,"垸"乃成为赋役征科的基本单元。在这一过程中,里甲制不仅未脱离实际地域范围,恰恰是落实到了具有明确地域范围的"围垸"上,"户"籍却与里甲体制相脱离。这样,原本以户口和土地占有相结合为基础的里甲体制,乃变质为以田粮为基础、以垸为具体地域范围的赋役征科单元,里甲户籍制度渐次崩解。

明清时期里甲制度(以及与之相配合的赋役制度)在江汉平原各州县的实行及其变革,很大程度上表现出里甲制度在各地区实行与变革轨迹的"共性",如:(1)明初推行黄册里甲制,并不意味着将地方上的各种人户全部或绝大部分纳入到黄册里甲体制中(虽然官府采取了各种严厉手段,检括漏口脱户),而是程度不同地存在某些逸出于黄册里甲体制的户口和田地;这些脱漏也并非全出于控制力不强或措施不严密,有的乃是出于制度本身的原因(如渔户被纳入由河泊所掌握的"业甲"系统)。(2)由于推行里甲制的根本目标乃在于通过控制户口以征科赋役,"入籍"就要"当差",要逃避当差纳赋,就必须想方设法"脱籍"、不入籍或不完全入籍。因此,里甲制之松动与破坏,乃是出于这一制度本身的必然,越来越多的户口与田地脱离以里甲制为主体的官府控制系统,应是普遍的趋势;只有少数人户,出于提升自身社会经济地位等目的,才会主动或被动地"入籍"。(3)人户可以逃离、隐匿,田地却相对固定,所以,里甲制及与之相应的赋役制度,由以人丁和田地相结合为基础,逐渐转向主要乃至完全以田地或田粮为凭依,也是势所必然。"随着里甲户籍越来越不能实际地掌握具体的个人,赋役制度逐渐以田地为单一的征派对象,政府编造户籍的重点,也越来越注重田地和税额,户籍的内容也着重于土地和税粮的登记和核查,人口登记的意义逐渐丧失,图甲的编制变成以田地和税粮为中心。"①这种转变也是普遍的趋势,不过各地区转变的进程和形式各异而已。

---

① 刘志伟:《在国家与社会之间——明清广东地区里甲赋役制度与乡村社会》,第10页。

当然，明清时期里甲制度在江汉平原各州县的实行及其变革，也有其自身的特点，这主要表现在两个方面：一是明代江汉平原地区逸出于黄册里甲及赋役体制之外的民户与田亩为数十分巨大。无法估算明代进入江汉平原的移民人口数，但"江西填湖广"之谣已足以见出这一数字之巨及其所占比重之大。① 虽然洪武前期进入江汉平原各州县的移民可能大都已被编入黄册里甲，但永乐以后方进入的移民，大部分可能均未编入里甲。江汉平原河湖纵横、湖群密布，生活于河湖水域以渔户为主的各色人群更无以计算。移民与渔户两类人群，如果大部分皆未被纳入或未被完全纳入州县黄册里甲系统的话，则其数量之众，甚至可能超过里甲户。二是垸最终演变成为赋役征科的基本地域单元，并在地方社会经济生活中发挥了重要作用。垸本来是江汉平原民众修筑的防洪设施，主要是通过民众协作的方式修筑起来的，规模较大，"大者轮广数十里，小者十余里"，②"每垸周围二三十里、十余里、三四里不等"，③"各垸之田，少者数百亩、千余亩，亦有多至万余亩者"；④一个垸往往包括数个乃至数十个居于台、墩或堤岸之上的自然村落。因此，江汉平原地区的垸本是以水利与生产活动为基础的村落之间的联合，它将位于堤岸与垸内的大小散居村落，通过围垸、排水、垸堤修防过程中的协作，联系在一起，进而形成自然村落的联盟（或"水利共同体"）。⑤ 这个系统本来与官府的里甲体制和赋役征科系统之间并无直接关联，然在清代里甲赋役制度的变革过程中，江汉平原部分州县相继通过以田归垸、按垸征赋的改革，将里甲体制与赋役征科落实到具有明确地域范围的围垸上，从而使垸实际上成为官府进行赋役征发的基本地域单元，并在地方行政管理系统中发挥着越来越重要的作用。

---

① 张国雄：《明清时期的两湖移民》，第36～41页。

② 嘉靖《沔阳志》卷八《河防志》，《天一阁藏明代方志选刊》本，第2页。

③ 汪志伊：《湖北水利篇》，见俞昌烈：《楚北水利堤防纪要》卷首，武汉：湖北人民出版社，1999年，第14页。

④ 王槩：《湖北安襄郧道水利集案》卷下《禀抚宪晏各属水利岁修事例》，乾隆十一年刻本，第2页。

⑤ 鲁西奇：《明清时期江汉平原的围垸：从"水利工程"到"水利共同体"》，张建民、鲁西奇主编：《历史时期长江中游地区人类活动与环境变迁专题研究》，武汉：武汉大学出版社，2011年，第348～439页。

萧公权先生在其名著《十九世纪中华帝国的乡村控制》的附录《里甲结构的变异》中,曾从宏观区域的角度,分析十九世纪里甲编排情况的区域差异,特别是南北方之间的不同,并将里甲制在实际运行过程中的"变异"(variations)按其对制度性规定的偏离区分为"添加型"(additive)、"削减型"(substractive)与"替代型"(substitutional)三种类型;据此,萧氏认为,"清朝统治者并未能在中国乡村成功地建立起整齐划一的赋税征收体系"。[①] 在《明代的里甲制及其在应天府的施行》一文中,黄清连先生通过对应天府属八县里甲制施行及其变化的考察,揭示了八县里甲制实施与运行的多样性,指出:"明代里甲制在城市与乡村地区的施行,并未完全遵照法令规定的模式;不同的府、县在施行这一制度时,并没有一致的方式;法令本身也显示出某些变异。"他进而以"极性"(polarity)和"地方色彩"(localism)来解释应天府各县里甲编排与制度规定的差距以及各县间的差别:"极性"意味着在将"普遍性的"规章制度推行到各府级政区的过程中,全国各地都表现出分歧或对立,换言之,每个府在实施里甲制时,都表现出偏离甚至对立于中央政府所定规章的趋势,全国没有一个府或县里甲制的实施完全符合制度的规定;"地方色彩"则是指里甲制在各地方的运行,均各不相同,从而表现出程度不同的地方特点,没有一个县里甲制的运行与其他县雷同。[②] 刘志伟先生关于明清时期广东地区里甲赋役制度与乡村社会变迁的研究,则充分揭示了里甲制在广东各府县实施过程中表现出来的地域特点与多样性,特别是里甲制在基层社会中的实际职能与理想化的制度设计之间的差异,认为"制度规定与立法意图已经有相当的差别,而制度上的规定与实际施行的效果更有相当的距离"。[③]

上述研究及其认识是本项研究的出发点,本文在很大程度上乃是为上述认识提供了进一步的个案例证。同时,本文通过对江汉平原诸州县里甲

[①] Kuang—ch'üan Hsiao，*Rural China：Imperial Control in the Nineteeth Century*，Appendix Ⅰ，"Variations in the Li—Chia Structure"，Seattle：University of Washington Press，1960，pp. 521~548. 引文见第 548 页。

[②] 前揭 Huang Ch'ing—lien, "The Li—chia System in Ming Times and Its Operation in Ying—t'ien Prefecture"，第 103~156 页,引文见第 120 页。

[③] 刘志伟:《在国家与社会之间——明清广东地区里甲赋役制度与乡村社会》,第 48 页。

制运行及其变革过程的细致考察,在已有认识的基础上,试图进一步明晰如下几点:(1)明初里甲制的制度设计与规定,应当包涵非常广泛复杂的内容,除州县黄册里甲系统外,还可能包括针对河湖水域及居住于其间的渔户而设计、制定的河泊所"业甲"系统。至少在包括江汉平原诸州县在内的湖广地区,河泊所"业甲"管领渔户的籍属、纳课与应役方面,与黄册里甲户的籍属、纳课与应役,当皆属于不同的系统(虽然二者互有交叉重叠)。这种做法应当有其制度设计与规定上的基础,并非仅是里甲制在实施过程中发生的"变异"或"因地制宜的举措"。换言之,很可能在里甲制设计与创立之初,就为各种特殊区域与人户"预留"或"设计"了较大的"制度性空间",渔户"业甲"制或者就是在这种"制度性空间"中创立与形成的。(2)江汉平原诸州县在实施里甲制的过程中,主要是在已辟为土田、营造廛市村舍之区编排里甲,未得到开垦的湖泽及居于其间的渔户则未编排黄册里甲,而另编为"业甲"。然则,里甲制在实施过程中,不仅各府、县之间各有不同,即便是在同一县之内,也很不平衡:在靠近县城的区域,里甲的编排可能较为严格,也比较接近制度的规定;而在远离县城的湖区,则可能未编排黄册里甲,渔户"业甲"的编排可能也不太严密。换言之,由于地方官府对所辖范围内不同地方的控制程度与控制目标并不相同,里甲制的实施程度与方式也各不相同。在这个意义上,里甲制实施的"多样性"乃是绝对的、必然的、普遍的,其"一致性"则是相对的、或然的、个案的。(3)如果说里甲制在实施之初,仍然程度不同地表现出某种"一致性",或者说里甲制的制度性规定在其实施之初,仍然发挥了某种"规范性作用"的话,那么,在其后来的变革过程中,"地方色彩"(localism,借用黄清连先生的表达)则发挥了主导性作用。明清时期,垸田开发乃是江汉平原社会经济发展变迁的核心线索,诸多社会变迁均因之而发生,并受其制约与影响,江汉平原诸州县里甲制的变化也不例外。在明代,围垦垸田的客民与渔户借助黄册里甲户与渔户"业甲"间的"制度性空隙",以渔户身份闸办河湖,占有大面积的河湖水域,然后围垦成为垸田;在"阡陌遍野"、"膏腴万亩"之后,仍然缴纳鱼课(湖米、渔粮),从而最大程度地获取自己的利益。明中后期江汉平原诸州县相继推行的"清田",即重在控制此种新垦垸田及居于其上的垸民。到清代,江汉平原诸州县在渐次推行按田粮编排里甲为中心的赋役改革过程中,实行按田归垸、按垸归乡的办法,"垸"乃成为赋役征科的基本地域单元。凡此,都说明围垸与江汉平原诸州县里甲制的变革之间实有密切关联,甚至是"引导"了后者。可以说,垸田开发与围垸这一具有鲜明特点的"地方色彩",在这一地区里甲制的变革过程中,发挥了至关重要的作用。可以相信,在其他地区,也当有与围垸类似的"地方色彩",在里甲制的变革过程中发挥着同样或类似的作用,并"引导"里甲制沿着"适应"其"地方社会内在需求"的方向演变,从而使里甲制在全国范围内表现出更多的"多样性",各地区间的差别或歧异也越来越大。

湖北省潜江市档案馆藏
《太和乡实征底册》的初步研究

潜江市档案馆藏有清末民国时期的太和乡实征底册两卷。[①] 第一卷封面左侧题为"太和乡实征底册,并毕"。中题"光绪拾柒年分",旁有小字四行:"实征。内凡做推收,或新立户柱,从中格起,转致下格,后至上格。如三格均满,或挨同姓移前移后,另立户柱,不可粘搭纸条。特记。"右侧一行,作"垸湖流滩子垸,并毕芦、太平、福抵、黄中。"(见图5)

第一卷所录为垸湖垸流滩子垸田赋征科的底册。每一户柱分为三格:首格列户名,旁注小字注明属绅户抑民户;第二格分列粮、艮(银)、米三项,其所添注之小字或有涉及民国年间者(最晚至民国三十六年,1947年),显系后来所添加;第三格多为添注(见图6)。卷末一页总书有"二百七十五户"字样。第二卷为"砖淌外垸"册,册封与册页书写格式与第一卷基本相同,左侧第一行亦直书"太和乡实征底册,并毕",中题"光绪拾柒年分",右侧直书"砖淌外垸"四字。内中或夹有纸条,上书"三十年,此户移后"、"胡道反户,不造册"之类。仔细研究这两卷底册,可以断定,它们于光绪十七年(1891年)造册,后相沿使用至民国时期。然在第一册封面下,夹有残纸

---

① 2004年8月24日,周荣、徐斌在潜江市档案馆拍照了这卷档案后(我当天去博物馆,未在档案馆),我们曾在不同场合下研讨过这件文书,可惜未能深入展开。2007年夏、秋,当时在美国卡耐基梅隆大学历史系攻读博士学位的高燕在江汉平原地区开展田野调查,重点即为潜江,又为我重新拍照了这份档案(2007年9月18日)。2010年夏,我请当时在武汉大学历史系读本科的吴鹏飞试着将两卷实征底册录文。直到2012年春,我才校读吴鹏飞的录文,并作了些初步思考。在此基础上,形成了这篇文字。因为两卷录文及本文所使用的统计表格都是吴鹏飞做的,他在录文与整理相关资料的过程中,也给我提供了很多有意义的想法,所以,本文由我与吴鹏飞共同署名。当然,全文各部分论点及材料之使用,均应由我负责。

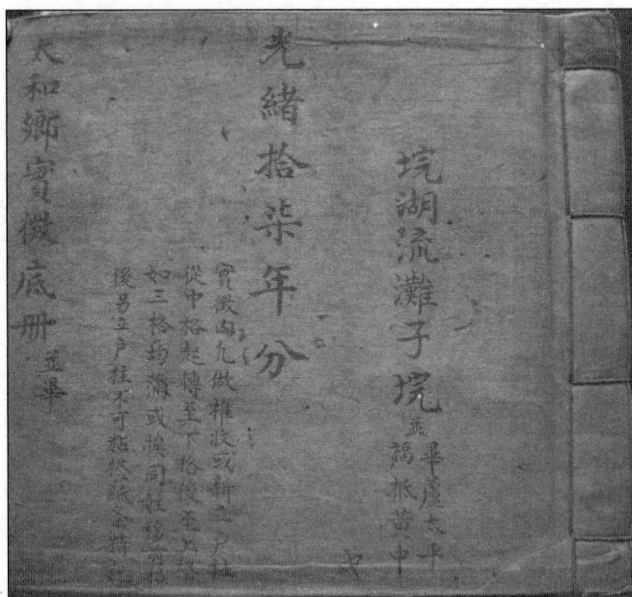

图5 《太和乡实征底册》封面

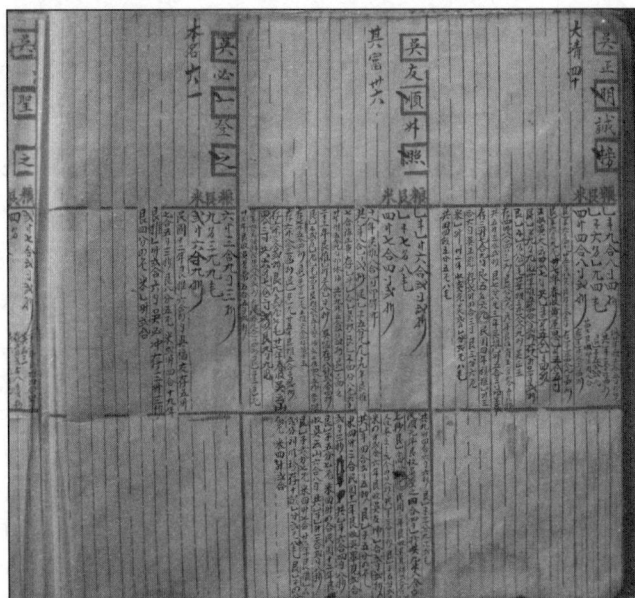

图6 《太和乡实征底册》内页

一页,亦为赭黄色,质地与封面相同,中书文字一行,虽首尾皆残,然仍可识为"光绪十二年实征底册"字样。据此,则知现存之光绪十七年实征底册,应当是在光绪十二年实征底册基础上重新编定的。

一、"实征册"与"实征底册"

此两件文书,封面皆注明为"实征底册",当即其正式名称。所谓"底册",是指原始的、最基层的册籍。《皇朝经世文编》卷三一《户政六·赋役三》录康熙十五年(1676年)蔡方炳《长洲清田纪事二》曰:"长洲必需清丈者何?曰:旧册无存也。存县之册不可问,存图之册自在也。乃吴县有底册。长洲独无底册者何?吴县之里长论籍,未均田以前,里长皆世役,册亦世守,故存也。长洲之里长论田,一番编审,则一番更易,其册不知所归,故或存或不存也。"①其所说之"册",当指鱼鳞图册;其"底册",即"存图(里)之册",即由里长所掌管的原始图册,与"存县之册"、"达部之册"相对而言。同书卷七四《兵政五·保甲上》录张惠言《论保甲事例书》规定:"其董事直牌,受法于总理,填造烟户清册,编审十家门牌,即令总理交董事办造底册,保长誊写报县,不得假手吏书。其底册送县钤印发贮公局,以便核对,毋许遗失。"②其所说之"底册"是由保甲公局委派董事填造的烟户清册原件,送县钤印后仍存贮于公局,与经过保长誊写报县的"县册"相区别。刘坤一、张之洞于光绪二十六年(1900年)所上《条陈变法》第二折"去书吏"中称:"兵燹以后,鱼鳞册多已无存,催征底册皆在书吏之手。"③其所说之"催征底册"亦即实征底册。因此,所谓"实征底册",当是指实征册的原初件,是各种实征册中最原始、也最为基层的版本。

———————

① 贺长龄辑:《皇朝经世文编》卷三一《户政六·赋役三》,蔡方炳:《长洲清田纪事二》,台北:文海出版社,1966年,排印本,第1147页。

② 贺长龄辑:《皇朝经世文编》卷七四《兵政五·保甲上》,张惠言:《论保甲事例书》,第2650页。

③ 《皇朝经世文新编续集》卷一《通论上》,《江督刘、鄂督张会奏条陈变法》第二折,台北:文海出版社,1966年,影印本,第57页。

实征册早在明代即已出现。据栾成显、赵冈等先生的研究,实征册亦称"实征文册",是地方官府每年实际编徭征税时所使用的一种赋役文册;在江南等地,明初就已出现了实征册,又称为"白册"或"实征白册",一年或五年一造,"总掌一岁银米出入之数",与黄册并行。栾先生所举徽州汪氏实征册,按万历至天启几次黄册大造时间为序,分五部分登载其各轮黄册实征内容,其所记各项田土的实征税额,均依据黄册所载而定,所以,实征册"并非是完全脱离黄册的另外一种册籍",而是以黄册为基础、为应对编徭征税的实际运作而编制的实用文册。① 由于汪氏实征册并非当时实征册的原本,所以实际上迄未见有存世的明代实征册原件。

清代的实征册,大抵是在黄册与鱼鳞图册散佚不存或残缺不能使用的背景下,地方官府为实际征发赋役而编制的。② 日本学者高嶋航指出:实征册是在黄册失去作为征税根据之价值的背景下,为了应对征税运作过程中产生的实际问题、由各州县衙门分别编制并使用的。因此,与根据统一的样式编制的黄册、鱼鳞册不同,实征册没有统一的样式,而是因应于各地征税的实际运作而各式各样。③ 其说大致可从。由于岩井茂树、高嶋航及高陆等学者,主要是根据所见武进、吴县等地民国时期的实征册展开讨论,着眼于实征册的实际运用以及实征册所反映的地权分配情况,而对于实征册的制度变化及其具体形态,则缺乏深入系统的研究,故本文首先对此做一番粗略梳理。

《清史稿》卷一二一《食货二·赋役》记顺治十一年(1654 年)订正赋役

---

① 栾成显:《明代黄册研究》,北京:中国社会科学出版社,1998 年,第 241～256 页。另请参阅赵冈:《鱼鳞图册研究》,合肥:黄山书社,2010 年。

② 关于清代实征册的编制及其使用,迄未见有系统的研究。今见有关清代至民国时期实征册的研究,主要有三篇专论:(1)岩井茂树:《武進縣〈實征堂簿〉と田賦徵收機構》,夫馬進编:《中國明清地方檔案の研究》,京都大學文學研究科,科研報告书,2000 年。(2)高嶋航:《實徵冊と徵税》,《東方學報》京都第七三册(2001),第 85～132 頁。(3)高陆:《民国苏州的地权分配——对 1947 年至 1948 年"吴县田赋实征册"的初探》,《苏州科技学院学报》2010 年第 6 期。此外,何平在所著《清代赋税政策研究:1644—1840 年》下篇《赋税政策的传导途径及其制约因素》中,对实征红簿与征税依据做了简略梳理(北京:中国社会科学出版社,1998 年,第 231～234 页)。

③ 高嶋航:《實徵冊と徵税》,第 86 頁。

全书，要求"先列地丁原额，次荒亡，次实征，次起运存留"。赋役全书中的"实征"之数，或即清代实征册编制的制度根源。盖赋役全书既需载明实征钱粮数，即与额征数相区别，就必须编制各都图里甲的实际征收数，方能汇总成为赋役全书中的实征数。当时的赋税册籍，据称有丈量册（即鱼鳞册）、黄册、赤历、截票、印簿、循环簿及粮册、奏销册，其中所谓"粮册"，即"造各区纳户花名细数，与一甲总额相符"，很可能就是实征册。① 康熙初年，浙江巡抚赵廷臣上《请定催征之法疏》，主张"实征户籍，俱立实在户名，以杜诡计推卸之弊；流水红簿，俱送本府印发，以杜私换侵蚀之弊；易知由单，必遍散穷山深谷，以杜横索之弊"。② 则知康熙初浙江州县即有编定实征册之举。康熙三十三年（1694 年）成书的《福惠全书》卷六《钱谷部》"催征"栏下第一目，即为"查实征"，谓："州县实征，里书遵照攒造。其攒造之法，本年一年银米某项某项若干，共该若干；都、图、里、甲共若干，该银米若干；各里甲花户银米若干，共该若干。要必各甲花户之银米，与甲总合；各甲之银米，与图总合；各图之银米，与县总合。所谓一县之总、撒相符。然后照此册征收，庶无增多减少之弊。"其"定催征法"云：

> 凡征钱粮，必须各里预造实征册，使排年里长知一里应征银米总数，并花户一岁应完银米撒数，而督催之。其册，遵照全书，会计田地山荡人丁科则，某都某图某里田每亩额银若干，米若干，地每亩额银若干、米若干，山荡、人丁等亦如之。共该银若干、米若干。如本年奉文某项改折、某项加增，于各里丁产照则均派，即于某里后开列该改折加增银米若干，裁减银米若干，实应征银若干、米若干。……俟造成实征册，送宅，将上年实征与本年有无加减之数，逐图查清，然后将实征印发填单。③

其下附有按甲编制的实征册样式，并注明："都图里甲皆可造此式造。花户照式，字样收小，每页可写八户。"据此可知，实征册是在每年征税期之前由

---

① 《清史稿》卷一二一《食货二·赋役》，北京：中华书局，1977 年，第 3528 页。

② 贺长龄辑：《皇朝经世文编》卷二九《户政四·赋役一》，赵廷臣：《请定催征之法疏》，第 1067 页。

③ 黄六鸿：《福惠全书》卷六《钱谷部》，《四库未收书辑刊》第三辑，据光绪十九年文昌会馆本影印，北京：北京出版社，2000 年，第 19 册，第 76～77、80～81 页。

州县官府主持编制的,其具体办法,即先确定当年本县(州)应征钱米总数,然后按照本县应税田亩数及科则,分配到各都、图、里、甲,最后落实到各甲应税花户身上,按花户登录到册籍上(每页可写八户)。每户名之下写明其应税丁产与应纳税额(银若干、米若干)。甲、图(里)、都各造其实征册,然后汇总为县(州)的实征册。

湖南辰州府麻阳县,早在康熙六年(1667 年),就由知县提出均粮方案,计划按里甲均粮之后,"每里给花册一本,用印钤盖,嗣后田地虽有买卖,而丁粮照册当差"。只是当时并未实行。至康熙二十年至二十六年间(1681—1687 年),知县黄志璋主持均平里甲赋役,推行按粮当差,并编制里甲花名细册,册内于各甲下分载花户姓名,额丁若干、额粮若干。[①] 对照《福惠全书》所录都图里甲实征册图式,可知其时麻阳县所编制的"里甲花名细册",当即由县府主持编制的实征册。

康熙二十五年至二十七年间,孝感知县梁凤翔主持全县田亩清丈,除编纂鱼鳞册、归户册之外,还编纂了一种"块册":

> 归户之后,田有交易,人有迁移,恐相沿日久,户册既有纷更,鳞册必致弁髦,若不永定规式,为善后之策,安知不有猾胥豪右,如曩时之飞诡并兼,而为无畴者耶?查孝邑五乡、二十三里、一百七十八会,以里统会,大者五六会为一里,小者十数会为一里。以一会为一块,造册各二本:胪编花户的名、田粮确数,总散分合,务期相符。存县一本,每里选德行一人为耆约,给一本,使收掌之,俾编民周知,自某年始定立章程,如树之根柢,不可动摇。后有交易者,但缴知单,更换姓名田坐处所,不许那移。总使此会之田,不得跳入彼会;此块之米,不得飞入彼块。以人从田,不以田从人。即有豪强,凭何兼占?即有奸究,从何欺隐?每年终,将受授开收之户,另造更名析户册各二本,收掌如前例。俾内外画一,历年不替。虽百世以后,溯流穷源,可按籍而考也。节岁开征,各会发单一张,给里约。使里约传催会甲,会甲传催烟民,如身之使臂,臂之使指。不烦差比,人乐输将。此《周礼》均土之法、同

---

① 康熙《麻阳县志》卷一,《日本藏中国罕见地方志丛刊》本,北京:书目文献出版社,1992 年,第 15~44 页。

井之意,故曰"块册"。所以维鳞册、户册之变,而善始善终者也。①

孝感县所立之"块册",每年都可更改,随时反映田土的变动情况,以便实际征收赋税,应即属实征册。由于孝感县在清田过程中即造定了鱼鳞册和归户册,所以"块册"(实征册)是在鱼鳞册、归户册的基础编制的,以"会"为编制单元。显然,以"会"为单元编制的实征册,是县实征册的基础。

湖南各县,大抵于康熙五十三年(1714年)前后编定实征册,当地称为"蓝花册"。民国二十三年(1934年)李之屏著《湖南田赋之研究》第五章第四节《征收册籍》记载:

> 各县田赋征收处,原用之征收册籍,大抵为前清康熙五十三年编
> 纂之蓝花册籍。印刷之格式用蓝色,详载花户姓名,故曰蓝花册籍。
> 每本共有二百五十页,每页载一户,地名、按亩科银、旧管、新收、开除、
> 实在等条目。但因兵灾迭经,蓝花册籍散佚殆尽,偶有收藏至今者,亦
> 受虫蚁之剥蚀,毁坏不全,遂致征收田赋,无所凭藉。各县有以旧时粮
> 书所藏之秘本为根据者,有参考历年券票存根办理者。在当时固属权
> 宜之计,厥后历年编造征册,皆以此为根据。此项征册只载花户姓名,
> 正银若干两,小数至厘位为止。及花户、地名,其用堂名别号者甚多,
> 而用真实姓名者,究属寥寥之无几也。②

湖南省各县在康熙五十三年(1714年)编纂的这种"蓝花册籍",也是实征册,存于各县衙门(入民国后归各县田赋征收处)。还有一种册,由粮书所藏,应当就是实征底册。作者抄录了这种蓝花册的样式:

一户	地名
上田弓口	上粮
下田弓口	下粮
山水田弓口	山水粮
地弓口	地粮
塘弓口	条银

---

① 贺长龄辑:《皇朝经世文编》卷三一《户政三·赋役三》,梁凤翔:《块册序》,第1139~1140页;另见康熙《孝感县志》卷六《田赋志》,《故宫珍本丛刊》本,海口:海南出版社,2001年,第124~125页。

② 李之屏:《湖南田赋之研究》,载萧铮主编:《民国二十年代中国大陆土地问题资料》第11辑,台北:成文出版社,1977年,第5588页。

各科则　　　　　　　　科粮

五十三年垦田

按亩科银

实在连前年共科粮

　人丁　　　　　　　　丁银

实在连前年共科丁饷银

　旧管原额粮

开除　　　　　　　新收

开除　　　　　　　新收

开除　　　　　　　新收

大贤都七甲八区

这种蓝花册登记有户名及田地类型、亩数、科则、应科钱粮数,并详载各年开除、新收情形,与《福惠全书》所载实征册样式显然不同。

曾于雍正初年任河南许州知州的王士俊述及催科之法说:"余前官河南时,其行滚单也,行鳞次挨滚之法,先按明业户住址,或城或乡,即于所住处备造村册,村内有粮业户,其姓名住址及粮数,分析注明,依次远近,汇册一本,酌量或十户或五户,共列一单。于封篆时照册详填单内,粮多者领单。俟开征日,按村封发,分领滚催,交单既便,催完亦易。……至欲造村册,即于析编保甲时,先列条款式单,量村多寡,发村保散给业户,自填粮数、姓名、住址,仍交村保汇缴官,自核对实征册,数目相符,捐费造册,则绝无烦扰。"①这里的"村册",与官府掌管的"实征册"互为表里,也属于实征册的范畴。

清朝前期,州县官府主持编制实征册,应是普遍的。乾隆四年(1739年),诏免两江地丁钱粮,江南总督那苏图奏言:"向例蠲免不分贫富,但富户遇歉,未伤元气。贫民素乏盖藏,多免一分,即受一分之惠。请以各州县实征册为据,额根五钱以下者全蠲。五钱以上者酌量蠲免,五两以上者无庸议蠲。"②则知至乾隆时,两江各州县大抵皆编有实征册,故那苏图方得

---

① 徐栋原辑、丁日昌选评:《牧令书辑要》卷三《赋役》,王士俊:《催科》,《续修四库全书》本,史部职官类,上海:上海古籍出版社,2002年,第755册,第467～468页。

② 《清史稿》卷三〇八《那苏图传》,第10566页。

建议以实征册为根据实行蠲免。乾隆七年（1742年），江苏巡抚陈大受在《请行版图顺庄之法疏》中说："州县每年俱令造实征册及滚单册，以为征粮张本。实征册内田额银数俱与奏册相符，应以现年实征册为根底，照册载各户，每户散给一单，令其自将该田坐落土名坵段号数四至邻田及本户的名、住址，一一开填明白，缴县注入实征册内。俟填注完日，督令经承检查抽聚，挨顺坐落坵段，归并图甲，仍照原额田数均装。次年即照此另造为版图实征册。嗣后田地售卖，只须改写户名，不得将田窜入别甲。"① 乾隆九年，甘肃巡抚黄廷桂奏称："甘省向缘版籍脱讹，户口混淆，州县卫所，多无实征底册，花户并无易知由单，以致里甲包收代纳，随意作奸。今将渭源、金县二处，查造实征花名红簿，挨里甲核对，于征收前，照底簿开单发给花户，按额催征。各属俱循照查造，以便征收。"② 黄廷桂特别强调甘肃省州县卫所"多无实征底册"，则知当时其他省份州县当"多有实征底册"。而他在渭源、金县二处，先造实征册，然后根据实征册发放易知由单，其所造实册征，显然并没有鱼鳞图册和归户册作依据。实征册"每纸一页，前开花户的实姓名，后载地亩确数、科则若干，上钤印信，留存官署，新旧接管，名曰红簿"。其所谓"红簿"，亦即实征册。乾隆十年，署理湖广总督鄂弥达称："统计南北两省中，其州县之无鱼鳞册者大约十居八九。各属征收钱粮，总以见在实征粮册为凭。官征官解，民封民投，井里相安于无事者，厥有历年。"③ 则知至乾隆前期，湖北、湖南各州县大都不存鱼鳞图册，在钱粮征收的具体运作中，实际发挥作用的，主要是实征粮册。《福建省例·征收例》"禁经征钱粮浮征重耗"条录乾隆二十四年（1759年）福建巡抚吴宪牌谕令府州县官吏，"将实征钱粮底册，按户细加稽查"。④ 则知乾隆前期，福建省

---

① 《皇清奏议》卷三八，陈大受：《请行版图顺庄之法疏》，《续修四库全书》本，史部奏议类，上海：上海古籍出版社，2002年，第473册，第317～319页。

② 《清高宗实录》卷二一一，乾隆九年二月，北京：中华书局，1985年，影印本，第3册，第714页。

③ 第一历史档案馆藏档案，"朱批奏折财政类"，《署理湖广总督事务鄂弥达等奏请免造鱼鳞册籍兼陈征粮划一事宜折》，乾隆十年二月二十一日，转引自何平：《清代赋税政策研究，1644—1840年》，第232页。

④ 《福建省例·征收例》，"禁经征钱粮浮征重耗"，《台湾文献史料丛刊》第7辑，台北：台湾大通书局，1987年，第1152～1153页。

亦已普遍编制实征册。《皇朝文献通考》卷二四《职役考》记乾隆二十七年浙江学政李因培上言禁止生监充当杂役,述及"浙省士子窜身经商里役者",其中一途即为充任庄书,谓"庄书管田粮底册、推收过户等事"。[①] 其所说之钱粮底册,也就是实征底册。

直到清后期,各地仍然强调编制实征册。《福建省例·钱粮例》"各属应完钱粮议立定章例册"记同治七年(1868年)九月巡抚卞宝第札称:

> 州县清查粮额,宜先查造实征户册,再行抽查,以收实效也。查州县粮赋,原有鱼鳞、柳条、八筐等册,与实征册相为表里,故能穷其源而杜其弊。无如日久废弛,追惜何及。且有从前失守地方,被匪焚毁,册无一存。遂至粮额虚悬,漫无可考。佥曰丈量可法,舍此难清,一劳永逸,诚为万世之利。然丈量大事,须动大众,又需筹大经费,经年累月,民力殚瘁,曷能轻举易办? 不得已而思其次,惟有查造实征户册之一法也。

则福建省各州县在太平天国起事前即已普遍编制实征册,并与鱼鳞、柳条、八筐等册相为表里。至动乱之后,诸册皆残毁,既无力清丈田亩,也不能再编制鱼鳞等册,故只得查造实征册。卞宝第进而谈到实征册的编制办法,谓:

> 此册本为地方官应办首要事件,自应专由现任实心经理,筹款酌给纸张工伙,责成经管图分粮书,会同各图承,勒限赴造各图实征民户应完钱粮确册。缘该粮书、图承等各有实征草册私藏,推收过割,无不悉备。其匪不据实查造者,原为营私侵蚀地步,一任高下,莫可追究。总须由现任官设法勒令和盘托出,并著粮书、图承等出具不敢欺隐诡造连环切结存案。散册告成,即以图总合之县总,额粮纤毫无舛,再行随时抽查,无弊重赏,错则严惩。惟各州县情形不同,要在地方官随事因地制宜,斟酌妥办,方收实效。嗣后必须按年于开征以前,查造实征户册,庶重正本清源之道。[②]

是由地方官委派粮书、图承具体负责编制实征册,而粮书、图承自身则往往

---

① 《皇朝文献通考》卷二四《职役考》,《景印文渊阁四库全书》本,第632册,台北:商务印书馆,1986年,第480页。

② 《福建省例·钱粮例》,"各属应完钱粮议立定章例册",第133~134页。

私藏有实征草册（当即下文所述之底册），其受命编制实征册后，即据其所藏之草册，出具"不敢欺隐诡造"的"连环切结"，即造成各图的实征册，然后将各图实征册汇总至县，编成全县实征总册，即成为存于县衙的实征册。

实征册乃是由县衙的粮书、户书等胥吏会同图承、庄书、册书等各种职役负责编制，亦见于台湾文献中。《淡新档案选录行政编初集》录有光绪二十年（1894 年）四月二十七日《户粮税总书朱琛议废庄书、改由户书办理催收》禀，谓新竹县在清理田赋过程中，设有庄书一职，会同户书（归户粮书）办理民间土地买卖、过割户名等事，并"著令设立实征户册，如本年有过户，来年即将实征册，换抄所过之名，即可知业已卖过何人，而向催收，免被推诿，庶征粮不致舛错，过户亦为有著，足令周妥"。朱琛建议废除庄书，将相关事务"归于户粮书专办，并各保柜书兼办"。亦即由归户粮书会同各保柜书共同办理。"著令凡有业户，赍契前来过户，该柜书即问明甲数、粮额相符，并分别已未税契，逐一登载。至十月底，将本年所过几户，汇造柳条清册，送候次年抄征，即就所过之名，换入征册。"后来，仍保留庄书，按保设置，如朱呈玉即充任竹北一、二保与竹南一保共三个保的庄书。"凡遇各保内，各业户有典卖田园、房屋、山场，即令赍契报明挂号，按照契载户粮、甲数，立时推收过户，于契内盖戳为据。一面填列印簿，每季造册送核；一面知会户粮税总书，在于征粮户［册内］注明，先行催纳契税。"①

在实征册的编制过程中，既需依赖各种名目的胥吏、职役，由他们负责编制基层的实征底册（以甲、图、会或村为单元），年岁既久，实征底册遂由里书、册书等职役所掌握，成为他们的"私册"。② 在湖南蓝山县，编制、掌管各里甲实征钱粮册的职役，称为"册书"。民国《蓝山县图志》卷一八《财赋》，"民屯徭庄转业拨粮法及粮册之责任"云：

> 凡征赋田地分民、屯、徭、庄四种，取赋轻重不同，因之转业拨粮亦异，要其事例，载在粮册，历由各里甲册书掌之。其收除方法，诸管册人往往视为秘宝。……凡承充粮册，分掌各甲粮户，谓之册书。稍有

① 《淡新档案选录行政编初集》，《台湾文献史料丛刊》第 3 辑，台北：台湾大通书局，1984 年，第 95～100 页。

② 参阅杨国安：《册书与明清以来两湖乡村基层赋税征收》，《中国经济史研究》2005 年第 3 期。

不符,册书是问。遂以开征之前一月,县官令行各册书,送新造粮册入署,谓之总粮册,按册稽征。若总粮册所载,尚不足额征总数,仍以问之册书。①

《皇朝经世文续编》卷二五《吏政八·守令中》录同治二年(1863年)方宗诚所撰《鄂吏约》,述及湖北州县户粮书把持实征册之情云:

> 大抵鄂省大小衙门,皆有底缺,世守其业,换官不换吏,州县户粮书一项为尤甚。初则勤苦自立,版册亲操,执以追索,尚能年清年款。一二传后,骄惰日形,沉溺烟酒,一切征收等事,委之各乡各里各图之黠者为之催纳,坐享其肥,而总吏绝不过问。久之而债累日深,生计日绌,并其世传之底册,展转售卖,而册书、户书、里书、里差之名所由起,权益寖大。房科之籍,仅拥虚名,乡团之册,转成实户。甚至以册为遣嫁之资,问册为相攸之具。②

粮书所掌管的"底册",得"世传"、"售卖"甚至"遣嫁",并渐由册书、户书、里书、里差等实际掌握,称为"乡团之册",是实际用于征收赋粮的册籍;而县衙房科所存之"籍",仅拥虚名,两者遂相脱节。

江苏扬州府江都、甘泉二县的钱粮征收,在光绪二年(1876年)前,"概由局书包征包解,(钱)粮底册概归各图里书保管,故每届起征之期,地丁漕米芦课等款,悉由局书粮差掣串领催。花户纳于书差,书差上于县官"。钱粮底册又称"征收底册","为历年编造征册之基础。江都征收田赋,向有鱼鳞细册详载田地坐落,复有花户,详载业户之姓名,按[户]科征,按图稽考,本极明瞭。自咸丰兵燹后,县中案卷毁烬,田亩□以各局书旧存底册为经,以各业户报垦清单为纬,勉强厘定征册,造册启征,异常简陋"。其下所列"实征柜册"样式,分载户名、银数、米数三大项,而未载明亩分科则、田亩丈尺四至区段、管业凭证以及田亩价格、业户住址等,并说明"该项底册向归柜书保管,以致粮户推收任意,或捏造堂[名],隐去真名,或产已移□数户,

---

① 民国《蓝山县图志》卷一八《财赋》,"民屯徭庄转业拨粮法及粮册之责任",《中国方志丛书》本,华中地方第1号,台北:成文出版社,1970年,第1203~1204页。

② 盛康辑:《皇朝经世文续编》卷二五《吏政八·守令中》,方宗诚:《鄂吏约》,台北:文海出版社,1966年,据光绪二十三年排印本影印,第2627~2628页。

而册中粮因之"。^① 据此,则知江都县在"太平天国"起义引发的社会动乱之后,曾重新编制实征册,重编之实征册主要以柜书所掌握的实征底册为基础,也适当参照业户的报垦清单;重新编制工作仍由柜书负责,故新编实征底册也仍由柜书掌管。

高嶋航公布的民国时期旧太湖厅漕粮实征册,应当是由官府掌握的实征册。而潜江市档案馆所藏两卷《太和乡实征底册》,则应是由册书之类职役掌握甚至得世传的"乡团之册"。自光绪十八年(1892年)起,历年均有过割、推收的记载,亦颇有新立户柱,可知此两卷实征底册,在此数十年时间里,实际上一直程度不同地发挥着征税根据的作用。结合上引江都县的情形,我们揣测在同治末年至光绪前期,潜江县也可能如江都县那样,以原有的实征底册为基础,重新编制了实征底册。今见两册太和乡实征底册,首列光绪十七年的征科数,每户下也只载征收银米粮数,显然就是汤一南所说较简单的实征底册,在此之前、较为正式的实征底册,可能应当详载田亩类别、科则分类及田亩丈尺四至区段、管业凭证、田亩价格、业户住址内容,就像上引李之屏《湖南田赋之研究》所录的湖南"蓝花册"那样。

二、潜江县征粮"按田归垸"与实征册之使用

《太和乡实征底册》两卷封面上均注明其所载业户属于太和乡,而第一卷所载二百七十五户花户属于垸湖流滩子垸,第二卷所载属于砖淌外垸。显然,这两卷实征底册是按垸编制的,然后归于太和乡之下。在今见各地实征册中,金匮县的实征册是按甲编册的,吴县的实征册是按图编册的,而潜江县实征册却按垸编册,显示出其独特性来。

太和乡是潜江县五乡之一,所领地域在县东境,今通顺河以南、东荆河以东地。据康熙《潜江县志》卷三《舆地志》"乡区"记载,康熙中期太和乡领有仁和垸、新兴垸、荷湖垸、董家滩、葛柘垸、葛通顺、皇庄府垸、杨家嘴、戴家垸、黄汉上耳垸、何家套、黄汉垸、洛江河、黄汉中耳垸、黄汉中垸、黄汉下

① 汤一南:《江都田赋及最近清赋风潮》,见萧铮主编:《民国二十年代中国大陆土地问题资料》第10辑,台北:成文出版社,1977年,第4729~4735页。

耳垸、道仁垸、团湖垸、平滟垸、虬祖垸、长沟垸、夹洲垸、中府垸、牛角垸、牛埠垸、罗杨垸、东瀓垸、河汉垸、苏湖垸、张家湖、垩泥湖、砂矶长河、獐矶西湾垸、白汉西湾垸、江陵荷湖、江陵龙湖、院湾并东耳西耳北耳垸、后湾垸、上江汉垸、下江汉垸、柴林垸、梁泗白水垸、双丰垸、邋遢垸、外又荷湖垸等四十五垸，[①]其中并无垸湖流滩子垸与砖淌外垸。光绪《潜江县志续》卷一〇《堤防志》见有砖淌垸，属于黄汉区；砖淌外垸当是砖淌垸的外垸。黄汉区所属各垸均在潜江县河以东、洛江河以南、通顺河以北地区，今属潜江杨市镇东境勤俭、黄垸、护城、洪庙、葛柘等村及竹根滩镇。由于黄汉区所属黄汉、黄中、中耳、上耳、下耳诸垸及葛柘垸在今黄汉、洪庙、葛柘等村，偏东南，砖淌垸当在其西北，砖淌外垸与垸湖流滩子垸更当其西北，我们揣测当在竹根滩镇南境的万滩村（万滩，很可能就是"垸湖流滩"的改称）、三江口村、彭洲村（很可能就是砖淌垸之所在，特别是周家台自然村），或者杨市镇所属的勤俭村一带。[②]

　　潜江县征粮按垸归乡，始于清朝初年。顺治十年（1653年），潜江知县柯赓昌在潜江县进行"均平图赋"，以"税粮四十三石为一里，征输用官民细户单"，即按田粮编里甲；但其实对民田"有编审，无清丈，亩赋盈虚淆乱仍旧"。柯氏此次均平图赋的重心乃在"比照民粮例，将官庄田地编派里甲，

---

　　①　康熙《潜江县志》卷三《舆地志》，"乡区"，《中国地方志集成·湖北府县志辑》本，第46册，第40～41页。

　　②　我们还未能为此而开展田野调查，希望还会有机会按照这个线索开展田野调查。在1982年编纂的《湖北省潜江县地名志》中，关于万滩大队，只记载说：1958年因驻地万家滩而得名，有1个自然村，666人，耕地719亩。又彭洲大队，有彭家洲、周家台（又作周家榨）、黄家巷子、李家台、关家湾、张家台等6个自然村，2405人，耕地2330亩。三江大队，以自然镇三江口而得名，有三江口自然镇和杨家嘴、欧阳台两个自然村，人口2451口，耕地2300亩（第106～107页）。另外，勤俭大队有张家湾、余家台、易家台、王家垴、邓家台、冯家台、王家滩、钟彭湾等8个自然村，1070人，耕地1350亩。如果扩大田野调查的范围，可考虑到护城村的吴家巷、吴家岭一带看看。这一带的中心集市是三江口。我揣测三江口与万滩应当能找到一些族谱。但往年在葛柘、洪庙、黄垸一带的调查经验显示，此地区杂姓较多，宗族的发展不是很突出。另外，在三江口村，原有一个自然村孟公碑，1968年迁入杨家嘴；万滩村所属斗河堤，1977年迁入万家滩。

革除总小甲,为四十六总,每亩一则,摊租一分四厘"。① 值得注意的是,柯氏所编的四十六总中,有九总位于潜江北境沔水北岸泗汊湖一带,称为"外九总",原为皇庄庄田(在割入皇庄前属设在景陵县的葫芦三湾河泊所管领),包括九个垸("外九垸"),九总恰好对应九垸,说明至少有一部分"总"是以"垸"为单位编制的。其时所用之官民细户单"前开载某乡某里甲户某人,若干丁,若干税米;次开载本户有无免丁免米,并加饷额数;又次开载某年分丁条饷共该派银若干。一年均作四季,一季该完银若干;一季均作四限,一限该完银在若干。于后开载春季一限二限三限四限完数。夏、秋、冬例如之。其末注云:以上定宜照限完纳,以免差拘"。此种细户单当是开给花户、由花户收执的,而官府所执者则为"册",所谓"官执册比,民执单照",官府所执之"册",虽不能详,但既可与民所执之"单"相比照,其格式内容亦当大致相类。这种"册",据本卷下录顺治十四年(1657 年)邑人朱绂上安陆府呈文,又称为"底额册",大抵亦相当于实征册性质。

柯氏的改革实际上将潜江县的赋役征科分为两个系统:原有的里甲系统与新立的四十六总系统。这种二元体制显然不能持久。顺治十六年(1659 年),知县叶臣遇遂更行"甲粮法","粮七石五斗编提甲首一名",遂"增置甲首三千余人",也是按田粮编里甲。然其法行之不善,"人民大困,其为徭役害者,自豪贽势要,以至上下胥吏,皆避役之人,所寄坊厢册尾冒滥,免徭之粮尤甚。愚戆乡氓,子衿世胄,偏受毒累,一经里长,当年夫马解运无名外派,诛求靡宁日,必至卖产破家、死且徙而后已,流祸不可胜言"。② 故至康熙四年(1665 年)即予革除。但问题并没有解决。至康熙八年,知县王又旦复主持清田平赋。康熙《潜江县志》卷三《舆地志·乡区》录黄里《清田记》记其事云:

> 区划疆理,检定户籍,土著者必核其人,逃亡者必详其地。原隰坟衍,川泽之污,体形惟肖,凡漏弓匿亩,改形灭等,析名诡户,摘发如响。乡以内,量度勾股之所及,有神明式之,如公之履亩而稽也。事既竣,

① 康熙《潜江县志》卷九《赋役志》,"全书",《中国地方志集成·湖北府县志辑》本,第46 册,第 167 页。
② 康熙《潜江县志》卷九《赋役志》,"全书",《中国地方志集成·湖北府县志辑》本,第46 册,第 168 页。

择吏之能书计者若干人，扃置公廨，朝晡放衙，躬自编校：以乡规田，以田均亩，以亩定赋，里准于田，长准于赋。凡为乡者五，为里二十有三，而更坊厢之三为毕公里，以处荐绅之在城市者。①

重新编制的里甲，以四十石为一里，每里十甲，带辖尾二甲。显然，王又旦编制的里甲按田、赋编组，以田粮为中心，以人户从田粮。"里甲"之名称虽然仍旧，其性质却已发生了根本变化。

新编制的里甲既以田粮为中心，而潜江县的田亩绝大部分又在围垸之中，这样，垸遂成为新编里甲体系的基本单元。康熙《潜江县志》卷三《舆地志》"乡区"云："康熙二十三年禁革里排，征粮按垸归乡，以五乡垸内之沙水老荒田亩尽编入毕公一乡，名曰尾粮。乡、图之名存，而籍非旧矣。"其下于长乐、太平、道隆、长安、太和五乡垸田下分记各垸民田、更名地，另于"毕公乡尾田"目下分记各垸尾田。如其于"长乐乡垸田"目下记："长墙一垸民田三万一千三百二十亩五分九厘一毫，更名惠地一百四十五亩六分八厘三毫。"②康熙《潜江县志》的编纂者朱载震在"论"中说：

> 今之乡区，非昔矣。潜濒汉江下流，地势洼潴，土田崩淤不常，故民无百年恒产，而家无屡世素封，每水涨堤溃，陵谷倏更，所谓我疆我理者已不可考。按《荆州府旧志》：潜江湖多于田，民夹堤以居。成化以前，旧设五乡一坊，垸止四十有八。嘉隆间，沙洋、夜汉继决，陂泽渐成高陇，沿河为堤垸几半于旧。厥后疆畛尽易，粮渔冒乱，赋逋民瘁。又粟地、渔田、民田三等起科，头绪繁错，黠民猾吏，互倚为奸。万历五年，昆山朱侯熙洽请清丈，更三等为一则，改桑丝于税粮代派，通计实在科粮田一百一十亩二千二百七十亩三分，以五小亩三分六厘一毫四丝八忽折为一大亩，按升定亩，粮一升为一亩，不分等则，一例起科，田有定形，赋有定额，田若画一焉。……相沿既久，弊积害生。康熙八年，邹阳王侯又旦痛切民艰，复详请允丈，为文告于城隍，量地亩，清隐占，编户[籍]，平里[赋]，其征收分六乡，民困以纾。康熙二十三年，邑

①　康熙《潜江县志》卷三《舆地志》，"乡区"，《中国地方志集成·湖北府县志辑》本，第46册，第54～55页。

②　康熙《潜江县志》卷三《舆地志》，"乡区"，《中国地方志集成·湖北府县志辑》本，第46册，第37～46页，引文见第37页。

人彭峻龄等力请于上,禁革里排,税粮按户随田,田归各垸,垸归各乡,民无催征代收之扰。①

则潜江改行按垸征科,原因有二:一是地势低洼,一遇洪水,田畴陵谷,疆界混淆,而田业易手频繁,科则繁复,不易理清;二是自明代相沿而来之设立里排轮值催督之法,弊端丛生。后者乃各州县之普遍现象,故康熙中各地均有禁革里排之命,问题在于禁革里排之后,采用怎样的方法征科,各州县多因地制宜,创造出很多办法。潜江县根据"垸"相对稳定这一特征,规定"粮分绅、衿、民三户,按田归垸、按垸归乡征收,不设称书,令花户自封投柜,截给印票",②确是适应平原湖区具体情况的一个创举。光绪《潜江县志续》卷九《赋役志》云:

> 潜邑征收钱漕,自康熙年间修志后,编户五乡一坊,曰长安、长乐、太平、太和、通政五乡,谓之实粮;一坊更名曰毕公乡,谓之尾粮,共计六乡。每田一亩,摊派毛粮壹升,春秋缮写红簿,某户原粮几升几合几勺几抄,即田几亩几分几厘几毫,所谓升合摊粮者是也。每升派完大饷银一分四厘七毫,派完漕、南二米四合零八抄零五圭。此外又有福、惠、光、圻、潞五王租饷,即前明各藩邸之稞租也。……又有老志所未载、现今红簿所列之福抵、惠抵、光抵、薪抵、潞抵、官抵各名色,臆度抵即邸也。每亩派完壹分柒厘捌毫伍丝,仍系更名地亩之下则田也。因经管实征底册各粮书,希图简便,且恐户有遗漏,凡系抵租皆以每亩壹分捌厘科派。③

其所说的"红簿",当即今见的实征底册(据此似可知,所谓红簿,并非因为官府钤印而得称,而是由格、行均由红线印制,粮、艮、米三字,亦以红字印制之故),则在康熙中期,潜江县即已编制实征红簿(即实征底册)。而此种实征底册,即由粮书经管。

---

① 康熙《潜江县志》卷三《舆地志》,"乡区",《中国地方志集成·湖北府县志辑》本,第46册,第46~47页。

② 康熙《潜江县志》卷九《赋役志》,《中国地方志集成·湖北府县志辑》本,第46册,第171页。

③ 光绪《潜江县志续》卷九《田赋志》,《中国地方志集成·湖北府县志辑》本,第46册,第422~423页。

这种按田归垸、按垸归乡的田赋办法,在潜江县一直相沿使用;各垸征科田亩,亦一直沿用康熙中所定田亩数。光绪《潜江县志续》卷九《田赋志》在详述田赋征收办法之后,称:"因潜地环绕河滨,不无沧桑变迁之处,各垸彼坍此淤者有之,坍于邻邑者有之,破垸为河者亦有之,且有屯坐各卫、军田与民田犬牙相错,军民田地溷淆者亦在在有之,其以实粮作尾粮、希头免派夫土者,则指不胜屈矣。未经清丈田亩,自宜仍照老《志》所载田赋,一字不易。"①自康熙中定额各垸征科田亩,至光绪五年(1879 年)纂修《潜江县志续》,近二百年间,既"不无沧桑变迁",赋役征科完全不加调整实际上是不可能的。如同书卷一○《堤防志》载:"菱芭垸,实粮役夫田二千一百三十亩六分,尾粮不役夫田五百四十一亩七分,共计实尾田二千六百七十二亩三分。道光十四年筑曾晓湾月堤,同治十年筑曾晓湾新月堤,共压挖五十三亩二分。除压挖之田归尾,应存实役夫田二千七十七亩四分。"②盖菱芭垸科赋田亩未变,而役夫田亩则不得不做调整。

三、关于是否严格开展"推收"的问题

潜江县太平乡实征底册每页载录花户一至四户不等,分为三格:上格第一行直书户名,上注花户身份(绅或民),第二行为编号,应与版串和易知由单的号数相同。中格顶格(或在上格底部)为印制的粮、艮、米三个红字,分为三行,其下分别记录该户名下应纳粮、银、米数。其左侧用下格所记,则主要是推收及税收变动情形,篇幅大小不一。

所谓"推收",即官府在田产所有权或使用权发生转移时,办理产权和赋税的过户手续。《元典章·户部五·典卖》"田宅不得私下成交"规定:"典卖田宅,须要经诣所属司县给据,方许成交。随时标附,明白推收。各司县置簿附写,专委主簿掌管提调。每岁计拨税粮,查照推收,所据文簿,

---

① 光绪《潜江县志续》卷九《田赋志》,《中国地方志集成·湖北府县志辑》本,第 46 册,第 423～424 页。
② 光绪《潜江县志续》卷一○《堤防志》,《中国地方志集成·湖北府县志辑》本,第 46 册,第 435 页。

候肃政谦访司依例照刷。如此,免致诡名,迷失官粮,亦免产去税存之弊。"其"买卖田宅告官推收"条则明确规定:"今后典卖田宅,先行经官给据,然后立契,依例投税,随时推收。……若委因贫困,必合典卖田宅,依上经官给据出卖,买主卖主一月随即具状赴官府,合该税石推收与见买地主,依上送纳。"①盖元时推收由县主簿掌管。明前期部分地区,于黄册之外,另置有白册,即实征册,记录推收情形。何良俊《四友斋丛说》卷一四述所谓经纬二册,经册即户册,亦即黄册,"凡征粮编役用之。每年推收过割,各图逐一开注,送县会计其数,查筭明白,攒造一册。据此征收,庶无脱漏。若一户而各区纳粮,则吏书得以出入隐弊,而其弊不可胜言矣,是即旧规所谓白册。至十年后大造黄册之时,亦有依据。将第九年之册为主,再加查审,不甚费力。二册俱要各圩里长编造,盖一圩之田亦不甚多,其业户佃户里长必自知之,若佃户还此人之租,而田在别人名下,即系诡寄,极易稽查;若里长造册,通同容隐,严为禁约,处以重罪。亦可以革诡寄影射之弊矣"。②则白册(实征册)即主要载录田产过割、赋税推收情形,至十年大造黄册时,则以前一年所造白册为依据,审查编定。

因此,严格按规定开展推收,乃是实征底册作为赋税征纳依据的基础。如果实征册不能及时、切实地反映田产过割、赋税推行的真实情况,就势必成为掌握实征册的县府粮书、户书及乡里里书、册书等胥吏、职役"飞洒诡寄"、弄权肥己的工具,而不能发挥其征税依据的作用。正因为此故,朝廷官府频频强调要及时、切实推收。乾隆十三年(1748 年),署理两江总督策楞、江苏巡抚觉罗雅尔哈善等奏定清查江苏积欠钱粮章程规定:"州县实征粮册,必豫造齐,较对上届原册,如有买卖推收分并户粮,务吊契券分书验实,以杜花分、诡寄、飞洒、隐漏等弊,即将征册存署。"③其所说之实征粮册,是指州县房科户书与粮书所掌握的实征册。《清高宗实录》卷七四五乾隆三十年九月,广西布政使淑宝奏称:"粤西征册,皆归里书收藏,任意飞洒,且每年秋季私纂征册后,即停止推收。无赖原业,勾串重售,情弊百出。

---

① 《大元圣政国朝典章》卷一九《户部五》,"典卖",北京:中国广播电视出版社,1998年,影印本,第 753~754 页。

② 何良俊:《四友斋丛说》卷一四,北京:中华书局,1959 年,第 118~119 页。

③ 《清高宗实录》卷三二九,乾隆十三年十一月,第 5 册,第 473 页。

请饬州县将里书家藏府册缴官，编号钤印，置局大堂，业户税契，当堂对册，过户推收，择诚实里书轮直，每晚覆核，每季汇缴藩司查察，庶私税白契之陋习可杜。"①乾隆三十四年九月，福建布政司牌示称："民间买卖田产，原应随时推收过户，以清粮额。先据永春州禀：以该州地方愚民不肯推收，竟有买产十数年，向未收粮者。设立四柱印册，并推收印单，编号存房，出示晓谕，无论是否契载绝卖，定限成交十日内赴局，三面推收入册，填单截给分执，于封印期内查造实征，呈送核对；所需纸张，官为捐给。"②凡此，均是试图将里书掌握的实征底册及推收过户收归州县官府控制，并将其规范化。

各级官府一再强调推收的重要性，要求及时、切实地实行推收，正说明实征册对于推收的载录往往并不及时，也不准确，很多地方甚至完全不进行推收，从而使实征册完全起不到税收依据的作用。那么，晚清民国时期潜江县的推收情形如何呢？我们先来看看垸湖流滩子垸实征底册所记录的光绪十八年至民国三十六年（1892—1947 年）间推收情况。

表 11　垸湖流滩子垸实征底册所见推收记录

（单位：次）

年份	收	推	推收平均数
光绪十八年（1892 年）	30	26	28
光绪十九年	30	28	29
光绪二十年	40	33	36.5
光绪二十一年	30	32	31
光绪二十二年	54	34	44
光绪二十三年	15	16	15.5
光绪二十四年	40	40	40
光绪二十五年	32	32	32
光绪二十六年	18	22	20
光绪二十七年	35	31	33
光绪二十八年	15	23	19

①　《清高宗实录》卷七四五，乾隆三十年九月，第 10 册，第 205～206 页。

②　《福建省例·征收例》，"推收粮额因地、因时酌量妥办"，第 1157～1158 页。

年份	收	推	推收平均数
光绪二十九年	15	12	13.5
光绪三十年	16	19	17.5
光绪三十一年	19	15	17
光绪三十二年	30	38	34
光绪三十三年	34	43	38.5
光绪三十四年	29	30	29.5
宣统元年（1909 年）	33	32	32.5
宣统二年	12	13	12.5
宣统三年	18	15	16.5
民国元年（1912 年）	39	39	39
民国二年	27	27	27
民国三年	33	33	33
民国四年	22	21	21.5
民国五年	22	22	22
民国六年	9	13	11
民国七年	5	6	5.5
民国八年	12	12	12
民国九年	30	29	29.5
民国十年	16	16	16
民国十一年	19	19	19
民国十二年	38	42	40
民国十三年	18	15	16.5
民国十四年	11	19	15
民国十五年	21	27	24
民国十六年	14	26	20
民国十七年	4	5	4.5
民国十八年	10	11	10.5
民国十九年	2	6	4
民国二十年	0	0	0
民国二十一年	0	1	0.5

年份	收	推	推收平均数
民国二十二年	0	7	3.5
民国二十三年	16	18	17
民国二十四年	2	4	3
民国二十五年	12	10	11
民国二十六年	17	20	18.5
民国二十七年	7	7	7
民国二十八年	0	0	0
民国二十九年	5	8	6.5
民国三十年	6	5	5.5
民国三十一年	9	9	9
民国三十二年	10	15	12.5
民国三十三年	1	3	2
民国三十四年	0	0	0
民国三十五年	17	22	18.5
民国三十六年	3	7	5

在表11中,各年度下推、收的次数并不一致,这是由于:(1)田产的买卖与赋税承担者的变动,并不全部限定在流滩子垸范围内,有相当部分的交易是与外垸特别是砖淌外垸之间进行的。如"吴怀一"户名下于光绪二十八年"艮(粮)推七合九勺五抄专外陈俊三","专外"当即砖淌外垸。又如"吴正全"户名下,民国二十五年,"艮(粮)收外垸陈明士八分",其所说的"外垸",也当是指砖淌外垸。(2)有部分"全推"的记录,其下注明"流滩赔",而没有与之相对应的"收"。如吴殿英户名下,光绪十七年实征粮一升六勺七抄、艮(银)一分五厘七毫、米四合三勺五抄。至光绪三十三年,"全推,流滩赔,无存"。"吴奉高"户名下,光绪十七年实征粮五升八合九勺四抄、艮八分六厘六毫、米二升四合五抄;至民国十二年,"艮(粮)全推,流滩赔"。在其户名上则注明为"空"。在本卷实征册第123页,专门列出了一个叫做"流滩赔"的户名,其下称:

粮:三斗六合。艮:四钱五分。米:一斗二升四合八勺八抄。

卅三年,艮收关朋万一升五合九勺一抄,又收关云臣七合八勺一抄,又收邓道辉一合二勺五抄,又收吴殿英一升六勺七抄,又收吴天升六合一勺,又收李士咸二升二勺五抄,又收黄见伯四合一勺五抄,又收黄玉甸一升九勺一抄,又收曾松三三合七勺一抄,又收曾国香七勺一抄,又收曾孔修五勺五抄,又陈安邦四合四勺三抄,又收王玉先二合五勺,又收张祥盛七合,又收邓远辉五合二勺四抄,又收郑公占二升八勺三抄,又收徐元吉九勺五抄,又收蒋文长七合七勺。共四斗三升六合六勺七抄,艮六钱四分二厘。

民国六年,艮全收曾休升四升五合一抄。共四斗八升一合六勺八抄,艮七钱八厘,米一斗九升六合。

民国七年,艮黄辰休一升七合八勺六抄。共四斗九升九合五勺四抄,艮七钱三分五厘,米二斗四合。

民国九年,艮收黄升斯位二升八合七勺。共五斗二升八合二勺四抄,艮七钱七分七厘,米二斗一升五合。

民国十二年,艮全收黄孝科九合四勺,又全收吴云三四升四合一勺。共五斗八升一合七勺四抄,艮八钱五分六厘,米二斗三升八合。又全收吴云三升七合八勺三抄。共六斗一升九合五勺七抄,艮九钱一分一厘,米二斗五升三合。

十四年,艮收吴大仁七合五勺五抄。共七斗一升四合八勺,艮一两五分,米二斗九升二合。

民国十五年秋,收陈士法七升三合九勺三抄,又收陈光□五升二合八抄,又收陈明炎一勺九抄,又杨俊甫一升五合六勺六抄,又黄君辅二升三合三勺七抄,又杨玉之八合四勺八抄,又收张仁惠八合九勺八抄。共八斗九升七合四勺九抄,艮一两三钱二分,米三斗六升六合二勺。

看来,早在光绪三十三年,流滩子垸就已设立了一个赋税户名,"流滩赔",专门收纳"全推"的赋税。推测这种情况下的"全推",是由于田产受到洪水灾害或因围垸修防之故,完全丧失耕种可能,也就不再能承担赋税,所以由流滩子垸以垸为单位承担其所遗留下来的赋税额。在光绪三十三年之前,此种情况已有数起,但以光绪三十三年为最多。很可能是此年流滩子垸受到洪水灾害的较大影响,废弃的田产较多之故。虽然在"流滩赔"户名下记录了光绪三十三年至民国十五年间所"收"的赋税额及其户名,但光绪三十三年之前和民国十五年之后"全推"的情形,则并未"收"入此户名下。这也是造成"推"、"收"不一致的原因之一。(3)在表11中,收、推一致的年份有光绪二十四、二十五年与民国元、二、三、五、八、十、十一、三十一年等10个年份,"收"高于"推"的年份有光绪十八、十九、二十、二十二、二十七、二十九、三十一年,宣统元、三年,民国四、九、十三、二十五、三十年等14年,"推"高于"收"的年份有光绪二十一、二十三、二十六、二十八、三十、三十二、三十三、三十四年,宣统二年,民国六、七、十二、十四、十五、十六、十七、十八、十九、二十一、二十二、二十三、二十四、二十六、二十九、三十二、三十三、三十五、三十六年等28年,虽然"推"高于"收"的年份远比"收"高于"推"的年份多,但似乎并不能得出实征底册更重视"推"的结论。出现误差的原因很可能是随机的,也就是说,记录者没有准确地记录与每一笔"推"相对应的"收",与未能记录与每一笔"收"相对应的"推",几率可能是一样的。

弄清楚造成推、收不一致的可能性原因之后,我们才可以讨论在光绪十八年到民国三十六年(1892—1947年)56年间,流滩子垸实征底册所记录的推收情况的变化。既然实征底册各年份下关于推与收的记录可能存在着同样的误差,那么,在分析推收记录的变化时,就可先不考虑此种误差是出于推、收的哪一个方面,而只考虑其平均数。所以,我们将各年份推、收合计之后除以2,看作是该年份可能发生的地产变动数(在理论上,有"推"必有"收",所以可以把一次推与收看作一次地产变动的两次记录)。由表11第四栏中可以见出:从光绪十八年至民国十六年,虽然推收记录也颇有起伏,但总的趋势是基本一致的,即平均每年有25次推收记录(推、收分别记录,合计为50次左右)。但至民国十七年起,推收记录遽然减少,只有4宗"收"、5宗"推"的记录(平均为4.5宗地产变动记录),而民国二十年、二十八年、三十四年3个年份,则全然没有推、收记录。从民国十七年到三十六年20年间,平均每年只有不足7次(推、收分别记录,合计为14次左右)。显然,不能据此得出此20年间流滩子垸的地产变动频率,较之此前36年间远少的结论。如果假定自光绪十八年至民国三十六年56年间,各年份中流滩子垸田产变动的频率大致相同,那么,表11所反映的推收记录,就不是田产交易频率的变化,而主要是推收是否切实、严格的问题。换言之,据表11可以得出这样的认识,即从民国十七年起,流滩子垸对田产变动与赋税推收的登记,远比此前 36 年间要松弛得多。不仅如此,民国九、十二年的推收记录比较多,但总的说来,民国六年以后,推收记录就呈现出不断减少的趋势。据此,似可认为:流滩子垸实征底册中有关推收的记录,在光绪十八年至民国五年这一段时间里,比较严格;民国六年以后,渐趋松弛,至民国十六年以后,更是不断松弛,距离田产变动的实际情况越来越远。

部分"户名"下所记的推收情形,也反映出民国初年以后推收记录渐趋松弛的实况。流滩子垸实征底册内册第一页上,只有一个户柱,其内容如下:

> 和流绅,吴光彦/
> 光伙,七贰/‖
> 粮:一斗三升三合五勺六抄。/
> 艮:一钱九分六厘三毫。/
> 米:五升四合四勺九抄。/
> 　十八年收曾国进七合三勺。又收邓东海三合三勺。/
> 　共一斗四升四合一勺六抄。艮二钱一分二厘。/
> 　又推一升一合二勺,黄士玉。/
> 　共一斗三升二合九勺六抄,艮一钱九分六厘。十九年,艮推/
> 　一升二合三勺,黄士玉。又收张人会一升九合六勺四抄。/
> 　存一斗四升三勺,艮二钱六厘二毫。/
> 　二十二年,艮收吴正福七合三勺六抄,又毛主彪一升零
> 　三勺。/
> 　共一斗五升七合九勺六抄,艮二钱三分二厘二毫。/
> 　二十三年,艮推四合一勺,吴[富]怀。存一斗五升三合八勺
> 　六抄,/
> 　艮二钱二分六厘一毫。廿六年,艮收张仁惠三合三勺。/
> 　共一斗五升七合一勺六抄,艮二钱三分一厘。/
> 　卅一年,收邓明全一升贰合。存一斗六升九合一勺六抄,艮贰
> 　钱四分九厘。/‖
> 　卅二年,收郑格廷六合四勺五抄,又收张仁惠五合六勺一抄。
> 　存一斗八升一合二勺二抄,/

艮二钱六分七厘。/

元年艮推六合一抄,吴大山。存一斗七升五合二勺一抄,/

艮二钱五分八厘。民国二年春,推五升二合,吴家同。/

存一斗二升三合二勺一抄,艮一钱八分二厘。三年,/

艮推一斗零一合三勺四抄,吴明扬。存二升一合八勺七抄,/

艮三分二厘,米九合。/ ‖

吴光彦三字写在红方框内,与"光伏,七贰"字迹不同。我们结合全部格式,认为"吴光彦"应是原户名,"吴光伏"应是后来实际使用此一户名的户主,"七二"应当是吴光伏在登录此一户名之年的岁数。换言之,这一户名初为"吴光彦",是绅户("和流"二字尚不能解),后为吴光伏承用。其赋税承担与推收情况,经过整理后,可列如表12。

表12　光绪十八年至民国三年间(1892—1914年)吴光彦户的田产赋税变动

年代	当年实征			买(典)进田产、收进赋税				卖(典)出田产、推出赋税			
	粮(升)	银(钱)	米(升)	卖方	粮(升)	银(钱)	米(升)	买方	粮(升)	银(钱)	米(升)
光绪十八年(1892年)	13.296	1.960	5.449	曾国进	0.730	0.156		黄士玉	1.220	0.160	
				邓东海	0.330						
光绪十九年	14.300	2.062	5.449	张人会	1.964	0.280		黄士玉	1.230	0.160	
光绪二十二年	15.796	2.322	5.449	吴正福	0.736	0.260					
				毛主彪	1.030						
光绪二十三年	15.385	2.261	5.449					吴富怀	0.410	0.061	
光绪二十六年	15.716	2.310	5.449	张仁惠	0.330	0.049					
光绪三十一年	16.916	2.490	5.449	邓明全	1.200	0.180					
光绪三十二年	18.122	2.670	5.449	郑格廷	0.645	0.180					
				张仁惠	0.561						
宣统元年(1909年)	17.521	2.580	5.449					吴大山	0.610	0.090	
民国二年(1913年)	12.321	1.820	5.449					吴家同	5.200	0.760	
民国三年	2.187	0.320	0.900					吴明扬	10.134	1.500	4.549

显然,从光绪十八年到民国三年,吴光彦户下田产的交易,大抵都在实征册中进行了推收,应当是比较切实的。而在民国三年以后,此一户名之下未再记载推收情形,虽然其田产大部分已出卖,但仍然很难相信此一户名之下在此后三十余年时间里未再发生田产交易,而只能理解为其相关田产交易未再进行推收,所以未见记录。

再以吴明榜户为例。吴明榜户名,后改为吴正诚,复改为吴大清(大清在登记之时为四十岁)。在实征册所记录的田产交易中,未见有他户顶替的踪迹,所以,我们揣测这可能是一户祖孙三代的姓名。在这个户名下,从光绪十七年到民国四年 15 年间,共有 10 宗推、收记录(各 5 宗),平均每三年两宗。但从民国五年到三十二年 27 年中,只有收进的记录。很难理解这个户名下在清末民初的 15 年间田产频繁变动,而民国五年之后却极少变动,只能理解为负责的册书没有严格地进行推、收。

表 13　光绪十七年至民国三十二年间(1891—1943 年)
吴明榜户(吴正诚—吴大清)的田产赋税变动

年代	当年实征			买(典)进田产、收进赋税		卖(典)出田产、推出赋税	
	粮(升)	银(钱)	米(升)	卖方	粮(升)	买方	粮(升)
光绪十七年 (1891 年)	10.984	1.614	4.482				
光绪二十年	10.334	1.520				邓楚心	0.650
光绪二十四年	11.134	1.640		邓振周	0.800		
光绪二十五年	11.494	1.690		吴良才	0.360		
光绪二十七年	13.514	1.990		黄运思	1.550		
				黄大云	0.470		
光绪三十年	8.032	1.181				不详	5.482
光绪三十一年	4.843	0.720				吴正玉	3.189
宣统元年 (1909 年)	5.320	0.780		肖玉官	0.459		
宣统三年	3.790	0.560				邓学华	1.530
民国四年 (1915 年)	2.430	0.360	1.000			吴正彪	1.360
民国三十二年	4.558			黄光炎	2.128		

但是，也有些案例，似乎说明民国时期的推收记录也有一些是相对完整的。在流滩子垸实征册第24页上，在"吴大云"户名旁，注云："本名，五七，光友"。根据登录格式，知"吴大云"为本户名，后改为"吴光友"。在左侧上方注"空"，下注"移前一页，不用"。其下所记推收情形十分复杂：

光绪廿五年，析吴槐二斗四合六勺三抄，又收黄南廷一升三合三勺九抄，又收黄君甫五合一勺一抄，又收邓廷福四合八勺二抄，又收邓瑞林九合八勺二抄，收邓道中一升二勺二抄，收吴正烈八合九勺六抄，收黄玉光八合九勺四抄，收黄恒玉四合九勺九抄，又收吴相一升八合五勺。存三斗四升六合一勺五抄，艮[五]（无）钱九厘。共二斗八升九合三勺八抄，艮四钱二分五厘三毫。廿五年，查出吴槐麦朋粮四合九勺五抄，以收在大云户内。艮后，查出。只共二斗八升四合四勺三抄，艮四钱一分八厘一毫。

二十六年，艮收陈光美二升七合七勺二抄，又收邓子伦五合八抄。共三斗一升七合二勺三抄，艮四钱六分六厘四毫。

廿七年，艮收黄加光五合六勺七抄。共三斗二升二合九勺，艮四钱七分五厘。

二十八年，艮收黄天东七合五勺三抄，又收曾心圣七合一勺三抄，又收邓瑞林九合六勺一抄。共三斗四升七合一勺七抄，艮五钱一分三毫。

廿九年，艮收夏明孚二升五合七勺五抄。共三斗七升二合九勺二抄，艮五钱四分八厘二毫。又收邓瑞林一升四合七勺，又收吴标一升二勺。存三斗九升七合八勺二抄，米一斗六升三合。卅二年，收邓子能一升三合一勺六抄，又收黄玉□五合五勺六抄。存四斗一升九勺八抄，艮六千五厘。

卅三年，艮收郑春表一升四合二勺四抄。共四斗二升五合二勺二抄，艮六钱二分五厘。

卅四年，收陈光美四升七合七勺三抄。存四斗七升二合九勺五抄，艮六钱九分六厘。

民国九年，艮推二升八合二勺一抄关光炎，又推二升三合二勺三抄曾心盛，又推二升曾心中，又推一升五合二勺一抄曾凡才，又推九合一勺六抄吴友容。存三斗七升七合一勺四抄，艮五钱五分五厘，米一斗五升四合。

民国十年,艮推八合五勺吴友常。存三斗六升八合六勺四抄,艮五钱四分二厘,米一斗五升一合。

十四年,艮推五合六勺七抄黄光炎。存三斗六升二合九勺七抄,艮五钱三分四厘,米一斗四升九合。

民国十五年,艮推一升二合六勺五抄黄孝洲,又推一升四合三勺黄光元。存三斗三升六合三抄,艮四钱九分四厘,米一升三升七合(案:应为一斗三升七合,原文有误)。

十五年秋,收吴光耀一升二合六勺一抄。

民国十五年秋,推二升一合五勺一抄黄孝茂,又推三合八勺黄大壮。存三斗二升三合三勺三抄,艮四钱七分六厘,米一斗三升二合。

十六年,艮推二升七合七勺一抄许大相。存二斗九升五合六勺二抄,艮四钱三分五厘,米一斗二升一合。又推一升六勺四抄邓孝华。存二斗八升四合九勺八抄,艮四钱一分九厘,米一斗四升六合。又推一升三合一抄黄光法。存二斗七升一合九勺七抄,艮四钱正,米一斗一升一合。

廿三年,艮推九亩二分四厘八毫吴云丰。存十七亩九分四厘九毫,艮二钱六分四厘,米七升三合。

廿九年春,推一亩一分七厘邓明文。存十六亩七分七厘九毫。

其末称:"移上前九名"。据其所示,移前第九名,在第2页"吴光福"户名下注称:"二十二年,全推吴光彦。存无。民国廿八年,此户退后第九名,移上前来。存田十六亩七分七厘九毫。"则知吴光福户名下产业赋税于民国二十二年(1933年)全推给"吴光彦"户名之后,吴光福户名即不再使用。吴光友户户柱在本户柱填满后前移九名于原吴光福户户柱之下,以便继续填写。这即为册面所谓"推收或新立户柱,从中格起,转至下格,后至上格。如三格均满,或挨同姓移前移后"。故吴光福—吴友光户名下的田产赋税变动,是接续吴大云、吴光友户名下的:

廿九年,推田一亩七分五厘邓道休。存田十五亩二厘九毫。

卅二年,推一亩七分二厘九毫邓道中,又推三亩四分五厘二毫邓明文,又推三亩一分六厘黄光法。共田六亩六分八厘八毫。

民国卅五年春,推田二亩二分八厘吴云峰。存田四亩二分八厘。

我们将这两处记载合在一起，整理出表 14。从表中可以清楚地见出，直到民国二十八、二十九年间，吴光友户名下田产的变动与赋税推收，还是得到严格记录的。

表 14　吴大云—吴光友户光绪二十五年至民国三十五年间(1899—1946 年)的田产赋税变动

年代	当年实征			买(典)进田产、收进赋税		卖(典)出田产、推出赋税	
	粮(升)	银(钱)	米(升)	卖方	粮(升)	买方	粮(升)
光绪二十五年 (1899 年)	28.443	4.181		吴槐	20.463	查出吴槐□朋粮0.495,以收在大云户内。艮后,查出	0.495
				黄南廷	1.339		
				黄君甫	0.511		
				邓廷福	0.482		
				邓瑞林	0.982		
				邓道中	1.022		
				吴正烈	0.896		
				黄玉光	0.894		
				黄恒玉	0.499		
				吴相	1.850		
光绪二十六年	31.723	4.664		陈光美	2.772		
				邓子伦	0.508		
光绪二十七年	32.290	4.750		黄加光	0.567		
光绪二十八年	34.717	5.103		黄天东	0.753		
				曾心圣	0.713		
				邓瑞林	0.961		
光绪二十九年	39.782		16.300	夏明孚	2.575		
				邓瑞林	1.470		
				吴标	1.020		
光绪三十二年	41.098	6.050		邓子能	1.316		
				黄玉□	0.556		
光绪三十三年	42.522	6.250		郑春表	1.424		
光绪三十四年	47.295	6.960		陈光美	4.773		

年代	当年实征			买(典)进田产、收进赋税		卖(典)出田产、推出赋税	
	粮(升)	银(钱)	米(升)	卖方	粮(升)	买方	粮(升)
民国九年 (1920年)	37.714	5.550	15.400			关光炎	2.821
						曾心盛	2.323
						曾心中	2.000
						曾凡才	1.521
						吴友容	0.916
民国十年	36.864	5.420	15.100			吴友常	0.850
民国十四年	36.297	5.340	14.900			黄光炎	0.567
民国十五年	32.333	4.760	13.200	秋收吴光耀	1.261	黄孝洲	1.265
						黄光元	1.430
						秋推黄孝茂	2.151
						黄大壮	0.380
民国十六年	27.197	4.000	11.100			许大相	2.771
						邓孝华	1.064
						黄光法	1.301
民国二十三年	17.949	2.640	7.300			吴云丰	9.248
民国二十九年	15.029					春推邓明文	1.170
						邓道休	1.750
民国三十二年	6.688					邓道中	1.729
						邓明文	3.452
						黄光法	3.160
民国三十五年	4.208					春推吴云峰	2.480

实征底册中有关"补推"或"补收"的记录,也说明推收得到较为切实的实行。如"陈大福"户名下于光绪二十六年载:"当年粮后查出,补推七合六勺一抄,吴心华。""吴克俊"(吴正生)户名下民国十年载:"又补推九年一升八合一勺八抄,黄大云。"黄光焕户名下民国十二年载:"补民国十年艮收陈

光松二升三合一勺。"黄光发户名下民国十三年载:"补收黄孝茂三合五勺。"吴富怀—吴光富—吴明早户名下民国三十三年载:"补收卅二年邓道中八合二抄。"补收、补推的情况,说明至少有一部分户名下的推收是得到较严格记录的。

因此,虽然从清末到民国特别是民国六年以后,又尤其是民国十七年以后,流滩子垸田产赋税的推收在总体上呈现出逐步松弛的趋势,但是,种种迹象表明,推收一直是开展的,虽然其严格程度在不断降低。相比较而言,清末至民国初年推收的开展可能较为严格,其所反映的田产交易与赋税的变动可能更切近于实际情况;民国六年特别是民国十七年之后,由于推收执行得越来越松懈,其所反映的田产交易与赋税的变动可能与实际情形之间的差距越来越大。

砖淌外垸推收记录的变化轨迹,与流滩子垸大致相同。从表15中可以见出,从光绪十八年到民国五年,除光绪三十二年推收平均超过100宗之外,大多数年份的推收平均数在30~60宗之间;而民国六年之后,除民国十四年推收记录较多之外,大多数年份的推收平均数在10~30宗之间,并在民国二十年、二十一年,推收记录达到了最低点。因此,大致说来,大约从民国六年起,潜江县的推收记录较之清末民初更趋松弛,然推收并未完全停止,只是可能离实际发生的田产与赋税变动越来越远,应当是没有太大疑问的。

表15　光绪十八年至民国三十六年间(1892—1947年)
砖淌外垸实征底册所见的推收记录

(单位:次)

年份	收	推	推收平均数
光绪十八年(1892年)	29	32	30.5
光绪十九年	61	58	59.5
光绪二十年	45	63	54
光绪二十一年	52	58	55
光绪二十二年	43	37	40
光绪二十三年	30	34	32
光绪二十四年	44	50	47
光绪二十五年	34	41	37.5
光绪二十六年	45	45	45

年份	收	推	推收平均数
光绪二十七年	59	66	62.5
光绪二十八年	30	32	31
光绪二十九年	32	31	31.5
光绪三十年	50	52	51
光绪三十一年	49	54	51.5
光绪三十二年	106	108	107
光绪三十三年	31	34	32.5
光绪三十四年	26	29	27.5
宣统元年（1909年）	41	38	39.5
宣统二年	27	24	25.5
宣统三年	39	44	41.5
民国元年（1912年）	64	67	65.5
民国二年	51	52	51.5
民国三年	26	32	29
民国四年	24	25	24.5
民国五年	50	49	49.5
民国六年	24	21	22.5
民国七年	20	20	20
民国八年	33	31	32
民国九年	22	23	22.5
民国十年	18	16	17
民国十一年	17	16	16.5
民国十二年	37	32	34.5
民国十三年	20	16	18
民国十四年	50	48	49
民国十五年	12	11	11.5
民国十六年	7	6	6.5
民国十七年	14	15	14.5
民国十八年	27	30	28.5
民国十九年	12	10	11
民国二十年	1		0.5
民国二十一年	1	2	1.5
民国二十三年	35	34	34.5
民国二十四年	31	28	29.5

年份	收	推	推收平均数
民国二十五年	5	7	6
民国二十六年	27	26	26.5
民国二十七年	9	10	9.5
民国二十九年	23	20	21.5
民国三十年	24	30	27
民国三十一年	26	30	28
民国三十二年	27	31	29
民国三十五年	13	14	13.5
民国三十六年	11	9	10

四、新立户柱与无产户名之剔除

　　流滩子垸实征底册的末页（第 144 页）末栏，直书"二百七十五户"一行，当是指本卷实征底册的户名数。而实际上，统计各户柱下的户名数，共有 365 户，高出卷末所记户名数 90 户。卷末所书户名数（275 户），应当是光绪十七年造册时的户名数，多出的 90 户，主要是新立户柱。我们首先来分析这些新立户名的情形。

表 16　流滩子垸实征底册的新立户柱

户名	时间	立户原因	实征粮数（升）
黄学俊—黄光于	光绪十九年（1893 年）	析黄克仁立户	4.914
陈光旭—陈士兆	光绪十九年	析陈大珍立户	4.100
黄子臣—黄义明	光绪二十年	析专外周九皋立户	2.870
邓道华—邓学广—邓道口	光绪二十一年	析邓之琏立户	3.600
黄攸叙—黄大伦—黄孝元	光绪二十一年	析黄良才立户	7.959
黄学生—黄光浩	光绪二十一年	析黄大邦立户	1.363
陈光福	光绪二十一年	析邓之现立户	1.050
曾心义	光绪二十一年	析曾光明立户	0.204

续表

户名	时间	立户原因	实征粮数（升）
黄盛修—黄仁德	光绪二十二年	析专外周心宣立户	2.615
夏德孚	光绪二十二年	析吴友聪立户	1.500
郑中心	光绪二十四年	析曾国俊立户	1.700
郑格培	光绪二十四年	析曾国进立户	0.750
吴大云	光绪二十五年	析吴槐立户	20.463
郑格廷	光绪二十六年	析郑辉全立户	3.740
杨甲科—杨奈子	光绪二十七年	析郑在朝立户	3.301
吴正玉	光绪三十一年	析吴用口立户	3.189
陈光宇	光绪三十一年	析陈大珍立户	4.059
周世银	光绪三十一年	析周文定立户	5.984
周炳垣—周士金	光绪三十一年	析周文定立户	6.514
古德春—古传艮	光绪三十一年	析古立福立户	1.723
黄学奎	光绪三十二年	析黄良才	6.000
黄光先	光绪三十二年	析黄志光	5.712
黄学周—黄孚珍	光绪三十二年	析黄天来立户	2.448
郑继传—郑志道	光绪三十二年	析郑致堂立户	1.564
尹同友	光绪三十二年	析黄孔殷立户	1.500
孙德全—闵德才	光绪三十二年	析黄培高立户	7.900
吴大仁—吴光盛	光绪三十三年	析吴正升立户	6.445
邓学银—邓道休	光绪三十四年	析邓孚思立户	4.556
黄光炎—黄光友	光绪三十四年	析黄孚勋立户	1.000
黄光贵	宣统元年（1909 年）	析黄孚道立户	4.725
黄孚乾	宣统元年	析黄式玉立户	10.103
陈国均	宣统元年	收陈明註立户	6.854
陈明仁	宣统二年	析关克臣立户	0.811
黄义质	宣统三年	收黄仁达、吴寿友、吴必冲立户	5.536

户名	时间	立户原因	实征粮数（升）
吴大林	民国元年（1912年）	析吴大东立户	5.600
吴大科—吴光云	民国元年	析吴光祖立户	0.400
王才美	民国元年	析吴心舟立户	1.400
何道位—何孝友	民国元年	析周良才立户	1.700
吴家铜	民国二年	析吴光彦立户	5.200
陈均安	民国二年	析黄孝西立户	0.607
陈洪兰	民国二年	析吴光祖立户	0.850
赵楚万	民国二年	析周良才立户	0.990
吴明杨—吴明作	民国三年	收吴光彦立户	10.134
黄义尚—黄礼加	民国三年	析黄仁达立户	1.470
郑致尧—郑明榜	民国三年	收郑致裳立户	1.156
吴正彪—吴大信	民国四年秋	析吴正德立户	2.210
邓学书	民国四年	析邓孝表立户	0.714
黄忠伦	民国四年	析黄光道	1.800
黄光焕	民国四年	析吴明杨立户	1.996
陈世义	民国五年	收陈士宝、吴福友立户	10.925
许成忠	民国五年	析关真顺立户	0.609
杨明山	民国五年	析黄义尚立户	3.000
吴春友	民国六年	析吴寿友立户	2.200
刘业汉	民国八年	收吴心舟立户	1.103
陈光彦	民国九年	析陈光宝	2.500
黄中正	民国十年	析陈光宝立户	4.100
刘臣训—刘德培	民国十年	析周良贵立户	1.405
郑志纯	民国十一年	析郑志堂立户	0.782
吴家炳—吴大公	民国十二年	析吴云立户（民国十五年户名除，至民国三十年复立户）	2.000

户名	时间	立户原因	实征粮数（升）
吴富友	民国十二年	析吴必冲立户	4.780
邓道银	民国十二年	全收邓前辉、邓明义立户	4.659
黄光发	民国十二年	析黄大云立户	8.623
周世宝	民国十二年	收周炳恒八亩一分三毫立户	8.103
黄学能—黄孝元	民国十二年	收吴大林、黄孝连立户	1.800
陈世代	民国十三年	收陈士宝立户	10.169
吴必恺	民国十四年	收吴必冲、砖外陈明泗立户	3.357
吴光珍	民国十五年秋	析吴光耀立户	1.045
许亨义—许夕生	民国十六年	析许大相立户	6.010
黄光照	民国二十三年	析黄孝邦立户	4.882
夏承先	民国二十四年	收黄仁达立户	2.979
赵世金	民国二十五年春	收周良元田二亩九分六厘一毫立户	2.961
邓道中	民国二十六年	析黄孝口立户	1.340
陈世刚	民国二十六年	析陈明柱十八亩四分九厘六毫立户	18.496
杨厚清—夏首先	民国二十六年	析姜昌栅田四亩七分	4.700
陈执高（住专外岭上）	民国二十九年	析曾正还田一亩四厘一毫立户	1.041
吴大公	民国三十年	析吴明扬田三亩六分立户	3.600
陈世传（住砖外土地沟后台）	民国三十年	析周心近田四亩二分五厘立户	4.250

户名	时间	立户原因	实征粮数(升)
陈宏旱	民国三十一年	析曾心柱田一亩七分	1.700
曾凡美	民国三十一年	析吴友艮田一亩三分八厘立户	1.380
吴云峰	民国三十三年	收吴光友立户	9.248
戴道铜	民国三十五年春	收关光炎田二亩二分立户	2.200
黄天善	民国三十五年春	收黄士玉田五亩八厘立户	5.800
陈士年	民国三十五年春	收周士保田二亩立户	2.000
曾凡周	民国三十五年春	收关光口田一亩八分	1.800
赵世金	民国三十五年	收专外赵秀场田九亩立户	9.000
王官孝	民国三十五年	收王顺云田三亩三分一厘	3.310
陈大栋	民国三十六年	收黄仁山、黄义明田七亩五分三厘	7.530

据表 16 统计,自光绪十九年到民国三十六年,流滩子垸共有 88 个新立户名。其中,新立户名多集中在光绪末年至民国初年,以及民国二十五年至民国三十六年间,民国十六年至民国二十三年 7 年间没有新立户名。同样,在表 16 中,民国十六年至二十三年间剔除无产户名的情形也较少,凡此,都说明这几年间实征底册的编制最为松弛。但是,无论是新立户名,还是剔除无产户名,在民国二十三年至民国三十六年间,都有较为密集的记录,应当在一定程度上反映了田地所有权及赋税的变动情况。

"析"(册籍中有的户名下写作"柝")当是指从原户名下另分出一个户名。虽然有些户名的析出似可揣测为由一个家庭分出的,但是,由光绪二十年黄子臣"析专外周九皋"立户,光绪二十二年黄盛修"析专外周心宣"立户、夏德孚析吴友聪立户,光绪二十四年郑中心析曾国俊立户、郑格培析曾国进立户,光绪二十七年杨甲科析郑在朝立户,光绪三十二年尹同友析黄孔殷立户、孔德全(后改户名为"闵德才")析黄培高立户等案例,可知实征底册所记的析户主要是指赋税户的"析分",并不是家庭的析分,所以才会出现如此众多的由异姓析出的户名。这也反过来说明,实征册上的户名并不一定指实在的家庭户,甚至也不是由一个同姓家庭或家族组成,而可能包括两个或两个以上的家庭(既可能是同姓的,也可能是异姓的)。所以,试图根据实征册(以及其他赋税册)所记户名及其承担赋税额,来推测当地农户土地占有情况的努力,还需要做更审慎的思考。

如此众多通过"析"而建立起的新户名,似乎反映出地方官府及具体负责赋税催收的胥吏、册书,试图切实掌握赋税的实际负担人。在第24页吴大云户名下,记录说:

> 光绪廿五年,析吴槐二斗四合六勺六抄。又收黄南廷一升三合三勺九抄,又收黄君甫五合一勺一抄,又收邓廷福四合八勺二抄,又收邓瑞林九合八勺二抄,收邓道中一升二勺二抄,收吴正烈八合九勺六抄,收黄玉光八合九勺四抄,收黄恒玉四合九勺九抄,又收吴相一升八合五勺。(存三斗四升六合一勺五抄,艮无钱九厘。)[案:这个数字有误。原文将其圈出]共二斗八升九合三勺八抄,艮四钱二分五厘三毫。廿五年,查出吴槐麦朋粮四合九勺五抄,以收在大云户内。艮后,查出。只共二斗八升四合四勺三抄,艮四钱一分八厘一毫。

吴大云在析出、建立新户之前,朋附在吴槐户下;析出后的吴大云户承担的赋税高达二斗四合六勺三抄(按当地赋税负担推算,当有田地100亩以上,见下文)。本卷实征册及砖淌外垸实征底册中均未见有吴槐的户名,推测吴槐是其他地方的大户,故可"朋粮"如此之多。但据上引册文,在光绪二十五年纳粮之后,又查出吴槐户名下的朋粮四合九勺五抄,补收在吴大云户名下,反映出主持赋税征收的人力图查清朋粮的意图。据此,我们推测"析"出的新户名,可能程度不同地带有某些强制性质。

"收"当是指立户人买进了某户名下的田地,连同田地所带的赋税一起收进,故新立户名。在流滩子垸实征底册中,民国十二年之前,多写作"收某户粮几何";民国十二年之后,则多写作"收某户田几何"。由于潜江县的税亩是按税粮一升计算的,所以,二者表述虽略有不同,实际上是一致的。这些收田立户的户主,大概在此前并无户名,其身份可能是佃户或外来移民,或者是在本地没有户名。但是,这些新立户所收田亩一般较多,如宣统元年陈国均收陈明註赋粮六升八合五勺四抄,所买田地折合实亩当有近37亩(税亩,1亩约合实亩5.36亩余);民国十三年,陈世代收陈士宝赋粮一斗一合六勺九抄,所买田地折合实亩当有约55亩。如此大宗的土地交易,很难想象是由单个佃户家庭进行的。所以,这种"收"田新立的户名,可能也不都是实际的家庭户名。

我们再来看看剔除无产户名的情形。表17列举了光绪十八年至民国三十五年(1892—1946年)间流滩子垸实征底册所记无产户名剔除的情形,共计99宗。其中,"全推,流滩赔"共有31宗(又以光绪三十三年与民国十五年最为集中,各有16宗、7宗)。如上所述,这种情形可能是户名下的田地受到洪水灾害、不能耕种,而其赋税又不能减免,故由流滩子垸全垸负担其所应承担的赋税额。其余68宗,大抵都是原户名下的田产"全推",即全部卖出,遂成为无产户,从而得以削除赋税户名。所有剔除户名的无产户,几乎占流滩子垸全部户名的三分之一,比重相当大。

表 17　光绪十八年至民国三十五年间(1892—1946 年)流滩子垸实征底册的无产户名之剔除

户名	剔除时间	剔除原因	实征粮数(升)
曾宏山	光绪十八年(1892 年)	全推曾国进	1.335
黄大珍	光绪二十年	全推黄永兆	1.016
周文长	光绪二十年	全推黎大用	1.024
王廷杨	光绪二十年	全推黄孝成	0.880
邓之现	光绪二十一年	推陈光福、邓明全	2.110
曾思文	光绪二十一年	全推曾心义	5.906
杨元臣	光绪二十一年	全推郑光云	0:182
吴正福	光绪二十二年	全推吴光彦	0.736
曾心义	光绪二十二年	全推曾思义	10.218
曾青曲	光绪二十二年	全推陈正贵	0.007
曾万朝	光绪二十二年	全推曾思文	0.500
曾心义	光绪二十二年	全推曾思文	10.218
毛主彪	光绪二十二年	全推吴光彦	1.030

续表

户名	剔除时间	剔除原因	实征粮数（升）
吴仲林	光绪二十四年	全推吴正全	5.078
吴人昭	光绪二十四年	全推吴正义	4.287
吴顺祖	光绪二十四年	推吴正全	3.113
周云侯	光绪二十四年	全推黄占如	1.570
夏中烈	光绪二十五年	全推黄仁达	1.050
许宏德	光绪二十六年	全推郑公林	1.450
郑全周	光绪二十九年	全推吴正山	0.547
夏德孚	光绪二十九年	全推吴大云	2.650
黄金章	光绪三十年	全推吴恒	0.980
郑中心	光绪三十年	全推郑李珠	1.700
曾大选—曾心柱—曾吴氏	光绪三十一年	全推曾公议	4.113
胡承兆	光绪三十一年	全推曾心圣	0.472
吴康侯	光绪三十二年	全推曾吕端	1.708
曾文卿	光绪三十二年	全推曾云青	0.179
吴殿英	光绪三十三年	全推,流滩赔	1.067
邓远辉	光绪三十三年	全推,流滩赔	0.524
邓道辉	光绪三十三年	全推,流滩赔	0.125
黄见柏	光绪三十三年	全推,流滩赔	0.415
陈安邦	光绪三十三年	全推,流滩赔	0.443
陈光福	光绪三十三年	全推邓道宝	1.076
黄玉甸	光绪三十三年	全推,流滩赔	1.091
曾国香	光绪三十三年	全推,流滩赔	0.071
曾松山	光绪三十三年	全推,流滩赔	0.371
关云臣	光绪三十三年	全推,流滩赔	0.783
关朋万	光绪三十三年	全推,流滩赔	1.591
郑公占	光绪三十三年	全推,流滩赔	2.083
王玉先	光绪三十三年	全推,流滩赔	0.250

户名	剔除时间	剔除原因	实征粮数（升）
徐元吉	光绪三十三年	全推，流滩赔	0.095
李士咸	光绪三十三年	全推，流滩赔	2.025
蒋文长	光绪三十三年	全推，流滩赔	0.770
吴天升	光绪三十三年	全推，流滩赔	0.610
邓振周	宣统元年（1909 年）	全推邓明文	0.184
夏言声	宣统元年	全推	2.160
郑光鳌	民国三年（1914 年）	全推郑致尧	0.781
吴大缄—吴大良	民国四年	全推吴光远	1.526
王才美	民国五年	全推吴友灿	1.400
萧心元—萧玉升	民国五年	全推肖玉官	4.464
萧康侯—萧玉升	民国五年	全推肖玉官	1.506
曾时中—曾修身	民国六年	全推，流滩赔	4.501
黄良修	民国七年	全推，流滩赔	1.786
邓光虎—邓学柏	民国九年	全推邓孝松	3.065
黄升位	民国九年	全推，流滩赔	2.870
闵克臣	民国十年	全推赵楚万	1.231
关真顺	民国十一年	全推许成中	0.522
吴贞子—吴大敏	民国十二年	全推吴大金	3.458
吴云三	民国十二年	全推，流滩赔	4.410
吴奉高	民国十二年	全推，流滩赔	5.894
吴云	民国十二年	全推，流滩赔	2.783
方俊	民国十二年	全推，流滩赔	3.415
邓作元	民国十二年	全推邓休文	5.422
邓前辉	民国十二年	全推邓道艮	4.119
邓修德—邓明义	民国十二年	全推邓道艮	0.940
郑格廷	民国十二年	全推郑志云	1.600
黄盛修—黄仁德	民国十三年	全推专外陈士宝	1.216

续表

户名	剔除时间	剔除原因	实征粮数（升）
陈光彦	民国十三年	全推陈光俊	2.500
黎大朋—黎树番	民国十三年	全推邓明文	3.521
吴俊三—吴必林	民国十四年秋	全推	4.768
吴必谦	民国十五年	全推吴友容	11.408
吴家炳—吴大公	民国十五年	全推郑格焕	2.000
黄君辅	民国十五年秋	全推，流滩赔	2.337
陈廷光—陈明爽	民国十五年秋	全推，流滩赔	0.019
陈大福—陈士法	民国十五年	全推，流滩赔	7.393
陈大康—陈光坤	民国十五年秋	全推，流滩赔	5.208
夏黄氏	民国十五年秋	全推王顺云	0.745
杨俊甫	民国十五年秋	全推，流滩赔	1.566
杨玉之	民国十五年秋	全推，流滩赔	0.848
张仁惠	民国十五年秋	全推，流滩赔	0.898
郑文选—郑格寅	民国十六年	全推郑格焕	2.492
郑云表—郑格选	民国十八年	全推郑格焕	0.617
吴正烈—吴光祖	民国二十年春	推陈洪兰	0.850
黄恒玉—黄学道—黄光桂	民国二十三年	全推黄光桂	6.095
黄学能—黄孝元	民国二十三年	全推黄大能	2.920
陈国举—陈光德—陈余氏	民国二十三年	全推陈明仁	2.557
邓楚心—邓道茂—邓孝茂	民国二十五年	全推邓道发	3.101
黄玉光—黄学春—黄光寿	民国二十六年	全推黄孝士	0.755
刘业汉	民国二十六年	全推外垸曾正艮	1.103
邓文思—邓道高—邓道法	民国二十六年	全推邓希山	1.730
邓元吉—邓道五—邓道法	民国二十六年	全推邓希山	4.047
吴秦高—吴必冲—吴必恺	民国二十七年	全推吴必恺	4.482
吴富友	民国二十七年	全推吴必恺	6.080
郑学珠—郑致堂	民国三十年	全推郑志尧	1.318

户名	剔除时间	剔除原因	实征粮数(升)
许成忠	民国三十一年	全推关光前	0.615
黄克仁—黄学义	民国三十一年	全推黄孝俊	4.433
杨明山	民国三十一年	全推黄义尚	3.000
吴相—吴明仁	民国三十五年	全推,流滩赔	0.959
邓瑞林	民国三十五年	全推邓孝玉	0.749

实征底册上无产户名之剔除,并不能简单地全部理解为此户名下的农户已经破产,有的情况可能非常复杂。流滩子垸实征底册第78页曾思文户名上注"复"字,其左侧"曾令浩"名下注"正"字。据其下文字记载:曾思文户名下原有粮五升九合六抄、银八分七厘、米二升四合九抄,光绪二十一年,"全推曾心义",户名取消。但一年后,就又"复收曾心义粮一斗零二合一勺八抄,艮一钱五分一厘"。又重新立了户名。在第80页"曾心义"户名下,则记称曾心义于光绪二十一年"析曾光明二合四抄"立户,同时,"又收曾万朝四升一合八抄,又收曾思文五升九合六抄。存一斗二合一勺八抄,艮一钱五分一厘。二十二年,艮全推曾思文",户名除。曾思文、曾心义在短短的两年时间里,除户、立户,显然绝非因为田产变动,而是另有缘由,只是我们已无法揣测其真正原因。

五、进一步研究工作的理路

如上所述,实征底册所记的户名,只是赋税征收单位,是"赋税户",并非实际的农户家庭,新立户名与无产户名之剔除,主要具有赋税征收的意义,并不能反映出农户家庭实际占有的田地及其所负担的赋税情况。但是,实征底册对新立户名与无产户名之剔除的详细记录(虽然渐趋松弛),仍使我们倾向于认为,这两卷实征底册,在晚清民国时期的赋税征收过程中,应当是实际发挥作用的,它至少在一定程度上,可以反映出"赋税户"的田产占有与赋税负担。由于已往章有义、赵冈、秦晖等学者关于关中、江南地区土地占有、地权分配等问题的探讨,实际上也都是以赋税意义上的"户"为单位展开讨论的,因此,我们设想,在明晰所讨论的"户"实指赋税户、并非实际农户家庭的前提下,分析实征底册所记录的"户"的土地占有与地权分配,应当是允许的,也是可能的。

实征底册在各户名之下,详记其所负担之粮、银、米若干及其变动,其所记推收,在民国十二年(1923年)之前,均只载明其粮若干,不言推、收地亩若干。盖早在明万历年间,潜江知县朱熙洽主持清田,即规定以五小亩三分六厘一毫四丝八忽折为一大亩,按升定亩,粮一升为一亩,不分等则。[①] 至康熙中期,定制粮一升,派银一分四厘九毫,米四合零八抄零五圭,银、米从粮派,故实征底册在涉及田粮推收时,只载明粮数,而不及银、米。吴光彦户光绪十七年(1891年)应征赋税为粮一斗三升三合五勺六抄、艮一钱九分六厘三毫、米五升四合四勺九抄,平均粮一升征银约一分四厘七毫、米约四合零七抄零九圭余,与上述规定大致相符。而如果按照征科田亩一亩约相当于实亩五亩三分六厘计算,吴光彦户光绪十七年拥有田地数约为71.59亩,其田地最多的光绪三十二年拥有田亩数约为97.13亩,尚不足百亩。虽然征科田亩(赋税亩)折合成实亩需要考虑到田地种类等级等复杂问题,但在标准相对一致的前提下,在潜江县,以税亩一亩折合实亩五亩三分六厘,还是大致可取的。

在确立上述前提的基础上,我们设想根据实征底册的记录,分别统计出光绪十七年、民国元年、民国十六年、民国二十六年、民国三十五年等五个年份流滩子垸、砖淌外垸各赋税户的户均田亩数,考察这一地区在此五十余年时间里户均田地的变动情况,进而分析其地权分配情况。由于需要做大量的统计、计算工作,这两个表格还未能做出。我们希望所得出的认识,或许可以对前辈学者提出的地权分配的"关中模式"、"太湖模式"做出一些回应和反思。

由于一直未能针对这两卷实征底册展开田野调查,我们对其所可能蕴含的社会意义还完全没有了解。虽然从实征底册中也可以窥见某些社会变动,但对流滩子垸与砖淌外垸社会变动的讨论,必然有赖于进一步的田野考察。

---

① 康熙《潜江县志》卷三《舆地志》,"乡区",《中国地方志集成·湖北府县志辑》本,第46册,第46~47页。

"水利社会"的形成

——以明清时期江汉平原的围垸为中心

一、"水利关系"、"水利的社会关系"与"水利社会"

自从魏特夫（Karl Wittfogel）与冀朝鼎在他们的杰出著作中，将古代与传统中国的国家结构、功能与意识形态及其统治区域的经济发展与水利事业的发展及其管理问题直接联系起来加以考察、并提出具有鲜明特点的阐释体系以来，[①]无论认同其学说与阐释模式与否，涉及中国水利史研究的学者们大都程度不同地试图将水利问题与中国政治、经济的发展联系起来，并努力建构起某种阐释体系或模式。近年来，随着"国家与社会"研究范式在社会史领域的广泛运用，在以探究"以水利为中心延伸出来的区域性社会关系体系"为核心的"水利社会史"研究中，越来越多的学者主要围绕国家与社会（官府和民间）在水利事务中的互动或角逐这一中心线索，对水利组织、水利规则和水利纠纷、水利惯习等诸方面展开了深入细致的探

---

① 魏特夫：《东方专制主义——对于集权力量的比较研究》，徐式谷、奚瑞森、邹如山等译，北京：中国社会科学出版社，1989 年；冀朝鼎：《中国历史上的基本经济区与水利事业的发展》，朱诗鳌译，北京：中国社会科学出版社，1981 年。另请参阅 Karl A. Wittfogel. 'Imperial China—A "Complex" Hydraulic (Oriental) Society', in *The Pattern of Chinese History*：*Cycles*，*Development*，*or Stagnation?*，Edited by John Meskill，Boston：D. C. Health Co.，1965，pp. 85～95.

讨,取得了一系列研究成果。① 这些研究成果大都以翔实的史实考辨为基础,在解读文献、辨析史实、梳理历史过程等方面做出了重要贡献,但这些研究主要着意于揭示水利关系的"社会构成"——水利组织、规则,水利秩序的构成与内涵等,而对于不同的社会成员或人群,是否可能以及如何围绕水利这一线索而结合起来,不断发展演变,最终成为一种以水利关系为中心的社会关系体系或"水利社会"的过程,则尚未见有充分的讨论。

　　显然,水利,这种源于基本生产生存需求的因素,可能衍生出一系列的社会关系,甚至成为建构地方社会的中心线索。但是,水利因素在各地区地方社会及其建构过程中所发挥的作用是不同的:在一些地区,水利乃是人们生存与发展特别是农业发展的不可或缺的根本依靠,因而发挥了促成地方社会形成的核心作用,地方社会的建构主要是围绕水利关系及其变动而展开的;在别的地区,水利在人们的生产生活中并不具有这种不可或缺的基础性作用,而不过是一种"选择性安排",因而围绕水利也只是形成某种形式的社会关联或社会关系,这种围绕水利而形成的社会关系亦不过是地方社会中诸种社会关系的一种,并未成为建构地方社会的核心线索;在另一些地区,水利在地方经济与社会发展中所发挥的作用较小,水利事务的处理局限于较小的社会范围内,没有衍生出较多的社会关联。因此,从水利与社会之间关联程度的差异出发,可以将水利与社会间的关系,区分为三个层次:(1)水利关系,主要指水利事务本身所发生的各种关系,包括水利与环境及生产活动之间的关系、水利设施的兴修维护及其规章制度、水利组织与规则,水利秩序的构成与内涵等,这些方面虽然都有着丰富的社会内涵,但其归结点仍在于水利事务的开展,是水利事业内在的、固有的

　　① 重要的成果有:钱杭:《共同体理论视野下的湖湘水利集团——兼论"库域型"水利社会》,《中国社会科学》2008 年第 2 期;钱杭:《库域型水利社会研究——萧山湘湖水利集团的兴与衰》,上海:上海人民出版社,2009 年;赵世瑜:《分水之争:公共资源与乡土社会的权力和象征——以明清山西汾水流域的若干案例为中心》,《中国社会科学》2005 年第 2 期,又见氏著《小历史与大历史:区域社会史的理念、方法与实践》,第 125～151 页;钞晓鸿:《灌溉、环境与水利共同体——基于清代关中中部的分析》,《中国社会科学》2006 年第 4 期;张俊峰:《明清时期介休水案与"泉域社会"分析》;等等。另请参阅廖艳斌:《20 年来国内明清水利社会史研究回顾》,《华北水利水电学院学报(社会科学版)》2008 年第 1 期;张爱华:《"进村找庙"之外:水利社会史研究的勃兴》,《史林》2008 年第 5 期。

关系。(2)水利的社会关系,指由水利事务及其内在关系中衍生出来的诸种社会关系,诸如由水利组织发展而来的、其权力与活动超越水利事务范畴的社会组织,由水神信仰演化而来的、活动范围超越水利受益范围的信仰祭祀组织,由水利关系而产生的、又超越于水利利益之上的文化权力(如水册和用水权的社会象征意义)。(3)水利社会,指主要围绕水利关系及其衍生出来的社会关系而构建的地方社会,在这种地方社会中,水利事业的发展及其所衍生的社会关系占据了核心地位,是地方社会得以形成的基础,地方社会中最主要的社会关系、组织均是从水利关系中发展出来或者与水利关系密切结合在一起的。[①] 显然,并非有水利事业,就必然会形成"水利的社会关系",更并不一定会形成"水利社会";可能只是在一些特定的地区,才由水利关系衍生出水利的社会关系、并进而形成为"水利社会"。那么,水利关系是如何逐步衍生出各种社会关联、形成"水利的社会关系"的? 在怎样的地区,具备哪些条件,水利才能发挥建构地方社会的核心作用,从而形成以水利为中心的地方社会(水利社会)?

如所周知,水利设施的兴修及其受益区域和人群均有一定的地域范围,所以,"水利关系"本身就是一定地域范围内由于共同的利益关联而形成的生产活动的关系,"水利的社会关系"与"水利社会"也就相应地限定在参与水利设施兴修及受益的特定区域与人群范围内,因而具有突出的地域性。事实上,学术界有关水利关系、水利的社会关系以及水利社会的研究,

---

[①] 王铭铭、行龙将"水利社会"界定为"以水利为中心延伸出来的区域性社会关系体系"(王铭铭:《"水利社会"类型》,《读书》2004 年第 11 期;行龙:《从"治水社会"到"水利社会"》,《读书》2005 年第 8 期;《"水利社会史"探源——兼论以水为中心的山西社会》,《山西大学学报》2008 年第 1 期),强调水与水利在山西地方社会中的核心地位;行龙、张俊峰等人的研究也多着意揭示水利在山西地方社会建构过程中所发挥的核心性作用(行龙:《以水为中心的晋水流域》,太原:山西人民出版社,2007 年;张俊峰:《明清时期介休水案与"泉域社会"分析》,《中国社会经济史研究》2006 年第 1 期)。钱杭从长瀬守的"水田社会"概念出发,将"水利社会"理解为"一个特定区域内的人群及其组织,他们以某种类型的水利形式而在互相间形成了一种稳定关系,并以水利为核心内容展开各种活动"(《库域型水利社会研究——萧山湘湖水利集团的兴与衰》,第 1 页)。因此,"水利社会"这一概念的出发点,应当是水利是地方社会赖以形成的基础,强调的是建基于水利事业基础之上、以水利为中心形成的社会,它与"水利的社会关系"在内涵上是不同的。质言之,我们理解的"水利社会",乃是"以水利为中心的社会",而并非"以水利为中心延伸出来的诸种社会关系"。

也大都是从特定的水利设施及其受益区域出发,探究在水利兴修、维护及利益分配等水利事务中逐步衍生出来的诸种社会关系,最终也大都落脚在"地方社会"上。沿着同样的理路,我们把关注点放在江汉平原围垸水利的发展以及由此而发生的诸种社会关系乃至"水利社会"的形成过程方面。

江汉平原是由长江和汉江泛滥、冲积而成的平原,地势低平,河湖交错,曾长期饱受江、汉洪水泛溢之害。在江汉平原的开发进程中,有两个因素至为重要:一是江、汉堤防的修筑。由于江汉平原上的洪水主要来自长江与汉水,欲从根本上防御洪水侵袭,必须营筑江、汉大堤。江、汉堤防乃是江汉平原社会经济发展的根本保障。二是平原内部大小垸堤之营筑。在江、汉堤防未能形成系统、提供稳固保障之前,江汉平原腹心地带的开发利用必借围垸方能进行,其理甚明;即便是在江、汉大堤兴修之后,也需要依靠垸堤防御平原内部的洪涝,特别是防御内涝和排涝。因此,江、汉大堤及平原腹地围垸的兴修与维护,乃是江汉平原经济开发与社会发展的核心,不仅制约或影响着江汉平原社会经济发展的各方面,也贯穿于民众的日常生活当中,影响或决定了江汉平原民众的居住方式、生产与生活方式及其节奏,乃至社会组织形式,特别是促使民众围绕江、汉大堤及平原腹里堤垸的兴修、维护这一中心,形成了诸多具有鲜明特点的社会关系与社会组织。

关于江、汉堤防的兴修以及平原垸田兴起、发展、膨胀及其社会经济与环境影响,已有很多学者做了详尽细致的研究,描绘出垸田兴起、发展、起伏与衰退的过程及其与区域经济开发之间的关系,①本文即试图结合文献记载与田野考察,探讨"围垸"这一江汉平原社会经济生活中最为重要的水

---

① 关于江、汉堤防的兴修,请参阅程鹏举:《古代荆江北岸堤防考辨》;杨果、陈曦:《经济开发与环境变迁》,武汉:武汉大学出版社,2008 年,第 49～132 页;鲁西奇、潘晟:《汉水中下游河道变迁与堤防》,第 166～373 页。关于江汉平原垸田的开发,请参阅彭雨新、张建民:《明清长江流域农业水利研究》,第 184～268 页;梅莉、张国雄、晏昌贵:《两湖平原开发探源》,第 87～215 页;鲁西奇:《区域历史地理研究:对象与方法——汉水流域的个案考察》,第 438～445 页;魏丕信(Pierre-Etienne Will):《水利基础设施管理中的国家干预——以中华帝国晚期的湖北省为例》,魏幼红译,见陈锋主编:《明清以来长江流域社会发展史论》,武汉:武汉大学出版社,2006 年,第 614～650 页;等等。有关研究述评请参阅张家炎:《十年来两湖地区暨江汉平原明清经济史研究综述》,《中国史研究动态》1997 年第 1 期。

利设施,如何在修筑与维修垸堤的过程中,逐步形成较为稳定的水利关系,并在这一过程中建立起越来越丰富的社会关联,演变为一种社会与文化地域单元,进而与王朝国家的赋役征科系统及士绅主导的社会治安系统相"叠加",最终发展为一种"水利社会",进而分析在这一过程中,哪些因素发挥了作用,以探究水利社会之形成所必须具备的背景和条件。

二、"水利关系"的形成:以汉川县南湖垸为例

如所周知,长江中游地区所习称的"垸"(也写作"院")就是下游地区所说的"圩",都是指环绕成一圈的堤防,其所包围的田地,即称为"垸田"。与太湖平原的"圩"相比,江汉平原"垸"的规模较大,一个垸可以包括十数个乃至数十个自然村落,方圆可达数十里。嘉靖《沔阳志》卷八《河防志》谓沔阳州的垸,"大者轮广数十里,小者十余里"。乾隆《湖北安襄郧道水利集案》卷下《禀抚宪晏各属水利岁修事例》谓潜江、天门、沔阳三属"各垸之田,少者数百亩、千余亩,亦有多至万余亩者"。[①] 道光《楚北水利堤防纪要》卷首录湖广总督汪志伊《湖北水利篇》"沉田九百二十垸"句下注称:"民间于田亩周围筑堤,以防水患,其名曰垸。每垸周围二三十里、十余里、三四里不等。"[②]那么,这些规模巨大的垸,究竟是怎样修筑起来的呢?

遗憾的是,《楚北水利堤防纪要》《荆楚修疏指要》《万城堤志》等水利专书记载诸堤(特别是江、汉大堤)位置、丈尺及修防的技术方法均甚为详悉,而于如何组织、兴修垸、堤的过程则较少涉及。为了解决这个问题,我们选择汉川县南湖垸作为个案,结合历史文献记载与田野考察,做一些初步分析。

南湖垸位于今汉川县西北部田二河镇境内,其东、南两面濒临皂港河(牛蹄河下游中支),西抵牛蹄河下游北支重石河,北临天门河下游巾带河。据光绪《汉川图记征实》第三册《堤防》"牛蹄支河官民垸坂堤防"记载,其

---

① 王楘纂修:《湖北安襄郧道水利集案》卷下《禀抚宪晏各属水利岁修事例》,第2页B面。

② 汪志伊:《湖北水利篇》,见俞昌烈:《楚北水利堤防纪要》卷首,第14页。

"西堤十五里四分,北堤十四里,东、南堤长三十八里五分,共六十七里九分,计一万二千二百二十二丈",垸内共有征科田亩 369 顷,还有一个大湖(南湖)。① 关于南湖垸的兴筑,同治《汉川县志》卷九《堤防志》录有明万历三十一年(1603 年)林若企撰《范公南垸修堤碑记》,记载较悉,其文云:

> 垸旧无堤,往代间遭水患。自嘉靖迄万历初,无岁不水,庐墓漂没殆尽,民嗷嗷朝不谋夕,鬻妻子以供额赋,额不充则有易姓名以徙者。迨圣天子改元御宇,大中丞陈公奉命抚楚,垸内士民请筑堤以抚流民。陈公允之,委官集士民酌议,勘明田约三万七千亩有奇,堤一万四千六百四十丈有奇,发官租五百余石佐之。②

林若企系出南湖林氏。民国《汉川南湖林氏宗谱》卷一三《家传上》谓其"举隆庆年拔贡,万历癸酉科应天乡试中式",仕至简州知州。③ 是文亦见于汉川南湖《林氏文征》卷一,题为"加修南湖垸堤记",谓碑在鸡鸣寺。④ 据碑文,南湖垸堤兴筑于万历初年。《汉川南湖林氏宗谱》卷一七《杂编下》云:

> 明隆庆时,沙洋堤筑,汉水年年北行,泛溢为害。景陵、汉川以下,田园荒芜,或迁徙山乡以避,俗所云"水淹十八年青苗"是。北岸居民相率为堤,以防水。南湖垸肇始万历甲戌,抚军陈公瑞、邑令蔡公纲。壬寅岁,范公士林莅任,始大加兴修。范故四川简州人,虹桥公牧其地,范受知最深。其治南湖垸也,请公主其事。公昼夜督工,不再期而堤成,其章程则少湖诸公定之。⑤

"虹桥公"即林若企;"少湖公"即林大猷。此处明言南湖垸肇始于万历甲戌(二年,1574 年),然据上引《范公南垸修堤碑记》,则知在万历二年陈瑞巡抚湖北之前,当已修筑了部分垸堤,故碑文方得称"垸内士民"。盖此前居

---

① 《汉川图记征实》第三册《堤防》,"牛蹄支河官民垸坂堤防"目下"南湖官垸"条,光绪二十一年刻本,汉川对古楼藏版,第 46 页 B 面~第 47 页 A 面。

② 同治《汉川县志》卷九《堤防志》,"官垸"栏"南湖垸"条下,《中国地方志集成·湖北府县志辑》本,第 9 册,第 228~229 页。

③ 前揭《汉川南湖林氏宗谱》卷一三《家传上》,"虹桥公若企",第 7 页 B 面~第 8 页 B 面。

④ 林其奂编:《林氏文征》卷一,民国戊午年(七年)刻本,汉川南湖敦本堂藏版,现藏林丑才先生家,第 8 页 A 面~第 9 页 B 面。

⑤ 《汉川南湖林氏宗谱》卷一七《杂编下》,第 4 页 A、B 面。

民已"相率为堤",只是各段堤防并未联成一体,"士民"之请,应当是将各段堤防连接起来,形成合围之势。在万历二年筑堤之役中,官府发挥的作用是"集士民酌议",丈量垸内田亩及垸堤丈尺(以据受益田亩分配堤工),并"发官租五百石佐之"。显然,垸堤之兴修主要是由"士民"自行组织的,官府不过是予以批准("允之")和部分帮助("佐之")。

万历初年南湖垸堤合围之后,万历二十九年(1601年)、三十六年又进行了两次大规模的加固维修。在这两次修筑过程中,南湖林家发挥了很大作用。据《范公南垸修堤碑记》记载,万历二十九年,知县范士林到任后,见燕子河淤塞,力图疏浚,乃商之于南湖士绅林若企及尹会元,并请林若企主持修浚燕子河及南湖垸堤修筑工程。而《汉川南湖林氏宗谱》卷一三《家传上》"虹桥公"小传中则强调若企于范士林有知遇之恩,"及公归里,范适宰川,遂与公定南湖修堤章程。堤成,晋人白公士麟旧出公门,未几,巡按楚疆,过里第来谒;公以地方利弊语之"。① 盖此事之因缘当是:范士林任汉川知县后,林若企利用旧交之缘,向他陈说南湖垸堤之弊,建议大规模修筑垸堤;范知县因以委之。因此,此次堤工之役,倡修与督工、制定章程皆由林若企、尹会元及林大猷等林、尹二氏的重要人物,林若企撰《范公南垸修堤碑记》所云,"归美"于范氏,乃是借官府以强调此举的"合法性"之意。万历三十六年重修南湖垸堤,同治《汉川县志》卷九《堤防》"南湖垸"下录郡人萧丁泰《杨公南垸德政碑记》亦归功于知县杨时俊,谓杨知县"画图为说,力请于当路,亲临郊原,经营匪懈,度途之远迩,酌地之险易,分任总理,各有专责,而又捐俸济乏。刻期课程,赏信罚惰,必以激励人心,故千夫鼓壮,百废俱兴,延袤百余里远堤,不踰月而告竣,高大坚致,屹若崝龙",但仍然提到在官府介入之前,"间有一二议修者",不过他们只能维修部分堤段,所以全面维修必须由县府出面主持、协调。② 《汉川南湖林氏宗谱》卷一三《家传上》"晴东公若衮"小传称:

> 万历三十年,南湖垸堤溃,宅墓濒水中,顽民抗修,公率众诉于巡按,檄县严催,堤工以竣。三十六年,堤复溃,孙万世纠众兴修,堤益巩

① 《汉川南湖林氏宗谱》卷一三《家传上》,"虹桥公若企",第8页A面。

② 同治《汉川县志》卷九《堤防》,"官垸"栏"南湖垸"条下,《中国地方志集成·湖北府县志辑》本,第9册,第229~230页。

固，先后趋事者百余人，吾族则大猷、大献、若介、若全、若书、若奏（字月坡）、若奎（字梦涯）、若诚、义泰（字开□）、上春（字震华）、承露（字正宇）、过（字硕甫）、霄（字冲壮）、万□（字青钱）、万魏（字泰观）、英（字汉宇）、华（字汉原）。今据鸡鸣寺碑文录之，俾后人无忘所自云。①

显然，林氏家族的若衮、大猷等就是萧丁泰所说的"一二议修者"，他们在倡议及具体维修过程中也确实发挥了很大作用。但"顽民抗修"则正反映出，除工程巨大需由官府出面协调外，当地还有些人反对修筑垸堤，故亟需借助官府权威，方能压制此种抗修之"顽民"。在这里，"官督"呈现出具体内涵：组织、协调工程，压制抗修的"顽民"。南湖垸在清代被确定为"官垸"，看来是有其渊源的。②

《汉川南湖林氏宗谱》卷一七《杂编下》还有一条记载："天启四年，林、尹、李三姓仿南湖例，筑外垸堤，起高家垸，由返湾真木湖，至南垸止。崇祯十二年再修，因兵革未竣工。吾家首士为大极、若俊、之望、胜华、胜德诸公。"③这里所说的南湖垸筑堤之"例"今未得见，然据此当可推知：垸内诸姓各推出首士若干人，再由首士中选出"总理"，分段负责堤工。据上引《林若企小传》，则知诸总理之上又有一人"督理"。《汉川南湖林氏宗谱》卷一七《杂编下》谓：南湖"垸旧分十总、百长，照亩派夫，官督民修"。④ 其所说

　　① 《汉川南湖林氏宗谱》卷一三《家传上》，"晴东公若衮"，第 9 页 A、B 面。
　　② 官垸并非由官府主持组织兴修的堤垸。同治《汉川县志》卷九《堤防志》云："垸有二：官督民修者，为官垸；不由官者，为民垸，一曰私围。官垸岁修咨部听考覆，康熙时邑人顾侍御如华奏请定例也。"光绪《汉川图记征实》第三册《堤防》云："其垸有二：告请于上者为官垸，民自筑者为民垸。官垸岁修达部，听考覆，必计工程；民垸则修废自由，档册不备载。"则官垸、民垸（私垸）之称始自清前期，其区别仅在是否在官府登记并报部备案、修防是否由"官督"。因此，这种区别仅具官府管理方面的意义，而"无论官围、民围，俱系业民自行修补，官为督率。每年九月兴工，不分畛域及险易工程，皆系通垸之民按亩出工，通力合作。……并无官修、民修、防险、抢筑等费，亦无保固年限"（光绪《湖南通志》卷四七《建置志二》，"堤堰"）。换言之，无论官垸、民垸，都是由垸民自己出钱出力修筑维护的，所谓"官垸"，不过是按制度上规定需要受官府督查而已。
　　③ 《汉川南湖林氏宗谱》卷一七《杂编下》，第 5 页 B 面。
　　④ 《汉川南湖林氏宗谱》卷一七《杂编下》，第 4 页 B 面。

之"旧"章,当即万历三十年(1602年)前后修堤时林大猷等所订立的章程。[1]

这种十总(每总有"总理"一人,故称为"总")、百长("堤长")之制盖一直延续到清中后期。《汉川南湖林氏宗谱》卷一七《杂编下》述南湖垸之维修云:"明末,钟京堤不修,垸复颓。顺治年修理如旧。康熙丙戌,钟祥三官殿溃,垸之六渡湾亦溃,旋加筑塞。庆平成者近百年。乾隆甲寅,五总溃。嘉庆己未,花宜庵溃;壬戌、乙丑,五总再溃;庚午,田二河溃。洪水叠见,仳滩堪忧。"则知十总修防制度一直维持。然"近因堤册淆混,权为公修法,通力合作,夷险不分,然工程草率,人心不齐也"。[2] 故至嘉庆中期,乃进行一次全面整理。嘉庆十六年(1811年),汉川县全面清丈各垸田亩,南湖垸林家的林钟任受委负责南湖垸清丈事宜,事毕之后,他撰写了一篇《南湖垸说》,详述南湖垸的垸堤修防与垸内田亩情形:

> 垸分上、中、下。中、下旧有东、西岸之别,而西岸之中垸又以大路东、西分之。东从六屋嘴起,至七庙嘴止,为林、叶、杨、曹四首中垸,路西属他约中垸地。东岸之中垸从皂港河起,至杨氏祠底,亦属四首承管焉。西岸之下垸起杨家湾大路西北,迄斗埠头。东岸之下垸起刘家

---

[1]　遗憾的是,我们未能见到南湖垸的管理规章。在江汉平原,记载垸内水利规章与垸堤维修负担的册籍,一般称作"垸册"。作者仅见过一种垸册,即江陵县《白莒垸首总印册》(民国二十五年编制,抄件)。据宣统元年《整理印册序》称:白莒垸在万历三十九年(1611年)编制垸册,顺治十六年(1659年)、康熙三十七年(1698年)、乾隆二十七(1762年)三次编修,至宣统元年(1909年)为四修。白莒垸共设五总,由刘、陈、彭、马、张五姓承充堤老,称为"五姓堤老"。与全垸水利相关的大事均由"五姓堤老"会同垸绅商定条规,并求得地方官府的认可,络印成册。所谓"印册",即络有官府印照的册籍。册成之后,各总保存一份。民国《白莒垸首总印册》的主体部分包括乾隆二十七年白莒垸贡生堤老等人向县府道省各宪请求刊印首总册的呈文,明万历三十九年以来的条规、热照、刭口尺寸、垸堤弓尺等规范性条文,其中的规章性内容主要有《万历三十九年册载条款》、《顺治十六年册载条规》、《康熙三十七年册载十三子垸水道并刭口宽窄尺寸》、《乾隆二十五年左堂潘照旧册督修牌示》、《乾隆二十五年八月初八日立公议合约》、《顺治十六年册载田亩》、《康熙三十七年册载各垸周围长堤宽窄丈尺》等。周荣在《明清江汉平原地区的堤垸水利与地方社会——以〈白莒垸首总印册〉为中心》(刊陈锋主编:《中国经济与社会史评论》2009年卷,北京:中国社会科学出版社,2010年,第89~121页)文中围绕《白莒垸首总印册》做了初步讨论,请参阅。

[2]　《汉川南湖林氏宗谱》卷一七《杂编下》,第4页B面~第5页A面。

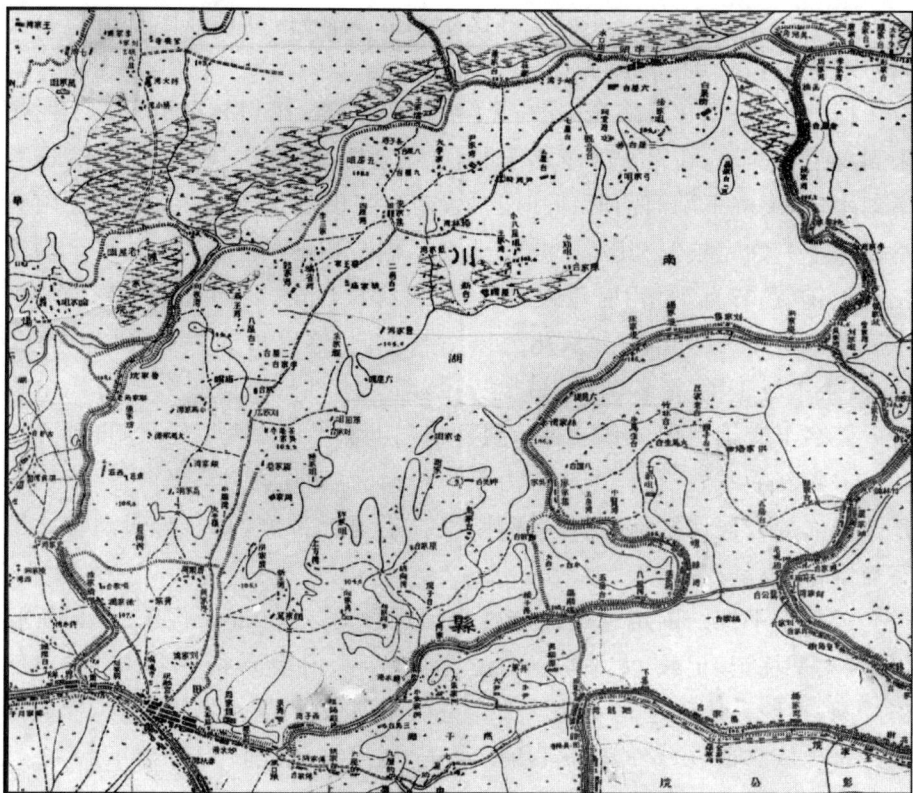

图 7　汉川南湖垸

集，迄三汉堤。东、西皆林、龚、周、易、刘、尹六首地。昔年派亩建剅，垸界以定，畛域判也。……堤延袤二万余丈，兹分置田界，自四总八长单堤起，迄八总十长夹河堤止，夷险别也。嘉庆十六年九月清丈，其林、叶、杨、曹四首之中垸暨林、龚、周、易、刘、尹六首之下垸，统归斗步头敦本堂公局领办，众心一也。[①]

则于斗步头置有敦本堂（林氏宗祠）公局，总管南湖垸堤修事宜：中垸东西岸堤防统由林、叶、杨、曹四首承管，下垸东西岸堤防则由林、龚、周、易、刘、尹六首承管（上垸情形不详）。值得注意的是，在十首（当即"十总"）中，林

氏占据了二首,而且公局亦设于林氏宗祠敦本堂内,可见林氏在南湖垸的修防事务中,处于主导地位。

据《汉川南湖林氏宗谱》卷一七《杂编下》记载,汉川林氏祖先盖于明初来到汉川县西境,在军户尹章名下"闸办湖业",即以包收鱼课的形式,占有南湖水域,隶沉下湖河泊所;同时又"置南湖膳田八石、柴山一段","朋附鸡鸣里六甲尹姓完粮"。其后,"户繁业增",湖产田业均不断增加,故至嘉靖三十六年(1557年),"由官派设户长,督理房长什役,通族丁粮派算均一";万历四十一年(1613年),"从化公以朋当不便,愿以祖分丁粮仍留六甲公完,其余本身丁税、夏秋两税,另拨三甲,新立本姓户籍应差"。① 林氏由投寄尹姓名下交纳鱼课、闸办湖业,到嘉靖三十六年加入六甲轮役,再到万历四十一年新立本姓户籍,家族势力不断壮大,而举凡负担军民两差、交纳丁粮及应对族人侵课之狱,均以"通族"为之。据此推测,其参与南湖垸之围筑与维修,也是以"通族"为之的。

天门太平垸的围筑也是由众姓合力进行的。据天门《蒋氏族谱》所收《创筑太平垸记》记载,太平垸所在之地(在今天门净潭乡)外滨巾河,内邻华严湖,在明万历间还是一处沙洲,"每值河湖涨溢,汉水倒漾,田园皆成不毛。吾先族与诸姓,聚族于斯,历受艰苦,盖七八世。自天启元年上,文姓仰宾公,创筑堤垸,被发募化,宛转筹画,不辞劳苦瘁。时众姓乐从,家脱颖公首襄其事,数年而工竣,堤高且阔,坚而固,长四千四百六十弓,内田八百二十余石,挂袅堰一形"。② 太平垸未见于乾隆、道光《天门县志》记载,应当属于规模较小的"私垸"。其围筑是由文姓仰宾公发起、蒋姓脱颖公襄助、由"众姓"合力完成的;在其修筑过程中,则未见有官府的介入。

嘉靖《沔阳志》卷八《河防志》记沔阳州垸田开发之进程甚悉,谓明初"江汉既平,民稍垦田修堤",其"时法禁明白,人力齐壹,隄防坚厚,湖河深广。又垸少地旷,水至即漫衍"。至成化以后,围垸不断增加。"佃民估客日益萃聚,闲田隙土易于购致,稍稍垦辟,岁月浸久,因攘为业。又湖田未

---

① 《汉川南湖林氏宗谱》卷一七《杂编下》,第9页B面～第11页A面。

② 转引自湖北省天门市水利局天门水利志编纂委员会:《天门水利志》,内部刊印本,1999年,第116页。

尝税亩,或田连数十里而租不数斛,客民利之,多濒河为堤以自固。"[1]显然,大规模垸堤的围筑,起初当是民间自发开展的,且多以家族形式进行协作;进而是家族之间进行合作,如上引天启年间林、尹、李三姓围筑南湖外垸堤;当大规模围垸涉及众多民户利益、特别是部分民户(《汉川南湖林氏宗谱》所谓"顽民")对围垸持有不同意见时,则需要官府介入,以协调各方利益及所承担堤工的分配。我们看到,在围垸过程中,家族内与家族间、各家族与官府间的协作是必不可少的,而南湖垸斗步头公局,则正可以看作是协调、组织南湖垸修防事务的管理机构。

显然,在兴修、维护、管理围垸的过程中,围绕围垸出水剅口的位置与宽窄、垸内水道的布局与流向、垸堤修防责任的分配、剅口的启闭等水利事务,形成了一系列的水利关系,包括水利组织(如南湖垸的敦本堂公局以及"十总")、水利规章以及据此而确立的水利秩序等。这些水利关系有着丰富的社会内涵(如家族的组织及家族间的协作,以及水利规章的实施、水利纠纷的解决等),然其根源与实质仍然是水利关系,是因缘于水利事务而发生的,其主要职能也是处理水利事务。

三、"水利的社会关系"的形成:以垸庙为中心

在围垸修筑过程中,不同的利益群体也会有不同的立场,因而必然会产生诸多矛盾。上引《汉川南湖林氏宗谱》记万历三十年(1602年)修筑南湖垸堤时,即有"顽民抗修"。这些"抗修"的"顽民",应当就是倡修的林氏家族的对立面。林家借助官府的力量,压服了抗修的"顽民",成为南湖垸的主导力量,社会经济地位迅速上升。在这一过程中,有两种社会关系在发挥作用:一是家族的组织,二是家族间的协作与矛盾。林氏家族的形成与发展,是与南湖垸的兴修与管理密切联系在一起的。在江汉平原,某些垸直接以某一家族的姓命名,如谢家垸、喻家垸之类。在这种情况下,某一个家族在围垸的修护与管理中,可能占据了主导地位。但更多的垸,实际上都是由两个以上的家族参与并主导的。在南湖垸的修防与管理系统中,

---

① 嘉靖《沔阳志》卷八《河防志》,《天一阁藏明代方志选刊》本,第3页A、B面。

林、叶、杨、曹、龚、周、易、刘、尹等九姓正对应十总(其中林姓占据二总);在江陵白莒垸,刘、陈、彭、马、张五大姓长期担任"堤老",各子垸则多分别由某一姓垄断"垸长"职务。凡此,都似乎说明家族在围垸水利的形成与运作过程中发挥了重要作用,是更为基本的因素,周荣甚至认为:"血缘宗族关系是白莒垸的社会组织中最底层的关系。"但是,这些家族的形成实际上与围垸水利的兴起几乎是"同步"的,并没有证据说明它们在围垸兴修之前即已形成;而这些家族的结构也与围垸水利的结构存在某种耦合关系:"在垸民心目中,姓什么不是一个简单的符号,它不仅对应着一群人,而且对应着某某子垸、某某刿口,对应着某种权利和义务。"①这使我们相信,江汉平原垸田区的很多家族,正是在营筑围垸、开垦垸田的过程中,为了应对垸田开发过程中的诸种问题(诸如协作堆筑墩台、合力围筑垸堤,争夺河湖水面及围垦权,分配垸内田地,安排水道布局等)而逐步形成的。换言之,家族是在围垸的过程中形成的,并非先有家族、由家族去组织围垸的兴修。②

在围垸兴修与管理过程中形成并发挥作用的第二种社会关系,是家族间的关系。在江陵白莒垸,刘、彭、陈、马、张五姓于万历三十九年(1611年)共同制定了垸堤修防条规,建立了由五姓任"堤老"、由圩甲垸长"集夫修堤"的"五姓堤总"制度,说明白莒垸已形成了五姓在水利事务上的联合与协作。万历四十三年(1615年)、天启元年(1621年),居住在台湖垸的严、袁、齐三姓及居住在斗湖垸的黄文豹、袁俊宏、陈宏道等,相继以"吉照"与"合约"方式加入五姓堤总系统,使台湖垸、斗湖垸成为白莒垸的子垸。乾隆二十五年(1760年)白莒垸公议合约,亦由刘、陈、彭、马、张(以上五姓属老白莒垸)、严、袁、齐(以上三姓属台湖垸)、熊、黄、鲁(以上三姓属斗湖垸)等十一姓共同议定。周荣曾将"白莒垸共同体"的形成机制归纳为:"以血缘为起点,以地缘为纽带,以彼此磨合和认同为途径,以求得共同利益最

---

① 周荣:《明清江汉平原地区的堤垸水利与地方社会》,见陈锋主编:《中国经济与社会史评论》2009 年卷,第 107 页。

② 我们曾试图探讨江汉平原宗族的形成过程及其特点,然尚未能得出比较清晰的认识,大致看法是明清时期江汉平原家族(或宗族)组织的发展并不突出,在地方社会的建构与变化过程中,并未发挥主导性的核心作用。明清以来江汉平原宗族组织的发展及其形态,是一个非常复杂的问题,容俟另文分析。

大化为目标。"①虽然"以血缘为起点"的说法颇值得商榷,但在白莒垸水利事务的管理中,家族(姓)乃是重要的社会单元,水利事务的协调多在家族之间进行,应当是没有疑问的。

既然围垸多由若干家族共同协力兴修、维护、管理,就势必需要形成某种可以协调各家族利益的组织或机构。在汉川南湖垸,在林氏的主导下,建立了管理全垸事务、协调垸内各家族利益的公局,就设在林氏宗祠敦本堂内。这是由一族占据主导地位的各族协商模式。在白莒垸,"五姓堤老"地位相浮,没有出现像南湖垸林氏那样占据压倒性主导地位的家族,所以,当乾隆二十五年(1760年)议立堤垸合约时,刘、陈、彭、马、张、严、袁、齐、熊、黄、鲁等各姓绅首、堤老、垸长等就齐集崇道观集议。崇道观就是白莒垸的垸庙。据光绪《江陵县志》记载,崇道观"在鹤穴东三十里麻田冈后,宋咸淳间建,乾隆壬子重修"。② 其所处位置是白莒垸地势最高的地方(在今普济观稍东处,已废),其西就是白莒垸排水的总剅口柳口,正是白莒垸防御江水的要冲。

和崇道观一样,江汉平原上的很多庙宇都建在大堤或垸堤上,而且大多位于直接承受洪水冲刷、容易溃决之处。康熙《潜江县志》卷六《飨祀志上·祠庙》记在潜江县城北石矶上有东岳庙,乃明天启三年(1623年)知县陈梦珫所建。刘必达《东岳庙记》云:"汉水自芦洑而下,西折入潜,奔腾喧豗,势若建瓴,实惟矶砥柱之。矶不敢恃,则吁徼神貺,以恃无恐,故祠与矶相庇如唇齿焉。……秋水偶至,不复敢与矶相抗,惟逦迤循矶而去,百堵安,万室盈。"③则此东岳庙建于芦洑河岸边石矶上,被赋以"镇水"之责。县城北门外、芦洑河西堤上又有楠栂庙,建于嘉靖二十七年(1548年),亦处于河边矶上。知县黄学准《楠栂庙记》谓建矶时水涨,民众"乃相率叩拜水府祠,又相与呼曰:楠栂救我,行当别庙祀尔神,请予父母刻碑以铭尔功。神或降笔,连书保字,众心少安",故矶成后乃立楠栂庙于其上,以祀楠

① 周荣:《明清江汉平原地区的堤垸水利与地方社会》,见陈锋主编:《中国经济与社会史评论》2009年卷,第109页。

② 光绪《江陵县志》卷六四《外志·寺观》,《中国地方志集成·湖北府县志辑》本,南京:江苏古籍出版社等,2001年,第31册,第622页。

③ 康熙《潜江县志》卷六《飨祀志上·祠庙》,"东岳庙"条,《中国地方志集成·湖北府县志辑》本,第46册,第99页。

梅神。

正因为平原湖区频繁受到洪水侵袭,很多神祇均被授予了"镇水"的法力。在潜江县,各垸普遍兴修了各种庙宇,这些庙宇所供奉的神祇既多种多样,其法力也包罗万象,但大都包括抵御洪水、保护堤垸。康熙《潜江县志》卷七《禋祀志下》记载县境庙宇甚悉,其中有相当部分庙宇即与镇水有关。如新洲寺,"在县西十五里策口。明天顺间,知县吕文因水涨倏成一洲,遂创观音阁以镇水。成化九年春,华容学士黎淳更名新洲寺。顺治初年,崩入河,迁建于堤内"。策口即泽口,为汉水南岸的分水穴口,其下支河即夜汉河(今东荆河)。据此,新洲寺初名观音阁,天顺间为镇水而建。康熙《潜江县志》又录黎淳诗云:"邱阜俄生百丈渊,果增沧海变桑田。沙填鳖极中藏寺,地镵龙宫下有天。琴剑万千余里客,帆樯七十二湾船。江灵识我题诗意,岸草汀花散满前。"则知是寺初建于洲滩上,紧临汉水。至清初,迁建于大堤内,正处黄漳垸中。① 光绪《潜江县志续》谓此庙在黄漳垸,而所记其兴建、迁建的历史又有所不同:"初,襄河边有骤马店,一夜襄水泛涨,接店成洲,店主谢、李、汤三姓创建一寺,以新洲为名。未几遭水,店寺尽废,员外郎谢尚郓改建于黄漳垸。汤文光、李秉道亦公募助修,规模宏敞,有香火田七十余亩。咸丰四年,寺为贼所毁。七年,三姓子孙仍竭力重修如旧云。"② 如果这个故事可信,则新洲寺起初即为谢、李、汤三姓所创建,其后一直由三姓负责维护,香火田即由三姓捐施。然则,此寺本为三姓之家庙,其建立显然起到了将三姓联合起来的作用。此寺所在的自然村(新洲寺),现属竹根滩镇谢湾行政村,相邻的自然村谢家湾、汤家湾、龙头拐、横堤分别由谢、汤、李三姓集居,而这几个自然村又都处于黄漳垸内。然则,新洲寺的香火亦主要来自黄漳垸内的各自然村。

马伏波祠位于县河东黄汉垸内。康熙《潜江县志》卷六《禋祀志上·祠庙》谓其"旧在县[东]七里河东黄汉垸,久废。明隆庆四年邑同知李崇信建"。据李崇信撰《重修马伏波祠记》所云,马伏波祠在县河以东五里处之

---

① 康熙《潜江县志》卷七《禋祀志下·梵刹》,"新洲寺"条,《中国地方志集成·湖北府县志辑》本,第46册,第115页。

② 光绪《潜江县志续》卷六《禋祀志上·坛遗》,"新洲寺"条,《中国地方志集成·湖北府县志辑》本,第46册,第411页。

黄汉垸南堤上,当即在今洪庙村附近(洪庙当即"伏波庙"之音讹)。重建后的马伏波祠不仅奉祀马伏波,还在伏波殿后另建有真武宫,"以俗不真武不崇也"。"乡人无远近闻者慕、见者悦,祭享较昔益加虔忱,则又籍居民岁轮香火以歆神,月储米粟以饷祝,将为经久之计焉。"[①]至万历二十八年(1600年),李崇信之子李鸣又在马伏波祠后增建观音阁,从而进一步完善了这一庙宇体系。据李崇信所撰《记》文,知李氏即居于黄汉垸中,与庙、阁相距甚近,而"岁轮香火以歆神"的居民大抵皆居于黄汉垸中。[②] 黄汉垸四面滨河(西滨县河,南临恩江河,东为洛江河,北濒通顺河),垸堤周长30余里,垸内包括今杨市镇所属白窑、莫市(莫老潭)、黄垸、洪庙等4个行政村,约50个自然村。居民多为杂姓,居住相当分散,宗族的影响也相对薄弱。[③] 由于其垸堤"非特为一垸保障,实沔、天以下之顶额,利害攸关",故向来由潜江、天门、沔阳三邑分工合修,本垸受益田户仅出工十分之一,[④]而当地故老相传,直到民国时期,举凡集夫修堤,皆在洪庙汇齐,于伏波庙上香赴工。

永丰垸位于东荆河西岸、今熊口镇永丰、莲市二村境内,滨临东荆河的垸堤(亦即东荆河西岸堤)上有三座庙。大士庵座落于永丰垸耳捲堤上,清初顺治间(1644—1661年)垸中乡绅刘宾国主持修建。光绪《潜江县志续·飨祀志》载:"值襄水汛涨,堤几溃,公督夫抢筑。至夜半,恍惚间见一女身,口念救苦救难,自称大士。不移时,河涨忽平,堤得保全。公乃独自捐赀,于堤旁建庙一所,塑大士神像,施香火田数十亩,永远供奉,即取大士庵为名。至今堤塍稳固,神之默佑无替。"所言"襄水",指今之东荆河。大

---

① 康熙《潜江县志》卷六《飨祀志上·祠庙》,"汉马伏波将军祠"条,《中国地方志集成·湖北府县志辑》本,第46册,第104～105页。

② 在今洪庙村所属碑湾村,相传有一方大石碑,据说内容是有关马伏波庙的,惜今已不存。

③ 黄垸村共有9个自然村,以余姓为最多,也只有40户左右(2005年);其余的龙、魏、杨、盛、易、熊各姓,大抵皆在20户以下,易姓居住的易家台只有14户。莫市村(莫老潭)共有20个自然村,大约有30个姓,其中七姓台只有31户,却有7个姓;曾马家台、周魏家台、钟杨台、甘杜家台、陶杨家台等自然村,则显然因两姓合居一台而得名。参见前揭潜江县地名领导小组办公室编:《湖北省潜江县地名志》,第141～142页。

④ 光绪《潜江县志续》卷一〇《堤防志》,《中国地方志集成·湖北府县志辑》本,第46册,第435页。

士庵大致可以视为永丰区九垸的保护神庙。康熙二十九年（1690 年），潜江知县刘焕将境内百余垸分为 11 个垸区及若干独垸，"遇有工程，本垸力不能胜，则将同区各垸开明，禀县印河各官，传同垸民，酌量工之大小、田之多寡，均匀派拨，令他垸协助，谓之调垸"。① 其中，永丰区（初名洪水区）包括永丰、洪水、茭芭、中务、砖桥、红庄、长亭、长湖、范家等九垸，合修边江大堤（襄堤，即东荆河西岸堤）9773 弓；然长亭、红庄、砖桥等所谓"内三垸"并不滨临东荆河，每不愿协修边江大堤，以故屡起争端。康熙五十七年（1718年），潜江知县胡灿等奉府、道之命，在大士庵立了一块碑，规定九垸合修本区负责的东荆河堤防。② 自此之后，举凡永丰区九垸合修襄堤，均在大士庵集工上香。祖师殿则可视作永丰、茭芭二垸的保护神庙。它坐落在永丰垸曾晓湾堤西南，据说建自明万历年间（1573—1620 年），乾隆间重修。曾晓湾堤在永丰垸东北角、茭芭垸西南角，北、东两面临河，受洪水冲刷甚巨，故曾多次退挽月堤。其地土属茭芭垸，而受益主要是永丰垸，故每次挽修月堤，均由二垸合作，在祖师殿集工。莲花寺在今莲市村东，又称大殿庙，据说建于南宋淳熙年间（1174—1189 年），因寺内种有莲花，故名。光绪《潜江县志续·飨祀志》称："即古宝莲寺也，载在旧《志》。向在永丰垸莲花集，后因河水坍逼庙基，乾隆年间，陈天怀、张柱等倡首，迁移垸内，离集里许。咸丰四年，红巾贼焚毁后殿；次年，监生郑仁宏等倡首重修。"则莲花寺原本当地东荆河西岸堤上，乾隆以后才移入垸内今址。莲花寺虽移入垸内，但永丰垸修理垸内子堤，仍在莲花寺上香集工，故可看作是永丰垸的保护庙。

返湾垸（在今潜江西南境后湖农场境内）也有三座庙：东岳庙，据说明时由蒋姓建，后由蒋姓及众姓共同修葺；万福寺，道光中由黄姓出资舍地建庙，聘僧人住持；文昌宫，由田姓资助建立。③ 这三座庙实际上分别是蒋、黄、田三姓的家庙，合修垸堤时三姓民众亦分别在各自的庙中上香集工（杂

---

① 王概：《湖北安襄郧道水利集案》卷下《禀抚宪晏各属水利岁修事宜》，第 2 页 B 面。
② 光绪《潜江县志续》卷一〇《堤防志》，《洪水区碑文》，《中国地方志集成·湖北府县志辑》本，第 46 册，第 436～437 页。
③ 光绪《潜江县志续》卷七《飨祀志》，《中国地方志集成·湖北府县志辑》本，第 46 册，第 111、115 页。

姓多集于东岳庙)。乡林垸也有真武庙(在周家矶,天启四年周廷彬建)、青莲庵(在刘申口,崇祯四年周廷彬建)、忠义庙[在阮家湾,顺治十五年(1658年)周廷彬建]等三座庙宇。周氏本为乡林三湖的渔户,后来上岸围垦,相继主持围筑乡林、返湾等垸,成为潜江西境乡林、返湾(今周矶镇与后湖农场)一带的大族。据康熙《潜江县志》卷一六《人物志》载,周廷彬"少擅文名,家有冤赋,虽多累,而力学自若";明天启初中举人,入清后历任凤翔府推官、保宁府同知;致仕后回乡仆居。① 周氏在乡林垸垸堤工程最为紧要的三处分建儒(忠义庙)、释(青莲庵)、道(真武庙)三教庙宇,显然经过周密考虑与规划。三庙间的关系已不能详,但从今见文献记载与田野考察看,到清中后期及民国时期,位于周家矶集镇上的忠义庙的影响已远超过青莲庵与真武庙,成为乡林垸乃至乡林区诸垸的总庙。葛柘垸(在今潜江东北境杨市镇北部、黄汉垸北)内据说曾有八座庙宇,其中最大的庙称为护城山庙,相传为葛柘所建,并统领其他七庙。由于这些庙均已不存,所以已无法分析它们相互之间的关系,但这个传说已足以说明:葛柘垸内部存在一种庙宇网络,而此种庙宇网络显然有助于促进全垸的凝聚和整合。

大多数的垸只有一座庙宇,即一垸一庙,如牛埠垸有藻月庵[嘉靖四年(1525年)建],泰丰垸有自在庵(崇祯间建),荷湖垸有度生阁(崇祯初建),平滟垸有海月庵[康熙十年(1671年)建],赵林垸有岱宗庙[崇祯元年(1628年)建,康熙三十年重修],社林垸有长寿庵(道光中建),南湖垸有韩蕲王庙,长垴三垸有流钟寺[乾隆十六年(1751年)建,乾隆五十八年、同治四年(1856年)重修],长垴一垸有白鹤寺,官庄垸有奉禄庵(亦为袁氏家庙,同治间重修),栗林垸有三仙庙[道光二十九年(1849年)建],永林垸有青云寺(同治四年建),花蓝垸有火府庙(康熙间建,乾隆五十年重修),西湾垸有文昌宫[咸丰九年(1859年)重建],后湾垸有九垸宫(咸丰九年建),河套垸有大士庵(万历间建),社林上垸有普渡庵(同治六年建),坨一垸有祖师殿(咸丰七年重修),包家垸有东岳庙,砖桥垸有天齐庙(明隆庆间萧氏建,右为萧氏祠堂),上江垸有印心庵(明末建,咸丰间重修),永林垸有伏波寺,长亭垸有东岳庙[隆庆(1567—1572年)时建,清初重修],下江垸有大

---

① 康熙《潜江县志》卷一六《人物志》,"周廷彬"条,《中国地方志集成·湖北府县志辑》本,第46册,第280页。

圣宫(同治元年莫、向、万三姓建)、新丰外垸有观音庵(明末建,康熙五十一年迁堤内)。① 实地考察表明,直到民国时期,大凡合垸集工修堤,都要到本垸庙宇内上香,举行仪式。所以,虽然这些庙宇奉祀的神祇各不相同,营建与管理也各异,但实际上都不同程度地发挥了凝聚垸内民众的作用;其香火田主要来自本垸居民的施舍,其信众显然多来自本垸,故可以视作为"垸庙"。

今见文献记载和田野调查表明:潜江县境内各垸庙宇的建立和大规模维修,主要集中在明后期(万历至崇祯间)、清初(顺治至康熙前期)、清后期(嘉庆以后)三个时期,其中,明后期与清后期正是江汉平原垸田围垦渐趋于膨胀、水患逐步加剧、堤垸溃决频繁的时期,而清初则是较大规模地重整堤垸的时期。② 这也从一个侧面说明,大部分垸庙的修建均程度不同地与水患、堤垸修防联系在一起,故防御水患、保障堤防至少是其部分功能。这些庙宇往往是垸堤维修的集工之所,在团聚垸内民众共同维护垸堤、处理垸内事务及与邻垸间关系等方面,发挥了重要作用。

显然,垸庙的凝聚功能超越了家族,使不同家族以及尚未形成家族的小姓散户得以垸庙为中心,展开协商与合作。由于江汉平原的围垸规模较大,即便垸内形成势力较大的家族,也少有由单一家族控制一个围垸的例证,而多是由多个家族以及众多的小姓散户共同协作修筑并维护一个围垸。在这种情况下,超越家族联系之上的垸庙就成为将垸内各家族、小姓、散户凝聚在一起的重要途径。因此,垸庙是江汉平原垸田区域由围垸水利衍生出来的最重要的"水利的社会关系"。

四、赋役征科系统与水利系统的"叠合"

在上引林钟任《南湖垸说》中,清丈田亩是按"垸"进行的;而斗步头公

---

① 康熙《潜江县志》卷七《飨祀志下·梵刹》,《中国地方志集成·湖北府县志辑》本,第46册,第112～125页;光绪《潜江县志续》卷七《飨祀志》,《中国地方志集成·湖北府县志辑》本,第46册,第411～417页。当然,也有很多庙宇未见于文献记载。

② 参阅梅莉、张国雄、晏昌贵:《两湖平原开发探源》,第103～134、189～213页。

局不仅负责南湖垸堤之修防,还承管垸内田亩赋税之征收事宜。垸内田亩以字号计,分为五号,其下又分列二十甲。此五号、二十甲与负责垸堤修防事务的十总之间,很可能存在密切关联。除南湖垸外,林钟任还负责清丈了石心垸、竹筒垸的田亩。① 同治《汉川县志》卷九《堤防志》于各官垸之下均详记垸内上、中、下田与上、中、下地顷亩数(所记当是征科田亩,并非实有田亩数)。显然,汉川县的"垸"已成为一种赋役征科单元:不仅田亩清查按垸进行,赋役册按垸编订,钱粮之征收也是以垸为单位的。乾隆三十二年(1767年)春,士民请废汈汊垸,知县左修绪详文中谓:"该垸计长七千余丈,形虽绵长,单薄殊甚,向系垸民分上下八总按亩出夫分修。今欲加高培厚,足资捍卫,则所费甚巨,民修力所不能,借帑难以征补,不如改粮废堤,以便民生而顺水性。"后奉部檄确查改则,以"上八总红粮改入渔粮项下,上则起征,免银九十二两一钱三分,减免南米八十石六斗四升;下八总减免南米五石一斗一升"。② 则知汈汊垸既分上、下八总维修垸堤,亦按上、下八总征科;而所谓"呈准废垸",实质则在于减免垸内田亩的赋役定额,或按河湖水域改征鱼课,"废堤"倒在其次。"废垸"既是以垸为单位减免赋役定额或改则,则赋役之征纳也当是按垸进行的。

以田归垸、按垸征科的做法,在汉川县始于何时,不能详知。考康熙《汉阳府志》卷五《水利志》"堤垸"中已详载汉川县诸垸名目丈尺,却并未载明垸内田亩数,说明其时垸堤维修与垸内田亩之征科尚未直接联系起来。同书卷一《舆地志》"里甲"中记汉川县赋役征科办法云:

> 汉邑每里旧设十甲,甲各有什役,即别邑所云排年是也。什役催各纳户应完钱粮,亲封投柜,而每里各有当年一人,以督什役。自兵燹后,户口流亡,向来什役大半消乏,于是每里金纳户粮多者为什役,里各五人,不计各花户细数,而总其甲之成数于什役,每月限比,照数交官入库起解。……若楚屯田督催各役,谓之把头,其法亦与民粮同,但旧征青银,今俱足色。至汉川县民粮,谓之红粮,催役或云里长,亦云

---

① 同治《汉川县志》卷九《堤防志》,"石心垸"、"竹筒垸"条,《中国地方志集成·湖北府县志辑》本,第9册,第233~234页。

② 同治《汉川县志》卷九《堤防志》,"汈汊垸"条,《中国地方志集成·湖北府县志辑》本,第9册,第226~227页。

什役。楚屯芦洲,谓之芦稞;潞藩湖课,谓之渔粮。相传楚藩望青占田,潞藩望白占田,其催役俱谓之区头。①

则至康熙前期,汉川县仍沿用什役(里长)催征之旧例(虽略有变革),屯田、庄田、渔田既纷杂交错,复各自纳课,未能整齐划一。然在乾隆十一年(1746 年)成书的《汉阳府志》卷一三《地舆志·形势》"汉川县五乡八里堤垸里至田亩数目"中,已详载汉川县各垸田亩数。如其"谢家垸"条载:"自史家山岭起,从汪家河包圆至石滚滩下转湾,南至榔头岭,东至汉阳白湖横堤底,共堤一千二十五丈,该垸建有石闸一座。垸内上田五顷六亩,中田三顷七亩,下田二顷九亩。上地一顷八十亩,中地五顷六十亩,下地一顷四十九亩三分。滨临大河,坐落长城乡。"②则至迟到乾隆十一年,汉川县已全面清丈全县各官垸所有田亩,并划分田亩等第。据此,结合汉阳县的情况,我们推测汉川县清丈诸垸田亩、按垸征粮,应是在乾隆初年完成的。

不独汉川县赋役以垸为单位编排征收,潜江、沔阳、监利诸州县也是如此。康熙《潜江县志》卷三《舆地志》"乡区"云:"康熙二十三年禁革里排,征粮按垸归乡,以五乡垸内之沙、水、老、荒田亩尽编入毕公一乡,名曰尾粮。乡、图之名存,而籍非旧矣。"其下于长乐、太平、道隆、长安、太和五乡垸田下分记各垸民田、更名地,另于"毕公乡尾田"目下分载各垸尾田。如其于"长乐乡垸田"目下即分记长堖一垸等共 45 处垸、洲,各垸、洲之下则详载其征科田亩,如长堖一垸有"民田三万一千三百二十亩五分九厘一毫,更名惠地一百四十五亩六分八厘三毫"。③ 显然,垸已成为赋役征科的基本地域单元。④ 康熙《潜江县志》的编纂者朱载震说:

> 潜江湖多于田,民夹堤以居。成化以前,旧设五乡一坊,垸止四十有八。嘉、隆间,沙洋、夜汉继决,陂泽渐成高陇,沿河为堤垸几半于

① 康熙《汉阳府志》卷一《舆地志》,"里甲",国家图书馆藏康熙八年刻本残卷,抄录时未详记页码。
② 乾隆《汉阳府志》卷一三《地舆志·形势》,"汉川县五乡八里堤垸里至田亩数目",《中国地方志集成·湖北府县志辑》本,第 1 册,第 139～140 页。
③ 康熙《潜江县志》卷三《舆地志》,"乡区",《中国地方志集成·湖北府县志辑》本,第 46 册,第 37～39 页。
④ 康熙《潜江县志》卷三《舆地志》,"乡区",《中国地方志集成·湖北府县志辑》本,第 46 册,第 37～46 页,引文见第 37 页。

旧。厥后疆畛尽易，粮渔冒乱，赋逋民愈。又粟地、渔田、民田三等起科，头绪繁错，黠民猾吏，互倚为奸。……康熙八年，邰阳王侯又旦痛切民艰，复详请允丈，为文告于城隍，量地亩，清隐占，编户[籍]，平里[赋]，其征收分六乡，民困以纾。康熙二十三年，邑人彭峻等力请于上，禁革里排，税粮按户随田，田归各垸，垸归各乡，无催征代收之扰。①

则潜江改行按垸征科，原因有二：一是地势低洼，一遇洪水，田畴陵谷，疆界混淆，而田业易手频繁，科则繁复，不易理清；二是自明代相沿而来之设立里排轮值催督之法，弊端丛生。后者乃各州县之普遍现象，故康熙中各地均有禁革里排之命，问题在于禁革里排之后，采用怎样的方法征科，各州县多因地制宜。潜江县根据"垸"相对稳定这一地域特征，规定"粮分绅、衿、民三户，按田归垸、按垸归乡，征收不设称书，令花户自封投柜，截给印票"，②确是适应平原湖区具体情况的一个创举，汉川等县的做法大抵皆当取法潜江。

这种按户随田、按田归垸、按垸归乡的赋役征科办法，在潜江县一直相沿使用；各垸征科田亩，亦一直沿用康熙中田亩定数。光绪《潜江县志续》卷九《田赋志》在详述田赋征收办法之后，称："因潜地环绕河滨，不无沧桑变迁之处，各垸彼坍此淤者有之，坍于邻邑者有之，破垸为河者亦有之，且有屯坐各卫，军田与民田犬牙相错，军民田地溷淆者亦在在有之，其以实粮作尾粮、希图免派夫土者，则指不胜屈矣。未经清丈田亩，自宜仍照老《志》所载田赋，一字不易。"③同书卷一〇《堤防志》载："葵芭垸，实粮役夫田二千一百三十亩六分，尾粮不役夫田五百四十一亩七分，共计实尾田二千六百七十二亩三分。道光十四年筑曾晓湾月堤，同治十年筑曾晓湾新月堤，

①　康熙《潜江县志》卷三《舆地志》，"乡区"，《中国地方志集成·湖北府县志辑》本，第46册，第46～47页。

②　康熙《潜江县志》卷九《赋役志》，《中国地方志集成·湖北府县志辑》本，第46册，第171页。

③　光绪《潜江县志续》卷九《田赋志》，《中国地方志集成·湖北府县志辑》本，第46册，第422页。

共压挖五十三亩二分。除压挖之田归尾,应存实役夫田二千七十七亩四分。"①则葵芭垸虽然因新筑垸堤压占了部分田亩,但全垸征科田亩总数(实、尾合计)并未变化,不过是将部分实粮役夫田改归尾田项下而已。

潜江市档案馆藏有清末至民国时期的太和乡实征底册两卷。第一卷封面左侧题为"太和乡实征底册,并毕"。中题"光绪拾柒年分",旁有小字四行:"实征。内凡做推收,或新立户柱,从中格起,转致下格,后至上格。如三格均满,或挨同姓移前移后,另立户柱,不可粘搭纸条。特记。"右侧一行,作"垸湖流滩子垸,并毕芦、太平、福抵、黄中"。然则,第一卷所录为垸湖垸流滩子垸田赋征科的底册。每一户柱分为三格:首格列户名,旁注小字注明属绅户抑民户;第二格分列粮、艮(银)、米三项,其所添注之小字或有涉及民国年间者(最晚至民国三十六年),显系后来所添;第三格多为添注。卷末一页总书有"二百七十五户"字样。第二卷为"砖淌外垸"册,册封与册页书写格式与第一卷基本相同,左侧第一行亦直书"太和乡实征底册,并毕",中题"光绪拾柒年分",右侧直书"砖淌外垸"四字。这两卷底册于光绪十七年(1891年)造册,后相沿使用至民国时期。仔细研究这两卷实征底册,可以断定:直到清末民国时期,潜江县的赋役征科(粮、银、米)仍是以垸为单位进行的。

沔阳州的情形与潜江县大致相同。乾隆《沔阳州志》卷三《提封·乡图》谓:"沔地自明迄今,共分方域,编载田赋,粮田四十三里,渔田四十一所析为四十六总,又益以澧马所、潞楚福惠四藩租,足以尽沔之疆域。无何,区图紊乱,税图漏淆。"②则沔阳州在明末清初乃按粮田、渔田分别征科,其所分粮田四十三里、渔田四十六总,当是按照田粮编排的;澧马潭河泊所领辖湖泽和潞、楚、福、惠诸王府庄田则另有租课系统。至雍正十二年(1734年),知州禹殿鳌主持全面清丈平赋,于乾隆元年(1736年)告竣。禹殿鳌《清丈致同事各委官书》,述及清田之程序,谓:"每临一院,五日前先谕六役,传集业户,发给册式,公同覆丈。号次不清者,令挨序编顺之;等则不确

---

① 光绪《潜江县志续》卷一〇《堤防志》,《中国地方志集成·湖北府县志辑》本,第46册,第435页。

② 乾隆《沔阳州志》卷三《提封》,"乡图",乾隆八年刻本,国家图书馆藏,胶卷,抄录时未详记页次。

者,令速行改正之。……凡附近之院,度其大小,或十日以前,或一月以前,先为晓谕,亦无不可。……一临该院,按册查号,按号查则,使号无错乱,则无混淆,民情相安,众口如一,则此院之田无庸过疑,即令造明提户大总,核算无讹,以成信册。"①则知当时清丈田亩,是按垸进行的。不过,可能因为沔阳州疆域广阔,并未按垸归乡,而是以垸归里,复以里归图,以图归乡,即所谓"地有乡,册有里,田有垸,赋有则,合粮、渔一例均摊"。而"田坐某院,饷即随之",即以赋随田、按田归垸。②在禹殿鳌所编制的五乡二十图一百里中,乡、图、里实际上只用以表示地域单元,特别是百姓纳赋实行"岁给催单,自行投柜"的办法,"里"亦失去了催征赋役的功能,于是"垸"遂成为赋役征科的基本单元,举凡清丈田亩、晓单催单之派发、红簿之编制、堤防之维修,均是按"垸"进行的。在光绪《沔阳州志·食货》"赋役"所列各里管领垸目中,见有"浃字号一册"、"浃字号二册"(悦安乡第三图东三里)、"百石上院子果院五册合总"、"百石院渔、湖二册合总"(宝成乡第二图石板里)等记载,说明红簿底册正是按垸、洲造册的。

监利县实施田亩归垸的办法相对较晚。同治《监利县志》卷四《田赋志》云:"监利田亩,自明万历时两次清丈,田粮具有成数。崇祯末,邑经兵燹,版图毁失。国初起科,多凭报亩。康熙四十六年,邑侯王公奉文清丈,民噪而止。监利分三十三里,粮附各里,每岁堤工,随粮摊派。窑圻、利厅二汛居上乡,堤短;朱河、白螺二汛,居下乡,堤长,故有上下粮之分:上粮土较轻,下粮土较重。北乡又有缓征灾垸,于是飞洒诡寄,粮无定里,亩无定粮,弊端百出。至道光时,漕额寖亏,莫可究诘。"③则直到道光时期,监利县仍沿用"粮附各里"的征科办法,田亩数、赋额则仍据万历九年(1581 年)清丈之数。直到咸丰八年(1858 年),监利县知县吉云樵方奉湖北巡抚胡林翼札饬,着手清丈境内田亩。同治《监利县志·田赋志》录邑人游克钦

① 光绪《沔阳州志》卷四《食货志》,"赋役",《中国地方志集成·湖北府县志辑》本,第47 册,第 146 页。
② 光绪《沔阳州志》卷四《食货志》,"赋役",《中国地方志集成·湖北府县志辑》本,第47 册,第 148 页。
③ 同治《监利县志》卷四《田赋志》,《中国地方志集成·湖北府县志辑》本,第 44 册,第 78 页。

《清丈本末》记此次清丈事宜甚悉,谓知县吉云樵在城内设立清丈总局,于五汛分设公局十七所,由公局负责督丈,"定弃里就垸之议,合邑通行丈量",即决定放弃原有的三十三里之制,改以按垸清丈,各垸均定立鱼鳞、归户二册,其中鱼鳞册以"花名为经,田为纬,具载土名四至弓广,相地势高下,分为上、中、下三则";归户册则"总花名田调,以便科秋征收"。这样,田分三则,赋错九等,"亩有定粮,粮有定垸,钱漕堤工,俱可按册以征",即以粮系于田亩,以田亩系于各垸,垸乃成为账役征科的基本地域单元。① 此次清丈后,监利县的里甲体系完全废弃,故同治《监利县志》卷一《方舆志》于"里名、垸名、洲名"下不再记载乡里名目,而是详录咸丰清丈时的垸分:中汛 173 垸,朱河汛 138 垸,窑圻汛 89 垸,分盐汛 86 垸,白螺汛 41 垸,共计 491 垸。②

综上所考,可以认知:自康熙前期至咸丰年间,潜江、沔阳、汉川、监利四县相继采用了以田归垸、以垸归乡(或里、图)的清丈田亩与赋役征科办法,从而使垸实际上成为官府征科赋役的基本地域单元,并在地方行政管理系统中发挥着越来越重要的作用。

五、垸与清后期江汉平原"乡团"的编练

嘉庆初年,白莲教起义波及江汉平原地区,部分州县乡绅开始组织编练团勇。光绪《潜江县志续》卷一五《兵防志》载:

> 嘉庆元年,白莲教匪滋事,延及潜西南境,长湖垸庠生吴树炳禀县练勇,协助官兵堵剿。殚心尽力,多著勋劳。匪平,知县上其功,议叙六品衔,授直隶武清典史。嘉庆三年,白莲教匪窜入潜境,武举朱诚约

---

① 同治《监利县志》卷四《田赋志》,《中国地方志集成·湖北府县志辑》本,第 44 册,第 76~79 页。

② 同治《监利县志》卷一《方舆志》,"里名、垸名、洲名"目所记"咸丰九年清丈垸分",第 44~48 页。按:统计中汛、朱河汛、窑圻汛、分盐汛、白螺汛五汛所管垸分,共有 527 垸;而同治《监利县志》所记全县垸的总数为 491 垸,与五汛合计数不符。盖因部分垸分属两汛,在各汛分属垸目中均有统计之故,故此处之总数仍取《监利县志》所记之总数。

谢天翔、陈其纶、唐正文、谢天翱、汪孝全、黄树昭、李忠堂、董勃万等督勇堵剿，败之，知县许珣详请奖叙有差。[①]

嘉庆初年潜江县的团勇究竟是如何组织的，这里的简短记载虽然提供了一些大概，但对其组织形态已不能详。然吴树炳（又作"吴淑炳"）既以长湖垸庠生身份组织练勇，则其所练团勇当以长湖垸为核心，应无疑问。朱诚，同书卷一七《列传》中有小传，谓其"原名必谅，世居潜邑之长四垸，毗连京山，由京山县试入西庠，遂隶籍焉。身长八尺，多力。乾隆丙午科中式，巡抚李公伟其人，更名诚。嘉庆三年，教匪自房县南犯，匪首张翰朝窜荆潜接壤之张坝，欲意窥荆州。诚闻警团练乡民，得勇万余人，屯于淳佑湖。淳自札淳佑寺，扼险相持数十日。匪后队由沙洋编筏渡河，水暴涨，半渡多溺，余众回窜。诚督勇逐北，直抵荆门州之三尖山"。[②] 朱诚籍属京山，世居长四垸，其所组织之团练显然以长四垸为核心。

至咸丰年间（1851—1861年），太平军势力波及潜江，县境各地纷纷组织团练，其中以"西乡六团"声势最大，组织也较为严密。光绪《潜江县志续》卷一五《兵防志》称：

> （咸丰）三年春，发逆分股上窜，土匪四起。漳湖垸庠生唐廷鉴家被劫，遣次子庠生道显赴控道辕。适云贵制军罗绕典驻节襄阳，查办土匪，谕道显练勇防堵。道显奉谕归，鉴即同长塥镇十五垸绅首团练乡勇，共推董熺国为首。四年春，复奉知县龚示团练，熺国挑选壮丁，招募健勇，具办火药、器械，共计若干人一旗，旗有长，若干人一团，团有首。凡大团六。誓以战守分任，号令必行，赏罚有章。熺国驻中策应，量地要害，董其灼、谢心治等札王家场，董熺国即与董学纯、戴自培、董其橐等俱札长塥镇，董思杭化南等札港口，董蓝田、张永煊等札白鹤寺，唐廷鉴等札漳湖垸，董玉魁等札卸甲埠。闻警互为声援，威势

---

① 光绪《潜江县志续》卷一五《兵防志》，《中国地方志集成·湖北府县志辑》本，第46册，第476页。

② 光绪《潜江县志续》卷一七《列传》，"朱诚"条，《中国地方志集成·湖北府县志辑》本，第46册，第529～530页。甘鹏云《潜江旧闻录》卷七《潜江乡团助剿白莲教匪记》（武汉：湖北教育出版社，2002年，第154～155页）所记与此大致相同。

大振。①

所谓长螺镇十五垸,当即长老(当即长螺)、长一、长二、长三、长四、坦丰、新丰、栗林、漳湖、白洑、黄景、双家、董家、南湖、社林等十五垸,亦即光绪《潜江县志续》卷一○《堤防志》所记潜江县十四个垸区之一长螺区所属的十五个垸。然则,唐廷鉴、董熻国等所组织的"西乡六团",就是以长螺区所属的十五垸为基础的。各垸均有"绅首",按垸团练乡勇,其所组织的团,当可称为"垸团",而若干垸区又组成一个"大团"。所谓"六大团",即长螺镇、王家场、港口、白鹤寺、漳湖垸、卸甲埠各一大团。蚌湖之役,"西乡六团"阵亡者三千余人。光绪《潜江县志续》卷一五、一六按垸详录了阵亡团首、团勇的姓名,如阵亡团勇中,长老垸有442名,长一垸632名,长二垸439名,长三垸366名,长四垸312名。显然,各团是按垸组织的,故阵亡团勇亦按垸计名申报。

不仅"西乡六团"是以垸为单位组织的,潜江县境内的团练可能都普遍以垸为基本单元。咸丰四年(1854年)五月清军收复潜江之后,邑绅刘永彦、张炳、郭美彦等二十余人合城乡举行团练,与太平军在汉江两岸展开零星战斗,潜江团勇亦颇有伤亡。光绪《潜江县志续》卷一五、一六所录阵亡团勇名单中,见有光泽垸阵亡团勇757名,垸埠垸165名,崔家垸41名(以上三垸属坨埠区),上耳垸有32名,黄中垸有31名(属黄汉区)。其中最值得注意的是有"在城垸"一目,阵亡团勇16名。潜江县城并非围垸,而此以"在城垸"为称,显指"在城"民众所组织的乡团,应称为"在城团"。由此推知:各垸所组织的团,虽以"垸"为称,实为"团"。至同治五年(1866年),捻军试图进入潜江,"知县向时鸣谕令绅首刘世蕙、杨玉成、范明绶、潘希贤会议募勇,沿河防御,并檄各垸团首许大杰、萧光宇、彭庆琳、谢祖润、关俊才、孙道瀛、刘玉绅、陈道扬等,督带团勇,轮班巡防,河干上下百余里,密排如栅。是月二十一日,捻匪自德安一昼夜蜂拥至潜河北境,冀渡河以窜荆州,河南岸防堵甚严,无从偷渡,遂蔓延于河北二十八垸。时垸民自团为匪所

---

① 光绪《潜江县志续》卷一五《兵防志》,《中国地方志集成·湖北府县志辑》本,第46册,第476~477页。

乘,皆不胜,死于锋镝所在多有"。① 所谓"河北二十八垸",即潜江县所属汉江北岸的二十八个垸,在垸区分划中,分属河北上区(后改称杨湖区)和河北下区(后改称河北区)。河北二十八垸自发组织的团练,显然是以垸为单位的,各垸分设"团首"。甘鹏云《潜江旧闻录》卷七《潜江乡团防御捻匪记》记河北二十八垸遭罹乱离及堵截捻军之事甚详,其中见有文葱垸团首张礼荣、赵林垸团首张学礼、泥洑垸团首茹小纯、计小垸团首巴开显、太平垸团首王学斌等,②亦可证这些乡团是按垸组织的。

光绪《潜江县志续》按垸记载阵亡团勇及"尽节妇女"名目的做法,这说明其时垸已逐步取代乡、里,成为界定士民籍贯居里的常用表述方式。康熙《潜江县志》述及本县人物籍属居地,一般称其为某乡人,如卷一七《人物志》"孝友传"记柴浩,谓其为中港乡人;廖安定,太平乡人;谢复清,道隆乡人;何瓒,长乐乡人。光绪《潜江县志续》卷一七《人物志》,则多不载人物所属之乡里,而直接称述其居于某垸,即称为某垸人。如"孝友传"下记文曰明,谓其为乡西垸人,荆州卫籍;谢光廷,荷湖垸人;何东义,乡南垸人;庄鸿铎,乡西垸人;刘冕,荷湖垸人。③ 这种表述方式,说明"垸"已取代乡、里,成为界定士民所属地域的惯用表达,垸内居民亦以"垸"作为界定自己身份的指标。

六、从"水利关系"、"水利的社会关系"
到"水利社会"

最初进入江汉平原湖区的人们,大抵居住在地势较高的丘冈或人工堆筑的台墩上,种植丘冈、台墩周围的土地,在河湖中捕鱼,过着一种高度流动性的生活。同治《汉川县志》卷一○《民赋志》录嘉庆二十一年至二十三年间(1816—1818年)任汉川知县的樊钟英所上"通禀汉川地方情形民间

① 光绪《潜江县志续》卷一五《兵防志》,《中国地方志集成·湖北府县志辑》本,第46册,第477页。
② 甘鹏云:《潜江旧闻录》卷七《潜江乡团防御捻匪记》,第157～158页。
③ 光绪《潜江县志续》卷一七《人物志》,"孝友传",《中国地方志集成·湖北府县志辑》本,第46册,第535～538页。

疾苦"云："汉川地处襄江下游，形势低洼……民庐多居墩、台。墩者，乃民间锄土造筑而成。若水淹久，则墩、台亦多坍卸，故居民多造茅屋竹篱，略加墙垣。夏秋水至，则拆屋移居，撑船远逃；春冬水退，则［刈］（于）茅索陶，亟其乘屋。"①江汉平原腹地的台、墩大部分系人工堆筑而成，一般高出周围地面 1～3 米，当地人把堆筑台墩称为"挑台子"。挑台子多选在靠近自家田地、本身地势即稍高的地方，先取土堆筑，夯实，然后于其上构筑房屋。一户人家所居的台子面积一般在 100 平方米以上，故所需土石大约为 200 立方米左右。由于筑屋多选在冬春进行，如果在一个冬春季节筑不起台子，春夏洪水来临时可能会将已筑部分冲毁浸塌，所以，"挑台子"又有很强的时间性。因此，即便是一家一户"挑台子"，也需要亲邻帮助、协作才能顺利完成。②

挑筑好台墩、建起房屋之后，人们的生活逐步稳定下来，于是，开始在丘冈、台墩附近的河湖自然堤上营筑堤防，以阻挡从河湖中泛溢而出的洪水，保护田庐。起初围筑的堤防大抵是迎水的一面，然后慢慢地在另三面也相继筑起堤，形成围垸。无论是修筑一段垸堤，还是围筑整个垸堤，都需要在一个秋冬枯水季节内初具规模，所以，围垸工程既规模巨大，又有很强的时间性。这就必然需要大规模的集体协作才能完成。据上所考，明清时期江汉平原地区的"垸"主要是通过民众协作的方式修筑起来的，其协作方式主要表现为家族内部合作、家族之间合作以及零星农户之间的协作等；当大规模围垸涉及众多民户利益、特别是部分民户对围垸持有不同意见时，则需要官府介入，以协调各方利益及所承担堤工的分配。在围垸过程中，家族内与家族间、各家族与官府间的协作是必不可少的；为组织、实施这种协作，一些垸成立了常设性的管理机构，如汉川南湖垸的斗步头堤工局。

显然，在堆筑居住台基、围筑堤垸的过程中，江汉平原地区的民众逐步

---

① 同治《汉川县志》卷一〇《民赋志》，《中国地方志集成·湖北府县志辑》本，第 9 册，第 240 页。

② 参阅前揭陈涛：《洪水与村落空间结构的演变——江汉平原杨马村的台子的社会学考察》；鲁西奇、韩轲轲：《散村的形成及其演变：以江汉平原腹地乡村聚落的形态及其演变为中心》。

建立起以协作互助为基础的社会关联:(1)居住在丘冈或台墩之上的民众,受到居住空间的限制,表现出高度的分散性;但在互相帮助堆筑台、墩的过程中,居住于不同丘冈或台墩之上的民众,已表现出相当密切的联系和协作。(2)兴筑一段即使较短的沿河堤防,也不是单个或数个家庭可能完成的,必然需要分散居住于各丘冈、台墩之上的诸多民众共同参与,从而使他们之间的联系得到进一步加强。至一个围垸建立起来,所有生活、生产于其间的民众均有赖于垸堤的保护:对于垸内居民来说,垸不仅是身家性命所系,也是衣食田粮所资:有了垸,才使大片低洼湿地免于洪灾而得以利用,"无堤则无田,无田则无民"。正因为此,围垸不仅将一定地域区隔出来,还强化了垸内民众间的相互联系,使之逐步发展成为一种拥有共同利益的"生产协作单元"。换言之,正是在垸堤修筑、维护、管理、排出垸内积水、开挖水渠与刬口等一系列水利活动中,垸内居民以协作防洪为中心,形成了一种基于水利的社会关联,逐步加强了相互间的联系、协作和认同,这就是"水利关系"。水利关系是基于生存、生活与生产需求的、以互助、共同应对洪涝灾害以谋求生存和发展为基础的生活生产性关系或经济性关系。水利关系既然基于共同的水利利益,如果水利利益本身或个体与群体对水利利益的需求发生变化,这种关系也就可能变化,因此,它是不稳定的,更非常规性的社会关系。

在堆筑台墩、围筑堤垸的过程中,人们可能在血缘或拟制血缘的关系下组织起来,从而形成家族或其雏形。由于单一家族或类似的社会组合并没有能力兴修、维护规模巨大的围垸,就出现了家族间的协作关系。在家族间开展协作、并进一步将垸内小姓、散户团聚在一起的过程中,垸庙可能发挥了最重要的作用。为了将各家族、小姓及众多的散户团聚在一起,往往不得不借助神祇的力量,以建立超越血缘关系之上的社会关系。以镇遏洪水、保障堤垸为主要功能的"垸庙",可能在围垸建成之初甚至之前即已建立,故而在围垸修筑的过程中即已发挥了重要作用,在后来的垸堤维修中更扮演了集工、议事中心的角色。在漫长的演变过程中,垸庙的功能不断扩展,奉祀的神祇也会不断增加(或改变),从而逐步发展成为垸内民众的信仰和祭祀中心。垸庙功能的不断扩展,已超越了镇水护堤的范畴;而围绕垸庙的诸多社会活动,基本上可视为由水利关系衍生出来的社会关系,即"水利的社会关系"。水利的社会关系实际上已超越了直接的水利利益,并具有习惯法意义上的强制性,因而是相对稳定的社会关系。

但是,"水利的社会关系"的形成并不意味着"水利"这一因素在当地社会诸种关系中占据了主导性的或核心性的地位,更不意味着由此而形成了"水利社会",因为国家权力、宗族、宗教、市场等因素,都在同时发挥着作用,并在地方社会的建构过程中扮演着重要角色。传统中国地方社会的形成与变化是相当复杂的、多元化的社会进程,试图追问在这一过程中何种因素发挥着决定性的或主导性的作用,可能是非常困难的,而且是徒劳无益的。通过对江汉平原围垸水利的考察,我们认识到立基于防洪排涝的水利这一因素,在地方社会的建构与变化过程中发挥了重要作用。那么,这种作用是否具有决定性或主导性呢?

无论是在堤垸修防协作中,还是在垸庙的信仰与奉祀中,基本上都是民间力量自主地发挥着作用,官府的作用是次要的、乃至微乎其微的。但是,围垸以及随之而来的垸田的开发并非仅仅是一种"民间行为",也同时是一种"政府行为":它不仅在很大程度上得到王朝国家的鼓励和支持,更重要的是,围垦出来的垸田被视为重要的财赋来源,官府势必想方设法将之纳入征科对象。研究表明:明初江汉平原诸州县推行里甲制,主要集中在已经开发的平原边缘低岗丘陵和腹地地势较高的围垸地区,并未将低洼湖区散布的众多渔户编入黄册里甲(而是编入由河泊所管理的渔户"业甲"系统,考另详)。江汉平原垸田开发的两大主力军——移民与渔户,大部分均未或未完全被纳入版籍,其所垦垸田也多未征科。明中后期,地方官府不断通过清田、新编附籍里甲等手段,努力控制新垦垸田;在这一过程中,有部分新垦垸田起科纳赋,也有少数垸民入籍。清前中期,江汉平原诸州县渐次推行按田粮编排里甲的做法,按田归垸、按垸归乡,里甲制遂得以落实到具有明确地域范围的"围垸"上,变质为以田粮为基础、以垸为具体地域范围的赋役征科单元。这样,垸在地方行政系统中遂发挥着越来越重要的作用,甚至具有某种"准行政区域"的意义。

正是在上述背景下,当清后期潜江等江汉平原州县组织团练以对抗白莲教、太平军及捻军时,就自然而然地把"垸"作为组织团练的基本单元,身兼"团首"的"垸首"实际控制了本垸的经济、社会、治安乃至军事权力,垸遂成为一种集经济、社会、文化以及行政、治安功能为一的社会政治单元。这种情形虽然仅在潜江县发展得特别突出,但应可看作为江汉平原诸州县的普遍趋势。与此同时，垸也逐步取代乡、里，成为界定士民籍贯居里的常用表述方式，说明垸内居民已形成以垸为标志的身份认同。

在这一变化过程中，官府和地方士绅依托以围垸为单元的固有水利社会关系，改造原有的赋役征科系统，建立新型的社会组织（团），把赋役征科系统、社会治安管理系统"叠加"在围垸水利系统之上，从而强化了围垸水利在地方社会中的"结构性"意义，使围垸成为"塑造"当地社会经济系统的基本单元。因此，水利因素虽未能"决定"或"主导"赋役征科系统与社会管理系统的变化，但客观上却给后者提供了一种"结构性蓝图"，并在很大程度上影响了后者的"结构"及其变化。

如所周知，"水利共同体"理论是日本学者提出、借以分析中国古代社会结构及其特性的一种理论体系。[①] 其基本论点可概括为：水利共同体以共同获得和维护某种性质的"水利"为前提，共同体之成立与维系的根本基础在于"共同的水利利益"；在水利共同体下，水利设施"为共同体所共有"，修浚所需力夫、经费按受益田亩由受益者共同承担；水利受益范围内的村民"自发地"组织起来，共同制订并遵守水利规章，建立水利秩序；而水利共同体"本身虽具有作为水利组织之独立自主的特性，但在营运上却完全倚靠其为基层组织的村落之功能。另一方面，村落也完全经由水利组织的协助，完成作为村落本身之部分生产功能"。在这个意义上，水利共同体具有村落联合的特性。换言之，水利共同体须具备四个要素，即共同的水利利益（"水权"）、水利设施之为"共同体所共有"、共同的水利组织与水利章程、

---

① 关于"水利共同体"理论最简明扼要的阐述，可见好并隆司：《水利共同体における鎌の歴史的意義》，初刊《历史学研究》第 244 号（1960 年 10 月），又见氏著：《中国水利史研究論考》，日本冈山市：冈山大学文学部，1993 年，第 214～228 页；森田明：《明清时代の水利团体——その共同体的性格について》，刊《历史教育》第 145 号（1965 年），第 32～37 页。更全面的了解，则可参阅丰岛静英：《中国西北部に於ける水利共同体について》，《历史学研究》第 201 号（1956 年 2 月）；宫坂宏：《華北に於ける水利共同体の实態》，《历史学研究》第 240、241 号（1960 年 8 月）；等等。

水利受益范围内各村落的联合。① 从上述考察分析上可见:江汉平原地区的"垸"正是基于共同的水利需求——防洪、由民众(在官府的默许或支持下)自发兴修的,其修防力、费由受益者按受益田亩分担(至少在原则上如此),日常管理与维护由垸民自发组织的堤工局之类民间组织负责;由于大部分垸均包含了数个乃至数十个自然村落,因而也就具有某些村落联合的特性。在这个意义上,江汉平原的围垸具备所谓"水利共同体"的主要特征,可以看作为"水利共同体"的一种类型。

但是,江汉平原的围垸在逐步发展过程中,又衍生出诸多超越"水利共同体"内涵的社会关联。在华北和西北地区的灌溉水利中,虽然也有一些地方实行"以水随地,以粮随水","视地粮多寡,均定水程"之法,将赋役征发特别是"地粮"(田赋)征收与用水多寡联系在一起,②然却迄未见到以某一渠系灌溉区域作为赋役征发之地域单元者(即以灌区为单位征纳赋役)。潜江、汉川、沔阳、监利等江汉平原州县在清代渐次采用以田归垸、以垸归乡的清丈田亩与赋役征收办法,"垸"成为官府进行赋役征发的基本地域单元,说明垸不再仅仅是以民间力量为主导的"水利共同体",而且得到官府的承认与利用,成为相对稳定的经济地域单元或财赋单位。在潜江、监利和汉川县,界定某人地缘身份的常用表述方式是指其为"某某垸人",说明垸内民众已形成相当高度的"地域认同","本垸"的地域归属感较为明确。在嘉庆、咸丰、同治年间的社会动乱中,以垸为单位组织团练,虽然是"水利的社会关系"在社会领域的进一步扩展,但实际上已给垸赋予了"准行政区域"的意义。因此,我们认为,清后期江汉平原的围垸不仅可视作"水利共同体"的一种类型,还具有更为丰富的社会经济与政治文化内涵,可以概括为"以围垸为中心的水利社会";而江汉平原的围垸由"水利设施"逐步发展

---

① 森田明:《清代华北的水利组织与其特性——就山西省通利渠而言》,见氏著:《清代水利社会史研究》,郑樑生译,台北:台北"国立"编译馆,1996年,第341～372页,引文见第363页。另请参阅森田明:《清代水利组織の構造と性格》,见氏著:《清代水利史研究》,东京:亚纪书房,1974年,第383～414页。

② 如山西介休县,自万历十五年(1587年)起,即实行以水随地、以粮随水之法,在清丈全县水地、旱地的基础上,勘定水粮、旱粮数额,"不论水契有无,而惟视其地粮多寡,均定水程,照限轮浇"。见黄竹三、冯俊杰等编著:《洪洞介休水利碑刻辑录》,北京:中华书局,2003年,第163～181页。

成为"水利社会"的历程，就可以归纳为：从相对单纯的水利设施和生产协作单元，演化成以垸庙为中心的社会单元和以赋役征纳为核心的财赋经济单元，进而发展成"准行政区域"和以"本垸认同"为核心的文化地域单元。

那么，哪些因素促使江汉平原的围垸从"防洪排涝"为中心的水利关系出发，逐步衍生出诸种复杂的社会关系，进而形成"水利社会"？换言之，在江汉平原以围垸为中心的水利社会的形成过程中，哪些因素发挥了关键性的作用？

首先，防御洪水的需要，使协作修堤防洪成为垸内民众生存发展的唯一选择，并借此将他们密切地联系在一起。江汉平原民众既"全倚堤垸为命"、"以堤为命"，而堤垸"大者轮广数十里，小者数十里"，自非一家一户或一个村落所可修筑，势必联合起来，才能完成；垸堤一旦溃决，受害者亦绝非一家一户或某个村落，而是全垸民众田亩。因此，通力合作、共同修防堤垸，实为江汉平原民众生存发展所必需，故无论何人，只要有田亩在垸堤的保障之下，就必须承担修防之责。垸民在洪水面前生死与共，这种与生存直接相关的"共同利益"乃是最为重要的共同利益。正是从这种共同利益出发，垸内民众才逐步在生产、信仰及治安等领域里团聚起来，建立起密切的关联。可以说，协作防洪乃是江汉平原围垸之所以能够衍生出诸种社会关联、最后形成为"水利社会"的根源，亦即江汉平原以垸田为中心的水利社会之所以形成的最为关键的因素。

其次，王朝国家适时、适当的介入，促使围垸向财赋和具有行政管理意义的地域单元演化。在江汉平原围垸由基本上是民间自发的生产与经济协作和信仰单元向经济与社会管理单元演化的过程中，主要由官府推动的以田归垸、按垸征粮的赋役征收办法改革实际上发挥了至关重要的作用。盖自明初以来，以户籍控制为基础的里甲赋役制度，与垸田开发的实际进程是不相对应的，甚至是脱节的：由于江汉平原垸田开发的主力军渔户和客民多未入籍，其所围垦的垸田多不纳田赋，偶有征科，亦只纳"湖租"（鱼课），因而官府不能有效地控制大部分新垦垸田；明中后期，地方官府不断通过清田、新编附籍里甲等手段，努力控制新垦垸田及在其上耕作的垸民，但效果并不明显。从清初开始，江汉平原诸州县渐次推行按田粮编排里甲的做法，以田归垸，按垸征粮，原本以户口和土地占有相结合为基础的里甲赋役体制，乃变质为以田粮为基础、以垸为具体地域范围的赋役征科单元。

这样,立足于官府控制系统的里甲赋役体制,遂与根源于民间协作互助的围垸水利系统合为一体,从而给围垸赋予了经济与行政管理层面上的意义,并为垸成为界定士民身份及垸民认同的标识、以及后来以垸为基本单元组织团练奠定了基础。

最后,乡绅豪强力量的崛起及其以围垸水利事务为中心的经济社会活动,是围垸逐步发展为地域社会单元的重要前提。如上所述,在汉川南湖垸的围筑、修防和管理过程中,林、尹、李三姓特别是林氏家族发挥了主导性作用;天门太平垸是由蒋、文二姓为主围筑的;而沔阳刘氏则围筑了新胜、芦白、芦花、常熟、硬垴、大有、乐耕等垸。这些大姓豪族借围垦垸田而兴起,其田舍财富均萃于围垸之中,故每每热衷于垸内"公共事务",诸如组织垸堤修防、维护垸内水利秩序、营建与奉祀祠庙、代表本垸与官府打交道、协调与邻垸的关系,乃至组织乡团以维护本垸治安等等。凡此诸种"公共事务活动",都在不同程度上强化了垸内民众的凝聚力及其对本垸的认同感,促使围垸向地域社会单元方向演化。

在农业社会中,共有生活在特定地理或社会空间的人们之间,因为生产、生活的共同需要,形成程度不同的协作关系;进而为使这种协作关系得到保障,制订某些具有约束作用的规约,并以这些规约为基础,建立起不同形式的社会组织,从而使拥有共同利益的人群,在遵守共同规约、奉行共同秩序法则的前提下,结合为某种形式的社会关系网络或社会集团(共同体);依靠这种社会关系网络,人们才有可能生存并进行生产与再生产活动,因此,人们对所在的社会集团(共同体)持有某种认同意识。这当是农业社会普遍存在的现象。问题在于:(1)怎样的"共同利益",才有可能使人们摒弃彼此之间的利益冲突和其他矛盾,携手合作,并努力将这种协作关系长期稳定地坚持下去?(2)如何保证已有的规章或制度性安排得到切实地执行?(3)怎样使这一社会关系网络得到有效的运行?在江汉平原以垸田为中心的水利社会的形成过程中,"洪水面前生死与共"这一至为重要的"共同利益",是促使人们通力协作的根本原因;王朝国家以垸取代乡里作为赋役征科的基本单元,是垸得以稳定切实运行的制度性保障;而凭借垸田开发得以崛起的乡绅豪强及其对垸内"公共事务"的经营,则是这种从水利关系发展而成的社会关系网络得以有效运行的具体体现和前提条件。

因此,水利在当地生产中具有生死攸关的意义、适时适当的国家介入以及相对有力的社会力量,似可看作为以水利为中心形成地方社会关系网络的三方面必备条件,唯有具备这三方面条件,一个地区才有可能形成水利社会。具体言之,虽然很多地区都有水利事业的发展,但如果该地区的水利并不具有生死攸关的重要意义,亦即未达到离开水利当地居民就不能生存的地步,那么,当地社会就可能未必围绕水利这一因素、而更有可能围绕其他线索(如王朝国家的控制系统、大众信仰系统或市场系统等)凝聚起来;虽然很多地区都会围绕水利事业的发展而衍生出一定的社会关联,但如果没有国家力量的适时、适当介入,这些社会关联可能仅停留在水利事务的层面上,而不会扩展到更为广泛的经济、社会乃至行政管理领域,也就不会成长为水利社会;即便上述水利关系及其衍生的社会关联得到官府的认可、支持和制度性保障,如果一个地区缺乏相对有力的社会力量,这些社会关系网络仍然无法运行,水利社会也就不可能存在。

传统中国农田水利领域的区域协作

——以明清时期江汉平原的"垸区"为中心

一、问题之提出

关于传统中国农田水利领域中的协作，论者向来比较关注同一水利利益区域范围内水利受益者基于共同利益而进行的协作，亦即所谓"水利共同体"在拥有共同的水利利益（"水权"）、共同的水利设施、共同的"水利组织"以及在与王朝国家"互动"的过程中作为一个"相对自主的社会体"等前提下，共同兴修、维护、管理水利设施，共同制定并遵守特定的水利规章，维护水利秩序，并在"水利共同体"范围内尽可能依靠民间方式协调、解决水利矛盾与纠纷。① 而对于相邻的或相关的"水利共同体"之间（如同一河流上下游不同引水灌区之间）的关系，则大多强调其相互间矛盾冲突的一面，认为水资源的争夺乃是同一区域范围内不同水利共同体之间关系的主流，

---

① 关于"水利共同体"理论最简明扼要的阐述，可见前揭好并隆司：《水利共同体における鎌の歴史的意義》；森田明：《明清時代の水利団体———その共同体的性格について》。更全面的了解，则可参阅前揭丰岛静英：《中国西北部に於ける水利共同体について》；宫坂宏：《華北に於ける水利共同体の実態》；等等。

而此种矛盾冲突之协调解决,则主要依靠官府力量的介入或干预。①

在《明清时期江汉平原的围垸:从"水利工程"到"水利共同体"》一文中,我们曾经讨论明清时期江汉平原地区以围垸为中心形成的"地域共同体",认为明清时期江汉平原地区的"垸"乃是以水利与生产活动为基础的、村落之间的联合,它将位于堤岸与垸内的大小散居村落,通过围垸、排水、垸堤修防过程中的协作,联系在一起,进而形成自然村落的联盟(或共同体);围垸主要是通过民众协作的方式修筑,其协作方式主要表现为家族内部合作、家族之间合作以及零星农户之间的协作等;当大规模围垸涉及众多民户利益,特别是部分民户对围垸持有不同意见时,则需要官府介入,以协调各方利益及所承担堤工的分配;在围垸过程中,家族内与家族间、各家族与官府间的协作是必不可少的;为组织、实施这种协作,一些垸成立了常设性的管理机构,如汉川南湖垸的斗步头堤工局。② 在江汉平原与洞庭湖平原的田野考察中,我们发现:相邻的围垸会共同拥有一段垸堤,垸堤的两侧居住的农家,分别面向自己所属的围垸,中间隔着一条堤路。显然,垸堤两侧的农家,耕种的田地位于不同的围垸内,从而分属不同的"水利共同体"。在洞庭湖平原的华容县南境、南县与沅江县境内,我们曾多次注意到相邻围垸之间存在着利益冲突和由此而造成的疏离、仇视与分裂——由于靠内(靠近洞庭湖)的垸子一般围筑较晚,地势较高;靠外的垸子围筑较早,垸内一般不再接受泥沙淤积,故地势较低。因此,靠内的垸子在围筑之初,就意味着给靠外的老垸带来了巨大的威胁:排水不畅,易成积涝;一旦溃堤,湖水倒灌入垸,遂致"溃垸成湖"。因此,老垸、新垸(在两湖平原的很多

---

① 实际上,关于传统农田水利秩序之确立与水利纠纷之解决的讨论,多限于同一"水利共同体"内部,此类研究成果相当多,不具举。关于同一河流上下游不同引水灌区间的关系,最重要的讨论是谢湜《"利及邻封"——明清豫北的灌溉水利开发和县际关系》(《清史研究》2007年第2期)。在这篇文章中,谢湜认为:河流水资源的统筹开发与使用,"带来了地域联系的加深,乃至流域空间的市场整合。'利及邻封',在这个意义上,或许意味着更大的'共同体'的存在"。这一认识,实际上走出了区域水利开发过程中不同"水利共同体"之间的关系以矛盾冲突为主线索的论述方式,暗示正是在共同使用水资源的过程中,虽然产生了诸多的矛盾与冲突,但"利及邻封"仍是水利开发与使用中的重要原则之一,因而也就指明了在这一原则下不同"水利共同体"之间协作与互助的可能性。

② 鲁西奇:《明清时期江汉平原的围垸:从"水利设施"到"水利共同体"》,见张建民、鲁西奇主编:《历史时期长江中游地区人类活动与环境变迁专题研究》,第348~439页。

地方,又往往表现为所谓"官垸"、"私垸")之间往往存在长期尖锐的矛盾,时常引发冲突。①

但是,通过进一步的观察,我们认识到围垸之间的矛盾冲突并不像此前文献所反映和我们所想象的那样尖锐、严重,它绝不是围垸间关系的主流。事实上,居于垸堤两侧的农家虽然分属不同的围垸,但彼此间来往密切,可能通过婚姻、生意、信仰等渠道建立起广泛的社会关联,甚至形成同一个村落;有的农户可能同时在相邻的围垸里拥有田地,也就同时承担两个乃至多个围垸里按受益田亩分担的责任,而这些不同的围垸之间可能有不同的利益考量甚至冲突;更重要的是,他们共同拥有的垸堤以及给他们提供保护的边江或边湖大堤,将他们更密切地联系在一起,因为垸堤特别是边江或边湖大堤的溃决势必使各垸俱受其害。凡此,均使得相邻的围垸之间逐步形成程度不同的协作和互助机制,在垸堤特别是边江或边湖大堤的修防、垸内排涝、共同的排水河道的疏浚等方面开展协作,从而形成由数量不同的相邻各垸组成的、协作与互助方式不同的"垸区"。

正是基于上述认识,本文试图通过对明清时期特别是清代江汉平原诸州县,尤其是围垸最为集中的潜江、沔阳、天门境内围垸之间关系的考察,分析传统中国农田水利领域中相邻的"水利共同体"之间的关系究竟是以矛盾冲突为主线索,还是以互助协作为主线索,探讨农田水利领域里区域协作的可能性及其历史真实状态。显然,对这一问题的探讨与认识,不仅关涉对所谓"水利共同体"的结构分析模式之局限性的评估,更涉及对于在传统中国,是否可能围绕"水利"这一线索,形成更大地域范围内的社会经济关联或"地域共同体"的认识。

---

① 关于洞庭湖区围垸之间的矛盾与冲突,可参阅 Peter C. Perdue, *Exhausting the Earth*: *State and Peasant in Hunan*,1500—1850,Cambridge:Harvard University Press,1987,pp. 164~196;森田明:《民國期、湖南沅江における垸田地域の水利紛爭》,见氏著:《清代の水利と地域社会》,日本福岡市:中国书店,2002 年,第 217~239 页;邓永飞:《近代洞庭湖区的湖田围垦与水利纠纷——以沅江白水溇闸堤案为例》,《历史人类学学刊》第 5 卷第 1 期(2007 年 4 月),第 137~176 页。

二、清代潜江县的"分区之法"

康熙《潜江县志》卷一〇《河防志》"分区"云：

> 乡之有区，辨以畛域之近远，别以疆井之方隔，其大势则界以河岸之南北东西，南之不必及北，东之不必及西，土田各有攸属，斯利害各有攸关。潜境以内，沿河为堤，名曰"边江大堤"。堤内居民，复画疆各自为筑，名曰"各垸子堤"。河水横溢，边江一溃，各内垸灌顶至踵，纵欲自卫，势已不能。有田在垸，固当赴本垸之役，尤当合同区之力以赴边江大工。如所居门庭不蔽风雨，则必急先自葺，未有坐视其倾而诿他人代为者，亦未有置己之害不防而预为他人防之者。境内之堤，恒有利害绝不相及，工房蠹胥借端倡派公协，动辄估派夫，宜用至数十万名，以恣行其买垸脱垸、到工完工、卖夫签卖夫票之弊。又且冒滥避役，通同包免，小民徒有力役之繁苛，而终年无版筑之实效，更于各垸宜亟修筑之处，令其姑置以从公协。大水涨则顾此失彼，同归于溃。甚至玩而不加修，希图屡决屡筑，以为奇货。当事者往往不察，惑于工垸成例，陷民误国，为害甚大。刘侯焕立分区之法（增修护城堤，合邑通派，不在分区之例），凡有修筑，区分各垸，惟令受害地方严汛堤修筑之责，其隔河隔堤利害无涉者，永禁扳协；于各区内计亩出役，概除免例，以杜诿卸；给册各垸，因时核工，俾小民各自为急，忘力役之苦，享丰登之乐，良法可垂久远焉。[①]

这里所说的"边江大堤"，非仅指沿汉江堤防，亦包括东荆河、通顺河、县河两岸堤防；"各垸子堤"则是各垸自筑的垸堤，或与边江大堤相连，或远离大堤。有的垸一边或两边由边江大堤构成，其余各边为子堤；有的垸则完全远离边江大堤，全部垸堤均由子堤组成。由于边江大堤实际上起到障蔽堤内各垸的作用，按照"受益者分担"的修防原则，实应由堤内各垸共同负担边江大堤的修防。因为边江大堤一旦溃决，堤内各垸子堤势必同受威胁，

---

① 康熙《潜江县志》卷一〇《河防志》，《中国地方志集成·湖北府县志辑》本，第46册，第201～202页。

所以,同一段边江堤防保护下的各垸很早就自发地组织起来,互相协作,以保护边江大堤。王概《湖北安襄郧道水利集案》卷下《禀抚宪晏各属水利岁修事例》中谓:

> 自京山以下,次潜江,次天门,次沔阳,地形愈洼,众水汇归,南北两岸,夹河筑堤。其州县民人,纠约邻伴,自行筑堤捍水,保护田庐,谓之曰"垸"。各垸之田,少者数百亩、千余亩,亦有多至万余亩者。此潜、天、沔三邑之所同也。惟潜江垸民立法最善:其各垸之田,无论相离远近,凡阡陌鳞次接壤而中无河水间隔者,即谓"同区",遇有工程,本垸力不能胜,则将同区各垸开明,禀县印河各官,传同垸民,酌量工之大小、田之多寡,均匀派拨,令他垸协助,谓之"调垸"。以此鸠工集事,众擎易举,无抗夫阻土之弊,意美法良,实为诸州县最。①

王概于此并未提及康熙中潜江知县刘焕立分区之法事,而将潜江县各垸的"同区协作"("调垸")归于"垸民"之"立法",认为这是垸民自发的行为,只是在调垸时需要禀告知县或主管水利的县丞。我们认为王概所说应当符合事实,同区调垸当起源于同区各垸之间自发的协作,康熙二十九年(1690年)刘焕定分区之法,不过是在已有的同区调垸协作基础上,加以调整、规范并将之制度化而已。

康熙中知县刘焕所立分区之法,将全县百余垸分为十一个区及若干独垸,每区包括若干垸(见表18)。其中河西上、下区在汉水南岸、东荆河西岸、西荆河北岸堤防之间,洪水、乡林二区在东荆河西岸、西荆河南岸堤防之间,沱埠、木头、垸湾三区在东荆河东岸、汉水南岸与县河西岸堤防之间,义丰区在通顺河北岸与汉水南岸堤防之间,黄汉区则在县河东岸与通顺河南岸堤防之间。显然,这些垸区基本上是被汉水、东荆河、西荆河、通顺河、县河两岸堤防所环绕,主要是根据河流形势与堤防修防需要划分的。康熙五十七年(1718年)所立《洪水区碑文》称:"康熙三十年间,前任潜江县刘令苦心堤防,务为民除弊,将潜邑分为十一区,共领一百五十六垸,皆计亩均丈,协修襄堤。又分险堤,以一折二算丈,使尽避难就易,诚至公者

---

① 王概:《湖北安襄郧道水利集案》卷下《禀抚宪晏各属水利岁修事例》,第 2 页 B 面。

也。”[①]由于汉水、东荆河、西荆河、县河堤防皆得通称为“襄堤”，因此，分区之制的根本目的乃是“协修襄堤”。

表 18 清前期潜江县垸区情况表

垸区	所属各垸	地理位置
沱埠区	沱埠垸、直横垸东、崔家垸、黄獐垸、红花垸外、郑浦垸、平滟垸、泰丰垸、茭湾垸、丁家垸、古堤垸、东湖垸、白测垸、陶和垸、垸湾北耳垸，共 15 垸	在汉江南岸、夜汊河（东荆河）东岸与芦洑河西岸间
木头区	木头垸、直横垸西、垸湾垸西、范家垸东、红花垸西、河汊垸、虱祖垸，共 7 垸	在沱埠区南，夜汊河（东荆河）东岸与芦洑河（潜江县河）西岸间
垸湾区	垸湾垸、长沟垸、夹洲垸、团湖垸、牛角垸、牛埠垸、东淌垸南、东淌垸北、苏湖垸、后湾垸、上江汊垸、下江汊垸、垸湾东耳垸，共 13 垸	在木头区南，夜汊河（东荆河）东岸与芦洑河西岸间
河西上区	长老一垸、长老二垸、长老三垸、长老四垸、坦丰垸、新丰垸、栗林垸、獐湖垸、白洑垸、清洋垸、梁滩官洲、黄景垸、毛陶中洲、双家垸、董家垸、南湖垸、社林垸，共 17 垸	在汉水南岸、夜汊河（东荆河）西岸，东南临河西下区
河西下区	官庄垸、古埠垸、沱埠中洲、感林垸、彭仲垴、三台垸、丁捲垸、长泊垸、芦花北耳垸、花蓝垸、陈王垸、荷花渔池、大白湖垸、小白湖垸、淌湖垸，共 15 垸	在汉水南岸、夜汊河（东荆河）西岸、西荆河北岸，河西上区之东南
洪水区	洪水垸、茭芭垸、中务垸、砖桥红庄垸、永丰垸、长亭垸、长湖垸、范家垸西，共 8 垸	在夜汊河（东荆河）西岸、西荆河南岸
乡林垸区	乡林三岸、龚家渠、返湾垸，共 3 垸	在西荆河南岸，洪水区之西
义丰区	义丰垸、荷湖垸、仁和垸、邋遢垸，共 4 垸	在汉水南岸、芦洑河（县河）东岸、洛江河北岸
河东黄汉区	黄汉上耳垸、中垸、中耳垸、下耳垸、紫林垸、道仁垸，共 6 垸	在芦洑河东岸、洛江河南岸，义丰区之南
河北上区	杨湖垸、丰乐垸、诸通口、虾子湖、蒲潭垸、吴家湾、中洲嘴、李文忽、检子湖、三汊垸、杨林垸、郭文祥、中泗垸、克成垸、新蓝垸、泥茯垸，共 16 垸	在汉水北岸，河北下区之西
河北下区	车墩垸、唐家湖、沙洄垸、沿江垸、汪二港、中洲垸、马家垸、杨洑垸、太平垸、计家垸、小茯垸、赵林垸，共 12 垸	在汉水北岸，河北上区之东

资料来源：康熙《潜江县志》卷一〇《河防志》，《中国地方志集成·湖北府县志辑》本，第 46 册，第 202～203 页。

---

① 光绪《潜江县志续》卷一〇《堤防志》，“洪水区碑文”，《中国地方志集成·湖北府县志辑》本，第 46 册，第436 页。

除了十一个垸区之外,还有若干未列入各区的独垸洲滩,"各自修筑,不在赴工之例"。其东荆河东岸、潜江县河两岸的独垸有在城、马猖垸、董家滩、何家套、葛柘垸、梁泗白水垸、垤泥湖、张家湖、双凤垸、罗杨垸、沙矶长河等;在汉水南岸、芦洑口以东(所谓"河南独垸")的独垸有沙窝垸、杨林掛子垸、官湖、方滩、边江垸、红花垸东、涂家洲等;河西独垸有上光泽州、下光泽洲、新丰外垸、永靖洲、田家洲、棠梨垸、七里垸;在汉水北岸的独垸有颜家滩、彭滩、小观垸等。

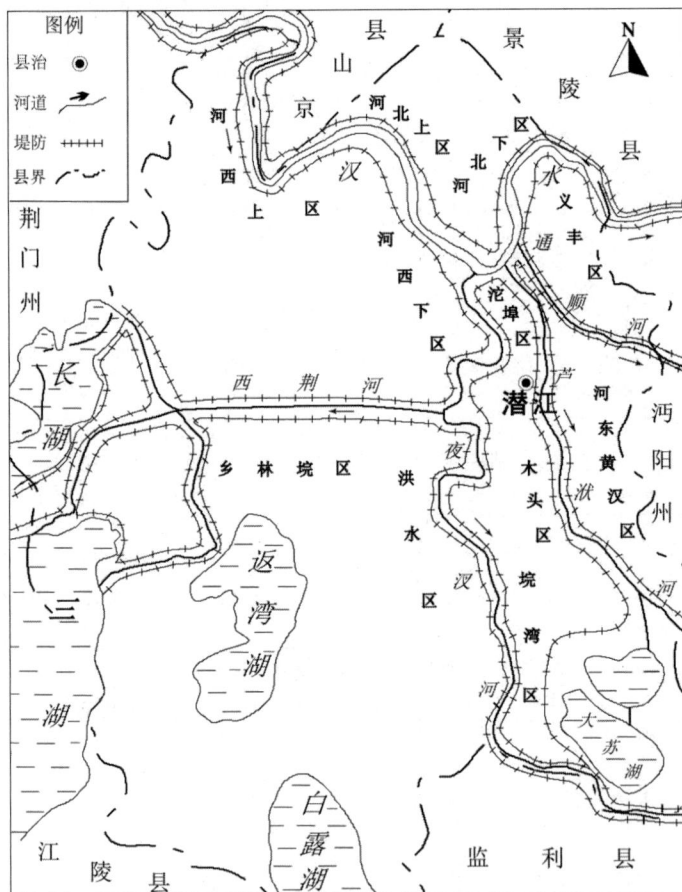

图 8 　清前中期潜江县的垸区

分区协作之法既已成为定制,各区所包括的垸自必相对稳定;然河湖变易甚速,一二十年后,原受某一段边江大堤保护的垸可能因河道、水势发生变化,而不再受到边江大堤溃决的影响,或影响较微,故不再愿意分担修防之责。洪水区(后改称永丰区)在东荆河(夜汉河)西岸、西荆河(今田关河)南岸,共有九垸,其中洪福(原洪水垸)、永丰、菱芭、中务、长湖、范西等六垸"边江",长亭、红庄、砖桥三垸不"边江"。九垸共修之"边江大堤"合计九千七百七十三弓。刘焕立分区之法仅十余年,康熙四十年(1701年),"忽有长亭三垸内业户、候补中书何郇等思欲狡脱,谓内三垸各有子堤自卫,凡有水淹,各不相涉,具呈前县李令。而李令只据水利主簿覆称'实不同区'一语,该县遂批'如议,各修各堤',自此纷争一起,屡年呈控"。至康熙五十六年冬,上荆南道殷邦瀚亲赴洪水区调查,"遍历九垸,相其形势,不但曾晓湾月堤与三垸利害无关,即洪水一区所分九千七百七十三弓之堤亦无利害与共。查与三垸利害相关而居三垸之巅顶者,乃周家矶之堤也,业已分在乡林区承修,是三垸无庸协修"。换言之,长亭等三垸按分区之法应修的边江大堤与三垸本身并无利害,而与三垸利害相关的周家矶堤却分在乡林区,三垸无需承修。殷邦瀚指出:

> 今(三垸)以洪水区利害无关,复不肯协,是三垸竟无应修之堤矣。试问潜邑有不修堤之人、不修堤之粮否耶?今若一旦任其狡脱,只以六垸之民任修九垸所分九千七百七十三弓之大堤,不惟心有不平,亦且力不足,将见三垸之士民日省日富,六垸之士民日耗日穷,正恐颓毁废弛、堤不崩溃而不已也。今三垸谬指何家嘴为命堤,以为躲避大堤之计。譬之襄江之大堤乃城郭也,何家嘴之堤乃家宅之墙垣也。岂可以修自卫之墙垣而弃分修之城郭乎?此风不戢,垸皆效尤,堤政尚可问耶?

因此,殷道台"急请台宪,仍照刘令分派规则,以九垸合修九千七百七十三弓之襄堤,永杜更张,抗违重究"。潜江知县胡灿、主簿徐光第接到指令后,即遵命在洪水区永丰垸大士庵旁的垸堤上置立石碑一座,宣告九垸垸民,永为遵守。①

据此,垸区制度在康熙中期刘焕确立分区之法后,已不再是民间自发的水利协作惯习,而成为官府强制推行的水利制度。实际上,这种制度在

---

① 光绪《潜江县志续》卷一〇《堤防志》,"洪水区碑文",《中国地方志集成·湖北府县志辑》本,第46册,第436~437页。

大部分情况下也确实得到了实施(参见表19)。而从表19所列道光、同治年间及光绪初年部分垸区协修堤防的事例中,我们注意到,几乎所有的同区协修,都注明是在知县的督导下进行的,这说明虽然同区协修之法久已立为制度,但到清后期,可能已受到破坏,必由官府出面督导方能成事。据光绪《潜江县志续·堤防志》记载,杨湖垸堤早在同治末年即已崩颓;同治十三年(1874年),崔定邦等议修,"频年奋筑,迄光绪四年未成",除"工大费繁"等原因外,主持其事的崔定邦等人未能得到官府的支持,当是重要原因之一。直到光绪五年(1879年)潜江知县史致谟直接介入此事,督率绅董易祖煥、谌景辉等集夫兴筑,并在河北上区(杨湖区)十五垸按亩派费,作为硪价,以充公用;后来,又因经费不足,知县史致谟复禀请上宪,批饬天门县受益各垸集资负担四百丈的修筑经费,方最后修复溃堤。[①]

表19 清代道光、同治、光绪初年部分垸区协修堤防事例

堤工	时间	所属垸区	修筑情形
长湖垸龚家湾堤	道光四年 (1824年)	永丰区	长湖垸主修,永丰区九垸协修
太平垸罐头尖堤、邱家拐堤	道光十一年	河北下区	知县鲍翰飞督同乡绅民修复
计小垸隈家洲堤	道光十五年	河北下区	知县耿淳玉督同区绅民修复
长湖垸萧家拐堤	道光十五年	永丰区	长湖垸主修,永丰区九垸协修
车墩垸堤	道光十七年	河北下区	知县何渭珍督同区绅民修复
坨埠垸深河潭堤	道光十九年	沱埠区	知县龚焕枝督同区绅民修复
太平垸高家拐堤	道光二十六年	河北下区	知县龚焕枝督同区绅民修复
杨湖垸堤	道光二十七年	河北上区	借银二万余两,以次年秋后启征,于受益各垸作八年征还。后该区历受水旱贼扰,遂免
官庄垸魏家拐堤	道光二十八年	河西下区	知县龚焕枝督同区绅民修复

① 光绪《潜江县志续》卷一〇《堤防志》,"杨湖垸"条,《中国地方志集成·湖北府县志辑》本,第46册,第444页。

续表

堤工	时间	所属垸区	修筑情形
义丰垸千华菴堤	同治二年 （1863 年）	义丰区	知县刘寿椿督同区绅民修复
太平垸高家拐堤	同治六年	河北下区	知县向时鸣督同区绅民修复
社林垸荷叶堤	同治八年	河西上区	知县诸镰督同区绅民修复
赵林垸荷叶潭堤	同治八年	河北下区	知县诸镰督同区绅民修复
长一垸袁家埠、袁家宅、郑家宅三段堤防	同治八年	河西上区	绅董化南、唐道显等禀请知县史醇于堤内督同区修筑
坨埠垸深河潭堤	同治八年	坨埠区	知县史醇督同区绅民修复
社林垸月堤六百三十号	光绪四年 （1878 年）	河西上区	知县史致谟督绅首隗文藻、唐道显等同区十五垸绅民公修
郑蒲垸丁家月堤	光绪五年	沱埠区	知县史致谟督绅首曾希坤等黄獐、郑蒲、官庄（属河西下区）、坨埠四垸绅民同修
杨湖垸堤一千五百丈	光绪五年	河北上区	知县史致谟督绅易祖燨、谌景辉、朱鼎臣等集夫兴筑，同区十五垸每亩派实粮三十文，尾粮二十文；天门受益各垸协修四百丈

资料来源：光绪《潜江县志续》卷一〇《堤防志》，《中国地方志集成·湖北府县志辑》本，第 46 册，第 437～445 页。

官府的作用不仅表现在这里，还表现在垸区的调整方面。光绪《潜江县志续·堤防志》所记清后期潜江县垸区的划分（见表 20），与康熙《潜江县志》所记相较，除有的垸区改名、相邻垸区所属之垸有所调整之外，较大的变化有二：(1)由黄汉区分出了道仁区。道仁区所属道内、道外、下耳、柴林、浪子五垸，在芦洑河东岸、通顺河南岸，本皆属黄汉垸。"康熙间，大水冲破下耳垸成河（引者按：即后来的通顺河），嗣在河南岸者，遂别为道仁区。"①盖通顺河直贯原黄汉区中腹而过，河南岸各垸与北岸各垸遂分为不同的利益群体，故分为二区，其事当在康熙后期。（2）新增了浩曾区。浩曾区在西荆河下游浩口河西南岸，所属浩曾、柴东、柴西、棠梨、七里、蝴蝶等六垸盖围筑于乾隆初年，康熙中刘焕立分区之法时，浩曾诸垸尚未修筑，其列为垸区，可能是在乾隆中期或以后。在今见材料中，我们未见有官府介入此二区之置立的记载，但由同区协作即需由官府督导方能成事观之，此种分区的调整，必当出自官府意旨。

表 20　清后期潜江县垸区情形表

垸区	所属各垸	地理位置
沱埠区	沱埠垸、崔家垸、泰丰垸、菱湾垸、丁家垸、直东垸、白测垸、陶和垸、古堤垸、红外垸、东湖垸、北耳垸、平滩垸，共13垸	在汉江南岸、夜汉河（东荆河）东岸与芦洑河西岸间
木头区	木头垸、直西垸、范家垸东、红西垸、河汉垸、西耳垸、虮祖垸、曾士垸，共8垸。协修吴家改口，有独垸边江垸在内	在沱埠区南，夜汉河（东荆河）东岸与芦洑河（潜江县河）西岸间
垸湾区	垸湾垸、长沟垸、夹洲垸、牛角垸、牛埠垸、东淌垸、苏湖垸、后湾垸、下江汉垸、后湾垸，共10垸	在木头区南，夜汉河（东荆河）东岸与芦洑河西岸间
长垴区（原河西上区）	长一垸、长二垸、长三垸、长四垸、坦丰垸、新丰垸、栗林垸、獐湖垸、白洑垸、青洋垸、黄景垸、双家垸、董家垸、南湖垸、社林垸，共15垸	在汉水南岸、夜汉河西岸，东南临坨中区
坨中区（原河西下区）	坨中垸、官庄垸、三台垸、长泊垸、花蓝垸、古埠垸、丁捲垸、彭仲垸、淌湖垸、芦花垸、北耳河渔垸、大小白湖垸、三耳田洲垸，共13垸	在汉水南岸、夜汉河西岸、西荆河北岸，长垴区之东南

①　光绪《潜江县志续》卷一〇《堤防志》，"各区所属诸垸"条目下所记"道仁区"，《中国地方志集成·湖北府县志辑》本，第46册，第434页。

续表

垸区	所属各垸	地理位置
永丰区（原洪水区）	洪福垸、菱芭垸、中务垸、砖桥垸、红庄垸、永丰垸、长亭垸、长湖垸、范西垸，共9垸。协修吴家改口，有独垸涂洲在内	在夜汉河西岸、西荆河南岸
乡返区	乡东垸、乡西垸、乡南垸、刐西垸、乡北垸、返湾垸、龚渠垸，共7垸	在西荆河南岸，永丰区之西
浩曾区	浩曾垸、柴东垸、柴西垸、棠梨垸、七里垸、蝴蝶垸，共6垸	在西荆河下游东南岸，近江陵县界
义丰区	义丰垸、荷湖垸、仁和垸、永林垸（即邋遢垸），共4垸	在汉水南岸、芦洑河（县河）东岸、洛江河北岸
黄汉区	黄中垸、中耳垸、上耳垸、砖淌垸、河北滩、下耳垸，共6垸	在芦洑河东岸、洛江河南岸，义丰区之南
道仁区	道内垸、道外垸、下耳垸、柴林垸、浪子垸，共5垸	在芦洑河东岸、通顺河南岸，黄汉区之南
独垸区	獐鸡西湾垸、罗扬垸、团湖垸、张家湖垸、梁泗垸、泥湖垸、红东垸、上江汉垸、苏湖垸、苏外垸、王子垸、砂碳长湖垸、双凤垸，共13垸	在芦洑河东岸，近沔阳、监利界
杨湖区（原河北上区）	杨湖垸外、中泗垸外、泥洑垸外、杨林中、中嘴垸中、诸通垸中、虾子垸内、乐丰垸内、蒲团垸内、吴湾垸内、磨盘垸内、李文匐垸中、三汉垸中、新蓝垸外、克成垸外、颜家垸外，共16垸	在汉水北岸，河北区之西
河北区（原河北下区）	车墩垸、唐家垸、沙泗垸、沿江垸、杨洑垸、荻篷垸、民太平垸、府太平垸、计家垸、小袱垸、民赵林垸、府赵林垸，共12垸	在汉水北岸，杨湖垸之东

资料来源：光绪《潜江县志续》卷一〇《堤防志》，《中国地方志集成·湖北府县志辑》本，第46册，第434页。

跨越垸区间的协作则更需要官府的介入与协调。潜江县东北境的沙窝垸之西、北、东三面均邻河，濒临汉水南岸的骑马堤"绵亘十里，势扼汉流，障水东之，缓入县河，凡坨埠等三十八垸之田庐与夫县治之城郭仓库，胥恃以捍御而无恐，此其所关诚至重也"。乾隆十八年（癸酉，1753 年）秋，沙窝堤冲崩数百丈，他垸决口七处，被灾者四十余垸。沙窝垸是独垸，按规定应各自修筑；但其骑马堤既为边江大堤，一旦溃决，受害者实非沙窝一垸，且沙窝一垸以及与其相邻之义丰区各垸既已受灾，实无力重修。"适各垸士民杨明澹等合议呈请，照旧于利害相关之三十八垸起费募夫，并公举绅士邓师虞、郑檀采、涂廷桂、杨应国、欧阳锡勇等督理，议颇妥协。"但其中必多纠葛，"仁和、荷湖、邋遢、义丰四垸同时被灾，本垸大工甚多，民力难支"。于是，知县杜汝愚遂出面与各垸绅首协商，暂缓上述四垸所应承担的费用，"惟向沱埠、下耳、垸湾、黄中等三十四垸按亩议费，每亩派钱二十一文，通计征收钱三千八百串有零"。然后，择期于冬月初六日告土兴工。"彼时民情踊跃，输纳争先，而绅士郑檀采等栖宿工所，昼夜督催，罔辞劳怨"；知县杜汝愚也"不时循行劳来"，至翌年四月方得完工。① 此次修复骑马堤所涉及的三十八垸，除义丰区四垸、沙窝垸为独垸外，其他各垸分属沱埠、黄汉、道仁、垸湾四区。虽然五区三十八垸利害相关，诸垸且主动公举绅士邓师虞等为首督理修堤事宜，但因事涉诸方面，特别是需要按亩议费，必然动用官府力量，方能成功。

围绕骑马堤修防形成的跨垸区协作，在此之后，可能也形成惯例。光绪《潜江县志续》卷二〇《艺文志下》录嘉庆二年（1797 年）知县许询撰《骑马堤挽月碑记》云：

> 潜当汉之下流，水势冲突，为患最巨。旧筑骑马堤遏其流，使迂折入潜，诚斯邦之保障也。岁丁巳，余初涖潜，知此堤为最要，爰诣其所阅之。是时秋水沸腾，外河水势高出县河之田庐不啻一丈许，而堤欲倾圮之处最多，势且不支。予曰：嘻！是堤不固，则人其鱼，奈何？耆老进曰：曩者有事于堤，河东南五区通力合作。前主曹、杜二公重修，有碑记，载在邑乘，纪宪政德。顷黄汉等区借隔河不协之说越控，大宪饬准免协；而院湾区郑学谦等又以隔区退诿，堤工久旷，是以至此。

---

① 杜汝愚：《修筑沙窝骑马大月堤碑记》，见康熙《潜江县志》卷一〇《河防志》，《中国地方志集成·湖北府县志辑》本，第 46 册，第 204～205 页。按：这个碑记及其前所录乾隆十七年七月杜汝愚所撰《请将潜境仙人古堤照荆门州一例动项兴修禀》，以及其后的邑庠生朱抚所撰《新筑沙窝大月堤告成纪事三十四韵》，皆当是后来续刊时补入者。

耆老所说之"前主曹、杜二公",指乾隆十七至十九年间(1752—1754年)任潜江知县的曹銮和杜汝愚,则东南五区协修骑马堤在乾隆中期即形成惯例。然至乾隆末年,黄汉区(当还有从黄汉区分出的道仁区)首先借隔河不协为由,请求免予协修,获"大宪"饬准;院湾区更在黄汉、道仁区之南,与骑马堤相距更远,故以隔区为由,拒绝协修。于是,东南五区协修骑马堤之例遂废弛。许询查明情况后,认为:"今五区之民与同舟无异,而乃妄控妄诿,欲狥一己之私、弃万人之命。"于是详情照旧章五区协修。然"郡宪以近案饬免故不许。余再三固请,而坨埠区绅士郑奎、别汝昆、蒋玉颂、杨正泰、邹承勋等亦诣藩辕呈状,乃蒙委荆门张刺史琴诣勘形势,会五区士庶指要开说,始愿合作。张公与余酌分区大小,定岁修制,以坨埠区承修二年,黄汉、院湾、仁和、道仁四区承修二年;若挽月抢险,仍属五区公办,勿执岁修为辞,永定章程"。[①] 在这次协修章程的制定过程中,官府显然发挥了主导性的作用;但即便如此,力图实行五区协修的知县许询以及奉委前来查勘的荆门知州张琴也需要与五区士庶协商,向其"指要开说",取得其愿意合作的态度后,方能确定章程。

综上可知:潜江县境各垸间的协作互助,至迟到康熙中期已形成制度,并一直延续下来;垸区之间的协作,在清中后期也颇有例证。相邻围垸间的协作互助虽然可能起源较早,但其形成制度,则有赖于官府之介入;垸区之间的协作,则更需要官府全面干预,方能成功。

三、沔阳州境内水利区域的划分与垸际协作

诚如王樑所言,在江汉平原诸州县中,潜江县的分区之法及垸区协作制度是最为完善的,"意美法良,实为诸州县最"。"至于天门、沔阳,其筑垸障水情景略与潜同,而计工合作情事,大与潜异:有一垸之中,各按田亩分派夫土,并力操筑,邻垸之民绝不过而问者,更有一垸之中各按田亩分开丈

尺,自行经营,邻家之工任其倾圮而不顾者",①各垸间的水利协作更是难上加难。但这并不是说,这些州县的相邻各垸就没有协作。实际上,虽然协作方式、程度各异,但江汉平原平原各州县都存在着垸与垸之间的协作。

沔阳州辖境广阔,南临长江大堤,北越汉水,江、汉分水支流东荆河、通顺河、沔阳州河等经流其间,堤防之任甚重,而且不同区域间的利害轻重差异颇大。因此,早在明后期,一些水利官员就试图划分水利区域。嘉靖三年(1524年),沔阳知州储洵上疏条列沔阳水利形势,谓:

> (沔阳)南临大江,北枕襄汉……地势卑洼,湖泊相连,正系江汉下流,原无冈阜障蔽,诸水奔赴,若就大壑,民田惟土筑圩院,防卫耕种。成化弘治间,湖池深广,堤防坚固,虽遇江汉水发,易于防泄,为害未深。自正德十一二年,大水泛溢,南北江襄大堤冲崩,湖河淤浅,水道闭塞,院塝倒塌,田地荒芜。即今十数年来,水患无岁无之。……江汉之水,每夏秋之交,鲜不溢发,使沿边之地,漫无防护,徒于诸垸小小补塞,则高水湍悍,势苦土崩,至则冲突,何功之有?臣闻南自监利车木堤水口冲塌,每遇川江水发,不惟其县受害,而沔阳后浲茅埠凡一十六村,熊家、旱潭凡四十余垸,税粮八千余石,高低淊没,尺寸不堪耕种;自潜江排沙头、班家湾、新开便河及沔阳石牌铺诸处水口冲塌,每遇襄汉水发,则潜江、景陵二县,沔阳深江、西范凡二十七村,莲河、柘树凡七十余垸、税粮一万五千余石,亦无尺寸耕种。②

储洵按照江、汉洪水对沔阳州境的威胁,将州境划分为受长江洪水之灾的南部和受汉江洪水之灾的北部两大区,并建议据此规划境内水利堤防。储洵去职后,按察副使刘士元"建议龙渊以下凡九区为要冲,宜先事事。遂出司藏千金于沔,而中分于景陵,遣断事艾洪董其事,洪复益以沧浪而下凡五区。于是龙渊、花坟、牛埠、竹林、西流、平放、水洪、茅埠、玉沙滨江者为堤统万有余丈;大小朱家、沧浪、南池滨汉者为堤几万丈。于是洵之策虽未尽行,而江、汉颇有所捍"。③ 童承叙《沔阳州重修堤防记》记其事曰:

---

① 王檙:《湖北安襄郧道水利集案》卷下《禀抚宪晏各属水利岁修事例》,第2页B面。

② 嘉靖《沔阳志》卷八《河防志》,《天一阁藏明代方志选刊》本,第5页A面~第6页B面。

358 ③ 嘉靖《沔阳志》卷八《河防志》,《天一阁藏明代方志选刊》本,第8页A、B面。

（嘉靖四年）巡抚都御史黄公子和自滇移镇于楚，问民病瘼，知沔岁苦浸，即首举斯役，而下按察副使刘公伯儒所覆于布政使徐公子积、副使程公时言，佥议龙渊而下凡九区为要冲，请先图之。命给司藏千金于沔，而中分景陵。遣断事艾君洪董其事。君至，复上状附以沧浪而下凡五区。时知州陈君颐、判官王君淳协力祗承。乃遴敦事之官，募执役之夫，持畚镐之器，储馈给之需。而同知姜君玉洁至自京，亦克襄焉。于是指挥使洪君恩偕其僚佐亦各事事其地。经画既审，救度咸作，决者陻，凹者坟，瘠者培，凡龙渊、花坟、牛埠、竹林、西流、平放、扬水洪、玉沙滨江者，为堤统万有千丈；大小朱家、冈子、沧浪、南池滨汉者，为堤几万丈，高广咸视其地。而诸垸之废缺、民不劝而葺者，又统数十区。娄中而肇事，翼中而告成。[①]

据此，则知此次大规模规划、修筑沔阳州境内江汉堤防，乃由湖广布政使司直接发动，沔阳州与沔阳卫（指挥使洪恩）具体负责征发役夫、组织修筑事宜。综合嘉靖《沔阳志·河防志》与童承叙《沔阳州重修堤防记》所记，则知所谓龙渊以下九区，即指龙渊、花坟、牛埠、竹林、西流、平放、[扬]水洪、茅埠、玉沙等九区，其堤防滨邻荆江，诸区当在长江与东荆河之间；滨汉者五区则当指大朱家、小朱家、冈子、沧浪、南池。凡此十四区，显然均有"边江大堤"。除此十四区之外，还有民众自发修葺的数十区。童承叙称："诸垸之废缺、民不劝而葺者，又统数十区"，则凡此诸"区"，皆当各包括若干垸。然则，嘉靖初年，沔阳州境内堤防水利之工即大致分为南部江堤区与北部汉堤区两个大区，每大区内盖又分为若干小区，共同协作维修利害相关的堤防。

在此之后，嘉靖、万历间江、汉堤防多次溃决，大抵皆采行邻近江堤诸垸修江堤、近襄堤诸垸修襄堤的办法。至崇祯十三年（1640年），江水盛涨，江堤多处溃口，沔阳知州章旷遂议定江堤岁修制度："自监邑界牌迄牛鲁十二垸，就近田亩顶修一载，约七十余里；由吕头尾抵高桥列十二总[垸]，就[近]田亩顶修一载，亦约七十余里；自高桥而大木林、杨家湾水杀堤微，工亦省。"即江堤按"就近田亩顶修"原则划分修防区域。至于汉江方

① 童承叙：《内方先生集》，"附钞"，沔阳：卢氏慎始基斋，民国十二年，第 11 页 A、B 面。按：据嘉靖《沔阳志》卷八《河防志》所记，童承叙的这篇记曾刻为碑，立于汉津驿前。

面的洪水，"初，沔东有任家岭堤以御汉水，自后堤久不修，潜江之排沙渡倒败，而麻港四十余院十年无收。是年十一月，章旷从士民请，于任家岭外创筑泗脑堤，长七里有奇，凡一千四百丈"。关于泗脑堤之修筑，曾光祖《修竿泗脑堤碑记》云：

> 迩年西北膏腴，尽为洼泽，初溃于景陵深潭口，继溃于潜江排沙渡，势若建瓴，民生困苦，以逋赋系徽缠者前后相望，积苦沉疴，呼吁无术。岁庚辰，峨山章公莅沔且二年，时时为民兴利除害。会罈子垸横堤告成，又将从事江堤，两者共捐清俸五百金，民赖以有年。东北之人蹴然起曰：我侯岂□越视也？爰以筑泗脑堤向公请命。公欣然报可。……乃率众履其地，相其形，计亩均夫，捐俸出粟，复不时巡视之。……是役也，堤计七里八分，内粮、渔田二十七万亩有奇，起自庚辰十一月，报成于辛巳七月。屹然与横堤、江堤三方峙立。①

主动请求兴筑此堤者乃"东北之人"，实际修堤者是堤内粮、渔业户，显然，负责修筑泗脑堤的是受到汉江洪水威胁的沔阳州西北、东北境民众。

自明末以迄于清前期，沔阳州境内洪涝灾害愈来愈重，也愈发频繁，境内堤垸亦愈形重要。至乾隆元年（1736 年），沔阳州清丈田亩后，"州、卫、官、私堤院俱依则均派，高下险易勿得漏移栽累，民甚便之"。这样，原来分由沔阳州、沔阳卫分管的堤防遂得统一管理，官堤、私堤之别亦渐泯灭不彰。于是，"邑民段仁发等以沔地辽阔，南北江汉相距甚远，中间民垸不下数百，旧设水利州同一员，奔驰不遑，查修则足迹难遍，防护则鞭长莫及。及请以沔阳州州判分驻仙桃镇，将北方一带堤垸上自天门县界潭湾北院，下至汉川县界北枝沟两岸堤塍，共长一万七千五百四十七丈拨归州判辖修。其东、西、南三方江堤，上至监利县界，下至玉沙界，共计长一万四千三百九十一丈；汉堤则东方通城垸行堤上至一墩垸，共计长九千三百丈，西方光楚古张院上自天门县界下至迅勉字号共计长六千七百四十二丈，统共三万四百三十三丈，乃归州同管理"。知州禹殿鳌据此详请湖北巡抚史贻直上奏，奉旨交部议行。此后，沔阳州境之堤防事宜遂划分为三大区：（1）州同辖区，管理江堤上自监利界牌下至汉阳界牌止，共堤长一万五千四百四

---

① 光绪《沔阳州志》卷三《建置志》，"堤防"，《中国地方志集成·湖北府县志辑》本，第47 册，第 95～96 页。

十八丈五尺,主要包括西流垸、龙阳垸、上花垸、下花垸,预备河堤垸、史家垸、茅埠垸、楚屯垸、叶王胡花洲垸等垸,处于荆江北岸、东荆河南岸,大致相当于今洪湖市所辖范围。(2)锅底湾巡检辖区,包括乌林垸、李牛鲁垸、一总垸、二总垸、三总垸、四总垸、五总垸、六总垸、七总垸、八总垸、九总垸、十总垸、十一总垸、十二总垸等,均在东荆河与通顺河之间,大致相当于今仙桃市南境。(3)州判(驻仙桃镇)辖区,管理汉堤(一称襄堤)上自天门县多祥河入界,南岸自新泊垸起,至芳洲垸止;北岸自潭湾起,至团字号东横堤止,共长一万七千五百七十八丈一尺;包括汉江南岸的新泊垸、童潭垸、大石垸、小石垸、仙桃南镇、新淤垸、杨家垸、莲花垸、恩隆垸、高字垸、严子垸、泗字垸、芳洲垸,以及汉江北岸的潭湾垸、西毛垸、杨林垸、马骨垸、陶北杜三号、上陶垸、中南垸、下南邦字号、良字号、团字号等,大致相当于今仙桃市中、北部及天门市东南境。①

沔阳州三大水利区域的划分,显然是从官府管理水利的角度着眼的,与潜江县立足于民间自发协作、由官府确认并监督执行的"分区之法"有所不同,然在"利害相关"的基础上,基于受益者分担原则而建立起来的水利协作区域,在功能上却是一致的,不过官府在其水利区域的分划与协调过程中所发挥的作用更大一些。

在三大水利区域内部,又因为利害相关之不同,而形成由若干垸组成的范围较小的水利协作区。雍正六年(1728年),沔阳西境遮挡汉江洪水的横堤溃决,傅百揆负责堵塞。萧莲芳《傅公重修北口横堤碑记》称:

> 沔滨江之下流,四面环堤,以防水溢,而城垣仓库所恃以为保障者,则未若沔西横堤以御监邑泥湖之水为要害。盖泥湖连接沔之朱麻一十三院,小有溃[决](没),即以十三院为渊薮。……于是,(傅公)周历十三院……复择监邑之近堤而刚燥者,予价银二十六两,得吴容占田一十八亩三分,用以取土,立横堤户名,付关庙僧守之。克日兴工。公自奉俭素,严察吏役造报,凡供亿陋规屏绝殆尽。圩长感公德化,按

---

① 光绪《沔阳州志》卷三《建置志》,"堤防",《中国地方志集成·湖北府县志辑》本,第47册,第103～104页。

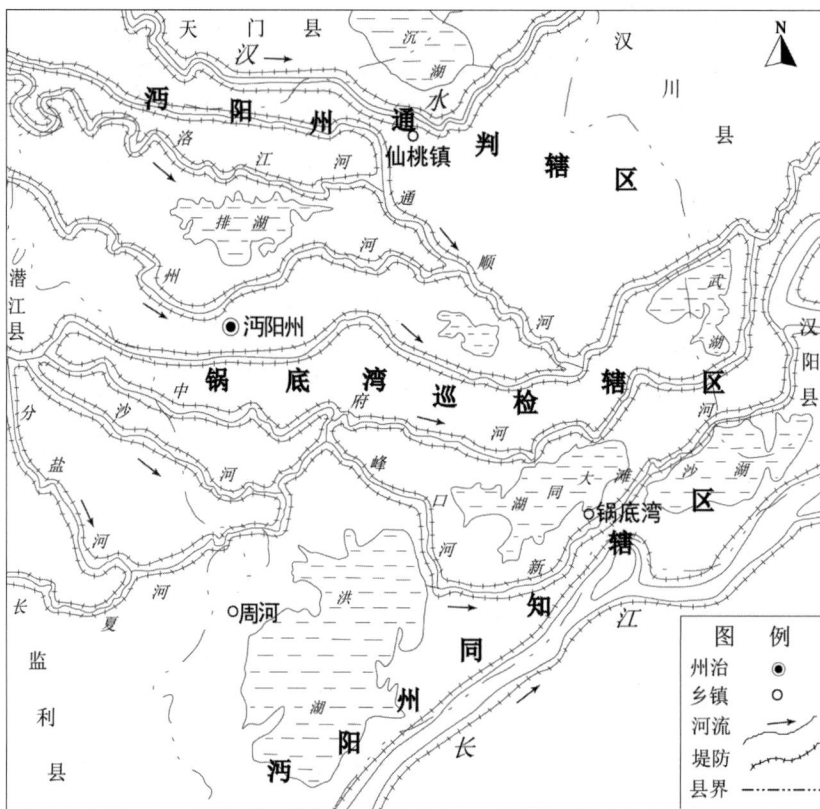

图 9　清中期沔阳州的水利区域

亩多寡据实造报，土以井记，井以亩记，众力竞劝，欢声雷动。①

显然，此次重修北口横堤，所发役夫主要来自受益的朱麻等十三垸。横堤之上的关壮缪庙（关庙），建于明末崇祯年间，其作用即是"镇守横堤"。至是，复买田十八亩余，立"横堤"户名，作为十三垸的"公产"。朱麻等十三垸乃因横堤之修护而得聚为一区，利害与共，同修横堤，形成一个类似于潜江县之"垸区"的水利协作区域。

又如：光绪十三年（1887 年），沔阳知州陆祐勤主持修筑护城长堤，"命举人李汉源，拔贡江玉树，庠生魏凤池、王兆鹏等董其役，自城南大朱院王

---

① 光绪《沔阳州志》卷三《建置志》，"堤防"，《中国地方志集成·湖北府县志辑》本，第 47 册，第 97 页。

家口起,至唐市陶横堤止,绵亘五十余里,内包九合、姚老、丰实、顺成、毛家、团湖、新院、麻丝、小朱等院,计田六万余亩"。① 护城长堤(亦称"陆公堤")修成后,就在沔阳州城以南形成了一个包括九合等诸垸在内的一个协作区域,此堤之修筑,亦当主要由九合诸垸负担。

由于沔阳州地处下游,境内河流变化频繁,各垸所受洪水威胁的来源历有变化,故利害关系颇不稳定,故很难形成较为稳定的水利协作区域。上举朱麻等十三垸、九合诸垸间的协作,主要出于官府之发起与组织,似未能形成较为稳定的垸与垸之间的协作关系。换言之,这种协作关系表现出较大的临时性,变动也较为频繁。王柟指出:"沔阳无处非堤,其通力合作,民劳无休,调发难均,只可临时酌量,或本垸内有富厚田多之家,善劝相帮,是在贤有司熟悉风土民情,妥为料理,不可法令相加。"在王柟看来,沔阳州也并不宜实行潜江县那样的分区之法,只能以"劝谕"的方式进行。"若骤为更改,民情必不乐从,反致滋生事端。"②

四、天门县的水利区域与垸际协作

天门县虽然没有形成潜江县、沔阳州那样的分区之法,但几个利害相关的区域内部还是存在水利协作关系的。乾隆《天门县志》卷六《水利考》"堤垸"下总叙天门县之河流形势云:

> (天门)厥河惟五:郧水自西来,环城而东者,县河也,无甚大患。汉水自西来,贯境而东者,襄河。其经流,牛蹄为巨支,通顺旁出,狮子则入口已塞、下流倒漾而进者也。生其间者,各奋筑自固,垸百余,倚堤为命。萃千里洪波,束于狭流,肢分脉绕,仍合一线。不预坚其防,田为沼、民其鱼矣。③

---

① 光绪《沔阳州志》卷三《建置志》,"堤防",《中国地方志集成·湖北府县志辑》本,第47册,第102～103页。

② 王柟:《湖北安襄郧道水利集案》卷下《禀抚宪晏各属水利岁修事例》,第3页B面。

③ 乾隆《天门县志》卷六《水利考》,"堤垸",《中国地方志集成·湖北府县志辑》本,第44册,第453页。

图 10　清中期天门县的水利区域

根据河道及其堤防形势,天门县之防洪实可分为四区:县河(天门河)北岸为一区,以县河北岸堤为主;县河南岸至襄河—牛蹄河北岸间为一区;牛蹄河南岸至襄河北岸间为一区;襄河南岸至通顺河北岸为又一区。兹于四区内各垸的协作情形略做分析:

(1)县河北岸区。县河北岸堤以天门县城的护城堤和永丰垸堤最为重要。乾隆《天门县志·水利考》"护城堤"条云:"郢水入界,经始原阜,渐下至三龙河,会汉水,颇为城患。城故卫址,旧有堤,长七八里,拥西、南、东三湖为保障。"其西、南、东三面堤防及三龙河堤防向由"保甲催垸民修筑,遇有大工,则合邑按亩派土"。护城堤在"遇有大工"时,需"合邑按亩派工",此为常例,可不具论。而在县城东、县河北岸,则有永丰垸等垸堤,自田家坟起,至风口止,周二千五百六十七号,早在万历丙子(四年,1576 年),即在知县刘继礼的主持下,"编立圩长十名,逐年轮守",[①]说明天门河北岸诸垸早在明后期即已形成某种协作机制。

---

①　乾隆《天门县志》卷六《水利考》,"堤垸",《中国地方志集成·湖北府县志辑》本,第 44 册,第 453～456 页。

（2）县河南岸、牛蹄河北岸区。道光《天门县志》卷一三《水利志》"堤垸"下称："县河南岸以上堤塍矮小，泄水河汉甚多，一遇上河钟、荆、潜、京四邑堤溃，下由天邑各垸民田灌河受害无底。"故县河南岸与牛蹄河北岸同受牛蹄河与县河洪水威胁，属同一水利区域。为了堵御上游洪水，嘉庆十一年（1806年），徐林团生员李道芳等禀请知县何溥，"自县河堤南起，接蒋家场间堤止，修筑横堤一道，长三十余里，挡水归河，堤塍高厚"。[①] 这道横堤之修筑，从上游将县河南岸、牛蹄河北岸地区保护起来。再加上原有的县河南岸堤防（相继为丰程垸、周家垸、湖西垸、杨小垸、杨田垸、神台垸、大有垸、东湖垸、天成垸、南湖垸等垸之北堤）和牛蹄河北岸堤垸（牛蹄垸、尹家垸、寒土垸、截河垸、花台垸、赵家垸、新堰垸、陈昌垸、南湾垸、西汉垸、横林垸、张家台、冯思垸、邹鲁彭垸、沤麻垸、便文垸等垸的南堤）[②]，遂形成一个相对封闭的水利区域。嘉庆二十四年五月，尹家垸"被南岸谭家垸堤决带崩，当协下游夫数千名帮修成功"。[③] 尹家垸溃堤，下游各垸"当协"，说明牛蹄河北岸各垸已形成协修的惯例。又如社湖垸，嘉庆十三年，亚龙碑堤决，"知县何溥详准协十二邻垸帮修"。嘉庆十四年，社湖垸与观音堂交界的滴露庵堤溃决，二垸合修月堤一道；十六年，社湖垸之阿弥陀佛庙堤决，"垸民独立难支，知县方遵辙劝谕芦新等团协夫帮修"。[④]

（3）牛蹄河南岸、襄河北岸区。此区包括靠近牛蹄河南岸的龚新（上顶牛蹄河南岸，下抵襄河北岸）、谭家、白湖、虎獐、河湖、黄洋、万贡、殷老、麻佃、毛湖、胡小、夹洲、施家、新冲、郑家、河湾、倒套、鸦鹊、柴头、钗子、下沙湾、宝丰、白西泛等二十三垸，以及邻近襄河北岸的长沟、月儿、上老观、范獐、洋潭沙沟、牛蹄、上陶林、下陶林、黄沙、团湖、查家、下殷家河、泊鲁等十三垸，共三十六垸。[⑤] 乾隆《天门县志·水利考》载：乾隆五、六年（1740、1741年），洋潭沙沟垸堤溃决，"郡守周人龙炎暑抢筑，哀民疲苦，劝谕通邑

---

① 道光《天门县志》卷一三《水利志》，第5页。

② 鲁西奇·潘晟：《汉水中下游河道变迁与堤防》，第316～327页。

③ 道光《天门县志》卷一三《水利志》，第17页B面。

④ 道光《天门县志》卷一三《水利志》，第19页B面～20页A面。

⑤ 参阅鲁西奇、潘晟：《汉水中下游河道变迁与堤防》，第288～293、323～327页。

绅民义助,四乡感动乐输,得夫八万,堤成,垸民立碑"。[1] 乐输并出夫的四乡之民究竟包括哪些,此处所言不详,但揣测必以受益者为主。而乾隆七年胡小垸溃堤,"王观察璟露立经宿,传谕邻垸受害之民,每夫各给谷二升为口粮,一时踊跃助工,得夫数万,堤得告成"。[2] 关于这两次修筑,王璟《湖北安襄郧道水利集案》卷下所录《禀抚宪晏各属水利岁修事例》记载稍详,谓:

> 本道到任以来,于天门县两遇其事:(乾隆)六年,沙沟垸溃决,本垸力微,本道率同府县各垸劝助,得协夫八万,于伏汛之时抢筑完工。七年,胡小垸溃口,正值伏秋大涨,经县府创议出示,凡受害之民,各出夫相帮,民情不无哗然。后本道到工,露立河干,经宿不卧,严挈首阻刁民;但念其现被灾祲,每夫各借谷二升以为口粮,民情亦即踊跃,助夫数万,工得完竣。[3]

据此观之,天门县相邻且同一利害的各垸之间并无协作修复溃堤的惯例,故每次兴工,均需多方劝谕,而垸民于协修之谕,竟以"哗然"待之。然王璟认为,"有此二举,嗣后倘再遇大工,本垸力微,亦可酌量劝谕施行,久之,民知其益,或可渐化"。

(4)襄河南岸、通顺河北岸区。此区与潜江、沔阳相邻,主要包括紧邻襄河南岸的獏獐、牙旺、马家、上中洲、下中洲、下老观、石泉、长湖、猪矢、滥泥、犴獐、沤麻、官湖、北河、七江、青泛、桑林、戴家等十八垸,以及靠近通顺河北岸的芦林、大剅、牛槽、梁陈、谷家、报台滥沟等六垸,共计二十四垸。[4]据乾隆《天门县志·水利考》记载:乾隆二十六、二十七年(1761、1762年),沤麻垸襄河堤两次溃决,"人民疲苦逃散,知县胡翼倡捐,并援例劝谕两岸

---

① 乾隆《天门县志》卷六《水利考》,"堤垸",《中国地方志集成·湖北府县志辑》本,第44册,第457页。

② 乾隆《天门县志》卷六《水利考》,"堤垸",《中国地方志集成·湖北府县志辑》本,第44册,第458页。

③ 王璟:《湖北安襄郧道水利集案》卷下《禀抚宪晏各属水利岁修事例》,第3页A、B面。

④ 参阅鲁西奇、潘晟:《汉水中下游河道变迁与堤防》,第295～299、370～371页。

垸民协助，一时从风慕义，远近响应，不二日，得夫三万余，督筑，告厥成功"。① 胡翼所援之例，或即上举王槩劝谕凡受害之民协修沙沟、胡小二垸之例；其所谓"两岸垸民"，非指襄河南北两岸之民，而当指襄河南岸、通顺河北岸之垸民，故其协修之垸民，亦即同受溃口之害的垸民。

从今见文献看，天门县垸际协作大抵皆出自官府之"劝谕"，则民间并未形成互助协作的稳定机制；然胡翼等"援例劝谕"邻垸垸民协修，则知邻垸协修已有"例"可供"援用"。

五、协作还是冲突？

在今存文献中，保存了大量相邻垸之间为了堤垸的修防、排水渠道的开挖及其走向、闸刬之启闭等问题而发生纠纷、冲突的记载，这些记载是如此之多，以致很容易使我们相信：纠纷与冲突乃是江汉平原垸际关系的常态。但事实可能并非如此。实际上，一些分属不同州县然互相毗邻的垸之间发生的纠纷，正说明垸间协作的必要性与常规性。沔阳州东北境的扁花垸与汉川县西南境的莲子垸相邻，"上下接壤，有河口一条，沔民欲开，川民欲闭，互相争讼……沔民称：河口不开，则彼境不能放水；川民称：河口不闭，则此屯不能耕种"。天门知县王远奉命前往查勘处置，其所作判词谓：

> 窃以为同为王民，同属王土，沔之于川，何容歧视？今不必问河口之属沔属川，止宜问此河之宜开宜闭。开之有害，则在川地亦宜闭；闭之有害，则在沔地亦宜开。沔水之必由川出者，上流下接之性也；川田之必赖此河者，旱灌潦泄之道也。故请令河口任从其开，木刬亦不可废，实为至公无私。

盖自然之形势若此，舍此并无良法，只能相互妥协，方能共存。针对沔阳州同知及部分民众认为这一判决偏袒汉川的指责，王远愤怒地写道："职若独庇川民，不使沔邑之水流入川地，闭其现存之刬，则为利己损人。今许其木刬之水与大洪口之水皆从莲子屯出，如此而犹曰偏徇，将使川民弃其田以

① 乾隆《天门县志》卷六《水利考》，"堤垸"，《中国地方志集成·湖北府县志辑》本，第44册，第456页。

为沔人之壑而后快于心乎？今其言曰：川地逼近赤野（湖），从来无秋，是欲使川地终古无秋也。无论此地为川民国赋之所出，即使从来无赋，偶然淤涨成洲，川民辟而种之，亦非沔民之所得而禁也。"①这一纠纷因为涉及两州县，故略形复杂，但从王远的判词中可以见出：以邻为壑、不顾邻垸利益的做法实际上受到普遍指责，而同舟共济、相互容让的原则则得到提倡。

另一方面，与相邻州县所属各垸的纠纷则可能强化了利害相依的诸垸间的协作关系。在很多大规模的水利纠纷与冲突中，一些垸结合起来，"同仇敌忾"，与敌对方展开各种形式的斗争，甚至发展为暴力冲突。正是在这些冲突中，利害与共的各垸间加强了彼此间的联系。正是在与上游沔阳州境内恩隆、洪溪诸垸的长期冲突中，汉川莲子、朱龙诸垸逐步团聚起来，形成一个利益共同体。同治《汉川县志》卷九《堤防志》于"莲子垸"下录道光三年（1823年）汉川知县周鹤立《禀复李制军莲、朱二垸渍水情形》，述其事较详，谓：

> 汉川莲、朱各垸，与上游沔属恩隆、洪溪等垸接壤，地本洼下。溯查当年因垸外傍湖滨河，遇有渍水，湖河概可消纳，不致有淹渍之患。嗣因傍垸之湖，淤成厂畈，兼之上游沔垸日益淤高，不但无湖消纳，更有沔水下溢。犹赖有长河一道，环绕其间，卑县业民各卫田庐，既经输费，开挖吴家沟，引长河之水至南河渡，出襄河而达于江。是以莲、朱各垸，犹可傍河建闸设剅，以资消泄，仍不致有淹渍之虞。近因沔属长埫口连年冲决，众口合流，河身渐次淤高，吴家沟水道亦接续淤浅，莲、朱各垸昔日放水闸剅悉皆隐于河底。若于堤上开挖明口疏泄，不特垸内之水万难逆流而出，且恐一经开口，转引河水倒漾，此莲、朱各垸今昔情形异，宜渍水难以疏消之实情也。复查嘉庆二十一年间，莲、朱各垸业民因见吴家沟水道渐淤，由于上游众水合流所致，乃于沟之上拦河筑坝，以期阻遏上游之水，致沔民纷纷具控。屡经前令讯，系有碍水道，断令折坝。而该业民等抗断屡翻，延宕数载。上春复控府临勘，始行将坝押折，通禀在案。因河身渐高，一面饬筹疏浚之法。旋据士民

---

① 同治《汉川县志》卷九《堤防志》，"官垸"栏"莲子垸"条，《中国地方志集成·湖北府县志辑》本，第9册，第223页。

呈称：水由吴家沟疏泄，工程浩大，不若开挖傍河之荷叶塌沟道，引水由杰士桥达南河渡而出襄河，较为便捷。旋经前耿令详府，即饬莲、朱垸士民赵翠林等领开荷叶塌沟道，亦在案。职到任之后，节经照案催办赵翠林等，虽经率夫开挖，奈土多费少，难以成功，半途而废。[①]

据此，则莲子、朱龙各垸先是"输费"集资，开挖吴家沟，以作为疏泄水道；吴家沟淤浅不畅、而上流来水愈益增加之后，复在吴家沟上游筑起土坝，以期堵住上游来水，从而引发了"沔民"的具控；在汉阳府判决平毁土坝之后，莲、朱诸垸又试图开挖荷叶塌沟道。在这一系列的变动、冲突以及谋求解决问题的过程中，莲子、朱龙各垸之间显然逐渐团聚起来，成为一个利益共同体。在"输费"开挖吴家沟，应对沔阳州恩隆、扁花各垸的具控以及设法开挖荷叶塌沟道等事件中，显然都存在着协作过程，而赵翠林被举为开挖荷叶塌沟道的负责人，则意味着莲、朱各垸间已出现了协作组织，赵翠林应当就是这一协作组织的领导者。

同时，长时间的纠纷、讼诉乃至暴力冲突，不仅不能解决问题，而往往造成更大的破坏，乃至"两败俱伤"。因此，无论是官府，还是冲突双方的有识之士，实际上都倾向于在冲突中寻找双方都能接受的解决办法；而解决冲突的根本途径，其实仍不外乎"化干戈为玉帛"，通过协商以谋求共存。潜江县东境黄中上耳垸泄洪剅沟问题的纠纷，最后就是通过黄中上耳垸购买流经下游葛柘垸的土地作为泄洪水道而得到解决的。光绪《潜江县志续》卷一〇《河防志》"黄中上耳沟剅"条记其事之始末云：

> 潜邑各垸水道，皆以剅沟为重，而黄中上耳剅沟之创建于蒋滩者，尤为不易。先，因南滨恩江，于左家场建剅，由沔出闸，沟道田亩粮载黄金登户完纳，至今无异。后下游地高，院水难泄，乃于东北洛江之耙子垱建立石剅，经天、沔达汉。无如沔民恃强拦河，筑平远垱；天邑筑石牌埠垱。黄中屡控，上宪俱严饬天、沔开疏，并委安、汉二府会勘押挖。该邑寅开卯筑，水仍难泄。嘉庆间，院民禀请移左家场剅板，建木剅于县河法云寺前，由上耳倒漾，西达县河。道光间，县河淤高难泄。十七年，县主何公设法消疏，谕院绅陶廷标、白王绅等，于邻院葛柘下

---

① 同治《汉川县志》卷九《堤防志》，《中国地方志集成·湖北府县志辑》本，第9册，第223～224页。

院永丰寺买地开沟，彼处人多阻挠，公婉转劝谕，恩威并用，而石剅成。……二十三年，修内剅，旋塌。龚主谓其地不吉，捐廉银一百串，谕迁于蒋家滩，买地开沟，内外建木剅二埠。……光绪四年，夏雨连绵，县河之水直注通顺河，道稍通。黄中、葛柘院水浩大，葛柘三四两椿以地势高于黄中，收效至速。因与黄中商同开挖蒋滩旧剅。又以同治二年黄中建石剅，葛柘三四两椿费多未清，情愿独整旧剅，以补石剅未清之项。除葛柘一二两椿向由邱宅旁双剅埠泄水、不在此剅之列，此次修整，葛柘三四两椿不得与一二两椿私立字据，挪移牵扯，至启争端。以后如有修理，黄中上耳与三四两椿照亩均派，公立合同，禀案开疏。五年……水消，从前建剅之辛苦艰难自此可以稍慰，以后比户之乐利丰盈自此可以豫卜。①

黄中上耳垸处潜江县东北境，南滨恩江河，西临葛柘垸，东北毗邻天门县，东南与沔阳州相接。就自然地势而论，黄中上耳垸之水自以东流入恩江河，最为通畅，故其最初于左家场建剅，导水入恩江河。后以恩江河下游沔阳州境内围垸地势愈来愈高，不得不在东北方另开剅沟，导水入洛江河，然因天、沔二邑之坚决反对，垸水难以排泄。黄中上耳垸迫不得已，乃谋求在西南方向上开挖剅沟，导入县河。这一举措，自然受到葛柘垸的反对，特别是道光中县河亦淤高、排水不畅之后，葛柘垸民众更是多方阻挠。只是在知县何渭珍"婉转劝谕，恩威并用"之下，方勉强同意。显然，知县之"劝谕"乃是黄中、葛柘二垸进行协商的必要前提，但关键乃在黄中上耳垸通过"买地"的方式，补偿了葛柘垸的部分损失。据记载，"黄中上耳在葛柘所买剅沟田亩共一百零八形，共田六十二亩七分五厘四毫八"。通过经济补偿的方式，黄中上耳垸与葛柘垸之间达成了协作，双方并受其益。至光绪四年（1878年），形势又发生了变化：县河之水东注通顺河，水流顺畅，葛柘垸之水亦以向西南流入县河最符合水性，故葛柘垸更愿意与黄中上耳垸合作，重修蒋滩剅沟——因为若非如此，葛柘垸水即须向东南经过黄中上耳垸方得泄入通顺河，而黄中上耳垸势必堵截或提出更高的补偿要求。合作重修蒋滩剅沟，使县河注入通顺河之后，在新形势下可能产生的葛柘、黄中上耳

---

① 光绪《潜江县志续》卷一〇《河防志》，《中国地方志集成·湖北府县志辑》本，第46册，第431~432页。

二垸的矛盾冲突得以消弭于无形,正是长期以来二垸间通力协作的直接延续,故而《潜江县志续》的编者以劝慰的口吻写道:"后之生斯院者,尚其体各宪爱民如子之心,思此剄为阖院赋命所关,协力同心,永保于无替也。"

总之,虽然今见文献特别是地方志中有关各垸间矛盾、冲突的记载不绝于书,各垸间围绕垸堤修防责任之分配、泄洪水道之开塞、闸剄之筑废等问题而发生的纠纷乃至暴力冲突,也确实不胜枚举,但是,这并不能说明矛盾、冲突乃是江汉平原地区相邻各垸间关系的常态——如果是这样的话,明清时期江汉平原地区垸田体系的形成、逐步发展及其相对稳定的运营,将是不可想象的。事实上,文献中有关垸际冲突的大量记载,恰恰说明,在垸际矛盾问题上运用具控、阻挠、暴力对抗等冲突手段,是受到官府与社会公众之普遍反对的,至少是不受鼓励的;这也反过来说明,通过协商途径,运用各种正常手段,包括采用经济补偿方式,想方设法解决矛盾,实现协作互利,乃是垸际关系的常态。

六、结语与讨论

综上所论:在明清时期江汉平原的垸田水利中,相邻的围垸虽然因为垸堤修防责任之分配、泄洪水道之开塞、闸剄之筑废等问题而存在诸多矛盾与冲突,甚至引发暴力冲突或旷日持久的讼诉,但相邻各垸间关系的常态仍然是互助与协作,即便发生利益冲突,大多也采取民间协商方式,实现协作互利,而较少诉诸官府,亦并非频繁使用暴力手段。由此出发,我们进而认为:在传统中国的农田水利领域里,互助协作,而不是矛盾冲突,乃是相邻的水利利益体(水利共同体)间关系的主流。换言之,互助协作应是相邻水利共同体间关系的常态,而矛盾冲突则是异态,讼诉与暴力冲突更是偶然现象。

早在唐代,在涉及同一河流上下游用水秩序的问题上,就有"凡用水,自下始"的规定。[①] 在《敦煌县行用水细则》有关甘泉水(今党河)各引水渠

---

① 《唐六典》卷七《尚书工部》,"水部郎中",北京:中华书局,第226页。

道用水秩序的规定中,除北府渠处最下游、反而最后行水(按"自下始"原则,应最先行水)之外,其他各渠系的行水顺序也都基本符合这一原则。[1]显然,"凡用水、自下始"原则之确定,为同一河流上下游相邻水利共同体之间的互利协作奠定了基础。在北宋熙宁三年(1070年)刻立的济源县《千仓渠水利奏立科条碑记》中,就特别对各处引用济水做了明确规定。盖其时引用济水者,主要为千仓渠引水、孟州与怀州州城引水及"大姓人家"水塅引水,为了保证千仓渠引水,《千仓渠水利科条》规定:"济水更不分入济河,并入千仓渠,浇灌稻田";孟州城池"只用济河泉水,常于龙港沟点检,不得令人盗决。如遇大旱水小,亦不得于千仓渠济水内分减";怀州州城,亦不得"分济水入州城,如遇开闸,水还济河,许依旧通流";济水支流龙潭水,"自来合济水,入千仓渠,不得引入别河、兴置水磨等,分减水势,如依旧却还千仓渠者,即许使用"。[2] 这一"科条"虽然旨在保障千仓渠的用水,对孟、怀二州城的用水加以限制,但仍然是一种区域间的用水分配,并据此奠定此后数百年间济水水利秩序的基本原则。

滑水河是汉水上游北面的一条小支流,流经城固县东境与洋县西境。明清时期,滑水河两岸自上而下依次有高堰、百丈堰、五门堰、杨填堰、新堰等五座引水堰坝,其中高堰与五门堰灌区皆在滑水河岸,相距甚近。清末民初,由于五门堰灌区最上游的唐公车湃(九辆车与唐公湃)与下游各渠湃在用水与堰、渠维修负担等问题上长期存在纠纷,五门堰堰局乃与高堰堰局协商,议决撤去九辆车中的三辆,改修飞槽,接用高堰灌区的"退水"(即余水),而由五门堰堰局给予高堰若干补偿。民国十一年(1922年)立石之

① 那波利贞:《唐代の農田水利に関すろ規定に就きこ》,《史學雜誌》第54编第1、2、3号(1943年);武藤ふみ子:《唐代敦煌の農田水利規定について》,《駿台史學》(明治大学)第39号(1976年);宁欣:《唐代敦煌地区农业水利问题初探》,见北京大学中国中古史研究中心编:《敦煌吐鲁番文献研究论集》第3辑,北京:北京大学出版社,1986年,第467~541页(及图版七七至八二)。

② 乾隆《济源县志》卷六《水利》,《中国方志丛书》本,华北地方第492号,据乾隆二十六年刻本影印,台北:成文出版社,1976年,第192~193页。另请参阅周宝珠:《千仓渠科条碑记与宋代农田水法》,《历史研究》1995年第6期;谢湜:《"利及邻封"——明清豫北的灌溉水利开发和县际关系》,《清史研究》2007年第2期。

《五门堰筒车田亩改造飞漕永远接用高堰退水碑记》①记其事云：

> 查五门堰官渠最上洋口，旧有筒车九辆，系由官渠截坎提水，故下流水势，受此影响，不能畅旺。每值天旱，下游辄有水不敷用之患。而此项车田，又只数十亩，利害相形，功不补患。去岁，卸总理王君锷等，始查明高堰退水，可以接灌车田，乃陈恳前县长张公来堰勘查，划定漕线，撤去三辆，接用高堰余水。意美法良，诚为善举。惜尚昧于情势，未将高低两渠合并为一，以致低渠余水泛流失用，高渠余水渐形不足。此飞漕田户构讼之所由来也。今春，杜、英等承乏堰役……会同高堰绅首及各车田户协议妥当：下去三车，所有三车田户，均从飞漕接用高堰高低两渠退水；由本堰帮钱贰百串，交高堰首事何建章、樊世荣等收存，以作飞漕田户等入籍之股款；其去腊所修之飞漕及岁补培各费，亦均由本堰襄助。

显然，这是两个灌区互相协商帮助的例证。在汉水上游的支流褒水上，建有山河第二堰与第三堰两座堰坝；濂水河上有马湖、野罗、马岭、流珠、鹿头、石梯、杨村等七堰；冷水河上有杨公、复润、隆兴、芝子、班公等五堰；漾家河上有琵琶、马家、麻柳、白马、天生、金公、浕水、康家等八堰。这些堰渠灌区之间相距甚近，彼此之间在引水问题上程度不同地存在矛盾，但大抵仍以协作互利为主，较少见有相互间尖锐冲突引发讼诉或暴力冲突的例证。② 因此，我们相信，在传统中国农田水利领域中，相邻的水利共同体之间日常的水利关系，仍当以互利协作为主，而并非以矛盾冲突为主。

---

① 现存城固县五门堰文物保管所。碑长方形，高 122 厘米，宽 77 厘米，厚 11 厘米。陈显远编《汉中碑石》(西安：三秦出版社，1990 年)第 95 页有拓本图影，第 406～408 页著有录文。兹据原石及拓本校录。

② 参阅鲁西奇、林昌丈：《汉中三堰：明清时期汉中地区的堰渠水利与社会变迁》，北京：中华书局，2011 年，第 16～54 页。

传统中国农田水利领域中区域协作的发展与局限

——以明清时期江汉平原的垸田水利为中心

一、问题之提出

关于传统中国农田水利领域中的协作,论者向来比较关注同一水利利益区域范围内水利受益者基于共同利益而进行的协作,亦即所谓"水利共同体"在拥有共同的水利利益("水权")、共同的水利设施、共同的"水利组织"以及在与王朝国家"互动"的过程中作为一个"相对自主的社会体"等前提下,共同兴修、维护、管理水利设施,共同制定并遵守特定的水利规章,维护水利秩序,并在"水利共同体"范围内尽可能依靠民间方式协调、解决水利矛盾与纠纷。① 而对于相邻的或相关的"水利共同体"之间(如同一河流上下游不同引水灌区之间)的关系,则大多强调其相互间矛盾冲突的一面,认为水资源的争夺乃是同一区域范围内不同水利共同体之间关系的主流,

---

① 关于"水利共同体"理论最简明扼要的阐述,可见前揭好并隆司:《水利共同体における鎌の歴史的意義》;森田明:《明清時代の水利団体———その共同体的性格について》。更全面的了解,则可参阅前揭丰岛静英:《中国西北部に於ける水利共同体について》;宫坂宏:《華北に於ける水利共同体の実態》;等等。

而此种矛盾冲突之协调解决,则主要依靠官府力量的介入或干预。① 至于农田水利领域中是否存在较大区域范围内的协作,则一般认为此种区域协作可能性较小,偶有实施,也大多是在官府的强力主导下进行的。

在《明清时期江汉平原的围垸:从"水利工程"到"水利共同体"》一文中,我们曾经讨论明清时期江汉平原地区以围垸为中心形成的"地域共同体",认为明清时期江汉平原地区的"垸"乃是以水利与生产活动为基础的、村落之间的联合,它将位于堤岸与垸内的大小散居村落,通过围垸、排水、垸堤修防过程中的协作,联系在一起,进而形成自然村落的联盟(或共同体):围垸主要是通过民众协作的方式修筑,其协作方式主要表现为家族内部合作、家族之间合作以及零星农户之间的协作等;当大规模围垸涉及众多民户利益、特别是部分民户对围垸持有不同意见时,则需要官府介入,以协调各方利益及所承担堤工的分配;在围垸过程中,家族内与家族间、各家族与官府间的协作是必不可少的;为组织、实施这种协作,一些垸成立了常设性的管理机构,如汉川南湖垸的斗步头堤工局。② 在《传统中国农田水利领域的区域协作——以明清时期江汉平原的"垸区"为中心》一文中,我们通过对明清时期特别是清代江汉平原诸州县,尤其是围垸最为集中的潜江、沔阳、天门境内围垸之间关系的考察,发现江汉平原地区相邻的围垸之间存在着程度不同的协作和互助机制,在垸堤特别是边江或边湖大堤的修防、垸内排涝、共同的排水河道的疏浚等方面开展协作,从而形成由数量不同的相邻各垸组成的、协作与互助方式不同的"垸区",进而认为在传统中国农田水利领域中,相邻的"水利共同体"之间日常的水利关系,当以互利

---

① 实际上,关于传统农田水利秩序之确立与水利纠纷之解决的讨论,多限于同一"水利共同体"内部,此类研究成果相当多,不具举。关于同一河流上下游不同引水灌区间的关系,最重要的讨论是前揭谢湜《"利及邻封"——明清豫北的灌溉水利开发和县际关系》。在这篇文章中,谢湜认为:河流水资源的统筹开发与使用,"带来了地域联系的加深,乃至流域空间的市场整合。'利及邻封',在这个意义上,或许意味着更大的'共同体'的存在"。这一认识,实际上走出了区域水利开发过程中不同"水利共同体"之间的关系以矛盾冲突为主线索的论述方式,暗示正是在共同使用水资源的过程中,虽然产生了诸多的矛盾与冲突,但"利及邻封"仍是水利开发与使用中的重要原则之一,因而也就指明了在这一原则下不同"水利共同体"之间协作与互助的可能性。

② 鲁西奇:《明清时期江汉平原的围垸:从"水利设施"到"水利共同体"》,见张建民、鲁西奇主编:《历史时期长江中游地区人类活动与环境变迁专题研究》,第348～439页。

协作为主,而并非以矛盾冲突为主。① 在此基础上,本文即试图将着眼点放在更大范围内的水利区域协作上,以汉水下游堤防的协修和泗港、大泽口的开塞之争为中心,考察明清时期江汉平原大范围水利区域协作的发展及其局限,并借此分析"王朝国家"干预水利事务的深度及其限度。

盖江汉平原地区农田水利之开展,绝非限于单个围垸或若干围垸组成的"垸区",而是涉及相当广大的区域。万历《湖广总志》卷三三《水利二》"三江总会堤防考略"综述湖广地区之水利形势云:

> 湖广境连八省,凡秦关、巴蜀、中原、贵竹、岭右诸水俱注之,导为三江,潴为七泽,即《禹贡》江、汉、九江、沱、潜、云梦之故区也。江发岷山,抵巴东入荆壤,流至岳阳,与洞庭水合,其受决害者,惟荆州一郡为甚。汉发嶓冢,抵上津入郧地,流至汉阳与大江水合,其受决害者,郧、襄、承、汉四郡,而襄、承为尤甚。九江是沅、渐、元、辰、叙、酉、澧、资、湘诸水合流入洞庭湖,沿汇八百里,经岳阳楼西南出湖口,与江流合,其受决害者常武、岳阳二郡也。三水总会于武昌,其江身始阔,直注而东,以故武昌、蕲、黄之境,(苦)无大水害。大较堤防多在襄、承、常武、荆、岳间,盖古七泽正其地也。汉唐以来,代苦水患。至宋,为荆南留屯之计,多将湖渚开垦田亩,复沿江筑堤以御水,故七泽受水之地渐湮,三江流水之道渐狭而溢,所筑之堤防亦渐溃塌。迨我国家二百年来,水或时氾,堤或间决,惟嘉靖三十九年庚申岁,三江水氾异常,沿江诸郡县荡没殆尽,旧堤防存者十无二三,而后来有司维建议修筑,然旋筑旋崩,盖民私其[利](力)而财用赢诎之势异也。②

魏源《湖广水利论》亦称:

> 今则承平二百载,土满人满,湖北、湖南、江南各省,沿江、沿汉、沿湖,向日受水之地,无不筑圩捍水,成阡陌、治庐舍其中,于是平地无遗利;且湖广无业之民,多迁黔、粤、川、陕交界,刀耕火种,虽蚕丛峻岭,老林邃谷,无土不垦,无门不辟,于是山地无遗利。平地无遗利,则不

---

① 鲁西奇:《传统中国农田水利领域的区域协作——以明清时期江汉平原的"垸区"为中心》,陈锋主编:《彭雨新教授百年诞辰纪念文集》,武汉:湖北人民出版社,2012 年。

② 万历《湖广总志》卷三三《水利二》,《四库全书存目丛书》本,史部第 195 册,第 134 页。

受水,水必与人争地,而向日受水之区,十去五六矣;山无余利,则凡箐谷之中,浮沙壅泥,败叶陈根,历年壅积者,至是皆铲掘疏浮,随大雨倾泻而下,由山入溪,由溪达汉、达江,由江、汉达湖,水去沙不去,遂为洲渚。洲渚日高,湖底日浅,近水居民,又从而圩之田之,而向日受水之区,十去其七八矣。江、汉上游,旧有九穴十三口,为泄水之地。今则南岸九穴淤,而自江至澧数百里,公安、石首、华容诸县,尽占为湖田;北岸十三口淤,而夏首不复受江,监利、沔阳县亦长堤亘七百余里,尽占为圩田。江、汉下游,则自黄梅、广济,下至望江、太湖诸县,向为寻阳九派者,今亦长堤亘数百里,而泽国尽化桑麻。下游之湖面江面日狭一日,而上游之沙涨日甚一日,夏涨安得不怒? 堤垸安得不破? 田亩安得不灾?[①]

要言之,江汉平原的水利问题,是长江流域环境与经济社会系统中的一部分,其所涉者实非常广泛。万历《湖广总志》与魏源的议论,皆颇切中要害,今日之论长江中游地区之环境变迁、洪涝灾害者,亦多着眼于此,而其应对之策,亦不外乎控制上游山区水土流失以减少泥沙来源、加固江汉等主要河流的堤防以及疏通河道以保证洪水顺利下泄三途。虽然早在明代中后期,人们即已认识到上游山区的大规模垦殖所带来的山林砍伐、水土流失加重,乃是长江中游平原湖区泥沙淤积的根源之一,但在传统时代,对此点实无可措手,提不出可行的应对之策。因此,论湖广水利者,遂多从固堤防、疏河道二端入手。[②]

江汉平原地区的堤防,自以荆江、汉水等主要河流的边江大堤为最重,东荆河、通顺河、天门河、牛蹄河等分支河道的沿岸堤防次之,边江、边河诸垸堤防又次之,不靠近江汉及其支流河道的各垸垸堤更次之。万历《湖广总志》卷三三《水利二》"川江堤防考略"谓:"(长江)当江陵、公安、石首、监利、华容间,自西而北、而东、而南,势多迁曲,至岳阳自西南复转东北,进流而下,故决害多在荆州。夹江南北诸县,县各沿岸为堤:南岸自松滋至城陵矶,堤凡长亘六百余里;北岸自当阳至茅埠堤,凡长亘七百余里。咫尺不

---

① 魏源:《湖广水利论》,见前揭《魏源集》上册,第388～389页。

② 尹玲玲:《明清两湖平原的环境变迁与社会应对》,上海:上海人民出版社,2008年,第99～109页。

坚,千里为壑。"①凡此荆江南北岸堤防,绵亘数百里,地跨数州县,上游堤防一旦溃决,则不但溃口所在之州县首当其冲,下游各州县亦必大受其害。按照"受益者承担修防"的一般性原则,则下游州县自有义务出工出费、协助维修上游堤防,故有"协修"("协济堤工")之制。

疏通河道之关键则有二:一是开穴口,即开通分流河道;二是禁私垸,平毁阻碍洪水下泄的垸堤。二者之中,又以开穴口、疏支河最为根本。万历《湖广总志》卷三三《水利二》"开穴口总考略"云:

> 穴口所以分大江之流,必下流有所注之壑,中流有所经之道,然后上流可以分江澜而杀其势。……(川江)古有九穴十三口,江水分流于穴口,穴口注流于湖渚,湖渚泄流于枝河,枝河泄入于江海,此古穴所以并开者,势也。今日生齿渐盛,耕牧渐繁,湖渚渐平,枝河渐湮,穴口故道皆为廛舍畎畆[也],(他)如章卜等穴,故道无复旧迹矣。此今穴口所以多塞者,亦势也。……盖穴口之枝流多湮,则江水之正流易泛,将来浸决之患,其可免乎?故荆南以开古穴口为上策,此固溯源探本之论也。②

然穴口之开塞、支河之通闭,关系甚重,盖于江、汉之一侧开通穴口分流,固可减轻江、汉本身所承受的洪水压力,并加强另一侧堤防的保障,但对于开通穴口的一侧而言,则势必引导洪水直入腹地,给支河沿岸民众带来巨大的威胁。因此,穴口之开塞、支河之通堵,往往是江、汉两岸官府、绅民争执的焦点。

显然,"协修"主要涉及河流同一侧上、下游间民众在堤防维修工、费方面的负担,开穴口、通支河则关涉河流左、右两岸地区的利益。所以,无论是协修,还是开穴口,都需要较大区域范围内的协调与合作,因而也就更需要较高层级的官府介入、干预。然则,这种较大范围内的区域协作究竟是否能实现?它又是如何实现的、有怎样的局限?在这一过程中,哪些因素发挥了作用?本文即试图分析这些问题。

---

① 万历《湖广总志》卷三三《水利二》,《四库全书存目丛书》本,史部第 195 册,第 136 页。

② 万历《湖广总志》卷三三《水利二》,《四库全书存目丛书》本,史部第 195 册,第 149 页。

二、协修：大范围水利区域协作的实践及其终结

协修又称"协济堤工"，一般是指不同地域单位（主要是指州、县）在利害相关的前提下协力修筑堤防。光绪《沔阳州志》卷三《建置志·堤防》"协修"记沔阳州协修堤工之始末较详，谓：

> 沔邑自明嘉靖时奉派协修邻邑堤塍，最为民害。其始由荆门汛防之沙洋关庙河堤，当汉水直冲，荆州居沙洋下流，故昔人称"荆州有养鱼池"之谣。张文忠居正当国，私其乡土，藉护陵寝为辞，创议派各邻邑协修沙洋河堤，以期巩固。自此以后，腾云湾、姚家沟相继以起，例例相续。崇祯间，潜江排沙渡屡决。十年，巡按御史林橄沔阳、竟陵各捐夫价银一千两协修，遣巡哨郑董其役。国朝顺治五年，潜江排沙渡堤决，复派沔协修。七年，与景陵协筑排沙渡，改名曰旗鼓堤。是年，潜江杨家滩堤成，更名骑马堤。十二年，与景陵协修潜江傅家湾、余家滩堤。十六年，协修潜江芦洑脑。十八年，协修杨家滩、傅家湾堤。康熙三年，协修潜江傅家湾、郭家口、张心等院。五年，沔与景、潜大水，分守荆西副使□□□以修堤不如修河，议请浚旗鼓堤河，以杀水势，从之，更名旗鼓堤河为通顺河。六年，潜邑杨旺屯营堤决，荆、安两郡大兴役，堤成，寻决。七年，两郡大兴役，堤复合。八年四月，堤复决，两郡兴役如初。九年五月，堤成，同知刘余霖刻石纪之，更名新丰堤。十年十一月，潜江班家湾先与后大决，沔受患最酷，派协夫堵筑，连岁皆举大工，民不堪命。踰数年，江陵石头嘴堤大事修筑，派邻邑协济。当事以其议上闻，奉上谕："荆不协安，安不协荆。"由是沔邑未受协派之累。然荆门沙洋之汛堤向所派及江陵、监利之三分应即停派，而荆门仅收回五厘，则强潜江代收一分，强沔阳代收一分五厘。未几，荆门报曹家湾创修月堤，派夫四百万余名，应给工价十九万余两，沔阳复有协派。自是而夫徭益重、民不聊生矣。二十一年，吏科给事中王又旦请禁协济堤工……疏入，奉旨：饬部会湖广总督议行。其后邻邑有大工作，力不能独举，仍协派，而院民皆乐从之，则以利害所及，不得不通力

合作,且皆按亩计费,不似从前之滥派矣。①

据此可知:(1)沔阳州之协济堤工,始自明后期之修筑沙洋关庙堤,而以清初顺治、康熙前期协修之工最为繁重;至康熙二十一年(1682年)后,强制协修邻邑之工大致停止,偶有协修,大抵以"受益者负责修防"为原则,"按亩计费",故"院民皆乐从之"。(2)沔阳州协修工程主要有两方面:一是荆门沙洋堤,二是潜江境内旗鼓、骑马、杨旺屯营、班家湾诸堤,均为汉江南岸堤防。盖以沔阳州处荆门、潜江之下游,汉江南岸堤溃,洪水直冲而下,与荆门、潜江同受其害,故沔阳州有协修堤工之义务。(3)相邻州县协修堤工,跨邑越府,必由官府组织协调方能成功,而官府之组织既以州县行政系统为依据,则与主要受自然地势制约的洪水泛滥区域不甚吻合,从而与受益者负担堤防修防的原则相脱离,自必使用行政强制手段。"协修"既超越"利害所及"之范围,遂被视为"民害"。

今按:汉江南岸堤工之协修,上引《沔阳州志》谓始自嘉靖之修筑沙洋堤,或有所本。万历《湖广总志》卷三三《水利二》"荆门州堤考略"云:

> (荆门)州堤防,要害全在沙洋镇一带。夫此镇控荆门、江陵、监利、潜江、沔阳五州县之上流,汉水自芦麻口直冲沙洋北岸。旧有堤,接连青泥湖、新城镇,由沈家湾至白鹤寺、不刹脑,至潜江界,凡二十余里,惟沙洋堤势独宽厚,军民麇居其上。嘉靖二十六年堤决,汉水直趋江陵龙湾市而下,分为枝流者九,以此五州县岁遭淹没。二十八年,承天有司官修筑,议多异同,乃不塞旧决口,而退让二百余步,中挽一堤,反成水囊,北浪一入,□难东回,其堤不一岁再决。旧江身渐狭,南北相对止二十余丈;决口东西相对约三百余丈,反为正派,几不可复障而东矣。隆庆元年春,始议承天、荆州二府修筑,至二年秋八月告成。北岸自河家嘴至南岸新堤头,长凡四百七十七丈五尺余,阔凡十四丈许,高凡五丈许。当堤心铸二铁牛镇之。此堤一成,淤沙日积,势可永久。②

---

① 光绪《沔阳州志》卷三《建置志》,"堤防",《中国地方志集成·湖北府县志辑》本,第47册,第104~107页。

② 万历《湖广总志》卷三三《水利二》,《四库全书存目丛书》本,史部第195册,第143页。

嘉靖二十八年(1549年)沙洋堤工,由承天府有司官负责,其时潜江、沔阳均属承天府,应当受召协修。至隆庆元年(1567年)大规模修筑沙洋堤,则缘于承天、荆州二府之合作。康熙《安陆府志》卷三一录鲁省吾《修筑沙洋堤碑》曰:

> (沙洋)镇控荆门、江、监、潜、沔五州县之上流,汉水自芦麻口直冲镇北北,岸旧有堤为防,军民鏖居其上,堤内田可畎者度数百里。岁嘉靖丁未,堤决,水直趋江陵龙湾市而下,分为支流者九,遂不可复塞,塞之辄复坏,卒成河通舟。黍稷之场,淫为巨浸,两郡民死徙相半,甚苦,乃在荆为甚。……今中丞赵公往守荆州,属丙寅秋,汉水复大溢,公临流望洋叹曰:"嗟乎!是不有成事可睹乎?向非无堤,废而不讲者谁耶?独奈何难虑始,忍陷溺吾民也。"乃与承守何公亟图之,请诸大吏,发司帑,益以二郡赎锾,共得金六千四百九十两有奇;部署官属,各有经纪。肇工于隆庆元年九月二十六日,至明年戊辰八月二十六日堤成。上设武安祠,铸二铁牛镇之。又明年,复请得四百金,并堤武安祠,砌水口要害一百二十丈,高二丈,堤乃益固。①

文中的"中丞赵公"即赵贤;丙寅乃万历四十五年(1566年)。荆门州当时虽属之承天府,但因沙洋堤决口受灾较重的却是荆州府属之江陵、监利等县,故赵贤以荆州知府首举此事,而承天府有司自乐见其成。荆州、承天(安陆)二府合修沙洋堤遂自此始。

参与隆庆元年(1567年)荆、承二府协修沙洋堤之役的州县,据乾隆《荆门州志》卷一二《水利志》"筑沙洋临江大堤并修复仙人古堤纪略"所记,即为荆门、江陵、潜江、监利、沔阳五州县,除荆门州外,其余四州县均为协修。至清初顺治十二年(1655年),安陆郡丞马逢皋主持重修沙洋堤,沿用明季旧例,仍请安陆、荆州二府协修,"以济大工,盖五邑之民同力合作,自昔然也"。② 此次兴修的重点,是培修关庙旧堤,并在其南一二里处之曾家湾、水庙湾增建月堤。康熙《安陆府志》卷三一《艺文志》录吴之纪《重修沙

---

① 康熙《安陆府志》卷三一《艺文志》,康熙八年刻本,《中国地方志集成·湖北省府县志辑》本(据固学斋抄本影印),南京:江苏古籍出版社等,2001年,第42册,第488页。

② 乾隆《荆门州志》卷一二《水利志》,《中国地方志集成·湖北府县志辑》本,据乾隆十九年刻本影印,南京:江苏古籍出版社等,2001年,第40册,第115~116页。

洋堤碑》云：

是役也，始于顺治十二年乙未仲夏，三工并举，两湾先后告竣，而关堤成于十三年丙申孟夏，计役夫三十万四千八百七十有奇，计费银三万四百有奇，庙费不与焉。诸同事暨予捐俸成之。先是，司议荆、安两郡工各半，久持不决。前守荆西李公虑纷梗误事，以荆门汛堤主四分，江、监、潜、沔各协分半，为量力保固计。若大筑月堤，则议工又俟变通焉。曾湾月堤平地筑九十弓，加帮九十弓，铺脚二十五弓，结顶六弓，高十弓。水湾[月堤]长一百二十一弓，铺脚二十六弓，结顶六弓，高一十二弓有差。关堤内帮长一百六十弓，堤南头宽三弓，高十六弓；中庙前宽五弓有半；堤北头宽五弓，[高]（南）十九弓；庙基长四十五弓，宽七弓，垫高一丈三四尺有差；外帮长二百弓，五弓铺脚，三层递杀，二弓结顶。竹笆椿木，其比如栉。又于上流作石坝以砥冲波，激使中流，堤势屹若金城矣。

水庙湾（即水府庙）与曾家湾之月堤即后来所称的"李公月堤"与"金公月堤"。此工用费甚巨，不当全出自捐俸。夫工则采协修之例，荆门以"堤主"故，出 40％；江陵、监利、潜江、沔阳各出 15％。堤工完成后，马逢皋还主持重建了维修制度："受利害之处，每田一百二十亩派夫一名，共额夫一千零八名，为春秋加帮之役。"①自顺治十二年至康熙二十年（1655—1681 年），沙洋堤仍时有溃决发生，故复历有维修，而历次维修，大抵皆由荆、江、监、潜、沔五邑合修。②

潜江县境内的汉水南（西）岸干堤，在此一时期内亦较普遍地采用协修形式。潜江西北境、与荆门沙洋堤相接的汉江南岸堤绿麻、黄湾堤例由潜、荆、江、监四邑及荆州卫合修，沔阳州不在协修之内。顺治十五年（1658年），绿麻、黄湾二堤溃决，顺治十七年进行大规模修筑，其中"绿麻水旱堤

---

① 康熙《安陆府志》卷三一《艺文志》，《中国地方志集成·湖北省府县志辑》本，第 42 册，第 496～497 页。

② 据康熙《潜江县志》卷一〇《河防志》记载，康熙六年至十二年间（1667—1673 年），王又旦为潜江知县，曾多次领潜江夫至荆门协修关庙大堤。康熙二十一年王又旦疏称，"关庙一堤，年年加帮"，是知关庙堤之维修相当频繁（《中国地方志集成·湖北府县志辑》本，第 46 册，第 192～196 页）。

共长四百五十九号,用夫二十二万六千一百六十名;黄湾水旱堤共长三百三十三号,用夫一十万六千四百一十四名。率以十分:潜,汛堤也,独出夫四分五厘;荆门出夫一分五厘,江陵、监利各出夫一分七厘,荆卫仅出夫六厘。按堤计土,按土计夫,按利害主协计分数"。① 康熙六、七、八三年间(1667—1669年),杨旺、屯营堤连续溃决,荆州、安陆二府兴役修筑,旋筑旋溃,至康熙九年始筑成,改名新丰堤。安陆府同知刘余霖《新丰堤碑记》称:

> 新丰堤者,旧为杨旺、屯营二堤,滨于汉水,介绿麻、黄湾之中,实切荆、安两郡之利害。自康熙五年始,两郡分筑,民不得休息,以至于今。……八年夏六月,抚院林公以勘灾舟缘溃堤之下。时维潜江、荆门合筑之堤尚存,率荆、安两属官民登焉。……遂谋于本藩刘公,命余霖鸠两郡之工,合力筑成之。檄两府率所属会度地势,建立形式,计算夫役。屯营水旱堤今名上新丰计九百四十五号,杨旺改口堤今名下新丰计八百九十六号,月堤计七百二十二号,共计堤二千五百六十三号,主协分数悉遵绿麻、黄湾旧例。八年十一月兴工,九年[五](九)月念五日大堤告成,八月二十日月堤继竣,历冬春夏秋四时,为日二百八十有奇。②

此次兴工,"主协分数悉遵绿麻、黄湾旧例",即仍按照潜江出夫四分五厘、荆门一分五厘、江陵与监利各一分七厘、荆卫六厘来分配夫工。

潜江县东境、芦洑口以东的汉江南岸堤则由潜江、沔阳、景陵(天门)三邑合修,荆、江、监三邑因非利害相关之区,不在协修之列。据上引光绪《沔阳州志》,知沔阳州协修潜境堤防,当可上溯至明末崇祯年间;康熙《潜江县志·河防志》系其事于崇祯十二年(1639年),谓:"巡方御史林橄沔阳、景陵、潜江各捐夫价银一千两,遣郑巡哨筑之。"③顺治间及康熙前期沿用明

---

① 康熙《潜江县志》卷一〇《河防志》,顺治十七年纪事下录颜敏《修筑绿麻、黄湾堤碑记》,《中国地方志集成·湖北府县志辑》本,第46册,第191页。

② 康熙《潜江县志》卷一〇《河防志》,《中国地方志集成·湖北府县志辑》本,第46册,第194页。

③ 康熙《潜江县志》卷一〇《河防志》,《中国地方志集成·湖北府县志辑》本,第46册,第189页。

末之例,沔阳、景陵相继协修潜境排沙渡、傅家湾、旗鼓、骑马诸堤及开挖旗鼓堤河(通顺河),已见上引《沔阳州志》。然在此诸工中,潜、沔、景三邑夫工之分配,则不能详知,盖并无定例。顺治十二年(1655 年)修筑傅家湾堤时,诸司曾议定由"潜江自修护城堤,沔阳与潜江协修傅家湾,景陵与潜江照原派分数协筑佘家滩",当是采用分配负责堤段的方式,而不是如沙洋、绿麻、黄湾及新丰堤那样,协修各邑按比例分配夫工。同时,又考虑到"潜堤既关景、沔安危,一筑之后,欲潜人代为保护,潜方自顾不暇,利于疏泄,而乃责其培葺补救,此必不得之数也"。所以,规定"于筑后酌分汛地,以重责成。如傅家湾、佘家滩、野猫塌一带,堤内既有沔、景之田,自有沔、景之人。令受利诸绅与潜人之同受利者公议,设立堤长数人,量给养赡。方春水发时,则于堤上造盖草房,每隔一里则住一家,率附近烟户往来守护,见有薄削处所,即自行培补"。[①] 即仍按受益者负担的原则,分别汛地,由受益人户负责日常维修。

无论是荆、江、监、潜、沔五邑合修沙洋堤,潜、荆、江、监及荆州卫合修绿麻、黄湾堤及杨旺、屯营堤(新丰堤),还是潜、景、沔三邑协修排沙渡、旗鼓、骑马诸堤,其根据,皆是协修州县利害相同,故需负担与共。协修既涉及不同州县,甚至跨越两府,故均由官府组织协调,甚至依靠行政权力强制执行。这种打破州县行政界线的协修,可以看作是地方官府试图以利害一致为基本原则、组织大范围的区域水利协作的努力与实践。在水利官员看来,荆、江、监、潜、沔五邑既同受沙洋堤之利,自属利害相同,按受益大小负担堤工亦自在理中,故将其视为同一水利协作区域乃是当然。同样,景陵(天门)东南境与沔阳州大部既处潜江骑马、旗鼓诸堤之下游,同受诸堤保护,亦可视为同一水利协作区域。可以看出,大部分协修堤工正是在这种认识基础上组织、协调的。

应当承认,这种努力的方向是正确的,"如果组织合理,协调得当,协济对于堤垸修防还是利大于弊的。特别是对一些规模较大、工费皆巨的工程

---

① 康熙《潜江县志》卷一〇《河防志》,《中国地方志集成·湖北府县志辑》本,第 46 册,第 190 页。

来说更为有利,确能收到众擎易举之效"。① 然协修从一开始就受到广泛反对乃至抵制,实施起来困难重重,最后不得不予以放弃。问题的核心乃在于不同地区对所谓"利害相同"的认识与理解大不相同。以荆门沙洋堤为例,沙洋堤由五邑合修之根据,是五邑并受其利;若沙洋堤溃,则五邑并受其害。此论看似很有道理,然细究其实,却并不尽然。盖沙洋堤溃决,首当其冲者除荆门东境一隅之外,主要是江陵东境、监利北境;潜江县只西南一隅受害较重,大部则基本不受影响;沔阳州则相隔甚远,洪水入境后已是强弩之末,破坏较小。不仅如此。沙洋堤溃决之后,汉水主流相当部分洪水自溃口分出,潜江、沔阳境内的汉水流量减少,防洪压力大减。正因为此,潜江、沔阳二邑反对协修沙洋堤尤力。光绪《沔阳州志》卷三《建置志·堤防》录陶大年《驳协济沙洋月堤议》云:

> 以水道论,荆门处大河(指东荆河——引者)之西,沔阳中隔潜县,相去三百余里,处大河之东。沙洋堤溃,无害于沔;不溃,亦无利于沔。驱沔民而协荆门,譬之援溺者,已见父母之沉渊掉臂弗顾,而反于数百里之外闻他人妻子有赴水之意即裹粮思往救之,岂人之愚拙亦至此乎?②

其言虽未尽合乎事实,却切实地反映了沔阳士民对于协济沙洋堤工的消极态度。康熙七年至十三年(1668—1674年)久任潜江知县的王又旦对协修沙洋堤工一直持反对态度。康熙二十一年,已升任吏科给事中的王又旦终于得到机会,上书指陈协修之弊,恳情禁止协济堤工,其中特别提到沙洋堤,谓:"荆门州属地堤工才十余里耳。该州向有水利州同一员,关庙一堤,年年加帮,是其专责。臣在楚时见其一篑不施,必俟其溃决,而始告协于邻邑。旷官废事,朝廷亦何乐有此坐视成败之人、使之虚糜俸禄乎?"③王又旦对潜江协修沙洋堤之痛恨,由此可见一斑。

至于沔阳反对协修潜境堤防,理由又有所不同。光绪《沔阳州志》卷三

① 彭雨新、张建民:《明清长江流域农业水利研究》,武汉:武汉大学出版社,1993年,第233页。

② 光绪《沔阳州志》卷三《建置志》,"堤防",《中国地方志集成·湖北府县志辑》本,第47册,第106页。

③ 康熙《潜江县志》卷一〇《河防志》,《中国地方志集成·湖北府县志辑》本,第46册,第197页。

《建置志·堤防》录康熙中张金龙论协修潜境堤防之非,云:

> 沔邑协修潜江诸堤,自顺治五年排沙渡始。潜以为扼沔之上流具控上台,上台爱潜,因以[授](爱)沔。沔民未睱筹也,旋应之。岂知沔协排沙头渡,而潜弃芦洑脑之堤不问矣,溃而壑沔。是以十六年沔有芦洑脑之役。沔协芦洑脑,而潜弃杨家滩、傅家湾堤不问矣,溃而壑沔。是以十八年沔有杨傅堤之役。……潜恃有沔之协修,筑一口而溃一口,总不悔祸于沔;沔疲于潜之协修,屡修屡淹,又不敢归咎于潜。①

则沔人并不以协修潜境汉堤为不当或无理,只是埋怨潜人不能善加维护,"筑一口而溃一口",工兴无已,至沔民疲弊。换言之,沔人虽不愿协修潜境汉江南岸堤防,但并不认为潜境汉堤与己无关,而是清楚地认识到潜境汉江南岸堤防实关系到沔阳州大部分地区的安危。因此,至少在沔人看来,沔阳州与潜江县东境(汉水南岸、东荆河以东)实为休戚与共,利害相同,需要协同修筑堤防(至于协作是否成功,则是另一问题)。

汉水右岸堤防的协修,则主要表现为京山、景陵(天门)、潜江三县协修钟祥东南境的红庙堤。钟、京、景、潜诸邑合修红庙堤,盖始于明万历中,较之左岸沙洋堤之协修略迟。万历二十一年(1593年),红庙堤马家嘴诸口溃决,即由钟、京、景、潜及荆、武、承三卫分工合筑。乾隆《钟祥县志》卷四《堤防》录黎巽《郡丞孙公修堤记》云:

> 距郢城三十里为[瞿](瞿)家口,又四十里为马家嘴,又四十里为操家口。三口皆汉江东堤,上接黄家湾,中联留连口,为一带保障,内而皇庄及钟、京、潜、景四县,武、荆两卫田粮系焉。……岁癸巳,暑雨浸淫,黄家湾三口告决,备府分筑黄家湾,今所称"杜公堤"者,三口属之有司军卫。三年而工周成……丙申,滇南慕忠孙公讳继先自粤西擢佐承天,太守常公以公有水利堤工之责,先期区别四邑、两卫受利多寡,牒带厅锦吾杜公,派夫有差。惟是潜江以该邑堤垸多而民无余力,议动帑金为夫值。常公悉其事,请于守道薛公,以钟邑幕吴君承周司瞿家口,益以承天卫屯夫;京山幕喻君时雍、景陵幕徐君仁、荆卫千户张君四维分工筑操家口;而马家嘴则功大难图,责邑人致仕蒙自县丞

---

① 光绪《沔阳州志》卷三《建置志》,"堤防",《中国地方志集成·湖北府县志辑》本,第47册,第105页。

王杜、长葛典史王相、淳化典史刘瑛、儒官何崇科、耆民孙绪、何宗堂、李时美、周汴等分领；潜江夫值募近堤人夫协赞；钟祥二尹刘君汝安、京山二尹王君宠董其役，总理三堤付之孙公。……丁酉夏，淫雨，数来报武昌故堤冲决……悯有司军卫民力既竭，详动府仓银为工费；堤与皇庄茶园休戚相关，启楚藩加帮，行经历司呈请备府杜公分筑，杜公慨然许之，命签书刘公司其事。于是孙公檄钟、京、景三县，承、荆两卫募夫担土，详委显陵、沔阳经历徐君应道、方君百里，承天卫千户唐君曾会、张君友颜，荆州卫百户蒋君尚忠分督。至是，自石城迄多宝湾，堤旧新相接百余里，青草芳菲，绿杨袅娜，屹然称永利焉。[①]

据此可知，万历二十一年(1593年)、二十四年、二十五年，钟、京红庙堤溃口之堵筑，除黄家湾堤由守备府具体负责(所谓"带厅锦吾杜公"与"备府杜公"，均指守备太监杜茂)外，翟家三口则分由钟、京、景三县与荆、承、武三卫负责，潜江协工则以"夫值"形式代替。四邑(钟、京、景、潜)、三卫(承天卫、荆州卫、武昌卫)各自负担的夫役比例如何不详，然在兴工之前，既"先期区别四邑两卫受利多寡"，"派夫有差"，显然是根据受益多寡确定派夫比例。至康熙二年(1663年)，分守道冯右京主持对钟祥汉堤(自铁牛关至王家营)的全面维修，乃"因酌其受利多寡，而派定其数，以十分为率，钟邑四分，京山二分五厘，景陵二分五厘，潜江一分之三厘，荆州右卫、安陆卫七厘中之四厘，武昌卫七厘中之三厘，永为例"。[②] 即由钟祥承担工役夫费的40%，京山、景陵(天门)各25%，潜江、武昌卫各3%，荆州右卫、安陆卫共4%。

京山、景陵(天门)、潜江三邑协修钟境内汉江东岸堤防之根据，与要求江、监、潜、沔诸邑协修荆门沙洋堤的理由相同。乾隆《钟祥县志》卷四《堤防》称：钟邑"地居上游，实为京、天、潜数县门户，邑之土田居堤内受利者仅二里二庄，而各县湖里田土俱恃此门户以无恐。此堤一溃，关钟邑者十之

① 乾隆《钟祥县志》卷四《堤防》，《中国地方志集成·湖北府县志辑》本(据乾隆六十年刻本影印)，南京：江苏古籍出版社等，2001年，第38册，第137～138页。
② 康熙《安陆府志》卷三一《艺文志》录贺运清《守宪冯公修堤碑》，《中国地方志集成·湖北府县志辑》本，第42册，第503页。

一,关数邑者十之九"。① 所说确然。盖红庙堤地处钟祥东南一隅,堤东不远即为低岗丘陵,溃堤对钟祥的影响确实甚微,而于京山南境、潜江北境汉水北岸部分、天门大部则破坏甚大。因此,要求京、景、潜三县协修,实为有据:从利害相同的角度而言,处于汉水下游右岸的钟祥东南境、京山南境、潜江北境、景陵(天门)县大部分地区,实为利害相同的水利区域,理当互助协作。

但是,这一水利协作区域潜存的问题在于:时常溃决、工费巨大的险工主要处于钟祥东南境与京山南境,而这两个县的受益田亩却相当少,由他们来承担大部分修堤工费,并不符合"按受益多寡分担修防工费"的原则;而堤段既在钟、京境内,势又不可能强以天门、潜江二邑为主修筑,且天、潜二县修防之任本重,潜江县在汉水北岸部分的境土又较少,亦不可能有余力协修钟、京境内汉水右岸堤防。

因此,协修的根本困难在于:协修既以受益者负担修防之责为原则,但在具体实施过程中,却又无法贯彻落实这一原则。协修过程中,诸多推诿、怠工、扳扯,究其实,根本原因还在于对"利害与共"以及"受益多寡"的认识不同,所谓"各持己见、不能相下"的实质,仍在"各持己利,不能相让"。在这种情况下,代表王朝国家权力的地方官府的介入,本应成为协调、解决这一问题的有效途径,然在当时的制度规定下,由于受益田亩直接关系到赋役之征发,而赋役征发又与地方官员之考成密切相关,于是地方官员理所当然地就演变成地方利益的代言人,直接参与到有关协修问题的争论之中,甚至成为争论的主角。这样,围绕协修而产生的诸多矛盾冲突,遂愈演愈烈,最后不得不以废弃协修作为解决问题的办法。

在请求禁止协济堤工的上疏中,王又旦曾列举协修之害有五:

> 天气寒凝,畚筑斯兴,百姓裹粮数百里之外,多有冻馁而死者,一害也。夫役上堤,到工完工,不得不假于胥吏之手,包折需索,势所不免,二害也。舍己芸人,致使本境之堤一概废弛,三害也。协夫不便,因议协银,水利各官未必清白自矢,苞苴既入私橐,上司无从稽查,四害也。文牒纷纭,彼此争办,动需时日,致误修筑之期,五害也。

---

① 乾隆《钟祥县志》卷四《堤防》,《中国地方志集成·湖北府县志辑》本,第 38 册,第 135 页。

应当说,其所列举之五害,除第一条外,其余四款皆非协修本身之弊,更非协修所独有,而是当时兴役诸工之通病。正因为如此,湖广总督、湖北巡抚及工部才认同王又旦的指摘,认定"协修隔属路遥,夫役不无冻馁;互相纷争,不无贻误",即令安陆府属堤工"俱照各州县卫各修各堤,永禁协济之例"。① 然而,钟祥之堤确非钟祥一邑之事,由钟祥独任邑境之堤确有不合情理之处,故在实际维修时,协修并未完全停止。就在康熙二十一年(1682年)规定"永禁协济之例"后不久,康熙三十年,三工(许家堤)新庵段溃口,仍由四邑三卫协筑。② 但自康熙三十年之后至道光六年间(1691—1826年),确未见有钟堤协修之事。道光六年至八年(1826—1828年)堵筑王家营溃口,所用借拨款项由钟祥、京山、天门、潜江、应城、汉川六县摊征,重开协修之例。③ 但并未著成定例,嗣后唯大工方可呈请协修。

明后期至清前期汉水下游两岸堤防之协修,特别是荆、江、监、潜、沔五邑合修荆门沙洋堤,景、沔协修潜江东境汉江南岸堤,以及钟、京、景(天)、潜合修钟祥红庙堤,是由官府主导、组织协调有关各方、以利害与共为基本原则,进行大范围区域水利协作的尝试。这些努力,反映出随着江汉平原水利事业和社会经济的逐步发展,已经提出了进行大范围区域水利协作的要求;实践也表明,只要主持得当、安排合理,这种区域协作是有可能成功的。清朝政府在未予详审协修利弊的情况下,主要从官僚系统运作的角度出发,即简单地否定了协修,使大范围区域水利协作的努力受到挫折,给江汉平原水利事业的发展带来了极大的消极影响。

---

① 康熙《潜江县志》卷一〇《河防志》,《中国地方志集成·湖北府县志辑》本,第46册,第196~197页。乾隆《钟祥县志》卷四《堤防》称,"王又旦前此作宰潜江时,因协修关庙大堤,其吏民颇受荆门蠹胥之苛刻措勒,入垣后遂条陈荆不应协安,安不应协荆,且荆亦不必协荆,安亦不必协安,各筑汛地堤防,其大旨专责成也,免跋涉也,杜侵渔也"。《中国地方志集成·湖北府县志辑》本,第38册,第135页。

② 乾隆《钟祥县志》卷四《堤防》,《中国地方志集成·湖北府县志辑》本,第38册,第136页。

③ 道光六年正月湖广总督李鸿宾奏,见前揭中国水利水电科学研究院水利史研究室编校:《再续行水金鉴》,"长江"卷一,第41页;卷二,道光七年十月丁丑,第75页。

三、万历末年的泗港口开塞之争

泗港口原是汉水下游北岸的众多分水穴口之一,位于今天门市南境张港镇西泗港村(明清时期属潜江县),其口下支河即称"泗港"。明万历年间(1573—1620年),围绕泗港口之开、塞,以潜江县为一方(主开),景陵、汉川二县为另一方(主塞),展开了一场饶有趣味的争论。潜江士人甘鹏云在《潜江旧闻录》卷七《泗港开塞始末》中详记其事云:

> 泗港在潜江城西北,原为汉水支流,经竟陵入三台、龙骨、大松诸湖。隆庆年间,守陵太监欲尽塞汉北诸支流,以护显陵为名奏上,报可,而上游铁牛关、臼口、操家口诸支河遂塞,而泗港亦塞。支流既少,水无所容,堤屡决,民大病。万历二年,巡抚都御史赵贤疏请开穴口,复故道,上允所请。檄潜江知县李之珍开泗港旧河,阔五丈,左右岸筑顺水堤,各延三千五百丈。二十六年、二十八年,知县曹珩、潘之祥先后浚修泗港水道。近港市豪缘阉竖为奸,塞之。四十一年,知县王念祖轸念民艰,复建议疏泗港河,请于直指使者钱公椿,许之。工既兴矣,而竟陵周尚书嘉谟驰书直指止之。直指覆书,深自引咎。时潜江太仆欧阳公东凤在台,驰书承天府知府,论泗港开塞之利害甚具。……又驰书两院……两院得书,知其词直,无以难之,然业许周尚书,未便再主疏浚,卒塞之。[①]

盖泗港口于明中期渐次湮塞,然直到隆庆、万历初,尚未完全堵塞。万历《湖广总志》卷三三《水利二》附万历二年(1574年)巡抚都御史赵贤《开复荆承二府属穴口疏》称,"本港(指泗港——引者)见系一河,止有河口,原口筑塞,近已冲开,尚余一半未甚疏通";泗港口"见今深洼,水涨即能疏通,亦非费力",故主张开泗港旧河以分泄汉江洪水。据此疏,新开之泗港河当自泗港口东北流至三汊口附近流入小河(天门县河)。[②] 康熙《潜江县志》卷

---

① 甘鹏云:《潜江旧闻录》卷七《泗港开塞始末》,第149~150页。
② 万历《湖广总志》卷三三《水利二》,《四库全书存目丛书》本,史部第195册,第150页。

一〇《河防志》称赵贤所开新河"直趋景陵、汉川出汉阳",亦可为证。[①] 然此河开通后势必加重景陵(天门)县境的水患,故景陵民众对泗港之开颇多争议。

在这场围绕泗港开塞问题开展的争论中,主开一方的主将是潜江知县王念祖和潜江名宦欧阳东凤。[②] 康熙《潜江县志》卷一〇《河防志》录有王念祖《疏泗港议》与欧阳东凤《与太守议开泗港书》、《与两院议开泗港书》,撮其主开之要旨,不外有三:(1)开泗港可杀襄水之势。王念祖、欧阳东凤均引据史乘,认为汉水自钟祥而下,本有数道分支,"一支从泗港通景陵,一支从夜汊通(潜江)县西而通监利,一支从芦洑径通潜江,河道见存,邑乘俱载";"今潜江既已自受芦洑、夜汊之水矣,而应通景陵之水必欲障之以注于潜",潜江自将沦为渊壑。如果因为泗港通景陵而塞泗港,"则监利何不塞夜汊,潜、沔何不塞芦洑"?而如果诸口均塞,"万里奔流之水束于一缕之河,洶涌冲决,何所不至"?(2)开泗港可保障潜江县城及其核心地带。欧阳东凤说:"泗港密弥(潜江)县治,一堤横亘,水流顺直,每逢夏秋水涨,由芦洑直冲北城迤东一带,逐年崩塌,迫近城脚,相去才十余丈耳。年复一年,不知将来作何景象。田土为轻,城池为重,故潜江士民忧在眉睫。"潜江县城在汉水南岸、夜汊河与芦洑河之间,确实时常受到溃口洪水的威胁;若开泗港分水,则夜汊、芦洑二口流量减少,潜江县城自可得到相对保障。然此意不免有"以邻为壑"以图自保之嫌,不宜过分渲染,故王念祖只是笼统地说:开泗港,"而潜之南北诸垸无不受其利,潜之城池仓库无不受其利者,可不再计而决也"。(3)开泗港可疏通潜江县北境汉水北岸部分(今属天门市,其地域大致相当于多宝、张港二镇辖区)受灾各垸的积水。实际上,这是王念祖提出开泗港之议的直接动因。盖泗港堵塞之后,潜江县所辖、隔

① 康熙《潜江县志》卷一〇《河防志》,《中国地方志集成·湖北府县志辑》本,第46册,第173页。

② 康熙《潜江县志》卷一六《人物志》载有欧阳东凤小传(《中国地方志集成·湖北府县志辑》本,第46册,第271~272页),谓其于万历己丑(十七年,1589年)举进士,授兴化令,两擢刑部郎,出为平乐知府,后调常州守,复备兵颍上,然后归田;至熹宗朝,复特起为南京太仆寺少卿。然则,万历四十一年(1613年)前后,欧阳东凤当正归田居于潜江故里。王念祖则于万历三十九年至四十五年间任潜江知县(见康熙《潜江县志》卷一一《秩官志上》,《中国地方志集成·湖北府县志辑》本,第46册,第210页。)

在汉水北岸的赵林、中洲、杨傅诸垸积水无从排泄,频受涝灾。"自泗港塞,而永镇之淤渐高,杨林等垸为之壑,但有水之入,而无水之出也,能无漂没乎?"若开泗港,"而杨林诸垸之水可出也,且杨林之田可淤也。目今可纾其害,而日后子孙亦得享其利"。①

分析王念祖、欧阳东凤主开泗港的诸条理由,可以发现,其中最为核心的一点乃是开泗港有助于杀减汉江水势,利于保障潜江县城及潜江县大部分地区的安全。站在王念祖、欧阳氏的立场上,此论本无可非议,盖以其潜江知县、潜江名士之身份,为潜江谋求利益,自在理中。所可注意的是,开通泗港,固然于景陵全境有害,实际上对潜江县所属的汉水北岸地区亦十分不利。王念祖虽然极力掩饰此点,但却不能完全回避。在《开泗港议》中,主塞者所持的理由之一,乃是开泗港之后,太平垸将会受害。对此,王氏曲为解说云:"夫太平在中洲垸以内,其地高,以中洲受水。开泗港,而中洲之水大,亦或浸及太平,然太平自有堤可加而高也,自救良易。欲塞泗港,而中洲以北永无望矣,可谓公乎?太平垸内半系府总,岁受经纪之利,而假之威,故为是言耳。"质言之,王氏实际上就是要以损害太平等沔北诸垸为代价,以换取对潜江县城及潜江县大部分地区的安全保障,太平"自救良易"以及可通中洲诸垸之水云云,不过是虚应其辞而已。

王念祖、欧阳东凤在批评主塞之议时,均提到所谓"太府"与"近港居民豪有力者"的筑塞泗港过程中所起的作用。王念祖分析泗港堵塞之原因说:

> (泗港)宜开而不开,其故何也?一由府总之营私。当永镇之未决,而塞泗港,府总之为湖池者,皆高壤也。一由经纪之专利。潜江豆多谷少,皆自青山来,非泗港莫可由也。塞泗港,而欲糴者不得不减价,有力之猾贱之人而贵出之,若欲搬运,而脚夫百倍,悉受其利。则其塞而不开者,居民垄断,而又假太府以为之祟也。以逐末之贾而防务本之农,以一人之私而戕万民之命,不大毒乎?

所谓"府总"、"太府"都是指显陵守备府。甘鹏云曾经解释所谓"太府之私图"说:"盖兴邸皇庄租秋,皆太监管理,但知私图己利,不虑与水争地,将遗

---

① 康熙《潜江县志》卷一〇《河防志》,《中国地方志集成·湖北府县志辑》本,第46册,第182~187页。

害无穷。"换言之,钟祥南境至京山、潜江、景陵诸县境内的湖泽,大抵皆属兴王府皇庄,汉江东(北)岸诸穴口堵塞后,这些湖泽皆可成为沃壤,故守备太监(太府)从私利出发,力主筑塞。据甘鹏云所记,当时主持其事者即显陵守备太监丁朝。[①] 至于"假太府以为祟"的富贾豪民,既"近港"而居,显然就是当地居民。欧阳东凤在《与太守议开泗港书》中说:"(泗港淤塞)其咎不专在景陵。盖近港居民豪有力者,以塞港而后,京、景谷船缘堤住泊,赖以致富,恐开则船只径行,无由得利。故珰焰方炽,则倚太府为祟;珰势稍衰,则借景陵为援。多方鼓动,百计旁挠。景陵士绅居处遥逊,不知该县所关系政不在此,故堕其术中而莫悟耳。"显然,这些"近港居民豪有力者"大部分都是潜江县属民。

据此可知,主张堵塞泗港的,实际上有三方面力量:一是"太府",即代表皇庄利益的显陵守备太监;二是籍属潜江、居于泗港近旁的"豪有力者",以富商大贾为主,也包括缘堤居住、靠搬运而生的运夫群体,以及围垦湖泽的富户;三是景陵士民(在《与两院议开泗港书》中,欧阳东凤还提到主塞豪民"复藉汉川为援")。换言之,主塞方包括了汉水北岸地区的几乎全部区域及其利益群体。因此,表面上表现为潜江、景陵二县分歧的泗港开塞之争,实际上是汉水两岸两个水利区域的利益争夺。

主塞方推出的代言人是时任吏部尚书、世居景陵、庠籍汉川的周嘉谟。周嘉谟在接获潜江议开泗港的讯息后,致书巡按御史钱椿,直言反对开疏,要求筑塞:

> 泗港一堤,原奉圣旨修筑,而足下误听潜令王生言,妄为开掘。勿论不佞田产宅第尽受其害,即先人遗骸亦遭其没。敝县若陈君所学、徐君成位,素以名义为重。昨迫切相告,皆出于万不得已。而足下乃以公字为名,痛加喝叱,此皆潜令王生一偏之言所致也。……泗港一堤,还望再加筑塞。倘其坚执,不佞他有举动,岂不更烦台虑乎?

此信全从一己利益出发,态度强硬,实鄙陋不堪,然却十分有效。钱椿获书后,立即复函,承诺"俟永镇观功成后,即加筑塞泗港"。[②] 其后虽有潜江名

---

① 甘鹏云:《潜江旧闻录》卷七,《潜沔水患为明季阉人之遗祸》,第148~149页。

② 《襄堤成案》卷一,《明冢宰周嘉谟上钱按台筑泗港书》、《明按台钱春覆周冢宰书》,天门:竟陵阁邑刊本,光绪二十年,第1页A、B面。

宦欧阳东凤等之力争,终不能改变泗港筑塞之局。

泗港开塞之争,终以定议筑塞而告终,其后虽亦间有主张开通疏浚者,然迄未能真正实施。主塞方之得胜,固然有借力太府(阉珰)、朝官等因素,然究其实,根本原因仍在沔北地区已得到相当开发,人口密集,经济繁庶,已成为相对稳定的水利区域。盖以生齿既盛,耕牧既繁,旧之故道已是"烟火万家,田畴弥望",开复穴口、支河,"不独工费浩繁,无从措手,而田地为墟,人民失所,岂容轻议"?[①] 故明清以来,多有开复穴口、支河之议,然终不能付诸实施,亦"势有所不可行也"。

四、清后期的大泽口开塞之争

大泽口又称夜汊口、坼口、泽口,是潜江县境内汉水南岸的重要分水穴口,其穴下支河或称夜汊河、泽口河,即今之东荆河。据康熙《安陆府志》卷八《堤防志》记载,在明清之际的二三十年时间里,泽口(夜汊口)曾经淤塞不通,其下游不远处的芦泆口(即后来所称之小泽口)遂独受汉水分流;而顺治十六、十七年间(1659—1660年),芦泆口亦曾被堵塞,旋复开。[②] 康熙三十年(1691年),大泽口溃决,重新分流汉水,故成书于康熙三十三年的《潜江县志》于夜汊河源流有十分详尽的记载。[③] 百余年后,道光(1821—1850年)初年,泽口已渐形淤浅。由于泽口与江水相通,如遇江洪泛涨,江水往往倒灌,从而在口门外形成淤滩,并导致口门转移。道光二十四年(1844年),据天门县人、户部主事许本埔奏称,泽口口门位置已移至梁滩,

---

① 乾隆九年十月湖广总督鄂弥达《奏复台中开河之议》,见俞昌烈:《楚北水利堤防纪要》卷二,武汉:湖北人民出版社,1999年,第105~108页。

② 康熙《安陆府志》卷八《堤防志》,《中国地方志集成·湖北省府县志辑》本,第42册,第151~152页。

③ 康熙《潜江县志》卷三《舆地志》,"山川",《中国地方志集成·湖北府县志辑》本,第46册,第35~36页。

但尚未稳定。^① 咸丰间（1851—1861 年），泽口口门位置乃正式向上游摆动，史称"吴家改口"。光绪《潜江县志续》卷一〇《河防志》云："咸丰年间，泽口上五里吴滩冲决，屡筑屡溃，汉水之入夜汉河不自泽口而自吴滩溃口矣。"^②《再续行水金鉴》"长江"卷二〇录光绪十四年（1898 年）"湖广总督裕禄、湖北巡抚奎斌会查万城堤土费暨吴家改口情形疏"于此事原委记之甚详：

> （大泽口）在襄河南岸，为潜江地面，旧称圻口。……水势至此，倒漾而入，分为东西两荆河：西荆河由田关而入江陵、监利诸湖，经沔南之柴林河、小港汇洪湖之水，以达于汉阳之新滩口而注之江；东荆河由潜江之深河潭梅家嘴、江陵之直路河、监利之新沟杨林关，入监沔交界之中府河，经沔南之峰口汉阳沟，亦分达于汉阳县之沌口、新滩口而注之江。从前大泽口之上本有沙洲，自黄家场起，至口门止，绵长数里，其地颇高，名曰梁滩，历来襄河泛涨，有此滩为之障蔽，来水得由大泽口纡回而入。迨咸丰年间，上游北岸淤洲日出，水势南趋，梁滩适当其冲。同治八年，遂致决成大口，地属吴姓，因名为吴家改口。自吴口决后，大溜内灌，而向日通流之大泽口转为泥沙淤垫。^③

则吴家改口非一日而就，而是水流逐步冲刷梁滩而成的，至同治八年（1869 年）再次溃口，使口门进一步扩大成形。到光绪十四年（1888 年），改口口门已宽达五百余丈，深至二丈余及一丈五六尺不等，"水势顶冲直射，较从前绕循梁滩逆折而入泽口来源缓急迥殊"。^④

　　吴家改口以后，东西荆河水系发生了重大变化，汉南各县洪灾加重，尤以沔阳为烈。于是，汉南各属（江陵、潜江、监利、沔阳四州县）以沔阳州为代表，主张筑堵；汉北各属（天门、汉川二县以及应城、云梦乃至孝感）以天

---

　　① 道光二十四年，"天门县户部主事许本塘等请详禁沔[阳]州僧人蔡福隆筑塞泽口呈"，见前揭中国水利水电科学研究院水利史研究室编校：《再续行水金鉴》，"长江"卷八，第 297～298 页。

　　② 光绪《潜江县志续》卷一〇《河防志》，《中国地方志集成·湖北府县志辑》本，第 46 册，第 430 页。

　　③ 见前揭中国水利水电科学研究院水利史研究室编校：《再续行水金鉴》，"长江"卷二〇，第 649～650 页。

　　④ 参阅鲁西奇、潘晟：《汉水中下游河道变迁与堤防》，第 80～84 页。

门县为代表,要求疏通;各方从各自利害关系出发,展开了旷日持久的"疏与堵"之争,甚至引起多场械斗。据《襄堤成案》、《大泽口成案》记载,自道光二十四年至民国二年(1844—1913年),为泽口、吴家改口之疏与堵的问题,南北构讼达十三起。

在这场况日持久的纷争中,主疏的一方一直占据优势。盖就泽口外的汉水河势而言,吴家改口乃势所必然,筑堵难以抵御迎溜顶冲的洪水,所以旋筑旋溃;从汉江防洪全局角度看,此一分流口门也不宜堵塞。主疏方所持的理由亦不外这两方面。如光绪十四年(1888年)六月补用知府史书青与汉阳知府逢润古、安陆知府周文浚等会勘吴家改口后,向湖北布政使蒯德标及督、抚报告说:

> 勘得改口宽约五百丈,深约二丈余暨一丈五六尺不等,水势浩瀚,迅如奔马……水势过激,口门太宽,以五百丈沙多土少之堤,御三千里直泻顶冲之水,再筑再塌,势所必然。夫以天生之梁滩,犹为决口;乃于一溃再溃之后,而欲以人力争之,庸有济乎?……即使勉为筹修,襄水无从分泄,亦必旋筑旋溃,难资巩固。且恐于南北两岸上下各堤,均有妨碍。①

这是从工程技术与经费角度出发的分析。站在汉北各属立场上的主疏方则更强调大泽口一旦堵塞,势必给汉水北岸堤防带来巨大压力。如道光二十七年(1847年)天门籍举人余奉慈等"请禁沔阳僧蔡福隆复藉疏河建矶图淤以便塞泽口等情禀"即称:"襄水既无分泄,一经泛涨,北岸诸堤必多溃决,不惟天邑尽成泽国,而下游汉川、应城、云梦、孝感、黄陂等县,均受害不浅也。"②光绪十四年天门知县邵世恩在"开呈改口水道情形议拟疏浚尾闾治法说略"中也说:"(汉水)迢迢二千里间,仅恃此改口一河以分其势而通其气,襄河两岸已不免溃决频闻矣;若再并此而塞之,其溃决可立而待。从前光绪初年议筑改口,耗公私金钱至十万缗,旋付东流,而对岸之杨湖垸、

---

① 《襄堤成案》卷二,"府宪周、候补府史、汉阳府逢,奉委会勘改口无从修筑拟疏下游尾闾请酌核汇",第169页A面~176页B面。

② 《襄堤成案》卷二,"举人余奉慈等请禁沔阳僧蔡福隆复藉疏河建矶图淤以便塞泽口等情禀",第17页A、B面。

下游之岳家口、南岸之千河菴,亦同时漫溃,南北横流,灾及千里,其明证也。"①这些议论,显然都是从沔北地区的利益出发的。

自道光中后期大泽口问题突显出来之后,历任督抚藩司以及安陆、汉阳二府知府,总的态度都倾向于主疏,反对筑塞,因此,主疏方的主张得到充分阐发,特别是光绪二十年(1894 年)刊印的《襄堤成案》卷二集中收录了嘉庆十二年(1807 年)至光绪十九年(1893 年)间围绕着大、小泽口开塞之争相关的诸种文档,将己方有利的意见均收罗其中。② 这从一个侧面反映出,沔北各属在共同利害问题上已形成一致意见,立场稳定,并得到督抚的认同。相反,主塞方的意见则一直受到压制,很难见到系统陈述。尽管如此,我们在《襄堤成案》等文献所收文档对主塞一方的批驳中,仍然可以窥见主塞方的代表人物及其意见的主要内容。

据《襄堤成案》所记,围绕大泽口开塞问题的第一次激烈冲突发生在道光二十四年(1844 年)。据天门人许本塘等禀称:是年十月十二日,沔阳州"未削发而僧衣之蔡福隆藉塞梁滩改口之名,各纠约下游潜、沔各垸","将泽口以内十里而近之吴家场河口又名垱河,尽行填塞,宽四十余弓,长二百余弓,高八九尺丈余不等"。③ 此次事件之背景及蔡福隆之身份均不甚详悉,参与堵筑之人则来自"下游潜、沔各垸",显已逾越州县辖区范畴,形成利害相同区域的联合。

此次事件之后,蔡福隆受到通缉。然至道光二十六年(1846 年)冬,蔡福隆竟又复出,散发传单,"敛费收米,称于泽口两面建设石矶"。而在此之前,"江、潜、监、沔四州县绅耆赴本府(指安陆府——引者)行辕呈请,自行劝捐修复西荆河故道。经本府面询利害。据称:西荆河疏通,不但可分东荆水势,稍免溃决之患,兼于农商装运,大有利益。且称疏浚深广,自不致再有淤塞,并未禀及建矶之事"。显然,这两件事情是联系在一起的,所以天门举人余奉慈、生员罗嘉谷在呈文中即直称:"四县绅民为僧人蔡福隆蛊

① 《襄堤成案》卷二,"(天门知县邵世恩)开呈改口水道情形议拟疏浚尾闾治法说略",第 146 页 A 面。

② 周荣:《本地利益与全局话语——晚清、民国天门县历编水利案牍解读》,《历史人类学学刊》2007 年第 1 期。

③ 《襄堤成案》卷二,"户部主事许本塘等请详禁沔州僧人蔡福隆筑塞泽口呈",第 14 页 A 面。

惑,巧借疏河为名,实欲于东荆河建立石矶,使东荆日久自淤。"①换言之,僧人蔡福隆试图在泽口建立石矶的行动,实际上是与四邑绅耆呈修复西荆河故道的行动相呼应的;僧人蔡福隆的背后,就是江、潜、监、沔四邑绅耆。

围绕大泽口开塞的第二次激烈冲突发生在同治十二年(1873年)冬至十三年春。同治十二年十月二十八日,署理潜江知县戴昌言向安陆知府报告说:十月十八日,戴知县甫至潜江接任,即赴护城堤并深河潭溃口查勘,"遥见多人携带筐锹等件,由东至西,随派亲信家丁跟踪往探,回称系沔阳州西乡各垸农民前赴卑县(潜江县——引者)吴家改口迤下七里许何家刽口修筑横堤,约有千余之众,尚有陆续而来者"。戴令因为"甫经到任,地方情形未能周知",故"未敢弹压",而将纠众筑堤之责归于沔阳州西乡农民。据天门县绅首周良源等禀称,在此之前,"潜人黄以洪、李青云,沔人王子芳等遍贴传单,定于十月初一日蛮塞改口"。后"纠集千人,旗鼓枪炮,在大泽口之内何家刽下筑坝"。则揭明组织民众前往何家刽筑坝的乃是潜人黄以洪、李青云与沔人王子芳。② 周良源等进一步描述十月十八日何家刽筑坝情形云:"十八日,改口内之黄家场下里余,有戴红顶号将军者,统领千万人,旗鼓枪炮,踊跃堵筑,盘诘面生人往来,远近震恐。"③虽言辞夸张,但此次何家刽筑坝系有组织之行动,却十分明显,其在现场组织行动的"戴红顶号将军者",很可能就是翌年春带头围困沔阳州衙的严士连。

何家刽筑坝受到官府阻遏,出示严禁,并宣称将"纠众为首之人严拿究办"后,④不仅未即停止,反而更形扩大。同治十三年三月二十七日,"潜江何家刽私筑坝堤伪首严士连"等,"纠众数百人持旗帜器械,前来卑州(沔阳州——引者)勒费滋扰",由沔阳知州设法遣散。至四月十九日,严士连又聚众围困沔阳州衙,要求知州出具准其收费的告示。沔阳知州王元曾报

---

① 《襄堤成案》卷二,"举人余奉慈等请禁沔僧蔡福隆复藉疏河建矶图淤以便塞泽口等情禀","府宪贾批",第16页A面~18页B面。

② 《襄堤成案》卷二,"府宪李通禀请禁潜、沔强塞何家刽河道并恳饬拏首犯究办禀稿",第74页A面~75页B面。

③ 《襄堤成案》卷二,"府主李转行藩宪札开据举人击良源敖名震等呈请刨毁何家刽并饬拏究办批",第77页B面。

④ 《襄堤成案》卷二,"府宪李转行藩宪札开各大宪批示严禁沔民蛮塞何家刽并饬拏究办札",第80页A面~81页B面。

告说：

> 本月（四月——引者）十九日，严士连又统众二千余人来沔，将旗帜器械存放城外东岳庙内，有众千人，分五门入城。闭守不及，将阜州衙署围困，宅门、耳门多人把守，并用砖瓦砌塞，逼令阜职要出准其收费告示六十张，并给予饭食钱百千文。其势汹汹，形同叛逆。阜职饬令丁役百法解说，总不散退。当知会城守把总何东海、吏目黄桂森向该为首婉为开导，自午以至次日辰刻，尚未尽散。随陆续缮给告示六十张，并给钱百串，始退出城外。即于是日赴城外富绅张树琭家，踰垣入内盘踞，刀枪旗帜罗列一街，张树琭早已闻风远游。又向候选训导李文林及王恒茂等铺户、陆绅周绅等家勒索堤费、饭食钱文，人心惶恐，不知所为。……严士连仍骑马驰骤于城内外街市，明目张胆，势焰鸱张。至二十二日夜，扬言仍欲来署妄为。阜职当传集书役绅团人等，激以忠义，誓以决战。该伪首等闻知稍惧，始于己刻鸣锣为号，陆续撤队，仍向潜江而去。

此次围衙事件，背景复杂，很可能另有诱因，而其作为有组织的行动，更为明显，所以王元曾揣测这不是一次单纯的私筑堤坝事件："此翻严士连纠众愈多，所执长枪镋镰刀锚，队伍分明，步伐齐整，有犯令者即坐堂责惩，令人叵测。该伪首等如果为修堤起见，即瞒官私筑，不过数人十数人，向受益业户商筹夫费，何得如此蔑法无忌？至灾民果皆乐从，又何须刀械相逼胁？"[1]

事后查明，严士连乃是潜江土豪，曾身任千总，在潜、沔交界地带拥有巨大潜势力，很可能也是会党的首领；[2]其所纠集之民众来自沔阳、潜江及江陵、监利四州县；很多地方士绅对其行动持同情态度，甚至直接参与其中。湖广总督李瀚章、湖北巡抚郭柏荫在为处理此次事件善后事宜所上的

---

① 《襄堤成案》卷二，"沔阳知州王元曾以严士连私筑改口内何家剅围署逼官请兵救援禀稿"，第82页A面～83页A面。

② 前引沔阳知州王元曾的报告中说："严士连本系教匪，同来伙党头裹蓝巾，上插香签，大都习教之人。"虽有可能失之于诬（盖请愿民众头插香签，乃是常见之举，未必即为习教之人），但严士连本为会党首领，其所依靠纠集民众的骨干分子为其徒党，则是很可能的。

奏稿中,详述此次事件之原委云:

> 湖北潜江县所属大泽口支河,为消泄襄水故道,上通荆州,绵亘百余里,两岸均有堤埭以资保障。前因潜江之深河潭堤溃口,节经札饬地方官集费兴修。旋有已革千总严士连煽惑沔阳、江陵、监利等州县乡民,不修深河潭老堤,辄在该河口门内何家刿地方拦筑横堤,塞断河流。饬据汉阳、荆州、安陆三府会同勘明禀覆:该河被堵,襄水消泄路少,上游两岸部堤溃决堪虞,此堤万不可筑。已由该府等示谕禁止。讵严士连于该府等诣勘时,纠众恃蛮挟制。因见圩民畏法停工,复与已革县丞衔田秉臣相商,私设堤局,按亩勒派夫费,邀允民人刘子才都同经理收钱督工,并令民人王葆衡在局写账。抑勒沔阳州连界各圩民一体出夫,稍不遂欲,即行赶牛拆屋,受害者不下数十家,皆畏凶莫敢告发。经署沔阳州知州王元曾查知示禁,严士连挟忿,独自起意,于本年三月十九日协同附近各圩老幼男妇三百余人,执旗持械,齐至沔阳州城,将州署围住,逼令该州缮给告示,准其敛费,始行退散。当据王元曾禀报,维时臣等已先访闻,札委营务处候补道张荫桓统领忠义军提督刘维桢会同酌带营勇驰往拿办,严士连等均闻风逃匿。[1]

则为首者除严士连外,还有县丞衔田秉臣以及民人刘子才等,皆当是地方土豪。他们"私设堤局",建立了组织系统;"按亩勒派夫费",并对不纳夫费者予以惩罚,显然制订了章程;其抑勒夫费之范围,先是在潜、沔连界各圩,复越境围困沔阳州衙,逼迫沔阳知州缮给准其征费的告示,其意图显是将勒费范围扩大至沔境受益田亩。因此,这一行动已超越了潜江县的范畴,成为以大泽口洪水受害区域为范围的地域联合行动。也正因为此,清朝官府对这一事件的反应极为强烈,出动正规军队予以弹压;拿获严士连等首犯后,处罚也十分严厉:严士连就地正法,田秉臣流三千里。

在这两次激烈冲突中,要求堵筑大泽口的蔡福隆、严士连及其背后的潜、沔、江、监四邑士民均受到压制,故其主张不能通过"正常渠道"得到充分陈述和上达,遂不得不采取激烈措施以表达其愿望与欲求。究竟是什么原因驱使严士连、田秉臣等士绅豪强不惜抛弃功名顶戴、甚至冒着丧失身

---

① 《襄堤成案》卷二,"督宪李、抚宪郭饬营挈办严士连刨毁私筑改口内河道奏稿",第85页 A 面~87页 B 面。

家性命的危险,干犯官法,纠合民众,以暴力方式堵筑大泽口?光绪元年(1875年),湖北巡抚翁同爵在批复天门县在籍翰林院编修胡乔年的呈文中说:

> 南岸自同治八年潜江吴家改口堤溃后,襄水直趋荆河,势甚汹涌,先后将潜邑之深河潭、护城堤冲决漫溃,潜、沔、江、监等州县各被淹或数十垸,或十余垸,迄今数载,民不聊生。其间即有刁民私筑横堤土坝之事,虽经严拿惩办,而该四邑亦有田庐国赋,若不为拯救,独令久受其害,该南岸人民又岂能甘心缄默耶?[①]

大泽口之堵筑既关系沔南士民之田产屋庐乃至身家性命之安危,而"公禀"、"呈文"、"具控"等"合法"途径均无济于事,部分沔南士民遂走上暴力之途,希图以暴力手段表达自己的欲求。这从另一侧面反映出,虽然官府从所谓"全局利益"出发,并未将沔南四邑看作为相对完整的水利协作区域,更愿意强调大泽口筑塞与否仅关系到沔南部分地区特别是沔阳州西部诸垸的安危;[②]然在身受其害的沔南民众看来,大泽口分泄汉江洪水,乃是沔南地区洪涝灾害的根源之一,所以一直不遗余力地采取诸种手段,想方设法,筑塞大泽口。换言之,在沔南地区的"民众话语"中,"沔南四邑"属于同一个水利区域,应当同心协力,筑塞大泽口。虽然这一欲求一直受到官府压制,筑塞大泽口的愿望迄未得以实现,但沔南士民持之以恒的抗争行为表明,存在着将沔南四邑视为同一水利区域的要求。

五、水利区域协作之可能以及王朝国家的作用与局限

在《汉水中下游河道变迁与堤防》一书中,我们曾详考明清时期汉水中

---

① 《襄堤成案》卷二,"府主李奉抚部院翁批在籍编修胡乔年等呈明改口情形札",第99页B面。

② 如光绪十一年十二月即补知县王培厚在奉湖北布政使之委勘察吴家改口情形的回禀中说:"改口不筑堤埑,潜江居上游,荆河两岸皆有顺水堤,所关甚浅;江陵、监利为害稍轻;惟沔西各垸切身之灾,因请修筑,此潜、沔请修筑改口之情形也。"见《襄堤成案》卷二,"即补知县王培厚奉藩宪委勘吴家改口禀",第126页A面。

下游干流及其支流东荆河、天门河、通顺河、牛蹄河等河道两岸堤防的建设过程及其作用，认为至迟到清代中期，汉水下游两岸以及东荆河、天门河、通顺河两岸堤防均已渐次连成一线，形成庞大复杂的堤防体系。[①] 与此同时或稍早，荆江北岸大堤亦已连成一线。长江、汉水及其分支河流两岸堤防的兴筑与联成一线，极大地改变了江汉平原的地理格局：江汉干堤及东荆河、天门河等分流河道两岸的堤防，成为江汉平原上最重要的地理景观之一，它们区隔水系，阻遏洪水，并将所环绕、障护的区域围合成相对封闭的区域。具体地说：荆江北岸大堤、汉江两岸堤防及荆河（西荆河与东荆河）上中游堤防的兴筑，将江汉平原分隔成三个相对封闭的、外高内低的地域单元：一是汉北地域，其北、东北面是丘陵岗地，南为汉江北岸堤防，主要包括今天门、汉川二县市及钟祥、应城、云梦三县市南境；二是汉—荆地域，南、北两面分别是荆河北岸、汉江南岸堤防，东面是残丘阶地，主要包括今潜江、仙桃（明清沔阳州北部）二市及荆门、汉阳、汉川三县市一部分；三是江—荆地域，其南北两面分别是长江北岸、荆河南岸堤防，西为丘陵岗地，主要包括今监利、洪湖二县市及江陵东南境、汉阳西境。

在这三个地域单元中，江—荆地域南为荆江北岸堤防，北为东荆河、西荆河南岸堤防，地域内的洪水威胁主要来自长江洪水，其次为西荆河，最后为东荆河，因此，荆江堤防最重。汉—荆地域处于汉江下游以南、荆河北岸，汉江南岸堤防至为重要，一旦溃决，地域内尽成汪洋。汉北地域则以汉水东、北岸堤防为重，天门、汉川诸邑倚以为命。因此，江、汉及荆河干堤实为堤内民众（无论其为官绅抑或庶民寇贼）生存之保障，其所围合之区域，可称为江汉民众的“生存区域”——盖若干堤溃决，堤内民众生命财产俱受威胁，殆将不能保存。

在这一背景下，汉北、汉—荆、江—荆三个地域内民众、绅耆乃至地方官，以保护所在地域的利益为核心，分别提出某种地域性团聚的诉求，并出现代表所在地域利益的一些人与群体，实为势所必然。明后期至清初实施百余年的协修制度，虽然在实施之初，即受到诸多批评和不同程度的抵制，但仍然反映出当时存在着大范围水利区域协作的需要和可能。在汉水下

---

① 鲁西奇、潘晟：《汉水中下游河道变迁与堤防》，第166～373页。

游南岸,荆、江、监、潜、沔五邑合修荆门沙洋堤,潜、荆、江、监及荆州卫合修潜江绿麻、黄湾堤及杨旺、屯营堤(新丰堤),潜、景、沔三邑合修排沙渡、旗鼓、骑马诸堤,说明受汉水南岸溃决后洪水威胁的荆门、江陵、潜江、沔阳、监利等五州县(及荆州卫)在应对汉水南岸洪水的过程中,已逐步形成为一个包括数个州县、兼跨承天(安陆)与荆州二府的水利协作区域。同样,以钟祥、京山、景陵(天门)三邑为主合修钟祥红庙堤,也说明主要位于汉江下游北岸的三邑实已成为拥有共同利害关系的水利协作区域。在明末万历年间的泗港口开塞之争,以及清后期的大泽口开塞之争中,对立的双方分别代表汉水南、北两岸的利益:在泗港口问题上,代表汉北地域利益的景陵、汉川二邑主塞,而代表汉南地域利益的潜江、沔阳二邑则主开;在大泽口问题上,代表汉北地域利益的天门(即景陵)、汉川则主开,而代表汉南地域利益的潜江、沔阳则主塞。同样是汉水穴口、枝河,从不同的利益考量出发,分处汉水北、南两岸的景陵(天门)、汉川与潜江、沔阳诸邑的地方官、绅耆及民众采取了完全不同的态度和应对策略,突出地显现出地域利益的重要性,也反映出在地域社会中存在着一种试图将整个地域团聚起来的诉求。

因此,在利害相同的前提下,围绕"防洪"这一核心要素,有可能将分属不同州县、较大区域范围内的民、绅、官诸种力量团聚起来,从而在一定程度上形成某种水利协作区域。形成或试图建立水利协作区域的驱动力,来自地域社会内部,是利害与共的地域群体的一种自发的选择,实乃不得不然。明了此点之后,我们即可充分理解:蔡福隆、严士连等之所以冒着丧失身家性命的危险,干犯官法,纠合民众,试图以暴力方式堵筑大泽口,实为"无奈之举";而在他们的背后,则是潜江、沔阳以及江陵、监利各邑士民。可以想见,这种有组织、跨州县的大规模抗争活动,背后必定有复杂的密谋、串联与一定的经济支持,而这些串联活动与经济支持网络,从一个侧面反映出试图将一个较大范围的地域团聚起来的努力。

然则,在水利协作区域之形成或试图建立的过程中,王朝国家(官府)发挥了怎样的作用?

首先需要指出的是,本文的研究不支持有关王朝国家在其统治初期对水利事务的干预较强、中期达致鼎盛、后期随着其统治能力的衰退对水利事务的干预也逐渐减弱的论点。事实上,由官府主导的协修,正是在明王朝统治能力已经衰退的明后期逐步开展并形成制度的;而在清朝国力正大幅度上升的康熙中期,协修却被废止。同样,在明末的泗港口开塞之争与清后期的大泽口开塞之争中,我们都可以见到王朝国家强力介入的踪迹。因此,将王朝国家整体统治能力的盛衰与其干预水利事务的强弱对应起来的理路,至少不能妥洽地运用于江汉平原水利发展与王朝国家的关系之中。

其次,王朝国家介入水利事务的出发点,主要是出于财政("国赋")与"治安"(地方稳定)的考虑。在今见文献中,地方官员论及堤防水利,多着眼于"国赋民生",而"国赋"实为根本,"民生"不过是"裕国赋"之陪衬而已。嘉靖三年(1524年),沔阳知州储洵上疏条列沔阳水利事宜,提及江、汉堤防溃决之害,谓:"南自监利车木堤水口冲塌,每遇川江水发,不惟其县受害,而沔阳后泽茅埠凡一十六村,熊家、旱潭凡四十余垸,税粮八千余石,高低淹没,尺寸不堪耕种;自潜江排沙头、班家湾、新开便河及沔阳石牌铺诸处水口冲塌,每遇襄汉水发,则潜江、景陵二县,沔阳深江、西范凡二十七村,莲河、柘树凡七十余垸、税粮一万五千余石,亦无尺寸耕种。"①所强调之重点乃是水利不修所造成的"税粮"损失。康熙四十八年(1709年),景陵知县梁再灏在《请禁开泗港详文》中详述反对开通泗港口的理由,说:

> 泗港界在潜江,居景陵之顶,若泗港一开,不独为全景之患,而实为京山、应城、汉川、云梦、孝感之害,且于荆、潜、沔三州县并无利益者也。请先以景陵一邑言之。景陵之害,虽在七十二垸,然不过景陵南之一隅耳。近垸居民犹苦奋锸,东滩西筑,旦夕无暇;泗港一开,如顶灌足,县东、县西、县北势必四面筑堤,民谁能堪此?且景陵钱粮在山乡与大河南者不过十之三四,在泗港下游者十之六七,注沧海于桑田,赋将安办?是七十二垸之待筑,固为景陵一隅之患,而泗港之开,实为景陵全邑之患也。②

在梁再灏看来,泗港之开,固然有益于景陵东南境、汉水南岸的七十二垸,然七十二垸所纳钱粮仅占景陵全邑所纳钱粮的较小部分,故从景陵县全局

---

① 嘉靖《沔阳志》卷八《河防志》,《天一阁藏明代方志选刊》本,第5页A面～第6页B面。

② 《襄堤成案》卷二,"景陵县主梁请禁开泗港详文",第15页A、B面。

考虑，只得"牺牲"七十二垸的利益。这种考虑问题的方式，具有相当的代表性。很多地方官员在论述协修之当否、穴口之开塞等问题时，均立足于"税赋"利益之考量。

因此，地方官府对水利区域协作的介入，是站在官僚系统或王朝国家行政体系的立场上的。正是从这种立场出发，明后期湖广各级官府较全面地介入到江、汉堤防的协修事务中，确定了各州县及诸卫协修荆门沙洋堤、潜江绿麻、黄湾堤、杨旺、屯营、排沙渡、旗鼓、骑马诸堤，以及钟祥红庙堤堤工的"分数"比例，从而使协修形成一种制度。但是，当协修因为官僚制度本身所具有的诸种痼疾而引发越来越多的弊端，特别是各级官府间由此而产生的纷争从根本上损害了王朝国家行政体系的利益时，这种制度，对官僚系统而言，就变成了"弊大于利"的"害民"之政，遂不得不予以废弃。康熙年间废止"协济堤工"，是作为一种革除明末"弊政"的"善举"而推行的，并非是从江汉平原地区水利区域协作的实际需要出发的。同样，地方官府对于泗港口、大泽口等穴口开塞之争的干预，也是从官府利益的角度考虑的。正因为此，官府对于这些水利事务的干预是以不影响官僚体系本身的运行为限度的。

尽管如此，我们仍然不得不承认，在本文所讨论的协修、穴口之开塞等涉及较大范围的水利区域协作中，官府仍然发挥了主导性的作用。如果没有各级官府的介入与主导，跨越州县的大规模"协修"是不可想象的，由于穴口开塞而引发的区域性纷争乃至骚乱也很难平息下来。但是，受制于王朝国家本身功能的局限以及官僚系统内在的保守性，地方官府并非积极主动地介入到水利区域协作事务中，也不可能制定出全面的水利区域协作制度并付诸实施，所以，至少在江汉平原地区，王朝国家对于水利区域协作事务的干预是相当有限的。

主要征引文献

一、基本资料（主要以书名首字音序为序）

《扁舟过三峡》，阿奇博尔德·约翰·立德著，黄立思译，昆明：云南人民出版社，2001 年。

《泊宅编》，方勺著，北京：中华书局，1983 年。

［万历］《承天府志》，《日本藏中国罕见地方志丛刊》本，据日本尊经阁文库藏万历三十年刻本影印，北京：书目文献出版社，1991 年。

［嘉定］《赤城志》，《宋元方志丛刊》本，北京：中华书局，1990 年，影印本。

《楚北水利堤防纪要》，俞昌烈著，武汉：湖北人民出版社，1999 年。

《大元圣政国朝典章》，北京：中国广播电视出版社，1998 年，影印本。

《淡新档案选录行政编初集》，《台湾文献史料丛刊》第 3 辑，台北：台湾大通书局，1984 年。

［光绪］《定远厅志》，《中国方志丛书》本，华北地方第 270 号，据光绪五年刊本影印，台北：成文出版社，1969 年。

《范成大笔记六种》，范成大著，孔凡礼点校，北京：中华书局，2002 年。

《范石湖集》，范成大著，上海：上海古籍出版社，1981 年。

［同治］《房县志》，《中国方志丛书》本，华中地方第 329 号，据同治四年刊本影印，台北：成文出版社，1976 年。

《福惠全书》，黄六鸿编，《四库未收书辑刊》第 3 辑，据光绪十九年文昌会馆本影印，北京：北京出版社，2000 年，第 19 册。

《福建省例》，《台湾文献史料丛刊》第 7 辑，台北：台湾大通书局，1987 年。

［同治］《公安县志》，《中国地方志集成·湖北府县志辑》本，据同治十三年刻本影印，南京：江苏古籍出版社等，2001 年，第 48 册。

《攻媿集》，楼钥著，《丛书集成初编》本，北京：中华书局，1985 年，第 2004 册。

《韩昌黎文集校注》，韩愈撰、马其昌校注，上海：上海古籍出版社，1986 年。

［民国］《韩城县续志》，民国十四年韩城县德兴石印馆石印本。

《韩非子新校注》，韩非著，陈奇猷校注，上海：上海古籍出版社，2000年。

《汉川林氏文征》，或题作"《林氏文征》"，林企焕纂，民国七年开雕，林氏敦本堂（南湖林氏祠堂，在田二河镇白果村）藏版。

《汉川林氏宗谱》，又题作"《汉川南湖林氏宗谱》"，或"《敦本堂林氏宗谱》"，凡有八修，本书所据为民国四年刊之七修本。

［光绪］《汉川图记征实》，光绪二十一年刻本，汉川对古楼藏版。

［同治］《汉川县志》，《中国地方志集成·湖北府县志辑》本，据同治十年刻本影印，南京：江苏古籍出版社等，2001年，第9册。

［嘉庆］《汉南续修郡志》，《中国地方志集成·陕西府县志辑》本，南京：江苏古籍出版社等，2007年，据民国十三年刻本影印，第50册。

《汉书》，北京：中华书局，1962年。

［嘉靖］《汉阳府志》，《天一阁藏明代方志选刊》本，上海：上海古籍书店，1963年，据嘉靖二十五年刻本影印。

［万历］《汉阳府志》，武汉：武汉出版社，2007年，校点本。

［康熙］《汉阳府志》，国家图书馆藏康熙刻本残卷，版次未能确知。

［乾隆］《汉阳府志》，乾隆十二年刻本（残本），武汉大学图书馆藏；《中国地方志集成·湖北府县志辑》本，据抄本影印，南京：江苏古籍出版社等，2001年，第1册。

［乾隆］《汉阳县志》，乾隆十三年刻本，武汉大学图书馆藏；《中国稀见地方志汇刊》本，北京：中国书店，1992年，第36册，影印本。

［嘉庆］《汉阳县志》，嘉庆二十三年刻本，武汉大学图书馆藏。

［同治］《汉阳县志》，同治七年刻本，武汉大学图书馆藏；《中国地方志集成·湖北府县志辑》本，据同治刻本影印，南京：江苏古籍出版社等，2001年，第4～5册。

《洪洞介休水利碑刻辑录》，黄竹三、冯俊杰等编著，北京：中华书局，2003年。

《后汉书》，北京：中华书局，1965年。

《湖北安襄郧道水利集案》，王楘纂修，乾隆十一年刻本，武汉大学图书馆藏。

《湖北竟陵岳江金氏续修支谱》，民国三十三年第七次续修本，叙伦堂刻本，天门市博物馆藏。

湖北省部分地区比例尺为五万分之一的地图，民国六年至民国三十一年间测绘，国民政府国防部测量局或日本参谋本部陆地测量部测绘、印制。

《湖北省高等法院对蒲圻县民王明新、余新祥等湖地共有权纠纷案的判决，1948》，湖北省档案馆藏，LS7—2—302。

《湖北省汉川县地名志》（内部资料），汉川县地名领导小组办公室编，汉川，1981年刊印。

《湖北省沔阳县地名志》（内部资料），沔阳县地名领导小组办公室编，沔阳，1982年刊印。

《湖北省潜江县地名志》(内部资料),潜江县地名领导小组办公室编,潜江,1982年刊印。

《湖北省天门县地名志》(内部资料),天门县地名领导小组办公室编,天门,1982年刊印。

《湖北省枝江县地名志》(内部资料),枝江县地名领导小组办公室编,枝江,1982年刊印。

[雍正]《湖广通志》,雍正十一年刻本,武汉大学图书馆藏。

[嘉靖]《湖广图经志书》,《日本藏中国罕见地方志丛书》本,据日本尊经阁文库藏嘉靖元年刻本影印,北京:书目文献出版社,1991年;湖北省图书馆藏残本。

[万历]《湖广总志》,《四库全书存目丛书》本,据福建省图书馆藏明万历刻本影印,史部第194~196册,济南:齐鲁书社,1996年。

[嘉庆]《湖口县志》,嘉庆二十三年刻本。

《湖南田赋之研究》,李之屏著,载萧铮主编:《民国二十年代中国大陆土地问题资料》第11辑,台北:成文出版社,1977年。

《华阳国志校补图注》,常璩撰、任乃强校补,上海:上海古籍出版社,1987年。

《淮南鸿烈集解》,刘文典著,北京:中华书局,1989年。

《皇朝经世文编》,贺长龄辑,台北:文海出版社,1966年,影印本。

《皇朝经世文续编》,盛康辑,台北:文海出版社,1966年,影印本。

《皇朝文献通考》,《景印文渊阁四库全书》本,台北:商务印书馆,1986年,第632册。

《皇清奏议》,《续修四库全书》本,上海:上海古籍出版社,2002年,第473册。

《黄冈地区水产志》,黄冈地区行政公署水产局编,武汉:武汉大学出版社,1992。

[弘治]《黄州府志》,《天一阁藏明代方志选刊》本,据明弘治刻本影印,上海:上海古籍书店,1965年。

《鸡肋编》,庄绰著,北京:中华书局,1983年。

《嘉靖事例》,《北京图书馆古籍珍本丛刊》本,北京:书目文献出版社,1988年,第51册。

[同治]《监利县志》,同治十一年刻本,武汉大学图书馆藏;《中国地方志集成·湖北府县志辑》本,据同治十一年刻本影印,南京:江苏古籍出版社等,2001年,第44册。

[民国]《建瓯县志》,《中国方志丛书》本,华南地方第95号,据民国十八年铅印本影印,台北:成文出版社,1967年。

《江都田赋及最近清赋风潮》,汤一南著,见萧铮主编:《民国二十年代中国大陆土地问题资料》第10辑,台北:成文出版社,1977年。

[光绪]《江陵县志》,《中国地方志集成·湖北府县志辑》本,南京:江苏古籍出版社等,2001年,第31册。

[康熙]《景陵县志》,国家图书馆藏,题作《天门县志》,内中凡"景陵"二字悉挖去。此

本盖为康熙七年李馨修、三十一年钱永续修而雍正四年改称天门县后重印者。

《旧唐书》,北京:中华书局,1975年。

《旧五代史》,北京:中华书局,1976年。

[民国]《蓝山县图志》,《中国方志丛书》本,华中地方第1号,台北:成文出版社,1970年。

《乐全集》,张方平著,《宋集珍本丛刊》本,北京:线装书局,2004年,第5册。

《礼记》,《十三经注疏》本,北京:中华书局,1980年,影印本。

(黄冈)《刘氏宗谱》,民国三十五年藜照堂刊本,武汉大学图书馆藏。

(沔阳)《刘氏宗谱》,民国三十七年续修本,湖北省仙桃市档案馆藏。

《六臣注文选》,萧统编,李善、吕延济、刘良、张铣、李周翰、吕向注,北京:中华书局,1987年,影印本。

(黄冈)《梅氏宗谱》,光绪五年乐道堂刊本,武汉大学图书馆藏。

[嘉靖]《沔阳志》,《天一阁藏明代方志选刊》本,据天一阁藏明嘉靖刻本影印,上海:上海古籍书店,1962年。

[康熙]《沔阳州志》,国家图书馆藏康熙间抄本残卷。

[乾隆]《沔阳州志》,乾隆八年刻本(湖北省图书馆藏本题作"乾隆五年刻",当误),国家图书馆藏,胶卷。

[光绪]《沔阳州志》,光绪二十年刻本;《中国地方志集成·湖北府县志辑》本,据光绪二十年刻本影印,南京:江苏古籍出版社等,2001年,第47册。

《明会典》(万历重修本),北京:中华书局,1989年,影印本。

《明经世文编》,陈子龙等编,北京:中华书局,1962年,影印本。

《明实录》,台北:"中央研究院"历史语言研究所,1964年,影印本。

《墨子校注》,吴毓江撰,北京:中华书局,1993年。

《牧令书辑要》,徐栋原辑、丁日昌选评,《续修四库全书》本,上海:上海古籍出版社,2002年,第755册。

《南齐书》,北京:中华书局,1972年。

[道光]《宁陕厅志》,《中国地方志集成·陕西府县志辑》本,据道光九年刻本影印,南京:江苏古籍出版社等,2007年,第56册。

《潜江旧闻录》,甘鹏云著,《湖北地方古籍文献丛书》本,武汉:湖北教育出版社,2002年。

[康熙]《潜江县志》,康熙三十三年刻本;光绪五年传经书院增刻本;《中国地方志集成·湖北府县志辑》本,据光绪五年增刻本影印,南京:江苏古籍出版社等,2001年,第46册。

[光绪]《潜江县志续》,光绪五年传经书院刻本;《中国地方志集成·湖北府县志辑》本,据光绪五年刻本影印,南京:江苏古籍出版社等,2001年,第46册。

《秦疆治略》，卢坤著，《中国方志丛书》本，华北地方第 288 号，据道光间刊本影印，台北：成文出版社，1970 年。

《清高宗实录》，北京：中华书局，1985 年，影印本。

《清史稿》，北京：中华书局，1977 年。

《全唐诗》，北京：中华书局，1999 年。

《全唐文》，北京：中华书局，1983 年，影印本。

《容斋随笔》，洪迈著，北京：中华书局，2005 年。

《入蜀记》，陆游著，《知不足斋丛书》本，北京：中华书局，1999 年，影印本，第 1 册。

《三国志》，北京：中华书局，1959 年。

[淳熙]《三山志》，《宋元方志丛刊》本，北京：中华书局，1990 年，影印本。

《三省边防备览》，严如煜著，扬州：江苏广陵古籍刻印社，1991 年，据道光刻本影印。

《三省山内风土杂识》，严如煜著，《丛书集成初编》本，北京：中华书局，1985 年，第 3114 种。

《尚䌹斋集》，童冀著，《景印文渊阁四库全书》本，台北：商务印书馆，1986 年，第 1229 册。

《尚书今古文注疏》，孙星衍著，北京：中华书局，1986 年。

[道光]《石泉县志》，《中国方志丛书》本，华北地方第 278 号，据道光二十九年刊本影印，台北：成文出版社，1969 年。

《使楚丛谭》，王昶著，《小方壶斋舆地丛钞》本，第六帙，光绪二十年清河王氏刻本，上海著易堂印行。

《史记》，北京：中华书局，1959 年。

[乾隆]《双圳柯氏族谱》，垂远堂刻本，现藏湖北省郧西县柯家湾柯愈林家。

《水经注疏》，郦道元注，杨守敬、熊会贞疏，南京：江苏古籍出版社，1989 年。

《睡虎地秦墓竹简》，睡虎地秦墓竹简整理小组编，北京：文物出版社，1978 年。

《四友斋丛说》，何良俊著，北京：中华书局，1959 年。

（黄冈）《松湖陈氏宗谱》，民国十六年刻本，武汉大学图书馆藏。

《宋高僧传》，赞宁撰，北京：中华书局，1987 年。

《宋会要辑稿》，北京：中华书局，1957 年，影印本。

《宋史》，北京：中华书局，1977 年。

《宋书》，北京：中华书局，1974 年。

《苏学士文集》，苏舜钦著，《宋集珍本丛刊》本，据康熙三十七年震泽徐氏刻本影印，北京：线装书局，2004 年，第 6 册。

《太平广记》，李昉等编，北京：中华书局，1961 年。

《太平寰宇记》，乐史撰，北京：中华书局，2007 年。

《唐会要》，北京：中华书局，1955 年。

《天门水利志》,湖北省天门市水利局天门水利志编纂委员会编,内部刊印本,1999年。

[乾隆]《天门县志》,乾隆三十年刻本;民国十一年石印本;《中国地方志集成·湖北府县志辑》本,据民国十一年石印本影印,南京:江苏古籍出版社等,2001年,第44册。

[道光]《天门县志》,道光元年刻本,尊经阁藏版,武汉大学图书馆藏。

《天下水陆路程》,黄汴著、杨正泰校注,太原:山西人民出版社,1992年。

《王禹偁诗文集》,王禹偁著、王延梯选注,北京:人民文学出版社,1996年。

《魏源集》,魏源著,北京:中华书局,1976年。

《文定集》,汪应辰著,上海:学林出版社,2009年。

《文苑英华》,北京:中华书局,1966年,影印本。

《吴越春秋》,南京:江苏古籍出版社,1986年。

《五灯会元》,北京:中华书局,1984年。

《襄堤成案》,光绪二十年刻本,武汉大学图书馆藏。

[天顺]《襄阳郡志》,《陕西省图书馆藏稀见方志丛刊》本,据天顺三年刻本影印,北京:北京图书馆出版社,2006年,第1册。

[康熙]《孝感县志》,《故宫珍本丛刊》本,海口:海南出版社,2001年。

[淳熙]《新安志》,《宋元方志丛刊》本,北京:中华书局,1990年,影印本。

《新刻石室先生丹渊集》,文同撰,《宋集珍本丛刊》本,北京:线装书局,2004年,第9册。

《新唐书》,北京:中华书局,1975年。

[嘉靖]《兴都志》,国家图书馆藏缩微胶卷。

[光绪]《续修平利县志》,《中国方志丛书》本,华北地方第275号,据光绪二十二年刊本影印,台北:成文出版社,1970年。

《盐铁论校注》,桓宽撰、王利器校注,北京:中华书局,1992年。

《杨万里诗文集》,杨万里著、王琦珍整理,南昌:江西人民出版社,2006年。

《叶适集》,叶适著,北京:中华书局,1961年。

《永乐大典》,北京:中华书局,1986年,影印本。

《永乐大典方志辑佚》,马蓉等点校,北京:中华书局,2004年。

《元丰九域志》,王存等撰,北京:中华书局,1984年。

《元和郡县图志》,李吉甫撰,北京:中华书局,1983年。

《云谷杂记》,张淏著、张宗祥校录,北京:中华书局,1958年。

《云南志校释》,樊绰著、赵吕甫校释,北京:中国社会科学出版社,1985年。

[嘉庆]《郧西县续志》,《故宫珍本丛刊》本,据嘉庆十年刻本影印,海口:海南出版社,2001年,第144册。

[康熙]《郧西县志》,国家图书馆藏。

[乾隆]《郧西县志》,《故宫珍本丛刊》本,据乾隆四十二年刻本影印,海口:海南出版

社,2001年,第144册。

[同治]《郧西县志》,《中国地方志集成·湖北府县志辑》本,南京:江苏古籍出版社等,2001年,第62册。

[民国]《郧西县志》,《中国方志丛书》本,华中地方第359号,据民国二十五年石印本影印,台北:成文出版社,1975年。

《郧西县志》,郧西县地方志编纂委员会编纂,武汉:武汉测绘科技大学出版社,1995年。

[万历]《郧阳府志》,万历六年刻本,国家图书馆据日本东洋文库藏本制作胶卷。

[康熙]《郧阳府志》,《稀见中国地方志汇刊》本,据康熙二十四年刻本影印,北京:中国书店,1992年,第36册。

《再续行水金鉴》,中国水利水电科学研究院水利史研究室编校,武汉:湖北人民出版社,2004年。

《张孝祥诗文集》,张孝祥著、彭国忠校点,合肥:黄山书社,2001年。

[道光]《紫阳县志》,《中国地方志集成·陕西府县志辑》本,据光绪八年补刻本影印,南京:江苏古籍出版社等,2007年,第56册。

《最高法院、湖北省高等法院黄冈分院对张祖荫、陈受二等湖业所有权纠纷案的判决,1948》,湖北省档案馆藏,LS7—2—534。

二、研究文献(主要以作者姓氏音序为序)

艾兰:《早期中国历史思想与文化》,杨民等译,沈阳:辽宁教育出版社,1999年。

阿兰·R. H. 贝克:《地理学与历史学——跨越楚河汉界》,阙维民译,北京:商务印书馆,2008年。

滨岛敦俊:《明清江南农村社会与民间信仰》,朱海滨译,厦门:厦门大学出版社,2008年。

马克·布洛赫:《历史学家的技艺》,张和声、程郁译,上海:上海社会科学院出版社,1992年。

蔡述明:《江汉平原四湖地区区域开发与农业可持续发展》,北京:科学出版社,1996年。

蔡述明等:《汉江流域资源合理开发利用与经济发展综合研究》,武汉:湖北科学技术出版社,1997年。

曹树基:《中国人口史》第四卷《明时期》,上海:复旦大学出版社,2001年。

曹树基:《中国人口史》第五卷《清时期》,上海:复旦大学出版社,2001年。

陈锋主编:《明清以来长江流域社会发展史论》,武汉:武汉大学出版社,2006年。

陈钧等:《湖北农业开发史》,北京:中国文史出版社,1992年。

陈寅恪:《金明馆丛稿二编》,北京:三联书店,2001年。

陈正祥:《中国文化地理》,北京:三联书店,1981年。

程民生:《宋代地域经济》,开封:河南大学出版社,1992年。

从翰香主编:《近代冀鲁豫乡村》,北京:中国社会科学出版社,1995年。

阿·德芒戎:《人文地理学问题》,葛以德译,北京:商务印书馆,1993年。

冻国栋:《中国人口史》第二卷《隋唐五代时期》,上海:复旦大学出版社,2002年。

恩格斯:《家庭、私有制和国家的起源》,《马克思恩格斯选集》第4卷,北京:人民出版社,1972年。

傅衣凌:《明清社会经济史论文集》,北京:人民出版社,1982年。

傅衣凌、杨国桢主编:《明清福建社会与乡村经济》,厦门:厦门大学出版社,1987年。

葛剑雄:《西汉人口地理》,北京:人民出版社,1986年。

葛剑雄:《中国人口史》第一卷《导论:先秦至南北朝时期》,上海:复旦大学出版社,2002年。

龚高法、张丕远:《历史时期气候变化研究方法》,北京:科学出版社,1983年。

龚胜生:《清代两湖农业地理》,武汉:华中师范大学出版社,1996年。

郭德维:《楚都纪南城复原研究》,北京:文物出版社,1999年。

国家文物局主编:《中国文物地图集·湖北分册》,西安:西安地图出版社,2002年。

理查德·哈特向:《地理学的性质——当前地理学思想述评》,叶光庭译,北京:商务印书馆,1996年。

韩茂莉:《宋代农业地理》,太原:山西古籍出版社,1993年。

好并隆司:《中国水利史研究论考》,日本冈山市:冈山大学文学部,1993年。

何介钧:《湖南先秦考古学研究》,长沙:岳麓书社,1996年。

何平:《清代赋税政策研究:1644—1840年》,北京:中国社会科学出版社,1998年。

黄鼎成、王毅、康晓光:《人与自然关系导论》,武汉:湖北科学技术出版社,1997年。

冀朝鼎:《中国历史上的基本经济区与水利事业的发展》,朱诗鳌译,北京:中国社会科学出版社,1981年。

金伯欣:《江汉湖群综合研究》,武汉:湖北科学技术出版社,1992年。

赖家度:《明代郧阳农民起义》,武汉:湖北人民出版社,1956年。

李根蟠、原宗子、曹幸穗主编:《中国经济史上的天人关系》,北京:中国农业出版社,2002年。

李剑农:《中国古代经济史稿》,武汉:武汉大学出版社,2006年。

梁方仲编著:《中国历代户口、田地、田赋统计》,上海:上海人民出版社,1980年。

列维-布留尔:《原始思维》,丁由译,北京:商务印书馆,1985年。

刘志伟:《在国家与社会之间——明清广东地区里甲赋役制度与乡村社会》(增订本),北京:中国人民大学出版社,2010年。

鲁西奇:《区域历史地理研究:对象与方法——汉水流域的个案考察》,南宁:广西人民出版社,2000 年。

鲁西奇、潘晟:《汉水中下游河道变迁与堤防》,武汉:武汉大学出版社,2004 年。

栾成显:《明代黄册研究》,北京:中国社会科学出版社,1998 年。

闾国年:《长江中游湖盆三角洲的形成与演变及地貌的再现与模拟》,北京:测绘出版社,1991 年。

梅莉、张国雄、晏昌贵:《两湖平原开发探源》,南昌:江西教育出版社,1985 年。

缪启愉:《太湖塘浦圩田史研究》,北京:农业出版社,1985 年。

牟发松:《唐代长江中游的经济与社会》,武汉:武汉大学出版社,1989 年。

裴安平:《农业、文化、社会:史前考古文集》,北京:科学出版社,2006 年。

彭雨新、张建民:《明清长江流域农业水利研究》,武汉:武汉大学出版社,1993 年。

Peter C. Perdue, *Exhausting the Earth*: *State and Peasant in Hunan*, 1500—1850, Cambridge: Harvard University Press, 1987.

浦兴祖主编:《当代中国政治制度》,复旦:复旦大学出版社,2003 年。

漆侠:《宋代经济史》,上海:上海人民出版社,1987 年。

旗田巍:《中国村落と共同体理论》,东京:岩波书店,1973 年。

钱杭:《库域型水利社会研究——萧山湘湖水利集团的兴与衰》,上海:上海人民出版社,2009 年。

阙维民:《历史地理学的观念:叙述、复原、构想》,杭州:浙江大学出版社,2000 年。

B. C. 热库林:《历史地理学:对象与方法》,韩光辉译,北京:北京大学出版社,1992 年。

森田明:《清代水利史研究》,东京:亚纪书房,1974 年。

森田明:《清代水利社会史研究》,郑樑生译,台北:“国立”编译馆,1996 年。

森田明:《清代の水利と地域社会》,日本福冈:中国书店,2002 年。中译本为雷国山译,济南:山东画报出版社,2008 年。

施坚雅:《中国农村的市场和社会结构》,史建云、徐秀丽译,北京:中国社会科学出版社,1998 年。

施坚雅主编:《中华帝国晚期的城市》,叶光庭等译,北京:中华书局,2000 年。

石泉、蔡述明:《古云梦泽研究》,武汉:湖北教育出版社,1996 年。

世界环境与发展委员会:《我们共同的未来》,王之佳、柯金良等译,长春:吉林人民出版社,1997 年。

宋镇豪:《夏商社会生活史》,北京:中国社会科学出版社,1996 年。

谭其骧:《长水集》,北京:人民出版社,2009 年。

王毓铨:《王毓铨史论集》,北京:中华书局,2005 年。

魏嵩山、肖华忠:《鄱阳湖流域开发探源》,南昌:江西教育出版社,1995 年。

魏特夫(Karl A. Wittfogel):《东方专制主义——对于集权力量的比较研究》,徐式谷、

南
强
丛
书

长江中游的人地关系与地域社会

奚瑞森、邹如山等译,北京:中国社会科学出版社,1989 年。

吴松弟:《中国人口史》第三卷《宋辽金元时期》,上海:复旦大学出版社,2000 年。

西嶋定生:《中国经济史研究》,冯佐哲等译,北京:农业出版社,1984 年。

肖克非主编:《中国山区经济学》,北京:大地出版社,1988 年。

许怀林:《江西史稿》,南昌:江西高校出版社,1993 年。

严文明:《走向 21 世纪的考古学》,西安:三秦出版社,1997 年。

杨宝成主编:《湖北考古发现与研究》,武汉:武汉大学出版社,1995 年。

杨国安:《明清两湖地区基层组织与乡村社会研究》,武汉:武汉大学出版社,2004 年。

杨果:《宋代两湖平原地理研究》,武汉:湖北人民出版社,2001 年。

杨果、陈曦:《经济开发与环境变迁》,武汉:武汉大学出版社,2008 年。

尹钧科:《北京郊区村落发展史》,北京:北京大学出版社,2001 年。

尹玲玲:《明清长江中下游渔业经济研究》,济南:齐鲁书社,2004 年。

游修龄:《中国稻作史》,北京:农业出版社,1995 年。

R. J. 约翰斯顿:《地理学与地理学家》,唐晓峰等译,北京:商务印书馆,1999 年。

R. J. 约翰斯顿:《哲学与人文地理学》,蔡运龙、江涛译,北京:商务印书馆,2000 年。

普雷斯顿·詹姆斯、杰弗雷·马丁:《地理学思想史》,李旭旦译,北京:商务印书馆,1989 年。

张光直:《中国青铜时代》,北京:三联书店,1983 年。

张国雄:《明清两湖移民研究》,西安:陕西人民教育出版社,1995 年。

张建民:《湖北通史·明清卷》,武汉:华中师范大学出版社,1999 年。

张建民:《明清长江流域山区资源开发与环境演变——以秦岭—大巴山区为中心》,武汉:武汉大学出版社,2007 年。

张建民、鲁西奇主编:《历史时期长江中游地区人类活动与环境变迁专题研究》,武汉:武汉大学出版社,2011 年。

张建民、宋俭:《灾害历史学》,长沙:湖南人民出版社,1998 年。

张修桂:《中国历史地貌与古地图研究》,北京:社会科学文献出版社,2006 年。

张泽咸:《汉晋唐时期农业》,北京:中国社会科学出版社,2003 年。

赵冈:《中国历史上生态环境之变迁》,北京:中国环境科学出版社,1996 年。

赵世瑜:《小历史与大历史:区域社会史的理念、方法与实践》,北京:三联书店,2006 年。

赵文林、谢淑君:《中国人口史》,北京:人民出版社,1988。

郑振满:《明清福建家族组织与社会变迁》,北京:中国人民大学出版社,2009 年。

郑振满:《乡族与国家:多元视野中的闽台传统社会》,北京:三联书店,2009 年。

中村治兵卫:《中国渔业史的研究》,东京:刀水书房,1995 年。

中国大百科全书编委会:《中国大百科全书·地理学》,北京:中国大百科全书出版社,

1990 年。

中国科学院地理研究所、水利部长江水利委员会汉江工作队编:《汉江流域地理调查报告》,北京:科学出版社,1957 年。

中国唐史学会、湖北省社会科学院历史研究所编:《古代长江中游的经济开发》,武汉:武汉出版社,1988 年。

周若祁、张光主编:《韩城村寨与党家村民居》,西安:陕西科学技术出版社,1999 年。

后　记

　　本书各部分内容,相继撰写于 2001—2014 年间,此前皆以论文方式刊布过。今汇集各文,略加整理、修改,形成本书。其内容可概括为:在地理学考察、历史文献分析与人类学田野调查的基础上,综合运用历史学、地理学与人类学的研究方法,探讨区域人地关系及其演变、南方山区经济开发与社会建构过程、江汉平原以"围垸"为中心的水利社会的形成等核心问题,提出:(1)应以"了解之同情"的态度理解、认识历史时期人地关系的演进,(2)应重视南方山区开发进程与社会建构的特殊性,(3)以围垸为中心而形成的"水利社会"乃是明清时期江汉平原社会进程的核心线索等认识。其研究理路从地理学的"区域"观念与方法出发,落脚在地域人群的生活与社会建构上,是从区域历史地理出发的地域社会史研究。全书由三部分组成。

　　第一部分"区域人地关系",是对区域人地关系的认识与讨论。包括两篇文章:一是《"了解之同情"与人地关系演变研究》(撰写于 2001 年上半年,当时在武汉大学历史系任职。论文完成后,交给张建民教授审阅;张教授提出了几点意见,我做了些修改。后发表在《史学理论研究》2002 年第 4 期,署名张建民、鲁西奇)。我们分析了学术界有关人地关系演变研究的范式(人地关系从和谐、平衡走向冲突、失衡,再回复到和谐、平衡的循环模式,"三阶段论"),提出:应以"了解之同情"的态度看待古人所处、所感知的生存环境及其对人地关系的认识,设身处地地去理解他们的"行为环境"以及这种行为环境对"古人"行为的影响,进而分析由此而产生的"古人"的人地关系观念;在此基础上,方可站在今人的角度,以今人的科学认知水平,对这些"行为环境"及古人的人地关系观念加以理解、评判。在这种思路下,无论是在采集—狩猎时代,还是在农业社会与工业社会里,尽管人类利用、改造自然的能力不断提高,但面对着威力无穷、变化莫测的大自然,人类在更多时候感受到的主要是敬畏,他们所感知的生存环境基本上是恶劣的、充满着艰难困苦的;而人类行为的主要内容则是不断地向大自然索取、利用并改造大自然。质言之,自人类从自然界分离出来之后,人与自然关系的主旋律就是冲突与对抗,而不是平衡与和谐。

二是《历史时期长江中游地区人地关系的演变及其特点》(撰写于 2003 年秋冬至 2004 年春。完成初稿后,亦交由张建民教授审阅。张教授建议大幅度压缩,其缩写本以《长江中游地区人地关系的历史演变及其特点》为题,发表于《光明日报》2004 年 9 月 21 日理论版,署名张建民、鲁西奇。其全文收入陕西师范大学西北历史环境与经济社会发展研究中心编《人类社会经济行为对环境的影响和作用》,西安:三秦出版社,2007 年),基本上是将《"了解之同情"与人地关系演变研究》一文中所揭示的学术理念与方法,运用在对历史时期长江中游地区人地关系演变过程的分析上,认为:以人与自然互相冲突、对抗的具体形式与内涵的演变作为主要线索,可以将历史时期长江中游地区人地关系的演变划分为三个阶段:(1)从距今 1 万年左右,至东汉末年(公元 3 世纪初),长江中游地区人地关系的形态主要表现为人类生存环境恶劣、生活艰苦以及人类对自然的敬畏和对自然环境的局部破坏;(2)公元 3 世纪至 15 世纪中期,人类抗拒自然、利用自然的能力逐步增强,对自然的敬畏有所降低;同时,人类对自然的影响与干预也逐步加大,但从区域整体上看,还未致引起自然系统的失衡与紊乱。(3)明中叶以后至民国时期,长江中游地区的人地关系逐渐进入全面紧张状态,主要表现为人类活动对本区自然环境的全面破坏以及自然对人类的报复不断加剧。人口变动、资源利用方式的演进、河湖与植被变化、自然灾害加剧是本区人地关系及其演变过程中最重要的四方面因素。历史时期长江中游地区人地关系及其诸种要素的演变,有三点启示:(1)缓解人地关系紧张状况的可行道路乃是资源利用方式的科学化、合理化与多样化;(2)从根本上减缓乃至解决本区生态环境的恶化、缓解人地关系的紧张局面的技术关键,乃在于周边丘陵山区及长江上游地区的水土保持;(3)在国家政权的干预下,明确湖区洲滩与山区林地的产权关系,乃是从源头上控制乱垦滥伐、避免资源发生"公用地灾难"的重要手段。

第二部分"山区开发与社会",是关于历史时期山区经济开发与社会建构进程及其特点的考察。也包括两篇论文。一是《南方山区经济开发的历史进程与空间展布》(撰写于 2009 年,当时在厦门大学历史系攻读博士学位的董勤同学帮助我做了部分资料校对工作。初刊于《中国历史地理论丛》2010 年第 4 期,署名鲁西奇、董勤。其未定稿又曾以《南方山区开发的历史进程、特征及其意义》为题,收入陈锋主编《中国经济与社会史评论》2009 年卷,北京:中国社会科学出版社,2010年),试图将区域经济史的研究路数与区域历史地理的研究路数相结合,首先梳理历史时期南方山区经济开发的进程,然后分析山区开发进程中的空间差异及其空间拓展过程,并形成了两点前人未及充分重视的认识:(1)南方山区经济开发虽然以农田垦辟、粮食作物种植为主线索,但山林、矿产资源的开发利用也一直是南方山区开发的重要方面,在很多山区,采集渔猎、山林矿产资源的综合利用与多种经营一直是较长时期内山区民众最重要的生计依靠。(2)从空间角度看,山区的开发,一般表现为两个方向上的拓展:一是由河口溯河谷(或山谷)而上,以纵向的拓展为主,地势缓慢地抬升,河谷越来越窄;经济开发在这一方向上拓展主要是垦辟河谷平地、种植水稻等作物。二是由河谷底部沿两边的山坡而上,以横向的拓展为主,地势抬升比较明显。这一方向上的拓展主要表现为山林砍伐、林特产品的采集与培育以及梯田的开发、种植旱地作物等。

二是《内地的边缘——明清时期湖北省郧西县地域社会史的初步考察》(撰写于2004年春。2003年10月28日至11月3日,我与杨国安、徐斌、江田祥在湖北郧西县作了为期一周的田野调查,本文就是此次调查的报告。报告第四、五部分分别由杨国安、江田祥撰写初稿,鲁西奇改定,其他部分均由鲁西奇撰写。全文由鲁西奇定稿,并采纳了徐斌的部分讨论意见。初刊于陈锋主编《15至20世纪长江流域社会经济史论》,武汉:武汉大学出版社,2006年,署名鲁西奇、杨国安、徐斌、江田祥。其中的第四部分,又经改写,以《香口柯家湾:清代鄂西北地区移民的生计、发展与宗族形态》为题,收入行龙、杨念群主编《区域社会史比较研究》,北京:社科文献出版社,2006年,署名鲁西奇、杨国安),则是将区域历史地理与地方社会史相结合的尝试,其主要思路是社会史的。这篇长文主要立足于2003年10月的田野考察,结合有关地方志记载,通过对明清时期郧西地区(明上津、郧西县,清郧西县)的行政与军事控制体系、乡里组织的演变、移民入住及其生计、发展与宗族形态、神庙系统与民间信仰的神祇的初步考察,探讨"内地的边缘"区域在政治、经济、文化诸方面的特征及其具体表现,认为:在这些"内地的边缘",(1)国家权力的相对空缺,政治控制相对较弱,而国家为达到控制此类地区之目的,多采取因地制宜的变通方法,充分利用地方各种势力,遂形成了政治控制方式的多元化。(2)经济与社会资源严重匮乏,特别是在农业社会中,耕地资源的严重匮乏,迫使民众多方寻求生存资源,遂导致了生计方式的多样化,而民众生计方式的多样化,直接形成了经济形态的多样性。(3)人口来源复杂多样,多是逸出于社会体系之外的流民、亡命、土豪等，属于所谓"边缘人群"；其社会组织或以利相聚，或以义相结，或以血缘地缘相类，具有强烈的"边缘性"，社会关系比较脆弱、不稳定，流动性强。所以，我们可以将这种地区的社会称为"边缘化"社会。(4)文化上表现出强烈的多元性，特别是异于正统意识形态的原始巫术、异端信仰与民间秘密宗教在边缘区域均有相同的影响。

第三部分"江汉平原的水利社会"，是关于江汉平原社会史的研究。包括四篇论文。这组论文是一个有机的整体：首先考察江汉平原聚落的形成及其形态特征，然后分析明清时期江汉平原里甲制度与赋役制度的实行及其变革，再以"围垸"为中心，探讨江汉平原"围垸型水利社会"的形成，最后讨论江汉平原的水利协作以及王朝国家在水利事务中的作用。其研究理路非常清晰：从地理景观考察入手，中间经过制度史分析，最后归结到地域社会的建构这一核心问题上。这是我们近年来努力摸索将区域历史地理、制度史、地域社会史三种研究理路融汇结合起来的成果。

《散村的形成及其演变——以江汉平原腹地的乡村聚落形态及其演变为中心》(撰写于 2009 年下半年。当时在厦门大学历史系攻读硕士学位的韩轲轲同学帮助我做了一些资料校对与地图绘制工作。初刊于《中国历史地理论丛》2011 年第 4 期，署名鲁西奇、韩轲轲)的出发点与分析方法主要是区域聚落地理的，讨论的核心问题是分散聚落的形成过程及其原因，认为：传统时代江汉平原腹地的乡村聚落，主要选择地势稍高的自然墩台、长冈或建造人工墩台，以躲避洪水的侵袭；很多台墩依堤而建或与堤相连，但台墩之间并不相连，从而形成以散居为主导的乡村聚落形态。江汉平原腹地以散居为主导的乡村聚落形态之形成，有其根深蒂固的地理基础与社会经济根源。环境与资源条件的限制、传统的经济生活方式，乃是散村形成并长期延续下来的根本原因。

《明清时期江汉平原里甲制度的实行及其变革》(撰写于 2008 年，改定于2012 年。其中第二部分的讨论主要依据徐斌在湖北省档案馆查阅的档案材料及在武汉大学图书馆查阅的族谱材料而展开，并采纳了徐斌的部分研究结论。初刊于《"中央研究院"历史语言研究所集刊》第 84 本第 1 分，署名鲁西奇、徐斌)一文的出发点，是王朝国家的制度如何在特定区域内实行、展开并演变的。其研究开展的前提，是认为明初里甲制度在各地区推行过程中，表现出多种多样的形式；各地区里甲制在明清时期的变革之迹，亦有很大差异。在此种认识的基础上，本文以江汉平原诸州县(汉阳、汉川、沔阳、潜江、景陵[天门]、监利等)为中心，讨论里甲制在这一区域的实行及其变革，认为：明初江汉平原诸州县编排黄册里甲，主要集中在已经开发的平原边缘低岗丘陵和腹地地势较高的围垸地区；散布于低洼湖区、"闸办"河湖水域、承纳鱼课的渔户，则作为"业户"被编入由河泊所管领的"业甲"，并未纳入黄册里甲系统。进入江汉平原的客民则多未入籍，其所垦垸田也多未征科，或仅以"渔户"身份交纳"湖租"。明中后期，地方官府不断通过清田、新编附籍里甲等手段，努力控制新垦垸田及垸民；在这一过程中，有部分新垦垸田起科纳赋，也有少数垸民入籍，或由河泊所"业户"转变为里甲户。清前中期，江汉平原诸州县渐次推行按田粮编排里甲的做法，按田归垸、按垸归乡，里甲遂得以落实到具有明确地域范围的"围垸"上，变质为以田粮为基础、以垸为具体地域范围的赋役征科单元。

《湖北省潜江市档案馆藏〈太和乡实征底册〉的初步研究》（撰写于 2012 年春夏。吴鹏飞抄录了全部实征底册，并整理了本文所使用的统计表格。初刊于中国经济史学会会刊《中国经济史论丛》2013 年第 1 期，署名鲁西奇、吴鹏飞）是关于一种赋役文册的初步考察。实征册是地方官府实际编徭征税时所使用的一种赋役文册，明代即已开始编制。清代实征册是因应于各地征税的实际运作、由各州县衙门分别编制并使用的，没有全国统一的样式。虽然制度规定实征册得由各州县衙门统一编制并掌管（或称为"县册"），而事实上则多由实际负责编制赋役册籍的粮书、户书等胥吏与庄书、册书等职役人员掌管，即"实征底册"（或称"乡团之册"、"村册"）。潜江市档案馆所藏两卷《太和乡实征底册》，就是由册书之类职役掌握甚至得世传的"乡团之册"。两卷实征底册是按垸编制的，反映了清代江汉平原州县"按田归垸、按垸归乡"的田赋征科办法。实征底册所记的户名，只是赋税征收单位，是"赋税户"；新立户名与无产户名之剔除，主要具有赋税征收的意义，并不能反映出农户家庭实际占有的田地及其所负担的赋税情况。但是，实征底册对新立户名与无产户名之剔除的详细记录（虽然渐趋松弛），仍说明这两卷实征底册，在晚清民国时期的赋税征收过程中，应当是实际发挥作用的，它至少在一定程度上，可以反映出"赋税户"的田产占有与赋税负担。在明晰所讨论的"户"实指赋税户、并非实际农户家庭的前提下，分析实征底册所记录的"户"的土地占有与地权分配，应是可能的。

《"水利社会"的形成——以明清时期江汉平原的围垸为中心》（撰写于 2008 年，改定于 2011 年，初刊于《中国经济史研究》2013 年第 1 期）则是将此前一系列具体研究"模式化"的一种努力，它试图在此前有关江汉平原地区堤埒水利、聚落形态及其演变、里甲与赋役制度的实行及其变革等研究的基础上，概括出江汉平原地区社会建构及其变化的轨迹与特征。文章认为：明清时期，江汉平原民众在垸堤修筑、维护、管理等一系列水利活动中，逐步建立起以协作互助为基础的社会关联；垸庙的功能不断扩展，逐步超越了"镇遏洪水，保障堤垸"的范围，发展成为垸内民众的信仰和祭祀中心；清前中期，江汉平原诸州县渐次推行按田归垸、按垸纳粮的做法，垸遂逐渐演变为官府征科赋役的基本地域单元；在清后期的社会动乱中，各州县以垸为单位组织团练，给垸赋予了"准行政区域"的意义。在江汉平原以围垸为中心的水利社会之形成过程中，"协作防洪"是促使人们通力协作的根本原因；官府以垸取代乡里作为赋役征科的基本单元，是垸得以稳定运行的制度性保障；乡绅豪强及其对垸内"公共事务"的经营，则是垸田区域社会关系网络得以有效运行的前提条件。

《传统中国农田水利领域的区域协作——以明清时期江汉平原的"垸区"为中心》（撰写于2008年，改定于2011年，初刊于陈锋、张建民主编《中国财政经济史论稿——彭雨新先生百年诞辰纪念文集》，武汉：湖北人民出版社，2012年），通过对明清时期特别是清代江汉平原诸州县尤其是潜江、沔阳、天门围垸最为集中的州县境内围垸之间关系的考察，认为江汉平原地区相邻的围垸之间存在着程度不同的协作和互助机制，在垸堤特别是边江或边湖大堤的修防、垸内排涝、共同的排水河道的疏浚等方面开展协作，从而形成由数量不同的相邻各垸组成的、协作与互助方式不同的"垸区"，进而指出：在传统中国农田水利领域中，相邻的"水利共同体"之间日常的水利关系，当以互利协作为主，而并非以矛盾冲突为主。

《传统中国农田水利领域中区域协作的发展与局限——以明清时期江汉平原的垸田水利为中心》（撰写于2008年，改定于2011年，初刊于王日根等主编《厦大史学》第四辑，厦门：厦门大学出版社，2013年）一文，在《传统中国农田水利领域的区域协作——以明清时期江汉平原的"垸区"为中心》一文基础上，将着眼点放在更大范围内的水利区域协作上，以汉水下游堤防的协修和泗港、大泽口的开塞之争为中心，考察明清时期江汉平原大范围水利区域协作的发展及其局限，并借此分析"王朝国家"干预水利事务的深度及其限度，认为：在协修、穴口之开塞等涉及较大范围的水利区域协作中，官府发挥了主导性的作用，如果没有各级官府的介入与主导，跨越州县的大规模"协修"是不可能实现的，由于穴口开塞而引发的区域性纷争乃至骚乱也很难平息下来。但是，受制于王朝国家本身功能的局限以及官僚系统内在的保守性，地方官府并非积极主动地介入到水利区域协作事务中,也不可能制订出全面的水利区域协作制度并将之付诸实施,所以,至少在江汉平原地区,王朝国家对于水利区域协作事务的干预是相当有限的。

作为本书代序的《区域·地方·地域:空间维度下的历史研究》(撰写于2014年下半年,初刊于《南国学术》2014年第4期)一文,实际上是我近年来相关思考的一个小结,反映了我最近的一些认识,认为:立足于空间观念与方法,把不同空间尺度的地理空间作为研究对象、探究其历史过程与特点的历史学研究,可统称为"空间维度下的历史研究"。区域、地方与地域,是空间维度下历史研究的三种主要视角。区域历史地理研究的归结点是"地",是从区域出发探究世界的"空间特性";地方史研究的归结点是"地方人群",是本地方的人怎样认识、看待、叙述自己的历史,并借此对其本身、本身的历史与文化给出界定;地域史研究的归结点则是"人的地域性",是通过对地域历史与文化的考察与分析,探讨"人性"在不同地域背景下的表现。"人为中心"的空间,则应是从空间维度观察、分析历史过程的根本出发点。

回首二十多年来走过的学术道路,应当承认,我最初的思考与研究,是从"地"出发的。或者说,在我问题提出与思考的起步阶段,主要是从地理学的"区域"观念与方法开始的,而且,地理学的某些观念与思考方法,比如聚落景观分析与地域空间分异的分析,一直贯穿于这些年来的思考与研究中,从而使我的研究显现出较为浓厚的"地理学"色彩。另一方面,随着研究的逐步展开与深入,我所关注和讨论的核心,已逐步集中到"人"(生活在研究区域内的人群)身上,观察与分析的重点越来越集聚在研究区域内人的生产生活活动、居住、交往、组织、行为规范、信仰与仪式及其与王朝国家、区域外人群的关系等方面,分析方法也越来越多地采用社会史乃至人类学的分析方法,而且在问题指向与研究结论上,也逐步明晰到社会建构及其演变过程方面。所以,本书研究可以表述为"从区域历史地理出发的地域社会史研究"。

杨国安、周荣、徐斌、江田祥等几位朋友,曾与我一起跑了湖北、湖南的很多地方,大家同甘共苦,探究学问,本书中的很多问题和想法,都是在和他们一起跑田野的过程中提出并初步形成的。当时,张建民教授担任武汉大学历史学院院长,给了我们很多支持。到厦门大学工作后,林昌丈、韩轲轲、董勤、吴鹏飞几位同学,也和我一起跑了很多地方(特别是林昌丈,和我一起去了两次汉中地区,进一步补充相关资料),并帮助我整理、校录资料,也给我很大的促进。所以,本书可以说是与他们共同完成的。这是要特别说明并表示感谢的。

当然,除了《内地的边缘——明清时期湖北省郧西县地域社会史的初步考察》之第四、第五部分分别由杨国安、江田祥撰写初稿、我修改定稿之外,本书中其余各部分都是由我执笔撰写的(虽然吸纳了上述各位师友们的意见);全书各部分论点及材料之使用,均应由我负责。

陈勤奋、宋翔帮助我校读了部分书稿,吴鹏飞帮助我绘制了书中的地图;责任编辑韩轲轲细致耐心地做编辑处理,核校引文,使本书最大程度地减少失误。在此谨表感谢之意。

鲁西奇　谨识

2015 年 2 月 6 日,于厦门不见天

南强丛书

长江中游的人地关系与地域社会